國運的轉危為安

再探民國政府遷臺初期的軍事與外交（1949-1955）

Setting the Course from Peril to Peace
Re-Examining the Republic of China's Military and
Diplomatic Affairs during the Early Years on Taiwan
1949-1955

胡為真———著

目錄

推薦序

丁渝洲（前國安會祕書長）

在臺灣的中華民國今日豐衣足食，在科技產業上執世界牛耳，並影響全球；然而回首一九四九年國民政府因國共內戰失敗播遷來臺、存亡關鍵的那幾年，其實是風雨飄搖，驚心動魄的。

胡為真先生以獨到而客觀的角度，爬梳還原當年兩岸、世界兩大陣營軍事外交等局勢演變，呈現出二戰結束後，蘇聯積極地擴張共產勢力範圍，而美國所領導的民主陣營尚未看清共產陣營赤化世界的企圖，也因此不再支持中華民國。中共以軍事襲捲全大陸之後，正積極調兵遣將，準備在蘇聯的軍事支持下，趁勢一舉「解放」臺灣，美國又公開倡言不會阻止中共犯臺，國府可謂岌岌可危。

國民黨總裁蔣中正在最危難之際宣布復行視事以穩定大局，中共攻臺箭在弦上，美國情報及外交單位都評估國府的最後根據地可能不保。就在此刻，情治單位破獲規模龐大、滲透到軍政高層及各行各業的共諜組織，而瓦解其在臺內應；而同樣有野心的北韓金正日評估自己的實力遠超過南韓，並且獲得蘇聯、中共的支持，於一九五〇年六月大舉進攻南韓。杜魯門總統終於看清共產國際赤化擴張的野心，而決定協防臺澎。

從為真兄的研究裡，也可見得政府遷臺到大陳撤退

這五年中，中華民國是怎樣自軍事、外交、經濟皆極為不利的世界局勢裡，度過亡國兇險，在臺灣立定腳跟；而中共參與韓戰也付出了重大的代價，以後臺灣又經歷金門八二三砲戰，直到美國與中共建交，國共雙方才停止實質的武力襲擾。這本書客觀地開啟了臺灣歷史研究的一扇窗，解讀國府遷臺的堅實意義，就是保住臺灣不被赤化，維持了民主自由的政體與生活。

回首過去，在中共實質規劃要武力解放臺灣之時，固然因為韓戰而促使美方轉而協防臺灣，但中華民國存續真正關鍵乃在於蔣中正總統堅定的反共決心與卓越的領導，是他鼓舞了軍民士氣，才穩住中華民國的政局，尤其難得的是他始終堅拒美國要求我自金馬撤軍，從而使臺澎獲得了有力的安全屏障，也確立雙方隔海發展七十年的局面。今天我們不應忘卻這段轉危為安的艱難歷史，更不應辜負前輩們所做的犧牲和奉獻。

而為真兄也是我國文職人員少見的幹才。他出身外交，出使南非、美國、德國、新加坡，也進入國安體系，擔任過國安局副局長、國安會副秘書長，以後受到馬英九總統委以重任，擔任國安會秘書長多年，為真兄具有優異的國際觀、戰略觀，並具有強烈的責任心與高度的執行力，以及良好的道德情操，並效法父親胡宗南上將的奉獻精神，抱持為達成任務，隨時都願為國捐軀的犧牲精神，在他一生的公職生涯中充分表現無私無我、盡心盡力的高尚人格特質。

　　我年輕時隨部隊駐防金門，共軍對我外島單打雙不打的砲擊並未停歇，戰地氛圍雖然讓我心裡有些緊張，但在金門先後十年絕不畏戰；然而離開軍職及公職二十年來，一天比一天更擔心兩岸發生戰爭，因為我見證兩岸之間軍事實力差距愈來愈大，不論武器裝備、部隊訓練，國軍已然明顯落後，更令人憂心的是，臺灣內部連國家認同都產生嚴重分岐，處在如此劣勢的戰略環境中，我們有什麼條件保衛自己的家園？一旦開啟戰端，可能讓已安定一甲子的臺灣陷入萬劫不復的境地。

　　這幾十年來，臺灣在承平之時創造了經濟奇蹟，也躋身於民主自由社會；大陸則於鄧小平改革開放之後，也展現了強大的治理能力，不僅讓人民相對有了更多自由，經濟民生建設突飛猛進，更讓十四億百姓脫貧，從而產生民族自信心。我內心裡不斷地思索，不論大陸還是臺灣，兩岸同源同種的華人都已能在各方面飛躍成長，享受前所未有的富足生活，並贏得世界的尊敬，怎麼可能還處於兵兇戰危的境地呢？當前臺灣海峽兩岸被歐洲國家評為最兇險之地，孰令致之？照理說，愈文明的社會，發生戰爭的機會愈小啊。

　　臺海一旦兵戎相見，兩岸華人所有的美好將一去不返。藉著為真兄這本書一角，我誠心呼籲兩岸領導人，不要輕啟戰端，即便有主權岐見，也要寄望於耐心、善意與時間，展現領導人帶領國家走向光明的治理智慧，把戰爭的可能性化解於無形，烏克蘭戰火慘況殷鑑不遠。

　　兩岸政權自一九二七年國民黨實施清黨後，除了國共合作對日抗戰期間以外，近百年來兩方均處於內戰中，直到今天依然未變。在如此漫長的國共內戰過程中，決定成敗的重要因素，固然是軍事力量的強弱，但我覺得更重要的是人心的向背，就如同國民黨被迫離開大陸，最關鍵的原因就是失去了廣大的民心。

　　希望兩岸的政治人物能有此共識，並展開良性互動與競爭，唯有贏得大陸與臺灣兩地人民共同支持的政府，才是真正解決政權紛爭的根本之道。

前言　困境中如何轉危為安

　　2021 年 4 月 30 日出版的英國《經濟學人》期刊（*The Economist*）以聳動標題：〈臺灣是世界上最危險的地方〉（The most dangerous place on Earth）作為封面，認為美國和中國（大陸）如果因為臺灣而在臺海爆發戰爭，將造成世界性的大災難。接著，國內外不同背景的人們對於臺灣確實危險的預言與分析，不斷出現於媒體和網路。問題是：臺灣真的是那麼危險嗎？

　　其實，1949 年至 1950 年民國政府剛退到臺灣，百廢待舉、內外交困，而中共正積極準備攻臺時，完全孤立的臺灣情勢才真正危險。甚至到了 1954 年秋冬，中華民國和美國正在談判《中美共同防禦條約》時，民國駐美大使顧維鈞還明白地指出，臺灣是「遠東潛在危機和糾紛的一個主要策源地」。[1] 果然，次（1955）年 1 月，便爆發了浙江外海大陳列島中的一江山戰役——中共迄今所發動唯一的三棲作戰，亦即蔣中正總統所尊崇的、壯烈的「黃花崗以來所未有之史詩」。[2] 所以 2021 年以來，《經濟學

1　顧維鈞述，中國社會科學院近代史研究所譯，《顧維鈞回憶錄》，第 11 分冊，（北京：中華書局，1990），頁 432。顧維鈞（1888-1985），江蘇人，美國哥倫比亞大學畢業，曾任民國北洋政府外交總長、代理國務總理，國民政府外交部長、駐英大使、駐美大使，國際法院法官等職，有民國第一外交家之美譽。

2　「蔣中正日記」，1955 年 1 月「本月反省錄」。

人》和其他許多關於臺灣危險的類似說法，並不新奇。

對於相對平靜多年的臺海，近年來究竟是什麼原因突然讓臺灣顯得十分危險，各界仍在不停地解讀，也非本書的目的；但是，七十多年前同樣的位置——臺海及其四周——處在真正危險的情境，人們反而逐漸淡忘。1949年民國政府從中國大陸遷到臺灣以後，北京與臺北之間一直是戰火不斷，風聲鶴唳；而 1955 年初發生了一江山戰役，緊接著便是中美兩軍密切合作，成功地協助大陳軍民遷臺，然後《中美共同防禦條約》也在 3 月間正式生效，使民國政府「**反共抗俄之第一步計畫已得告一段落**」。[3]從此臺海兩岸雖然仍不時交火，至 1979 年元旦才完全停止，但臺澎金馬在民國政府領導下，以這五、六年間奠定的基礎，根據 1947 年在大陸所制定的憲法，實行與中共政權不同的制度，不斷地進步發展：數十年間不但轉危為安，人才輩出，造福世界；臺灣竟成為科技、學術、醫療發展的先鋒，國際交通航線的重鎮，中外投資的理想地點，甚至是大量中國大陸和國際旅客前往遊覽和學子申請進修的寶地。

當年的民國國運之所以有如此重大的改變，也就是如何能突破危險，一般皆歸之於 1950 年 6 月發生的韓戰。韓戰當然是重要因素，而背後美國、蘇聯和中共三者的政策演變與彼此互動，使得中共暫時停止攻臺，才更值得觀

3　此為蔣中正的評語，「蔣中正日記」，1955 年 3 月 5 日後「上星期反省錄」。

察；而最根本的，其實還是民國朝野在各種不利的大環境之下，居然還能站穩，以極為有限的條件，上下齊心，艱苦努力，在軍事和外交上不斷的奮鬥，才奠定了臺澎金馬轉危為安的基礎。不但如此，在面對中共厲行階級鬥爭的治理時，中國國民黨領導下的臺北政府出於強烈的民族感情和統一中國，完成三民主義國民革命的使命感，還想方設法去進行反攻大陸的設計與行動。

　　中外關於 1950 年代前期的析論佳作甚眾，但在單一層面上深入討論的較多，綜合析述的較少，而國外人士對於民國政府的自我期許及自立自強的意志尤其缺乏瞭解，甚至有意輕視。[4] 本書乃就軍事和外交兩方面在關鍵的 1949 年至 1955 年間之重要發展以及彼此交互影響作為觀察分析的重點。其中有關反攻大陸的行動，由於以國軍所參與或主導的各次戰役已有甚多著作問世，便僅予簡述，而對一般論述較少的大陳列島反共救國軍游擊隊的努力，以及其參與的一江山戰役，則有較多著墨。此外，本書中所提的人名極多，包括許多默默為國家付出、名不見經傳的人士，筆者便以簡單的背景介紹，幫助各界讀者們更方便閱讀；至於書中的註釋及參考書目亦盼對海內外有心人士在

4　例如美國中央情報局在其 1954 年 9 月有關臺灣的情勢評估中，竟極為輕蔑而無知地認為民國政府在臺灣能夠生存發展「只因為有美國的支持」（It continues to exist only because of US support），見 "Probable Developments in Taiwan", National Intelligence Estimate, September 14, 1954, *Foreign Relations of the United States (FRUS), 1952-1954, China and Japan*, Vol. XIV, Part 1, Document 295.

作進一步研究時有益。

　　值得慶幸的是 21 世紀以來，除了美國政府已解密的許多對外關係檔案數位化，在網路上便於查考外，伴隨著蔣中正先生日記及其他相關資料的出版，中華民國國史館整理出了大量的檔案，而中國大陸學者亦曾將俄羅斯檔案館的解密文件中譯；再加上兩岸及世界各地許多事件關鍵當事人的日記或回憶錄的問世，可以從臺北的國家圖書館、中央研究院近代史研究所或國家發展委員會檔案管理局查到，因而現代的研究者對於七十年前情勢的演變能夠一窺堂奧。筆者能在各方人士所奠定的基礎上從事研究和寫作，獲益良多，內心十分銘感。

　　在此要特別感謝國史館前館長呂芳上教授領導的民國歷史文化學社出版此書，該學社近年來許多重要出版品也都是本書的參考資料。另外，林桶法教授在寫作過程中數次費心地提出甚多極為寶貴的意見，以及國安會前祕書長丁渝洲上將為本書賜序，都是作者極大的光榮。至於在寫作的過程中，電腦操作如遇有問題，則多靠小女婿龍文正或小兒斯漢協助解決。當然，鑒於國際政治之複雜性及筆者學養有限，書中的論點必有不周之處，敬盼讀者能加以指正。

　　最後要特別提出的是，為了忠實引述當年的史料，而且根據中華民國憲法的規範，**本書中的「中國」均指中華民國，對「中華人民共和國」則均稱為「中共」，年份則完全用西元**。而當中所有加黑的詞句，均係筆者所加，

以協助讀者留意。另外本書也循學界一般慣例，對於蔣中正總統以及其他政府首長，在敘述時多只引姓名而不加頭銜或任何稱號，甚至筆者對於自己的父親胡宗南上將，亦只提姓名，絕無不敬之意，至希讀者諒察。

第一章　1949年中華民國的困頓與肆應

第一節　撤退或轉進

　　1948年至1949年初，國軍在東北、徐蚌和華北（或稱遼瀋、淮海和平津）的內戰戰役中均敗於中共，精銳盡失。1949年1月21日，中華民國蔣中正總統引退，離開首都南京，回到家鄉浙江奉化溪口鎮，僅擔任中國國民黨總裁之職；副總統李宗仁代理總統。[1] 其後李宗仁派團前往北京，要與連戰連勝的中共談和，希望彼此劃長江而治。至於中央政府，執政的中國國民黨以戰局不利，先在1948年11月16日的中央全體會議上決定遷到廣州，蔣引退後，由行政院長孫科帶領，於1949年2月正式遷往，且令其中大量官員或退休或遣散；外交部不但通知駐南京各國使節，也要駐外各使領館通知其駐地政府，建議在南京的各館也跟著遷往廣州，而且免費提供交通工具。[2]

1　蔣中正1949年1月21日發表引退書告，表示依據憲法第四十九條，請副總統代行總統職權，目的在「弭戰銷兵，解人民倒懸於萬一」。呂芳上主編，《蔣中正先生年譜長編》（臺北：國史館，2015），第9冊，頁232；李宗仁的計畫及作為，參考李宗仁口述，唐德剛撰寫，《李宗仁回憶錄》（香港：南粵出版社，1986），第65、66章。

2　抗戰勝利以後「國家走向大分裂」經過之簡述，參考張玉法，《中華民國史稿》（臺北：聯經公司，2013，修訂版），第8章；中國

　　但中共領導人毛澤東先在 1948 年底便已宣佈「要將革命進行到底」，在 1949 年要向長江以南進軍，且公佈了（內戰）「戰犯」名單，將政府領導人蔣中正、李宗仁等人均列於其中。當時，美國國務院及新當選的杜魯門總統（Harry Truman，1884-1972，民主黨籍，1945-1953 擔任美國總統）即對中共提「戰犯」之舉加以批評，認為荒謬。[3] 而蔣中正離開南京之前還特別召見駐華美國聯合軍事顧問團團長巴爾（Gen. David G. Barr - JUSMAG - Joint United States Military Advisory Group），告以為了和平，即將第三次引退，但相信中國人民將如前兩次一樣再請他回位等；巴爾將軍則對蔣中正的「不屈不撓決心」特表欽佩，認為能為中國及蔣服務是畢生莫大光榮（巴爾三日後即返美）。[4]

　　國民黨及行政院遷臺之經過，包括駐華外國使館之動靜，見林桶法，《1949 大撤退》（臺北：聯經公司，2009），第 2、第 6 章；至於駐華外團在接到外交部正式通知前後，對於離開南京如何安排一節作了極多的討論，其中駐美顧維鈞大使正式通知美方的備忘錄，見 The Chinese Ambassador (Koo) to the Secretary of State, January 21, 1949, *FRUS, 1949, The Far East: China,* Vol. VIII, Document 750。筆者在從事外交工作時，曾不止一次主持外館遷移的工作，深知此事絕非倉促間即可完成。

3　《蔣中正日記》（臺北：民國歷史文化學社，2023），1948 年 12 月「上月反省錄」；毛澤東，〈將革命進行到底（1948 年 12 月 30 日）〉，《毛澤東選集》（北京：人民出版社，2009），第 4 卷，頁 1372-1380；美國駐南京大使館關於中共有關戰犯的報告及將革命進行到底的分析，見 The Ambassador in China (Stuart) to the Secretary of State, Nanking, December 30, 1948, *FRUS,1948, The Far East: China,* Vol. VII, Document 591; The Ambassador in China (Stuart) to the Secretary of State, Nanking, January 21,1949, *FRUS, 1949, The Far East: China,* Vol. VIII, Document 78.

4　The Ambassador in China (Stuart) to the Secretary of State, Nanking, January 21, 1949, *FRUS, 1949, The Far East: China,* Vol. VIII, Document 80.

所以政府有關部門都在看局勢的發展而安排撤退或轉進。

當時國共的重要領導人簡介如下。

蔣中正（1887-1975），字介石，浙江奉化人，擔任中華民國的領導人多年。其背景為：早年追隨中華民國國父孫中山（名文，1866-1925，廣東中山人，領導革命推翻中國數千年之帝制政府，建立了自由民主的中華民國）獻身革命，1923 年奉孫中山令，赴 1917 年才成立的蘇聯（蘇維埃社會主義共和國聯邦 The Soviet Union）考察。四個月後撰成《遊俄報告書》，陳述對掌政的蘇聯共產黨不安，認為蘇俄穩固之後，其沙皇時代對中國的帝國野心可能復活，而「俄黨對中國之唯一方針，乃在造成中國共產黨為其正統。」[5]

但孫中山領導的中國國民黨當時沒有自己的軍隊，在國內政治中處於弱勢，而歐洲大國及日本對中國多行帝國主義的侵略，只有蘇聯願意提供協助，乃採取「聯俄容共」政策。[6] 孫認為「〔1921 年成立的〕中國共黨份子……受本黨〔中國國民黨〕指揮，纔可防制其製造階級鬥爭，來妨礙我國民革命進行」。[7]

中國國民黨孫中山總理繼於 1924 年 6 月 16 日在廣州黃埔成立陸軍軍官學校，建立黨軍，任命蔣中正為校長。

5　蔣中正，《蘇俄在中國：中國與俄共三十年經歷紀要》（臺北：黎明文化，2013），頁 15-21。

6　孫中山當時的處境和不得不採取聯俄容共政策的分析參考謝幼田，《聯俄容共與西山會議》（香港：集成公司，2001），第 2-4 章。

7　《蔣中正先生年譜長編》，第 1 冊，1924 年 1 月 16 日，頁 234。

1926 年 7 月，國民黨為進行國民革命、打倒與帝國主義利益相結合的各地軍閥，統一中國，任命蔣為國民革命軍總司令，率軍北伐。1927 年 4 月寧漢分裂，國民黨在上海清除共產黨，武漢汪精衛政府也因發現蘇聯對國民黨不利之政策而分共，寧漢兩方復合，中共乃在蘇聯顧問參與指導下，於 8 月 1 日發動南昌暴動，失敗後南進。1928 年蔣在名義上統一了中國，並擔任國民政府主席，開始積極建設，到 1937 年抗戰之前，在基礎建設及農業、經濟、社會、軍事、教育等方面都有明顯成績，外界譽為「黃金十年」（the Golden Decade）[8]。

在這期間，1931 年 9 月日本發動九一八事變、占領東北，中共接著於 11 月在江西瑞金成立另一個中國——中華蘇維埃共和國；1932 年 3 月蔣被任命為軍事委員會委員長，致力剿共，以期統一中國。在第五次圍剿中共的長途追擊中，於 1935 年順勢控制了中央勢力未及的西南各省，得以建設為長期對日抗戰的大後方。1936 年 12 月西安事變後，停止剿共；[9] 1937 年 7 月蘆溝橋事變後，中

8　此名詞出於曾在二戰時擔任中國戰區參謀長的魏德邁中將（Albert Wedemeyer）於 1951 年 9 月 18 日在美國參議院司法委員會的證詞，錄於 Paul K. T. Sih（薛光前），*The Strenuous Decade: China's Nation-Building Efforts 1927-1937* (New York: St. John's University Press, 1970), pp. 26-28; 十年建設之成果見該書 II, V, VIII 各章。

9　國民政府自 1928 年至 1937 年有關剿共及西安事變檔案原件影本，見《蔣中正總統文物：革命文獻（三）剿共與西安事變》（臺北：國史館，2002）；其五次圍剿紅軍的經過，參考王逸之，《五次圍剿：國軍五次圍剿紅軍戰役始末》（臺北：知兵堂出版公司，2013）；簡述可見翁衍慶，《中共軍史、軍力和對臺威脅》（臺北：新銳文創，2023），頁 32-47。

國進行對日八年抗戰，直至勝利，收復臺灣和東北，再度統一中國。而在 1941 年太平洋戰爭開始後，中國加入同盟國，1945 年並協助成立聯合國，取得安全理事會常任理事國席位，晉入世界五強之林。1947 年行憲，次年蔣當選中華民國第一任總統，1949 年 1 月與中共內戰失敗，引退總統職位。[10]

李宗仁（1891-1969），廣西桂林人，廣西陸軍速成學校畢業，參加同盟會，統一廣西，加入中國國民黨，參加北伐、中原會戰；抗戰期間任戰區司令長官，多次立功，為桂系領導人。1948 年行憲，當選中華民國副總統，1949 年 1 月代理總統。[11]

中共的領導人毛澤東（1893-1976），字潤之，湖南湘潭人，1921 年參與建立中國共產黨，1931 年擔任「中華蘇維埃共和國」中央執行委員會主席，1935 年中共中央政治局的「遵義會議」之後，從周恩來的副手逐漸成為中國共產黨的領導。1940 年代初期以「整風運動」和審

---

10 蔣中正之背景參考《蔣中正先生年譜長編》，第 1 冊，1926 年 7 月 1 日；第 2 冊，1928 年 10 月 10 日，12 月 29 日；1929 年 1 月 1 日；第 3 冊，1932 年 3 月 18 日；第 5 冊，1936 年 12 月 12-25 日；1937 年 7 月 7 日；第 8 冊，1947 年 1 月 1 日；第 9 冊，1948 年 5 月 20 日；1949 年 1 月 21 日；另參陶涵（Jay Taylor）著，林添貴譯，《蔣介石與現代中國的奮鬥》（臺北：時報出版社，2010），第 1-3 部；抗戰大戰略等參考傅應川、郭岱君，〈抗戰大戰略的形成〉；肖如平、林孝庭、鹿錫俊、陳立文，〈重探戰時對外關係〉，均列於郭岱君主編，《重探抗戰史》（臺北：聯經公司，2022，二版），第 1 冊第 5 章、第 3 冊第 8 章。蔣中正主席簽署聯合國憲章彩色照片，見徐宗懋圖文館主編，《中華民國與二戰：美國國家檔案館館藏精選》（臺北：新世語文化公司，2015），頁 118-119。

11 《李宗仁回憶錄》，第 1-5 編、第 7 編，第 65 章。

幹、肅反完成了個人的專權，成為中共唯一的領導人。[12]
同時利用抗戰良機，將中共從「長征」以後局促於陝北一隅的窘困中走出，用民族主義的旗幟成功擴展政、軍實力，之後擊敗國民政府。1949 年中華人民共和國成立，他除了是黨主席之外，還擔任國家主席和中央軍委主席，直至 1976 年去世；期間發動各種政治運動，最後一個全大陸的政治運動，就是 1966 年至 1976 年的「文化大革命」。[13]

毛的重要助手周恩來（1898-1976），江蘇淮安人，1920 年到法國勤工儉學，成立當地共黨小組，回國後入黃埔軍校任政治部副主任、主任，中共「長征」期間為中央紅軍領導人之一，中共建政後擔任國務總理、外交部長，遵從毛的領導，徹底執行其政策直至去世。[14]

---

12 毛澤東取得絕對領導權見於〈中國共產黨中央委員會關於若干歷史問題的決議（1945 年 4 月 20 日）〉，見中共中央書記處編，《六大以來—黨內祕密文件》（北京：人民出版社，1981），上冊之二，頁 1179-1200；至於 1942 年至 1944 年在延安的「整風運動」，主要是搞「思想改造」，「擺平山頭」，建立以毛澤東為中心的「黨文化」；根據中共文件，「整風的主要鬥爭目標，是糾正幹部中的非無產階級思想與肅清黨內暗藏的反革命分子」，見〈中共中央關於繼續開展整風運動的決定（1943 年 4 月 3 日）〉，《中共中央文件選集》（北京：中央黨校出版社，1992），第 14 冊（1943-1944），頁 28-33；但蘇聯在與中共關係惡化的 1960 至 1970 年代，卻指責中共說：「這個（整風）運動對準了中國共產黨的國際主義的領導⋯⋯夜間在延安近郊經常可以聽見槍聲，被打死的『國民黨間諜』的革命者——共產黨員一天比一天多了」，參考郭華倫，〈延安的整風運動〉，《中共史論》（臺北：國立政治大學國際關係研究中心，1989），第 43 章。

13 陳兼，《怎忍青史盡成灰：文革政治史批判筆記》（香港：牛津大學出版社，2021），頁 2-8，第 2、3 章。

14 中共中央文獻研究室二部編，《周恩來自述》（北京：解放軍文藝出版社，2002），第 1、4、5、7、11 章。

一、敗局中的安排

　　1949年春，由於中共對於和平談判所提的條件太高，等於要政府無條件投降，代總統李宗仁派去北京的代表團無法接受，談判破裂。[15] 4月21日，共軍第二、第三野戰軍，其後加上第四野戰軍（簡稱二野、三野、四野），一共一百萬人先後渡過長江，向東南和華中進攻。國軍因為士氣、補給、裝備均不如共軍，尤其李和蔣的戰略不一，以致節節敗退。軍事上，李宗仁認為應以白崇禧[16]所領導的華中戰區作為全國戰事的心臟，主張放棄南京、上海，以白近五十萬的兵力，鞏固從武漢、浙贛鐵路沿線往南延伸到廣東汕頭的防線，因此要借重從大上海地區撤到浙贛交界的三十萬湯恩伯部，[17]並將西安綏靖公署胡宗南部近二十萬人從陝西調往武漢，讓西北馬家軍接替陝西防務，並調宋希濂的部隊到湖南，以強化華中戰區的兵力。[18]外交上，李加緊與蘇聯和美國駐華大使接觸，以求

15　《李宗仁回憶錄》，第66章；《蔣中正日記》，1949年2月17日、19日，4月17日至20日，4月「本月反省錄」；周宏濤（蔣中正機要秘書）口述，汪士淳撰寫，《蔣公與我：見證中華民國關鍵變局》（臺北：天下遠見，2005），頁99-101。

16　白崇禧（1893-1966），廣西桂林人，保定軍校畢業，桂系中僅次於李宗仁之領導人，善用兵，抗戰、內戰期間多立戰功。

17　湯恩伯（1899-1954），浙江武義人，日本陸軍士校，中央軍校教官，國軍嫡系，抗戰期間以參加南口會戰、臺兒莊會戰等立大功著稱，1949年10月指揮金門古寧頭戰役獲大捷再立大功。據筆者所知，其人有國際觀，見解深刻，對友有情有義，後因病赴日本開刀不幸失敗逝世。

18　《李宗仁回憶錄》，第65、69章；胡宗南（1896-1962），浙江孝豐人，其背景及李宗仁的計畫，見本書第9章第1節及《胡宗南先生日記》（臺北：國史館，2015），1949年3月31日至4月10日；

獲得美援，以及希望能支持李政府與中共劃長江而治的計畫。[19] 據稱他也曾電召當時已遷到廣州、外交部代理部務的政務次長葉公超（1904-1981）來南京，指示立即修訂《中蘇友好同盟條約》（1945 年簽訂），將外蒙部分刪除，因為外蒙已經獨立，而增列新疆，劃歸蘇聯，以此交換蘇聯切實保證不再支持中共。但葉立即拒絕，以去就相爭，並立即奪門返回廣州。[20]

　　另一方面，蔣中正則以臺灣為最後的基地，心中早就有一個閩粵臺的戰略三角，他先在 1948 年 6 月時局已經不利的日記中，清楚寫下了內心的想法：所謂「今後對國際與中國共匪，皆應沿海岸線各省市口岸為主要地區，不應再以抗戰時代西北與西南為根據地，故江、浙、閩、臺當為剿匪與對國際戰爭為核心堡壘，應有整個通盤之計畫」。[21] 另希望先儘量維持東南和西南，並穩住臨時首都廣州，故在 1949 年 1 月下野前，除了先派陳誠為臺灣省

宋希濂（1907-1993），湖南湘鄉人，黃埔一期，抗戰期間曾駐軍雲南等地，在 1949 年 8 月密訪漢中，與同期同學胡宗南商議共同移軍雲南擴軍，冀圖挽回對中共的不利戰局，惟未為長官們同意，後被俘，詳見胡為真，《疾風勁草：胡宗南與國軍在大陸的最後戰役（1949-1950）》（臺北：民國歷史文化學社，2021），第 5 章第 1 節，頁 178；馬家軍係指當時實際掌控中國西北甘肅、青海、寧夏各省的馬姓領導人如馬步芳、馬鴻逵等所帶領的伊斯蘭教軍隊。

19　《李宗仁回憶錄》，頁 615-620。

20　參考與葉公超同行之祕書程時敦之回憶，《萍蹤掠影：程時敦回憶錄》（臺北：個人出版，2014），非賣品，頁 19-20；葉公超（1904-1981），廣東番禺人，學者外交家，精於書法、詩畫，美國 Amherst College 畢業，1949 年秋至 1958 年擔任中華民國外交部部長，對國家貢獻極多；程為資深外交官，駐外多年，筆者曾向其請教。

21　《蔣中正日記》，1948 年 6 月 13 日。

主席、蔣經國為中國國民黨臺灣省黨部主任委員（未即就任）之外，同時派張羣為重慶綏靖公署主任（不久並改為西南軍政長官公署主任，轄川、康、黔、滇、渝五省市，直隸行政院）；[22] 此外並令朱紹良、余漢謀分別為福州、廣州綏靖公署主任，湯恩伯為京滬杭警備總司令，此期間另亦派蔣經國進行各項聯絡。[23]

蔣經國（1910-1988）為蔣中正長子，1925年到1937年在蘇聯留學及工作，返國後曾在江西、上海服務，並參與1945年中國同蘇聯同盟友好條約的談判，來臺後在國防部、救國團、退輔會、行政院等機構就職或領導，1978年、1984年連任中華民國總統，勤政愛民，樹立廉潔政風，外界譽為臺灣現代化的推手。[24]

蔣中正在下野時親筆寫信給西安綏靖公署胡宗南主任，囑咐他「今後主力應置於漢中附近，對於四川關係，特須密切，將來應受重慶張主任（羣）之指揮……」。[25]

---

22 《蔣中正日記》，1949年1月18日；張羣，四川人，於1908年與蔣中正同時被清廷陸軍部派往日本學習軍事，二人在同一聯隊，一見如故，便開始長期合作，見張岳軍傳略與年譜編纂委員會編，《張岳軍傳略與年譜》（臺北：中日關係研究會，1991），頁212-213；行政院第五十二次例會通過西南軍政長官部的職權，見《中央日報》，1949年4月6日

23 《蔣中正先生年譜長編》，第9冊，頁231；另參考劉維開，《蔣中正的一九四九：從下野到復行視事》（臺北：時英出版社，2009），頁52-53。

24 蔣經國簡傳參考朱重聖總編輯，林滿紅序，《永續經國：蔣故總統經國先生百年誕辰紀念特展圖錄》（臺北：國史館，2010），頁4；蔣經國擔任中國國民黨臺灣省黨部主委卻未在臺工作有關記載參考陶涵（Jay Taylor）著，林添貴譯，《臺灣現代化的推手：蔣經國傳》（臺北：時報出版，2000），第10章。

25 《胡宗南先生日記》，1949年1月19日、26日；胡宗南在接獲蔣

湯恩伯、胡宗南、宋希濂及其他蔣一路領導的軍方將領，際此蔣、李指導互有矛盾之時，多選擇繼續聽從蔣，而沒有聽從突然成為自己長官，且過去在中原大戰時可能還對戰過的李宗仁代總統之指揮。

南京旋即撤守，上海亦於 1949 年 5 月 25 日為共軍所占。蔣則先以總裁身分在 5 月 21 日召開「東南區軍事會議」，將舟山、福州、廈門、臺灣融合為一攻守整體，以上海撤退之軍隊移駐舟山群島，以福建潰散各部擇優先移臺灣、廈門整訓，以青島撤退部隊進駐瓊州，先將此三群島守備加強，繼而盼在軍事上向粵、桂、湘、贛、閩、浙、蘇、魯、冀發展，西南各省向寧、陝、晉、豫、綏發展；接著於 8 月 1 日成立東南軍政長官公署，9 月成立臺灣防衛司令部，統籌東南防務及臺灣防衛事宜。同時在財政金融方面分為重慶、廣州、臺灣三區，以重慶的中央銀行接濟西南、西北各省，以廣州的中國銀行接濟華南各省，以臺灣的臺灣銀行接濟東南各省。[26]

蔣中正先要蔣經國積極督導修建舟山的定海機場，自己再於 5 月初到舟山，住在船上展開地圖多日研究今後

告知引退的親筆信函以後，「讀罷淒然，汗骨聳然，不知涕淚之何從也」。

26 見蔣中正與行政院長閻錫山談話，《蔣中正先生年譜長編》，第 9 冊，頁 294；林桶法，〈金門的撤守問題——以蔣日記與蔣檔為中心的探討〉，呂紹理、唐啟華、沈志華主編，《冷戰與台海危機》（臺北：國立政治大學歷史學系，2010），頁 57-58；陳鴻獻，〈美國與 1950年代的國軍整編〉，呂芳上主編，《國軍與現代中國》（臺北：國立中正紀念堂管理處，2015），頁 349-350；林孝庭著，黃中憲譯，《意外的國度：蔣介石、美國與近代台灣的形塑》（臺北：遠足文化，2017），頁 137-140；另詳見林桶法，《1949 大撤退》，第 2 章。

作法，並不斷加強舟山防衛的兵力和工事，任命東南軍政長官公署副主任郭懺兼任舟山指揮所主任、石覺為防衛司令。結果，舟山不但成為上海撤退的中間站，接運了從上海來的急難軍民，而且從舟山起飛的空軍一面掩護湯恩伯的部隊到臺灣，一面用長程飛機對共軍的威脅向北延伸到渤海灣，向西延伸到漢口；至於以舟山為基地的海軍則把長江口封鎖，斷絕上海的對外交通，更吸引二十萬共軍不能轉移他處，從而爭取了一年的時間，讓臺灣省主席陳誠得以建築海岸的防禦工事，增加臺灣的生產、並穩定當地的經濟。[27]

二、1949 年共軍的調動及攻臺準備

中共攻到東南沿海以後，便即計畫用其第三野戰軍（三野）的兵力攻占臺灣。1949 年 3 月中共七屆二中全會以後，中共中央軍委主席毛澤東便要粟裕擔任華東局常委，分管軍事，毛還特別指示把華東局管轄範圍加上臺灣。[28]

---

27 曹聖芬（蔣中正中文祕書），〈從溪口到成都〉，錄於曹志漣彙編，《一片祥和日月長──報人曹聖芬》（臺北：開元書印，2002），頁89-91；《蔣公與我：見證中華民國關鍵變局》，頁113-115；按，郭懺、石覺均為抗日名將，石覺亦為湯恩伯老部屬，當時還兼任浙江省政府主席，胡宗南曾向蔣中正特別稱許石覺及陳大慶，見《胡宗南先生日記》，1944 年 7 月 5 日；另參《浙江省政府裁撤案》，檔案管理局藏：A200000000A/0039/3100201/0004/001/020。

28 粟裕是老紅軍出身，湖南人，在新四軍服務並有戰績，國共內戰期間在魯南、萊蕪、淮海、上海等戰役立功，從華東野戰軍升至第三野戰軍代司令兼代政委，見粟裕傳編寫組著，《粟裕傳》（北京：當代中國出版社，2007），第 1、20 章，及頁 439。

　　4 月間，當毛澤東看到共軍渡江以後，二野、三野在江南作戰順利，國軍抵抗不強，而民國政府遷廣州後的態勢，似乎**又是以四川和西南為後方**，蔣中正也大張旗鼓地表示注重西南，強調要重現在四川長期抗戰的歷史和精神；而且，國軍仍有白崇禧有戰力的桂軍部隊在華中，西北地區仍有反共而能征慣戰的馬家軍，而西安綏靖公署胡宗南主任也仍然保有國軍嫡系、共軍老對手的二十萬部隊在陝甘，還有川湘鄂邊區綏靖主任宋希濂，和忠於蔣中正的川鄂邊區綏靖主任孫震等統率的部隊，所以為了不讓國軍有時間去利用四川、雲南等地的豐富人力和資源重建壯大，就在 5 月 23 日下令把二野（共約五十萬人）調開：「準備於兩個月後以主力或以全軍向西進軍，經營川黔康」，以便同四野南下的幾十萬人分進合擊。[29]

　　6 月，毛也電令粟裕及張震、周駿鳴（三野及華東軍區正、副參謀長），「準備占領臺灣」，[30] 同時向蘇聯共產黨領導人史達林（Joseph Stalin, 1878-1953）報告說，三野有十五個軍、六十萬人，到 8、9 月間攻下福建後將在當地駐防，而「臺灣孤立在海上，那裡有七萬多人的敵軍殘餘，目前暫不考慮占領它，這個問題可能到明年解決。」

---

29 中國人民解放軍軍事科學院毛澤東軍事思想研究所年譜組，《毛澤東軍事年譜 1926-1958》（南寧：廣西人民出版社，1994），頁 754-755；另參《疾風勁草：胡宗南與國軍在大陸的最後戰役（1949-1950）》，第 4 章。

30 《毛澤東軍事年譜 1926-1958》，1949 年 6 月 21 日；中共江蘇省委黨史工作辦公室編，《粟裕年譜》（北京：當代中國出版社，2006），頁 471-472；《粟裕傳》，頁 439；沈志華主編，《俄羅斯解密檔案選編：中蘇關係第 2 卷（1949.3-1950.7）》（上海：東方出版中心，2014），頁 58、95、109-110。

所以他認為脆弱的臺灣，隨時攻下來都不是問題。[31]

　　蘇聯由俄羅斯、烏克蘭、白俄羅斯、立陶宛、哈薩克等十五個加盟共和國組成，而史達林（或作斯大林，史大林），本籍喬治亞共和國，1924 年起接替列寧（Vladimir Lenin, 1870-1924）擔任蘇聯共產黨總書記和蘇聯領導人，以及世界各國共黨的領導人，直到 1953 年去世。其統治方式是以計畫經濟、集體農場達到迅速工業化，在蘇聯實現社會主義，對外則採取毫不妥協的左傾國際政策；二次大戰期間高舉民族主義戰勝納粹德國，將蘇聯建成與美國平起平坐的世界強國，是影響中華民族命運最大的外國領導人之一。[32]

　　共軍華東軍區面對解放臺灣重任的粟裕等人，要求把華東海軍留下歸他指揮，以作攻打臺灣之用，8 月 2 日獲得毛的同意。毛也要求共軍幹部去除畏難心理，表示中央正在準備空軍，至於攻臺時間，「如有臺灣國民黨海陸空三方面大量可靠的內應，則可以早日舉行，否則必須推遲到我們空海兩軍（特別是空軍）條件充分準備之時」。[33]

31　俄文檔案：〈毛澤東給斯大林的報告〉（1949 年 6 月 14 日），錄於沈志華，《無奈的選擇：冷戰與中蘇同盟的命運（1945-1959）》（北京：社會科學文獻出版社，2013），頁 197-198。

32　史達林生平參考鄭學稼，《史達林真傳》（香港：亞洲出版社，1954），第 1-4、9-10 章；其政策參考曾留俄的中國情報界元老鄭介民之分析，見樂炳南編，《鄭介民將軍生平》（臺北：時英出版社，2010），頁 121-122；其作風參考留俄十二年的蔣經國對其深入而生動的說明，錄於《胡宗南先生日記》，1946 年 5 月 4 日。

33　毛澤東在〈中央軍委致粟裕並告華東局電（1949 年 8 月 2 日）〉之中強調：「張愛萍海軍系統暫不遷青島並仍歸粟裕指揮，你們必

　　10 月 1 日，中共在北京宣佈成立中華人民共和國。10 月中旬，共軍三野第十兵團順利攻下了廈門，之後卻由於輕敵，在準備不周的情況下冒然渡海進攻金門，在古寧頭吃了敗仗，近萬登陸共軍全部被殲；[34] 接著在 11 月初浙江沿海的舟山群島中登步島戰役再度敗於業已加強整備的國軍，[35] 於是充分體會到海空軍在渡海作戰時的重要性。然而，新成立的中華人民共和國總理兼外長周恩來，於 11 月 15 日在北京與蘇聯大使羅申（Nikolai Roshchin）談話時，還充滿信心地表示：1950 年春季做好登陸臺灣作戰的準備，夏天實施登陸。到了 12 月 5 日，他進一步對羅申說，戰役的日期看來將安排在 1950 年 9 月至 10 月間。[36]

須從各方面積極準備攻取臺灣」，《毛澤東軍事年譜 1926-1958》，頁 767；亦見《粟裕年譜》，頁 475；《粟裕傳》，頁 439-440。

34 金門古寧頭戰役的經過及檢討，參考三軍大學編纂，國防部審定，《國民革命軍戰役史第 5 部－戡亂》（臺北：國防部史政編譯局，1989），第 7 冊，頁 29-72；該戰役最高指揮官為湯恩伯，戰地指揮官為第二十二兵團司令李良榮（1906-1967，福建同安人，黃埔一期，關於該戰役著有《金門守備紀要》），支援部隊為第十二兵團，司令官胡璉（1907-1977，陝西華縣人，黃埔四期，著有《金門憶舊》），另參沈啟國策畫，《最長的一夜：1949 金門戰役 22 兵團 25 軍》（臺北：時英出版社，2019）。當時參戰之第二十五軍軍長沈向奎（1905-1972，福建同安人，黃埔四期，沈啟國為其公子）。大陸作者對於古寧頭戰役之前共軍的「驕狂與偏見」詳細紀錄，參考蕭鴻鳴、蕭南溪、蕭江，《金門戰役紀事本末》（北京：中國青年出版社，2016），第 2、3 章；毛在金門失敗後曾在 10 月 29 日致電給各野戰軍前委和各大軍區，告誡全軍「對於尚在作戰的兵團進行教育」，「務必力戒輕敵急躁」，見《毛澤東軍事年譜 1926-1958》，頁 781；另見金冲及主編，《劉少奇傳》（北京：中共中央文獻研究室，2011），頁 781。

35 登步島作戰見《國民革命軍戰役史第 5 部－戡亂》，第 7 冊，頁 73-98；及國防部編印，《烽火同舟：登步島戰役 70 周年參戰官兵訪問紀錄》（臺北：國防部政務辦公室出版，2019），頁 9-22。

36 〈羅申與周恩來談話紀要：通報國內形勢（1949 年 11 月 15 日）〉，

第二節　遷臺前後的重啟爐灶

　　早在 1948 年底，國軍主力已在戰場上喪失，但民國政府仍然控有東南、西北和西南時，尚未引退的蔣中正總統便已準備「縮小範圍，另起爐灶」，[37] 而其幹部陶希聖、張其昀、蔣經國、陳誠等都已先後從不同角度，建議蔣要以臺灣作為復興基地，到臺灣主持大政。[38]

一、遷臺前的準備

　　蔣當時是一面以臺灣作為基地，一面仍然看大陸情勢發展而作定奪。[39] 1949 年政府各機關離開南京遷至廣州後，隨著戰局發展，於 10 月再遷至重慶，11 月至成都，12 月 7 日遷臺北，此時政府各單位都陸續裁員，但是仍有許多公務員堅守崗位：以外交部人員為例，有的以「孤臣孽子」之心追隨政府輾轉播遷，有的執行閉館遣散同仁的

〈羅申與周恩來會談備忘錄（1949 年 12 月 5 日）〉，《俄羅斯解密檔案選編：中蘇關係》，第 2 卷，頁 158-161。

37 蔣中正在日記中承認他在 1948 年至 1949 年大失敗時曾多次想自盡，「生不如死」，但 1948 年 10 月 10 日晨默禱後翻閱聖經得啟示錄第二十一章「新天新地」，甚覺「眷顧」；10 月 18 日記：「……恥辱，思之無以自解，幾乎無地自容……有生以來未有如此之悲慘者，但此時所恃者惟有天父之恩德，彼既培植我至此地位、賦予我如此重任，決不任我長此黑暗竟至失敗到底。」11 月 23 日記：「有我在世，必能使我國家民族**轉危為安**」，11 月 24 日乃決定「捨棄現有基業，另選單純環境，縮小範圍根本改造」。見《蔣中正日記》，1948 年 10 月 10 日、18 日，11 月 23 日、24 日。

38 詳見《1949 大撤退》，頁 97-104。

39 《蔣公與我：見證中華民國關鍵變局》，頁 118-120；《1949 大撤退》，第 2 章。

命令，有的在外館繼續爭取國家利益，也有外交官甚至得同叛變的外交官同事激烈鬥爭。[40] 至於駐外人員，不但外交部不時欠發薪水，還經常得補貼部內同仁因物價飛漲生活困難而作「不樂之捐」。[41]

　　蔣中正命精銳的空軍總部（總司令周至柔，副總司令王叔銘，王兼參謀長，副參謀長劉國運）及空軍主要設備從 1948 年 11 月底便開始遷往臺灣；[42] 也命中央銀行將國庫黃金從 1948 年 12 月 1 日及 1949 年 1 月、2 月、5 月分四批運往臺灣，分別為二百萬四千兩、九十萬兩、六十萬兩、二十萬兩，執行此令的關鍵人士包括陸軍財務署吳嵩慶中將署長（1901-1991，浙江寧波）；而故宮、中央研究院、中央博物院、中央圖書館（尤其其所藏十二萬卷善本古籍）等機構的重要文物也搬至臺灣，執行此令的關鍵人士包括教育部次長杭立武（1903-1991，浙江杭州）。政

---

40 外交人員在不同崗位上面臨的環境和反應參考各人之回錄，例如《萍蹤掠影：程時敦回憶錄》，頁 19-21；蔡維屏，《難忘的往事》（臺北：1985），非賣品，頁 163-165；陳雄飛，《外交生涯一甲子：陳雄飛回憶錄》（臺北：中央研究院近代史研究所，2016），頁 117-129；《田寶岱回憶錄》（臺北：中央研究院近代史研究所，2015），頁 40-42。

41 張力編輯、校訂，沈呂巡序，《金問泗日記（1931-1952）》（臺北：中央研究院近代史研究所，2017），下冊，1949 年 10 月 15 日。金問泗（1892-1968），浙江嘉興人，顧維鈞大使之主要助手，曾任外交部常務次長及多國大使、關稅貿易總協定（GATT）中華民國首任代表。

42 見《關鍵年代：空軍 1949 年鑑（一）》（臺北：民國歷史文化學社，2020），頁 9-11；遷臺事宜請美軍方協助事見 The Ambassador in the Republic of China (Stuart) to the Secretary of State, December 7, 1948, *FRUS, 1948, The Far East: China*, Vol. VIII, Document 210。

府各機關如外交部之文物檔案也陸續遷至臺灣。至於民間企業，尤其紡織工業，亦在 1949 年紛紛遷臺。蔣並賦予陳誠更多權力，統一指揮駐臺各機關及三軍，也支持陳誠解決臺灣內部貧富不均，以及因來臺機關人事愈增而引起的通貨膨脹。陳誠便在臺灣實行嚴密的戶口制度及入境管制，以預防共諜滲透。[43]

陳誠（1898-1965），字辭修，號石叟，浙江青田人，保定軍校畢業，黃埔軍校成立後擔任教官，其後追隨蔣中正，一路受拔擢，歷任軍中及政府重要職位，包括戰區司令長官、湖北省主席、軍政部部長、參謀總長、東北行轅主任，來臺後擔任臺灣省主席、行政院院長、副總統等。在民國政府遷臺，最困難的時候，為安定政局，厥功甚偉。[44]

當時最影響人民生活的通貨膨脹問題，因大陸金圓券改革失敗而更趨嚴重，牽引了舊臺幣的貶值，使得臺灣人心不安。蔣中正特別指示陳誠進行幣制改革，於是臺灣省政府從中央得到八十萬兩黃金作為幣制改革的基金，另獲撥借一千萬元美金以備進口貿易上的運用，由臺灣省財政

---

43 《1949 大撤退》，頁 46-47，97-104，第 7、8 章；關於黃金運臺，參考吳興鏞（吳嵩慶公子），《黃金祕檔－1949 年大陸黃金運臺始末》（南京：江蘇人民出版社，2009），第 3、5、6、7 章；英文版見 Wu Sing-yung, *Father's Gold Secret* (Parker, CO: Outskirts Press, Inc., March, 2022)；另亦見劉維開引用各檔案之數字，《蔣中正的一九四九：從下野到復行視事》，頁 49-52；至於故宮等地文物運臺參考王萍訪問，官曼莉紀錄，《杭立武先生訪問紀錄》（臺北：中央研究院近代史研究所出版，1990），第 5 章。

44 《陳誠先生日記》（臺北：國史館、中央研究院近代史研究所，2015），頁 v-xii。

廳廳長嚴家淦推動成立新臺幣。[45] 結果幣制改革成功，省
財政得以平衡，而一直主張臺灣非有獨立經濟不可的嚴家
淦也被尊稱為新臺幣之父。嚴家淦（1905-1993），江蘇
吳縣人，後來擔任經濟部部長、財政部部長、中華民國第
四任副總統，以及第五任總統。

　　此外，蔣中正除了讓湯恩伯部撤到臺灣，在 1949 年
5 月至 6 月，也讓劉安祺部完成將青島主要部隊及政、教、
交通、學者專家、學生、憲警等近十萬人撤至臺灣，其中
部隊先開海南島之後，在 1950 年再撤回臺灣，成為臺灣
防衛的重要力量。[46] 就黨政關係而言，民國原來是訓政時
期，黨的領導階層就是國民政府的領導階層，但 1948 年
開始實施憲政以後，黨和政府的領導階層便出現分離現
象。當時由於蔣仍為兩方的領袖，是以還能運作，等到蔣
引退，李宗仁成為政府領導人之後，與黨的關係便有了
隔閡。蔣中正早在 1949 年春引退到家鄉溪口，檢討失敗

---

45 《蔣中正先生年譜長編》，第 9 冊，頁 311；嚴家淦著，〈台灣省幣制
　　改革（1949 年 10 月 15 日）〉，《靜波人生：故總統嚴家淦講稿選集》
　　（臺北：社團法人嚴前總統家淦先生紀念協會，2015），頁 27-28；〈新
　　臺幣之父：台灣非有獨立經濟不可〉，《靜波人生：故總統嚴家淦
　　歷史圖集》（臺北：國立歷史博物館、社團法人嚴前總統家淦先生
　　紀念協會，2015 年 12 月），頁 24-25。

46 參考張玉法、陳存恭訪問，《劉安祺先生訪問記錄》（臺北：中央
　　研究院近代史研究所，1991），第 9 章；《蔣中正日記》，1949
　　年 6 月，「上月反省錄」；按劉安祺（1903-1995），山東嶧縣，
　　黃埔三期，曾任第七十八師師長、第五十七軍軍長，位於西安的
　　中央陸軍軍官學校第七分校總隊長、兵團司令、澎湖防衛司令官、
　　金門防衛司令官、陸軍總司令等職。他不止一次對筆者表示，能將
　　部隊帶來台灣成為國軍主力之一，是他最感欣慰之事；另參《1949
　　大撤退》，第 2 章。

時，獲得初步結論，認為軍政方面都有責任，而最大的原因是黨的癱瘓，從黨的構成、組織形態到領導方式都發生問題，從而「使得政與軍失去靈魂，而讓軍隊崩潰、社會解體」。因此，他下了改造國民黨的決心，要恢復成為革命民主政黨，「以思想溝通全黨，以政策決定人事，以工作考核黨員，以是非解決紛爭」，這些結論便成為後來在臺灣改造黨的主要內容。[47]

等到李宗仁政府與中共和談破裂，蔣於 4 月下旬在杭州邀請李宗仁前往會談，成立「非常委員會」代替政治委員會，成為當時的政治最高指導單位，請李宗仁擔任委員會副主席，推動黨政關係常軌，也就是等於重啟訓政時期以黨領政的體制。接著，蔣、李都同意請在山西掌政多年的閻錫山出來組閣。後來雖然由於政府人事問題波折不斷，但至少從此時至 11 月 20 日李宗仁因病赴香港前，「非常委員會」共召開了十二次會議。蔣中正另外於 1949 年 7 月 1 日在臺北成立總裁辦公室，推動黨務、訓練、政治、軍事及外交等工作，俾在必要時以「非常委員會」主席名義直接處理軍政事務；國民黨的中常會也奉蔣中正交議之黨的改造案，於 7 月 18 日在廣州由多人組成小組，10 月間並在臺北成立革命實踐研究院，對政治改革、黨務改革作出建議，要強化基層的小組，並在農工青年知識分子中結合優秀人才，擴大黨的影響力。只是因為

47　曹聖芬，〈從溪口到成都〉，頁 87。

軍事方面變化太快，難以落實。[48]

二、蔣中正復總統職

　　1949 年 10 月 12 日，李宗仁代總統明令中央政府從廣州遷往重慶。在此之前，李以時局不利，萌生退意，於 10 月 8 日請總統府祕書長吳忠信（1884-1959，安徽合肥）轉達蔣中正，請蔣復總統職，但蔣未能決定，與閻錫山（行政院長）、陳誠（臺灣省主席）、黃少谷（甫離開行政院祕書長職）、丁惟汾（山東籍黨國元老）、洪蘭友（國民黨祕書長）等數十人數次研商後，決定採被動態度，以免內部分裂（李宗仁在其回憶錄中表示其實是吳忠信等人去請李向蔣「勸進」）。[49] 李宗仁繼於 11 月 20 日共軍威脅重慶時赴香港，準備到美國就醫，並函告蔣中正。[50]

　　1950 年春，共軍完全控制中國大陸，一再揚言要解放臺灣，民國政府各部門則甫從重慶和成都遷移臺灣，此時李宗仁遠走美國，中央政府沒有領導人，軍隊士氣低落、裝備缺乏，急需整編，「政治、軍事、黨務、社會早成為無政府狀態」，而且在外交上至為孤立，人心惶惶，

---

48 《蔣中正先生年譜長編》，第 9 冊，頁 323-324；劉維開，《蔣中正的一九四九：從下野到復行視事》，第 3 章。

49 詳細經過參考《蔣中正日記》，1949 年 10 月 9 日、10 日、15 日、18 日；《李宗仁回憶錄》，頁 661-664；劉維開根據吳忠信日記等之記載所作之析述，《蔣中正的一九四九：從下野到復行視事》，第 5 章；《蔣公與我：見證中華民國關鍵變局》，頁 149-155。

50 《李宗仁回憶錄》，頁 665-66；蔣中正認為李為國家元首，去英國殖民地不妥，見《蔣中正先生年譜長編》，第 9 冊，頁 395-396。

困難重重，蔣中正在1月26日在國民黨中常會上強調稱：
「如果本黨澈底失敗，臺灣淪陷，那我就犧牲在臺灣！臺
灣是我手上拿回的，我用我的生命去保障」。[51] 次日，他
甚至在日記中記下：「國際環境險惡已極，國家前途更覺
渺茫，四方道路皆已斷絕，美、俄、英各國政府皆以倒蔣
扶共、滅亡中華民國為其不二政策也。此時惟有盡其在
我，聽之天命，成敗存亡、生死榮辱置之度外，以期不愧
為黃帝子孫、總理革命信徒而已。」年底再記當時局勢
為：「本年三月（未復職）以前，無論從任何方面觀之，
革民〔命〕前途已絕對絕望，國家民族與人民之生命，只
有等待滅亡之一途，而一般人心之沉迷陷溺，黨德之掃
地，更為可怖。」[52]

在此絕望之時，蔣還派了蔣經國和王叔銘（1905-1998，
山東諸城，黃埔一期，當時任空軍副總司令）在1月26日
至29日到國軍仍掌控的大陸一隅西昌（當時是西康省的
省會，中共建政後取消西康省，歸入四川境內，現在當地
設有太空基地，主要住民是彝族），和當地的最高軍事首
長──西南軍政副長官胡宗南及幕僚懇談，是否可以自己
也去西昌指揮軍事，而把臺灣交給臺灣省主席陳誠負責。
之後了解那四境多山、漢彝雜處的西昌，不論地理環境或
生活條件均不適合建立大軍來作長期抵抗共軍的作戰基

51　《蔣中正先生年譜長編》，第9冊，頁439。
52　《蔣中正日記》，1950年1月27日、「三十九年工作反省錄」。

地，乃放棄此想法。[53] 下文（第三章第二節和第四章第二節）將述及，**不前不後**，就是在蔣中正對前途感到最悲觀絕望的這幾天，在莫斯科進行的中蘇共的同盟條約談判反而導入了一個未能料及的、對臺灣生存有利的契機。

至於在臺灣的國民黨研究小組卻始終研究不輟，其中一個重要的共識，便是要蔣中正儘快復行視事，回任國家元首的位置，因為只有掌握政權，建立國家領導中心，才能全面推動各個部門的改革。[54]

中國國民黨中央黨部既已在 1949 年 12 月 11 日遷臺北辦公，在 22 日的中央委員談話會中便決議：「黨國危難之際，中樞不可一日無人主持，應懇請總裁即日復行總統職權」。[55] 1950 年 2 月 16 日，蔣中正也在日記中承認：「余如再不出而負責，則僅存之臺灣，最多不出三月……悲乎，奈何。」「此時實為國家命運決於俄頃之際，若不毅然復職，不惟僅存之臺灣根據地不保，中華民族真將永

---

53 《胡宗南先生日記》，1950 年 1 月 26-29 日；蔣經國對此行的敘述見《疾風勁草：胡宗南與國軍在大陸的最後戰役（1949-1950）》，附錄 8，頁 243-244。

54 例如 1949 年 12 月 1 日臺北總裁辦公室的設計委員會便曾致電成都給蔣總裁，強調蔣引退時並未向國民大會辭職，所以復位不會引起憲法上的手續問題；而司法院院長王寵惠、大法官林彬也強調蔣引退的目的是先在一旁看能否不要打仗，重現和平，而現在由於「不能視事」原因消失，李副總統代行職權自然解除。另外，12 月 6 日，張其昀亦曾完成政治改革方案稿，見張其昀原著，中國文化大學圖書館主編，《質樸堅毅：張其昀日記（1949-1950，1952）》（臺北：民國歷史文化學社，2021），頁 4、9-10。

55 會中共達成六項決議，參考劉維開，《蔣中正的一九四九：從下野到復行視事》，頁 290 的整理。

無翻身自由之日。」[56] 此時蔣經國已經從西昌返來，蔣中正自也斷絕了本人再去西昌領導抗共的念頭，而蔣對「僅存」之臺灣根據地的認識，也間接顯示在他心中當然知道那另外在大陸的唯一據點——西昌不可能久撐（後來西昌果在 3 月 27 日淪陷）。[57] 而也就在 2 月間，尚有英國人往見駐美大使顧維鈞，表示如果蔣中正能夠離開臺灣，將政權交予其所舉之三人，則（英美政府）將厚贈豪華輪船云。[58]

　　由於李宗仁胃疾滯美不願回國，行政院院長閻錫山又認為沒有代總統批准，如要做許多決定等於違法，便要辭職；接著中共和蘇聯又在 2 月 14 日簽訂條約，建立「同盟」——實際上是接受蘇共領導，於是「非常委員會」便於 2 月 19 日電報在美的李宗仁能否於 24 日回國主政。在李不能回國的情況下，黨政要員多人陳誠、張羣、閻錫山、陳立夫、吳鐵城、洪蘭友、張其昀、黃少谷、王世杰、吳國楨、陶希聖、鄭彥棻、谷正綱、蔣經國等人便請蔣中正儘速復職。

　　蔣中正乃在 1950 年 3 月 1 日宣佈重新視事擔任總統。同時發表文告予全民稱，上年引退乃「冀共黨幡然悟悔，

56　《蔣中正日記》，1950 年 2 月 16 日、「三十九年工作反省錄」。

57　西昌戰役之背景及經過，參考《疾風勁草：胡宗南與國軍在大陸的最後戰役（1949-1950）》，第 10 章。

58　此係 1953 年 9 月國防部總政治部蔣經國主任訪問美國時顧維鈞大使所密告，但顧不願透露是哪三個人，《蔣中正日記》，1953 年 10 月 23 日

弭戰銷兵，出人民於水火」，但中共「擅改國號，僭立政
權，與蘇俄訂立偽約，出賣國家領土資源」，世界之危機
日益迫切，而李代總統積勞出國療養，迄今健康未復，
「際此存亡危急時期，已無推諉責任之可能」。此項再建
中華民國的領導中心，以及致力改革，加強建設之舉，事
後證明確是臺灣轉危為安最重要的作為。[59]

　　蔣中正復總統職以後的立即作法是：確立軍政預算、
財政收支改善、改組行政院、重整各部會、整頓情報機
構、確定臺灣地方自治，實行民選縣市長、整頓稅收機關、
充實民眾自衛隊。[60] 3 月 7 日，蔣再咨文立法院提名陳誠
為行政院長，8 日獲立法院三百零六票同意，七十票不同
意，棄權五張，廢票七張。陳誠繼請張厲生任副院長、黃
少谷任祕書長，內政部長余井塘、外交葉公超、財政嚴家
淦、經濟鄭道儒、交通賀衷寒、教育程天放、司法林彬、
主計陳良，政務委員包括吳國楨、蔡培火、田炯錦、黃季
陸、董文琦、民社黨的楊毓滋、青年黨的王師曾等；參謀

---

59 詳見劉維開，《蔣中正的一九四九：從下野到復行視事》，第 5 章；
　《蔣公與我：見證中華民國關鍵變局》，第 11 章；美國國務院亦於 3
　日表示，美國承認蔣中正為中國的總統，而非李宗仁，參考《中華民
　國史事紀要─民國 39（1950）年 1-3 月》（臺北：國史館，1994），
　頁 463-543；《蔣介石與現代中國的奮鬥》，下冊，頁 547-548；
　事實上，當蔣中正引退次日，美國駐華大使司徒雷登即建議華府
　稱，根據憲法，蔣隨時可以回來復位，是以建議國務院不必對李
　宗仁代理總統事發表評論，The Ambassador in China (Stuart) to the
　Secretary of State, Nanking, January 22, 1949, *FRUS, 1949, The Far East:
　China*, Vol. VIII, Document 86。

60 《蔣中正日記》，1950 年「三十九年工作反省錄」。

總長為周至柔，副總長郭寄嶠，陸軍總司令孫立人，聯勤
總司令黃鎮球。[61] 以上官員之中，葉公超、嚴家淦、吳國
楨、孫立人都是英文流利，能與美方溝通無礙。[62]

第三節　黨務改革、民間組織之建立及
情治工作的成果

一、黨務改革

　　蔣中正在 1950 年 2 月 2 日自記：「革命事業一切以
黨為基礎，黨以網羅人才予以組織訓練之，使能行使政
策，實現主義，而後建國方針方能完成。余之功敗垂成
者，乃以黨事委之於他人，而己則專務軍政，對於人事組
訓毫無基礎，此其所以敗亡如此之速而慘也。」也就是，
他認為「革命失敗之起因，實在黨務內部之分裂，乃影響
於軍事、政治與經濟、社會及教育等紛亂與崩潰」。[63]

　　因此到了 6 月韓戰爆發，臺灣局勢稍穩之際，蔣於 8
月 5 日在臺北解散國民黨中央常會，正式成立「中國國民
黨中央改造委員會」，其成員除了張道藩、胡健中、谷正
綱外，其餘原來的常委包括陳立夫等一律摒除，並即通過
改造方案，厲行黨務改造，決心更生重建。其重點有三：
即黨務的重組、黨的一元領導，以及黨走入群眾。乃發表

61　《陳誠先生日記》，1950 年 2 月 19 日、22 日、28 日，3 月 1 日至 28 日。
62　參考《蔣介石與現代中國的奮鬥》，下冊，頁 548。
63　《蔣中正日記》，1950 年 2 月 2 日、「三十九年工作反省錄」。

陳誠、張其昀、張道藩、李文範（紀律委員會主委）、俞鴻鈞（財務委員會主委）、陶希聖（設計委員會主委）、蔣經國（幹部訓練委員會主委）、陳雪屏（第一組主任）、谷正綱（第二組主任）、鄭彥棻（第三組主任）、曾虛白（第四組主任）、袁守謙（第五組主任）、唐縱（第六組主任）、郭澄（第七組主任）、崔書琴、谷鳳翔、沈昌煥、連震東、胡健中、蕭自誠等為委員，由張其昀任祕書長、周宏濤為副祕書長。特重紀律與考核，並讓黨員重新登記與歸隊，且在第二天即開始開會檢討。8 月 8 日再通過派羅家倫為黨史史料編纂委員會主任委員、洪蘭友為副主任委員。[64]

　　8 月 14 日，蔣在國民黨的擴大總理紀念週上強調，鑒於蘇聯侵略和中共極權的壓迫，中國國民黨必須改造為一革命民主政黨，必須改革組織和作風，以轉移社會風氣、改革政治和經濟，肅清階級鬥爭的思想、貫徹平均地權的主張，依據大多數民眾的共同利益，促進各階級各職業互

---

64 《蔣中正先生年譜長編》，第 9 冊，頁 535。蔣中正認為改造委員會之設置「為革命歷史絕續最大之關鍵，實為政治復職、軍事集中二大處置以後之最後一着也。」《蔣中正日記》，1950 年「三十九年工作反省錄」。另見中國國民黨中央委員會黨史委員會編輯，《中國國民黨與中華民國》（臺北：中國國民黨第十三次全國代表大會祕書處，1988），頁 247、250-251；呂芳上總纂，《中華民國近六十年發展史》（臺北：國史館，2012），上冊，頁 55-58；《中華民國史事紀要—民國 39（1950）年 7-12 月》，頁 266-272；改造委員會全體成員於 1950 年 8 月 5 日宣誓典禮及在中央黨部前之合影，見《質樸堅毅：張其昀日記（1949-1950，1952）》，頁 XI。

助合作，建設臺灣成為收復大陸以後的建國楷模。[65] 9 月
1 日，「改造委員會」發表「本黨現階段政治主張」，決
心革新組織、整肅紀律，改變作風，一切要從臺灣做起，
要恢復中華民國領土主權的完整，完成三民主義的民主政
體。至於反攻收復時期的主張：對於中共的元凶首惡，絕
不寬宥，但一般共黨分子，則准許戴罪立功，農民耕種的
土地，繼續耕種，保障勞工利益，推行工業民主制等。[66]

　　改造委員會不斷舉行會議，推動全面改革，其中多次
係蔣自己主持，以檢討黨的實務，嚴明紀律，「來求得黨
的革命精神的提振，黨的革命事業的重生，這樣才算是復
興了黨德，召回了黨魂，黨才能真正的成為一個受民眾愛
戴的革命領導中心。」蔣另外在 10 月 24 日再推動臺灣省
改造委員會的成立，要大家化除派系，同心一德；並注重
編訂黨史，還推動全國性的「反共抗俄總動員綱領」。[67]

　　鑒於黨必須與時俱進，向下扎根，才能向上結果，蔣
中正繼續在 1953 年 8 月 20 日指示祕書長張其昀：基層黨
部的主持人必須注重服務精神，要像牧師般不計報酬，為
社會上窮苦與災難之人民解除困難；青年黨員應規定其為
社務、鄉村、漁民、鹽民、礦工中業餘之服務最低之期
限，及其工作成績之標準應作詳細之規定，以為考績之依

65　《中華民國史事紀要─民國 39（1950）年 7-12 月》，頁 324-328。

66　《蔣中正先生年譜長編》，第 9 冊，頁 544-545。

67　《蔣中正先生年譜長編》，第 9 冊，頁 598-599；《質樸堅毅：張
　　其昀日記（1949-1950，1952）》，1952 年 1 月 10 日，頁 92-93；
　　蔣經國，《十年風木》（臺北：近代中國社，1985），頁 71。

據；此外，地方政治基層機構，如合作社、農會、水利會、衛生處等主管人員、辦事人員，地方黨部必須密切聯絡、考察、並與之配合；同時，各縣市黨部書記應由各地的小學校長或其鄉長兼任為原則。[68]

二、婦女及青年組織之建立

中共長於組織，所以民國政府遷臺後特別強化社會組織，集中民間力量，以組織對組織。在黨務改革之外，政府相關部門還特別成立了其他的組織，在此以婦女和青年組織為例（國民黨黨部後來也另外成立婦女工作會和青年工作會，是不同的性質）。

1950年4月17日「中華婦女反共抗俄聯合會」（1964年更名為「中華婦女反共聯合會」，1996年再更名為今日所稱的「中華民國婦女聯合會」）於臺北賓館正式成立，蔣宋美齡夫人為主任委員，三百餘人參加。行政院院長陳誠、內政部部長余井塘、臺灣省主席吳國楨、省參議會議長黃朝琴、臺北市市長吳三連等均在場觀禮。蔣中正總統致辭，期望臺灣婦女同胞動員去救國，確保臺灣，對於傷病官兵及其眷屬加以救濟，並要防止共諜的潛伏活動。蔣宋美齡致辭時宣佈婦聯會的工作分為宣傳、慰勞、組訓三種，人人可以參加，目標是反共抗俄。[69]

68　《蔣中正先生年譜長編》，第10冊，頁232-233；張玉法，《中華民國史稿》，頁522-523。

69　《中華民國史事紀要—民國39（1950）年4-6月》，頁168-174，該會

　　當時因為戰事接連不斷，前線官兵需要衣服，是以婦聯會一項重要的工作便是勞軍、以及為戰士縫製征衣。在成立三個月內，便有一七六九人在各工場工作，每日投入工作者川流不息，包括各年齡層及不同背景的婦女，每天完成二千餘套衣服，完成後送聯勤總部各地總庫貯存，統籌分發。縫製征衣不但推動了國家與個人家庭的互動，增進了對婦女們的愛國教育，而且還成為媒體報導的焦點。此項工作持續了四十年才停止。[70]

　　蔣宋美齡（1898-2003），籍貫海南文昌，美國麻州衛斯理學院（Wellesley College）畢業，1927 年 12 月與蔣中正結婚，其後協助蔣推動新生活運動、建立空軍、協助解決西安事變，領導婦女團體支援抗戰、成立遺族學校、並協助眾多外交工作，獲得盟國尤其美國朝野尊敬，來臺後成立婦聯會，華興學校、振興醫院等。[71] 本書第六、七、十二章所列蔣中正多次與美國來賓的重要談話，蔣宋美齡亦參與。

　　成立當日專題演講係請中共總理兼外長周恩來的弟媳馬順宜講「我為什麼到臺灣來」；《蔣公與我：見證中華民國關鍵變局》，頁 471。

70　梅家玲，〈戰爭、現代性與五零年代台灣的文化政治─以婦聯會征衣工作為例的探討〉，國立臺灣大學中國文學系主編，《林文月先生學術成就與薪傳國際學術研討會論文集》（臺北：國立臺灣大學中國文學系，2014），頁 580-598。

71　《蔣中正先生年譜長編》，第 2 冊，頁 148；第 4 冊，頁 450；第 5 冊，頁 208-213、463-465、610；第 7 冊，頁 291-94，496-510；第 8 冊，頁 265-266、287、531-533 等；蔣宋美齡以上作為參考陳立文主編，胡斯慧英文編譯，《佳美的腳蹤：宋美齡與她的時代》（*A Legacy of Grace and Resilience: Soong Mayling and Her Era*）（臺北：中華民國婦女聯合會、民國歷史文化學社，2023），頁 83-350。

此外，為了結合青年的力量，臺北並組織「中國青年反共抗俄聯合會」，1950 年 4 月 16 日籌備會發表宣言，11 月 1 日正式成立並舉行第一次大會。出席代表一三一人，均為各青年組織之領導人，由嘉義代表劉家治主席，教育部部長程天放、內政部次長唐縱、國民黨改造委員會祕書長張其昀、國防部總政治部主任蔣經國、師院院長劉真、臺大訓導長傅啟學等參加；蔣中正也頒佈訓詞，以青年救國的歷史勉勵全體成員。[72]

三、情治工作獲得重大成果

1949 年 6 月 14 日，中共中央軍委要三野的粟裕（華東軍區黨委第二書記，主持華東軍區工作，兼南京市市長）、張震（三野及華東軍區參謀長）研究分化臺灣敵軍，爭取一部分裡應外合；恰在此時，民國政府的情治單位也在 6 月偵知中共已設法收買守衛臺灣的國軍士兵，以致蔣總裁還特別提請臺灣省主席陳誠注意防備。[73]

先前，李宗仁於 1949 年 1 月擔任代總統之後，為了取信於中共，以便與之和談，曾令行政院執行「停止特務活動」等七項和平措施；在和談期間，復循中共要求，將主要的偵防機構——國防部保密局解散，因此保密局只有

---

72 《蔣中正先生年譜長編》，第 9 冊，頁 477、572；《史事紀要－民國 39（1950）年 4-6 月）》，頁 154-57；《史事紀要－民國 39（1950）年 10-12 月》，頁 200-203。

73 《蔣中正先生年譜長編》，第 9 冊，頁 307；《毛澤東軍事年譜 1926-1958》，頁 759。

少數人員到達臺灣。但令人想不到的是：保密局這些少數
人卻從 1949 年 8 月底於基隆查及《光明報》開始，在肅
諜方面得到進展，破獲了當地共諜組織，然後順藤摸瓜，
到了 1950 年 1、2 月間，將中共在臺已經建成的龐大的共
黨及間諜組織「臺灣省工作委員會」（工委）破獲。其首
腦蔡孝乾投誠，供出了所有細節，而其他三位主要幹部：
負責臺南、高雄地區的省工委副書記兼組織部長陳澤民、
負責新竹地區的張志忠、以及負責臺中地區的洪幼樵也均
向政府投誠，便讓情治單位破獲了基隆、臺北、臺中、臺
南、高雄等地的工委，逐漸摧毀了八十多個共黨的支部和
小組，逮捕了一千八百餘共黨成員及共諜，其中包括軍中
主管作戰的國防部參謀次長吳石和其同僚等。中共中央軍
委會最初曾計畫在 1950 年秋季渡海進攻臺灣，此次情治
單位的成就瓦解了當時島內主要的中共內應力量。[74]

　　蔡、陳、洪、張四位投誠的共黨領導人聯名發佈「告
全省中共黨員書」，強調臺省同胞對中共「一面倒」向蘇
聯的、違反民族利益的國際政策厭惡，且因「三七五」減

---

74 李宗仁在 1949 年 1 月 24 日為與中共和談所飭令行政院執行的七項
　和平措施，見劉維開，《蔣中正的一九四九：從下野到復行視事》，
　頁 108；另參考國防部總政治部主任蔣經國宣佈破獲中共在臺祕密組
　織經過，並宣佈「台灣中共黨員自首報到辦法」，見《史事紀要—
　民國 39（1950）年 4-6 月》，頁 471-481；以及張玉法關於共諜案列
　表，《中華民國史稿》，頁 538-542；至於中共期待在攻臺時有相當
　的內應力量亦告訴了蘇聯，見劉少奇訪問蘇聯時給史達林的書面報
　告：〈劉少奇致史達林報告：中共的方針政策（1949 年 7 月 4 日）〉，
　他樂觀地報告稱：「臺灣因有部分國民黨軍隊作內應，可能提早占
　領」，見《俄羅斯解密檔案選編：中蘇關係》，第 2 卷，頁 75。

租等土地改革政策讓大量的人民受惠，使得彼等擴大共黨在臺勢力的工作推動困難，因此規勸現在尚未自首的中共黨員自首，以便讓臺灣的社會得以澄清。其後在一個月內就有四百名共諜自首投案。[75]

以上顯示 1949 年至 1950 年，中華民國政府能夠與中共交手慘敗後又在臺灣站住，對內而言，蔣中正領導中心重新建立，再來是執政的中國國民黨銳意改革。而同時破獲中共的龐大間諜網，消滅共軍犯臺時的重要內應力量，得以保持安定的社會環境，才能積極進行建設。但是民國政府如要繼續生存發展，必須因應外部的挑戰。最重要的便是中共政權在軍事上的對臺威脅，以及在本地區有重大影響力的超強美國，與其在外交和軍事上的對華政策及作法，先就後者政策的變化加以觀察。

---

75 本案詳情可參《大略雄才—葉翔之先生百齡冥誕紀念集》（臺北：中華民國忠義同志會，2011），頁 25-41；《史事紀要—民國 39（1950）年 4-6 月》，頁 471-479；至於吳石及其共諜同僚陳寶倉、朱諶之、聶曦四人，中共均為之建立塑像於北京西山無名英雄廣場予以紀念，見黃年，《從梵谷的耳朵談兩岸關係》（臺北：聯經公司，2017），頁 52-60；另見《蔣介石與現代中國的奮鬥》，頁 542；《臺灣現代化的推手：蔣經國傳》，第 11 章；另，蔣中正總統於 1950 年 3 月 7 日召見臺灣省保安副司令彭孟緝，聽取中共滲透情形之報告後感嘆稱：「匪諜對我內部各部門之深入程度，殊為寒心，而且期於五月以前準備部署完妥，則匪本定於五月間攻臺可知。」《蔣中正日記》，1950 年 3 月 7 日。

第二章　1949 年至 1950 年 美國的對華政策與 對臺態度

第一節　馬歇爾調停失敗後的對華觀望

　　馬歇爾（George Marshall, 1880-1959）係美國陸軍上將，在二次大戰中立大功而享盛名，1945 年 12 月為杜魯門總統任命為特使，派赴中國調停國共衝突，失敗後於 1947 年 1 月回到美國接替伯恩斯（James F. Byrnes）擔任國務卿，直到 1949 年 1 月再交給艾奇遜（Dean Acheson, 1893-1971, 曾任國務次卿，深入參與美國冷戰時期外交政策）。馬歇爾任國務卿是美國陸軍參謀長（Chief of staff of the Army）艾森豪（Dwight Eisenhower）在七個月前，於 1946 年 5 月來南京時私下當面轉達，徵得其同意的。[1]

　　1947 年 1 月 8 日，馬歇爾失望地離開中國。當天早上，他問美國駐華大使司徒雷登（John Leighton Stuart，1876-1962，接替父母為美國在華傳教士，曾任燕京大學校長）說，目前（國共）和平談判已經破裂，美國對中國應當採取什麼政策呢？司徒答復說，現在有三種方式：

1　王成勉編著，《馬歇爾使華調處日誌（1945 年 1 月 -1947 年 1 月）》（臺北：國史館，1992），1946 年 5 月 9 日，頁 81。

第一，積極支持國民政府，尤其在軍事顧問方面，另外
　　　推動改革，按階段分配援助資金；

第二，美國不提供明確的計畫，只採取觀望政策；

第三，從中國內部事務中完全退出。

　　司徒又補充他最支持第一種，但在後面兩種中他又
傾向第三種。馬歇爾沉思片刻後，表示總體上同意司徒的
看法。[2] 事後看來，馬歇爾對中國是採取司徒建議的第二
種作法。

　　由於蘇聯史達林政府當時先已建立了東歐各衛星國，
並支援亞洲、拉丁美洲及非洲親共勢力，把共產主義的影
響力擴展到各大洲，美國杜魯門總統乃於 1947 年 3 月 12
日在國會宣佈其「杜魯門主義」（The Truman Doctrine），
主張經援希臘、土耳其，以抵擋共產主義的擴張，從此
象徵著東西方冷戰的開始。美國政府採用學者外交官
肯楠（George Kennan）的建議，以圍堵政策（Policy of
Containment）應對蘇聯對外擴張的共產勢力；在經濟上，
則以國務卿馬歇爾為名，推行馬歇爾計畫（The Marshall
Plan，即歐洲復興計畫），協助西歐的經濟復甦；[3] 1949

2　《馬歇爾使華調處日誌（1945 年 1 月 -1947 年 1 月）》，頁 188；
　　司徒雷登著，陳麗穎譯，《在華 50 年：從傳教士到大使－司徒雷
　　登回憶錄》（上海：東方出版中心，2020），頁 122；《蔣介石與
　　現代中國的奮鬥》，第 8 章。

3　各相關文件全文見 Harry Truman, "The Truman Doctrine"; George
　　Marshall, "The Marshall Plan"; and George Kennan, "Sources of
　　Soviet Conduct" in *The Annals of America*, Vol. 16 (1940-1949) (Chicago:
　　Encyclopedia Britannica, Inc., 1968), Documents 87, 88, 89, pp. 434-446。

年再建立北大西洋公約組織（NATO），在軍事上對抗蘇
聯。但這一切作為都是以歐洲為範圍，以蘇聯為主要敵人
的設計。[4]

一、國共勢力的消長

在亞洲，美國在馬歇爾主導下，延緩對華援助。國民
政府卻因為戰事擴大而經常失敗，使得控制地區逐漸縮
小，農工原料來源日蹙，不得不以發行更多法幣來支持龐
大開支，以致通貨膨脹迅速加劇、社會不安；1948 年秋，
國府為了挽救通貨膨脹而發行金圓券失敗，大量的中產階
級失去財富，軍官們更無法養家，許多便失去鬥志，未能
抵擋共軍的攻勢。[5] 而美援軍品、零件來源斷絕，作戰掣
肘，更加不易打勝仗。

在經濟和軍事危機日益嚴重的惡性循環之下，尤需
美援的支持。政府乃從正規管道不斷與美方聯繫，例如
由駐美顧維鈞大使拜會杜魯門總統，討論美援等事；[6] 另

4　北約成立的目的及「第 4 點計畫」（The Point-Four Program），見
　　The Annals of America, Vol. 16 (1940-1949), Documents 115, 116, pp. 587-599.

5　《蔣中正日記》，1948 年 11 月 3 日；《司徒雷登回憶錄》，頁 135；《蔣
　　介石與現代中國的奮鬥》，頁 248-249、494-495、499-500。

6　顧維鈞在 1948 年 11 月 24 日拜會杜魯門總統並面遞備忘錄，期望
　　美國儘速提供中方武器裝備如空軍飛機、炸彈，或依照 1945 年價
　　格，而非漲價，提供雙方原已商定的十個師的武器等，當時東北戰
　　局及徐蚌會戰對政府均極不利，杜魯門便說，他贊成援華，但要再
　　同馬歇爾商量，參考《顧維鈞回憶錄》，第 6 分冊，頁 553-567；
　　美方記錄另參 The Chinese Ambassador (Koo) to the Secretary of State,
　　Washington, November 25,1948, *FRUS, 1948, The Far East: China*, Vol.
　　VIII, Document 166.

外，蔣中正夫人宋美齡女士還以問候生病住院的馬歇爾為名，以私人身份於 1948 年 11 月至 12 月到華府，到醫院探望馬歇爾國務卿，也接受馬歇爾夫人接待，住在其在華府近郊的別墅九天，並設法與杜魯門總統懇談，卻都沒有改變美國在中國內戰中袖手旁觀的立場。[7]

　　1940 年代後期，由於中共以及第三勢力的宣傳，使得一般認知──包括許多高級知識分子，都以為美國給了國民政府大量援助，其實是完全不瞭解情況。司徒大使回憶：「我們當時根本沒給國民黨什麼援助」，例如「整個 1947 年美國對華政策都是猶豫搖擺的」，「軍事援助是由國會在 1948 年春天投票通過的，援款總數一億二千五百萬元，沒有限制用途，[8] 但是中方還是很謹慎，都是與巴爾將軍商量之後才讓屬下去購買物資。儘管如此，直到

7　蔣宋美齡夫人赴美國懇談，蔣中正「以為決無希望，不必多此一舉，徒加恥辱」，但蔣夫人以國家陷入如此之悲境，「個人榮辱事小，國家存亡事大，無論成敗如何，不能不盡人事」，「悲泣不置」，仍然前往，乃先到華府華德瑞特醫院（Walter Reed）以探病為名與馬歇爾談話；杜魯門夫婦則另在總統招待所 Blair House 以茶會接待。《蔣中正日記》，1948 年 11 月 25 日、27 日；蔣夫人爭取美援之檔案另參《佳美的腳蹤：宋美齡與她的時代》，頁 154-171；馬歇爾與蔣夫人的談話內容及杜魯門態度之美方檔案，分見 Memorandum of Conversation, Washington, December 3, 1948；以及 The Acting Secretary of State to the Ambassador in China (Stuart), December 13, 1948, *FRUS, 1948, The Far East: China*, Vol. VIII, Documents 250, 252；此行另參考董顯光原著，曾虛白中譯，《董顯光自傳：報人、外交家與傳道者的傳奇》（臺北：獨立作家，2014），頁 235；《蔣公與我：見證中華民國關鍵變局》，頁 72-81。

8　Memorandum by the Secretary of State to President Truman, Washington, May 14,1948; President Truman to the Secretary of State, June 2, 1948, *FRUS, 1948, The Far East: China*, Vol. VIII, Documents 79, 81.

1948 年下半年，很多預定的軍事物資才運到中國，那時國民黨軍隊大勢已去」。[9]

中共軍隊在蘇聯協助下，卻從東北開始漸占上風。[10] 等到 1948 年共軍在東北的內戰中得勢，中共關閉了美國在中國東北的電台時，一名美國的官員反而坦白地表示，電台的任務「不是偵察，而是希望同中共取得聯繫」；1948 年底，國民政府在徐蚌（淮海）戰役中失敗、華北戰役亦即將失敗時，蘇聯在華大使館回報莫斯科的分析中更吐露：當時共軍包圍北平，美國在北平的二五五位「僑民」並不離開，其中有八十七人是領事館人員和經濟合作辦事處的人員以及家屬，甚至陸軍、海軍武官也不離開，美國人「希望促成（和中共的）和平談判。對此，傅作義在北平附近和塘沽努力避免交戰。」至於有重大影響力的國務院顧問，學者外交家歐文・拉鐵摩爾（Owen Lattimore），連同英國一些資本家也都力勸美國政府改變對中共政策。不但如此，許多美國人都認為「中國將是美國工業的市場，西方文化的目標……儘管共產黨勝利了，

---

9 《司徒雷登回憶錄》，頁 125-126、142-143、168；Summary of Gen. Barr's telegram No. 871 OAGA of December 18,1948, *FRUS, 1948, The Far East: China*, Vol. VIII, Document 184。

10 《司徒雷登回憶錄》，頁 134-137；早在 1945 年 8 月蘇聯與國民政府簽訂《中蘇友好同盟條約》後不久，在中國東北的蘇軍反而開始將其占領的張家口、秦皇島、山海關等重鎮交給中共，助其控制東北，見「蔣中正日記」，1945 年 9 月 8 日；《蔣介石與現代中國的奮鬥》，頁 428-434；以上發展另參考親歷國共內戰、保臺及建設臺灣的前行政院院長郝柏村的評論：《郝柏村回憶錄》（臺北：遠見天下文化，2019），頁 100-104。

中國還將在經濟上依附於美國」。[11]

　　等到蔣中正在 1949 年 1 月 21 日下野，由李宗仁代理，政府從南京遷到廣州時，美國便令駐華大使司徒雷登留在南京，不要跟著遷往廣州，以便收集情報、保護僑民，並與中共建立聯繫。[12] 相反地，蘇聯駐中華民國大使館在大使羅申[13]領導下，跟著國民政府遷到廣州。這又引起了中共的疑慮，蘇聯領導人史達林便要前往中共中央對中共態度「摸底」的聯共（布）中央委員米高揚（Anastas Mikoyan，後來擔任最高蘇維埃主席團主席，即蘇聯元首）傳達他親自的解釋。[14]（另見第三章第一節）

11　〈蘇聯駐華使館提交的報告：美國在華政策（1948 年 12 月 27 日）〉，《俄羅斯解密檔案選編：中蘇關係》，第 1 卷，頁 323-324。

12　如前述，美方在 1948 年 11 月起即在研討大使館是否遷移的問題，12 月 17 日的初步決定便是要司徒雷登大使和主要館員留在南京，基層館員隨民國政府遷移，見 The Acting Secretary of State to the Ambassador in China (Stuart), December 7,1948, *FRUS, 1948, The Far East: China*, Vol. VII, Document 790; 關於大使館何去何從的問題，司徒雷登大使與國務院來往電報甚多，其中國務卿艾奇遜在 4 月 6 日授權司徒留在南京的電報見 The Secretary of State to Stuart, April 6, 1949, *FRUS, 1949, The Far East: China*, Vol. VIII, Document 274。

13　蔣中正曾有意對蘇聯駐華大使加強私人友誼，例如對羅申之前任彼得羅夫（Appolon Petrov）即曾派官邸醫生為其夫人治病，並讓蔣經國接待其全家郊遊。彼得羅夫離任返俄之後，蘇聯派了羅申繼任，南京政府亦接受，卻使美國懷疑中國是否改變外交方針。見沈昌煥，《沈昌煥日記——戰後第一年 1946》（臺北：國史館，2013）8 月 6 日、16 日，頁 189、200；及《蔣中正先生年譜長編》，第 8 冊，頁 371；《蔣中正先生年譜長編》，第 9 冊，頁 36。

14　對於羅申大使亦隨同南京政府遷到廣州事，先是周恩來在 1949 年 2 月 1 日於河北西柏坡中共總部向來訪的聯共（布）代表米高揚詢問，後來史達林再要米高揚二度向中共解釋。參考〈米高揚與周恩來等人會談紀要：關於中共的對外政策（1949 年 2 月 1 日）〉、〈史達林致米高揚電：對毛澤東所提一些問題的答復（1949 年 2 月 2 日）〉，錄於《俄羅斯解密檔案選編：中蘇關係》，第 1 卷，

　　司徒雷登 5 月間與其在燕京大學的學生、中共南京
軍管會外事處處長黃華（原名王汝梅）接觸，看中共的意
圖，也表達美國的態度。毛澤東對此次會面有七點指示，
包括強調美國如要和中共建交，首先必須停止援助國民
黨，並且同國民黨絕交等。中共同時並把與美方接觸的情
形，經由蘇聯留在南京的參贊列多夫斯基通報莫斯科。[15]

二、美國對華白皮書的發表

　　1949 年 6 月間，美國中情局看國軍一再敗退，建議
再觀察幾個月或一年之後承認中國的新政府。[16] 但中共
1948 年 11 月占領瀋陽，對留在當地的美國總領事館人員
卻加以拘禁。[17] 1949 年 6、7 月間司徒雷登和黃華再見了
兩次面，美方便瞭解中共尚無意與之建立較有建設性的關

　　頁 386-390、393-394；以及潘佐夫（Alexander V. Pantsov）、梁思文
　　（Steven I. Levine）著，林添貴譯，《毛澤東：真實的故事》（臺北：
　　聯經公司，2015），頁 377。

15　中華人民共和國外交部，《毛澤東外交文選》（北京：中央文獻出
　　版社，1994），頁 87-88；另根據列多夫斯基所著〈1949 年在南京
　　與黃華的三次談話〉，錄於《無奈的選擇：冷戰與中蘇同盟的命運
　　（1945-1959）》，頁 127-28；《司徒雷登回憶錄》，頁 169-170。

16　"Probable Development in China, 16 June 1949, *CIA Research Reports, China,*
　　1946-1976, Washington, D. C. University of America Publications, 1982,
　　Reel-1-0277, pp. 27-48.

17　美國國務院對其駐瀋陽總領事並分電駐華其他各館的指示是：留在瀋
　　陽以便與當地的共產黨建立工作關係，但不是對中共的承認；後來當
　　駐瀋陽總領事渥德（Angus I. Ward）拒絕將美方的通訊設備交出後，
　　便被中共拘禁，分見 The Acting Secretary of State to the Consul General at
　　Mukden (Ward), Washington, November 2, 1948；The Acting Secretary of State
　　to the Consul General at Hong Kong (Hopper), Washington, December 10, 1948,
　　FRUS, 1948, The Far East: China, Vol. VII, Documents 733, 765。

係。此時，由於杜魯門總統一再催促，美國國務院等到司徒大使在 8 月 2 日平安地離開中國大陸之後，[18] 便於 8 月 5 日發表了厚達一〇五四頁，內容分為八章的《1944 年至 1949 年的美國對華關係》（United States Relations with China, 1944-1949）檔案集，也就是俗稱的《美中關係白皮書》，其中公佈了五年來美國對華公開與祕密的文件紀錄共一八六份。國務卿艾奇遜在白皮書中所附「上杜魯門總統書」（Letter of Transmittal）中亦作了長達十五頁的摘要說明，強調中國政府在對中共內戰的失敗是其領導人的責任，美國沒有責任；惟美方亦盼望中國人民能夠明瞭，共產政權並非有利於中國人民，而是有益於蘇聯。[19]

　　中方對白皮書仔細研究後，不願「予美國朝野仍以我有求援示弱之意」，乃由外交部發表鄭重聲明，指出中

---

18 司徒係於 8 月 2 日離開南京飛琉球，他最後一次與黃華談話是在 7 月 26 日，說黃華完全是共黨的僵化思維，見 The Ambassador in the Republic of China (Stuart) to the Secretary of State, July 26,1949; August 2,1949, *FRUS, 1949, The Far East: China,* Vol. VIII, Documents 955, 969。

19 United States Department of State, *United States Relations with China, with Special Reference to the Period 1944-1949* (Washington, D. C.: Department of State Publication, 1949, pp. III-XVII; 杜魯門急切催促白皮書早日發佈的態度，見 Memorandum by the Acting Secretary of State of a Conversation With President Truman, June 13, July 21, 25, 29, 1949, *FRUS, 1949, The Far East: China,* Vol. IX, Documents 1420, 1431, 1435, 1440; 另見《中華民國史事紀要—民國 38 年（1949）7-9 月份》，頁 187-214；蔣中正對白皮書之評論為：「國不自強，何尤於人，惟在自立自強而已」，《蔣中正日記》，1949 年「民國卅八年反省錄」；《司徒雷登回憶錄》，頁 177-179；當時中國的國內戰局和國際環境，可另參考《疾風勁草：胡宗南與國軍在大陸的最後戰役（1949-1950）》，第 3-5 章；以及胡為真，《從尼克森到柯林頓：美國對華一個中國政策之演變》（臺北：臺灣商務印書館，2003），第 1 章。

方對其意見及論據「不能不持嚴重異議」，但以美方也認清中共乃馬克思主義者、莫斯科之工具，以及蘇俄已破壞了 1945 年中蘇條約之條文與精神為安慰。[20] 中共方面，則由毛澤東連續發表文章，對白皮書大力抨擊。[21]

這部白皮書是美國國務院請前太平洋關係協會幹部、無任所大使（Ambassador at Large）賈塞伯（Philip S. Jessup）等人所編纂的。艾奇遜國務卿為了達成它原設定的結論，故意不採用對國民政府有利的文件，並且知道美國軍方對中國內戰有不同的看法，便不與軍方商議，此態度並獲得杜魯門的全力支持。[22]

1949 年 10 月 1 日，中共在北平建政，成立了中華人民共和國，第二天蘇聯就加以承認並表示願意建交，任命原來的駐中華民國大使羅申為駐中華人民共和國大使。[23]

---

20 《蔣中正日記》，1949 年 8 月 15 日；《蔣中正先生年譜長編》，第 9 冊，頁 344；有關 1945 年中蘇條約及蘇聯的破壞參考《臺灣現代化的推手：蔣經國傳》，頁 132-136、第 8 章；另見本書第 3 章第 2 節及第 5 章第 1 節。

21 毛澤東各批判文為：〈丟掉幻想，準備鬥爭〉（8 月 14 日）、〈別了，司徒雷登〉（8 月 18 日）、〈為什麼要討論白皮書？〉（8 月 28 日）、〈友誼，還是侵略？〉（8 月 30 日）、及〈唯心歷史觀的破產〉（9 月 16 日）共 5 篇，見《毛澤東選集》，第 4 卷，頁 1483-1517。

22 美國參議員諾蘭（William F. Knowland）在 1949 年 11 月來華見蔣委員長談白皮書，見《質樸堅毅：張其昀日記（1949-1950，1952）》，1949 年 12 月 1 日；美國歷史學家柯貝克（Anthony Kubek）將白皮書章節加以核對，也發現賈塞伯故意不用許多有利於中華民國的文件，見《董顯光自傳》，頁 244-245；以及《顧維鈞回憶錄》，第 7 分冊，頁 227-336；國務院不與國防部商議的態度，見 Memorandum by the Secretary of State of a Conversation With President Truman, July 18, 1949, *FRUS, 1949, The Far East: China*, Vol. IX, Document 1428.

23 毛澤東、周恩來等人對此任命並不滿意，因為羅申與中共派駐莫斯科

而英國的內閣在 9 月份為了香港的安全，以及怡和洋行
（Jardine, Matheson & Co. Ltd.）等商界在上海等地的龐
大利益，決定承認中共。[24] 12 月 7 日，中華民國政府遷
臺，10 日，蔣中正離開成都飛臺，23 日成都郊區的剩餘
國軍，在護衛政府各部門安全搭機離境、遷臺之後，才開
始突圍、並且犧牲。[25]

三、反對杜魯門政府對華政策的聲音

在此同時，美國內部對於杜魯門總統和國務院對中
國局勢袖手旁觀的態度，亦有一些反對的聲音，例如國防
部長詹生（Louis A. Johnson）就拒絕讓國防部和白皮書沾
上任何關係；如前述，主管美國外交政軍的國務卿艾奇遜
對此十分清楚。[26]

的大使王稼祥（當時任副外長及中共中央委員）地位不對等，見《無
奈的選擇：冷戰與中蘇同盟的命運（1945-1959）》，頁 135-137。

24 此係英國外相貝文（Ernest Bevin）在訪問美國時為顧及與顧維鈞的友
誼而私下透露的。顧請其延後再承認，貝文說如果你們能夠防堵中共
軍隊不攻下廣州（使得香港安全），則可以延後。惟國軍未能守住廣
州，政府在 10 月 13 日又從廣州遷都重慶。見《顧維鈞回憶錄》，第
7 分冊，頁 411-414；另參考楊勝宗（資深外交官，曾任駐沙烏地代
表），《心戰聯合國：中國代表權爭奪戰 1949-1971》（新北：西北國
際文化，2022），第 1 章第 3 節；廣州戰役參考《國民革命軍戰役史
第 5 部－戡亂》，第 6 冊，頁 341-383、以及中共軍事科學院軍事歷史
研究部編著，《中國人民解放軍全國解放戰爭史》，第 5 卷，（北京：
軍事科學院出版，1997），頁 390-407；《疾風勁草：胡宗南與國軍
在大陸的最後戰役（1949-1950）》，第 5 章第 2 節。

25 在地理形勢及戰略上均不宜進行的成都保衛戰詳情，見《疾風勁
草：胡宗南與國軍在大陸的最後戰役（1949-1950）》，第 9 章；《蔣
公與我：見證中華民國關鍵變局》，頁 157-159。

26 《蔣介石與現代中國的奮鬥》，頁 532。

　　另外，令各界矚目的言論，就是二戰期間在中國戰區擔任參謀長的魏德邁（Albert C. Wedemeyer, 1896-1989）。由於在抗戰勝利當下，他以當時的身分，聯繫美政府派美軍協助重慶國民政府，將國軍迅速地運到日本占領區的平津、京滬和青島、濟南等地，幫助國民政府恢復在各地的統治，破壞了中共搶占敵後大城市的計畫，從而遭到中共宣傳不斷地攻擊。甚至當後來司徒雷登大使一度因健康狀況而倦勤時，馬歇爾還曾期望熟悉中國情勢的魏德邁接替其大使的職務，魏則因中共對他的成見已深（他表示是中共的 persona non grata，即不受歡迎的人物）而婉謝。[27]

　　1947 年 7 月，杜魯門政府派魏德邁到亞洲調查當時中國和韓國的情況（a fact-finding mission，7 月 16 日到 9 月 18 日），他在此期間作了極多的訪談觀察，也對老長官蔣中正和國民政府高層的許多舊識作了坦白刺耳的建議，力勸蔣大力改革，甚至有聽眾因之淚下。他回美後對杜魯門政府提出了頗具分量的報告，內容包括以下幾個重點：

其一，過去兩年之間，蘇聯一再對外擴張，完全沒有遵守與國民政府簽訂的友好同盟條約，而把中國東北的工業設施搬運一空，並提升中共在東北的地位，蘇聯對中國的長期計畫則是將中國共產化；

其二，雖然許多中國人痛恨國民政府的腐敗，但並不表示他們願意接受共黨統治；

27　Albert C. Wedemeyer, *Wedemeyer Reports* (New York: Henry Holt & Company, 1958), pp. 382-383.

其三，國民政府八年抗戰耗盡了經濟力量，而美國卻在
　　　雅爾達會議中把蘇聯的勢力引入（facilitate）中國
　　　東北，又停止對國民政府的軍經援助，這才是中國
　　　經濟失敗、官員貪腐背後的主要原因；

其四，國民政府固然有壓迫民眾的表現，但與共產黨的獨
　　　裁相比，後者絕對比它要更壞；

其五，現在中國的經濟正逐漸崩解中（disintegrating），
　　　因此建議美國立即在軍、經方面積極援助國民政
　　　府，包括大量派出美國軍官協助國軍將領增進其能
　　　力，如同蘇聯將領訓練中共軍人一樣。[28]

　　魏德邁在回憶錄中坦稱，報告提出後，由於不願順從馬歇爾派人轉達的指示：將其中一些內容刪除，便遭到馬歇爾領導的國務院壓制（suppressed）——因為杜魯門政府內部有甚多反對援助國民政府的聲音，尤其反對蔣介石。換言之，他坦稱，杜魯門、艾奇遜、馬歇爾集團壟斷了美國對華政策，才造成了後來的結果，而他則因為是軍人身分，始終不便對過去的軍中長官馬歇爾公開批評。[29]

　　至於美國國會中幾位反對杜魯門政府對華政策的人，都屬共和黨，首推諾蘭參議員（William F. Knowland, R-California, 1908-1974）。他堅決反共，支持蔣中正不遺餘力，甚至在 1949 年 11 月下旬，中原板蕩，蔣的情勢最

28　*Wedemeyer Reports*, pp. 463-472.

29　*Wedemeyer Reports*, pp. 388-402, Appendix VI；《蔣介石與現代中國的奮鬥》，頁 486-88。

不看好、政府又即將從重慶遷去成都之際，還偕同夫人到戰火將至的重慶為蔣打氣。[30]

而有名的參議員麥卡錫（Joseph McCarthy, R-Wisconsin, 1908-1957）則於 1950 年 2 月 9 日開始，在美國各地演說痛斥敵視基督教的共產主義，指責馬歇爾調停國共衝突時政策錯誤，導致中國大陸陷共；美國政府尤其是國務院高層都有共黨分子潛伏，包括前文所提及之拉鐵摩爾，導致對華政策的偏差，不但使得共黨在中國取得政權，亦影響了美國的國家安全，因此痛批國務卿艾奇遜。其指控一時引起美政府和輿論的自清運動，多人下獄，使 1950 年代初稱為麥卡錫時代。此對於杜魯門的民主黨政府、艾奇遜領導的國務院，及之後共和黨杜勒斯掌管的國務院等亦有警惕作用。[31]

另外一位聯邦參議員史密斯（Alexander Smith, R-New Jersey, 1880-1966）在 1949 年底考察遠東回美國之後，特別鼓吹美政府應積極援臺，使臺灣免於落入中共之手。[32]

---

30 諾蘭參議員係美國參議院共和黨領導人之一。1949 年 11 月 25 日，蔣中正總裁在重慶晚宴諾蘭夫婦，致辭說，中國正值最艱苦奮鬥之時，美國友人遠道來訪，為患難中之真知己，「實為近年來第一歡快之事」，《蔣中正日記》，1949 年 11 月 26 日。

31 參考 Joseph R. McCarthy, "Communists in the State Department", in *The Annals of America*, Vol. 17 (1950-1960), (Chicago: Encyclopedia Britannica, Inc., 1968), pp. 16-21；他指控的國務院官員當中包括抗戰期間在美國駐華大使館任職的外交人員如謝偉志（John Service）、戴維斯（John P. Davies）等人，他們對中共的「貢獻」，見梁敬錞，《史迪威事件》（臺北：臺灣商務印書館，1971，四版），頁 XII-XIII。

32 參考《質樸堅毅：張其昀日記（1949-1950，1952）》，1949 年 12 月 6 日。

第二節　中共建政後美國的態度

一、期望中共成為亞洲版的狄托

　　在中國內戰進行時，司徒雷登大使即認定中共是蘇聯擴張的工具，[33] 等中共建政以後，美政府雖然囿於國會意見和大眾輿論的反對，不得不宣稱：「不承認中共」，但是更希望的不是推翻中共政權，而是期望中共能與蘇聯分道揚鑣，而成為亞洲版的狄托（Joseph B. Tito）。是以美國和英國的對外宣傳都設法離間中共和聯共（布）（布指布爾什維克 Bolsheviks，多數之意，共黨前身）的關係，以及離間中共和蘇聯的關係。[34]

　　基本的原因是當年美國、英國和中華民國的主要利益不同。美、英都認為主要利益在歐洲，最大敵人為蘇共；而民國的主要利益卻在亞洲，最大敵人是中共。

　　狄托出生於南斯拉夫聯邦下的克羅埃西亞邦（Croatia），自 1938 年起便是南斯拉夫（Yugoslavia）共黨總書記，二次大戰時組織軍隊抵抗納粹德軍，同時受到英國和蘇聯的支助，最後光復了南斯拉夫聯邦，成為民族英雄。1945 年擔任南斯拉夫總理，與蘇聯簽訂二十年同盟條約；1946 年驅逐內部的親英國勢力，欲結合保加利亞、阿爾巴尼亞

33　The Ambassador in the Republic of China (Stuart) to the Secretary of State, Nanking, March 22,1949, *FRUS, 1949, The Far East: China*, Vol. VIII, Document 229.

34　參考〈蘇聯駐華使館（在廣州）備忘錄：美英對華宣傳動向（1949 年 6 月 30 日）〉，《俄羅斯解密檔案選編：中蘇關係》，第 2 卷，頁 74。

等組織巴爾幹聯邦，建立關稅同盟，與蘇聯平起平坐，而
同時在內政及人事上不願被蘇聯控制。例如 1947 年蘇聯
結合了八個國家的共產黨（波蘭、捷克、匈牙利、羅馬尼
亞、保加利亞、南斯拉夫、法國、義大利）成立共產情報
局（Cominform，強化各國共產黨之新聞宣傳及情報合作，
亦有對抗美國「馬歇爾計畫」在西歐的影響力之意），但
南斯拉夫卻拒絕把情報單位置於蘇聯的管轄之下。

　　另一方面，狄托對於蘇聯與英國、美國在雅爾達會
議中私下劃分勢力範圍，而且蘇聯對於南斯拉夫和義大利
之間的港灣城市的里亞斯特（Trieste，即英國邱吉爾首相
提出「鐵幕」一詞時所舉的例子之一）歸屬問題，沒有先
問南斯拉夫的意見，便同意英、美、法的主張，以及他對
蘇聯和南斯拉夫所訂經濟條約中的不平等條款等都公開表
示十分不滿，於是狄托便遭受國際共黨指責及杯葛，他遂
在1948 年與蘇聯決裂，成為二戰後史達林最大的煩惱。[35]

　　史達林十分憤怒，設法離間狄托與其同僚，甚至派人
暗殺，均未能成功，亦未能改變南斯拉夫共產黨集體支持
狄托的立場。美國見縫插針，在 1949 年給予貸款、1951
年軍事協助，並期望各共黨國家均能效法狄托，揚棄蘇聯
的控制。1953 年南斯拉夫為抵擋蘇聯的威脅，乃與北約

---

35 參考戴隆斌，《斯大林傳》（北京：人民日報出版社，2008），頁
　　388-91，394-401；當年德軍在的里亞斯特是向盟軍的紐西蘭部隊投降，
　　而非狄托領導的游擊隊，英美遂不顧狄托的要求，見 Memorandum
　　by the Acting Secretary of State to President Truman, Washington, May 4,
　　1945, *FRUS, Diplomatic Papers, 1945, Europe*, Vol. IV, Document 1063.

的土耳其及希臘訂定巴爾幹協定（The Balkan Pact）。[36] 至於狄托本人則曾一度讓南斯拉夫與中華民國政府在 1945 年建交，4 月初在他訪問蘇聯時，南斯拉夫駐蘇聯大使希彌（Stanoe S. Simic）還舉行宴會介紹狄托予中國大使傅秉常。[37]

美國在觀察中蘇共關係數年之後，中央情報局鑒於中共當局對蘇聯的臣服態度與狄托完全不同，至 1953 年 11 月才確定「中國採取狄托主義的前景渺茫」（There was little prospect of Titoism in China）[38] 至於蔣中正則在 1950 年代前期多次勸告美國各界，不要期望中共成為狄托第二。[39]

二、美政府內部默認中共占領臺灣的想法

美國看共軍在中國大陸節節得勝，國軍僅僅保有臺灣、海南和若干沿海島嶼，國務院在 1949 年 12 月 23 日提出〈臺灣問題政策備忘錄〉（Policy Memorandum on

---

36 鄭學稼，《史達林真傳》，頁 222-226；狄托名言甚多，例如「史達林在戰後視我們為他們的附庸國，但我們根本沒想過成為其附庸的可能」，「無論我們多麼熱愛社會主義的搖籃－蘇聯，但是我們也同樣熱愛自己的國家」等。參考鄧維楨總校閱，露絲‧許芙曼（Ruth Schiffman）著，諶悠文譯，《狄托》（臺北：鹿橋文化，1992），頁 87-106。

37 傅錡華、張力校註，《傅秉常日記：民國三十四年（1945）》（臺北：中央研究院近代史研究所，2014），4 月 9 日。

38 Memorandum of Discussion at the 169th Meeting of the National Security Council, Washington, November 5, 1953, *FRUS 1952-1954, China and Japan*, Vol. XIV, Part 1, Document 147.

39 《蔣中正先生年譜長編》，第 9 冊，頁 306；《蔣中正日記》，1951 年 5 月 22 日。

Formosa），認為臺灣即將落入中共手中，為了減少對美國的損害，應當對外強調：臺灣一向屬於中國、完全是中國政府的責任、沒有戰略上的重要性，而且不要對外表示任何重視臺灣的言論。

美國軍方反對此議，但杜魯門接受國務院的分析，於是國家安全會議在 12 月 30 日通過第 48/2 號文件：〈美國關於亞洲的立場〉（The Position of the U. S. with Respect to Asia），主張通過政治、經濟和心理的手段以宣傳、利用中共與蘇聯之間的分歧，以及中共內部史達林分子和其他人之間的分歧；至於臺灣，「其重要性並不足以採取軍事行動」。[40]

隨後，杜魯門根據國安會的建議在 1950 年 1 月 5 日發表聲明稱，「過去四年來，美國及其他盟國承認中國對臺灣行使主權……美國對臺灣或中國其他領土從無掠奪的野心……美國政府不擬遵循任何把美國捲入中國內爭中的途徑。同樣，美國政府也不打算對在臺灣的中國軍隊供給軍事援助……」[41] 同日下午，國務卿艾奇遜還特別召開

40　國安會政策建議原文為："Loss of the island is widely anticipated… the strategic importance of Formosa does not justify overt military action…", "The United States should exploit …any rifts between the Chinese Communists and the USSR and between the Stalinists and other elements in China", NSC 48/2, December 30, 1949, RG 273, NSC 48, National Archives. 收錄於 Stephen Gilbert（筆者於美國喬治城大學的業師）and William M. Carpenter eds., *America and Island China: A Documentary History* (Lanham: University Press of America, 1989), pp. 80-85；國務院 12 月 23 日檔案全文，見 "Document 4: U.S. Department of State's Policy Memorandum on Formosa", in Hungdah Chiu（丘宏達）ed., *China and the Taiwan Issue* (New York: Praeger Publishers, 1979), pp. 215-218。

41　U. S. Department of State, *American Foreign Policy, 1950-1955: Basic*

記者會把杜魯門上午的聲明再作解釋，強調臺灣根據開羅宣言及波茨坦宣言以及日本投降條件交還給中國，成為中國的一省，沒有人發出法律上的疑問，因為人們認為那是合法的。而美國不想攫取臺灣，不想在軍事上干涉臺灣。[42]

美國國內國民政府的友人們，對杜魯門此項講話和國務院態度十分質疑，兩位參議員諾蘭及史密斯便於 1 月 5 日造訪艾奇遜，懇切交換意見，艾奇遜再強調臺灣歷史上屬於中國，其安全並非美國主要利益，美國不需要為臺灣作戰。[43]

艾奇遜接著於 1 月 12 日在國家新聞俱樂部再度演講，而且看到中共領袖毛澤東赴蘇聯滯留不歸（見第三章第二節），認定中蘇共之間有矛盾，便企圖離間中共和蘇聯，指責蘇聯正在奪取中國北方四省。而美國為了抵抗蘇聯勢力的擴張，保衛太平洋地區的安全，設立一條北起阿留申群島，經日本、琉球，南至菲律賓的防線；他特別把臺灣排除在外，雖然要聯合國安理會維護和平，但由於也沒有提到朝鮮半島，許多人便認為這個演講對於五個月之後發生的韓戰，起了推波助瀾的功效，也就是「一言喪邦」成語的著例。[44]

Documents, Vol. 2 (Washington, D. C.: U. S. Government Printing Office, 1957), pp. 2448-2449.

42 全文中譯文見《中華民國史事紀要―民國 39（1950）年 1-3 月》，頁 59-62；另關於 48 號文件，參考《意外的國度》，頁 186-190。

43 Memorandum of a Conversation, by the Secretary of State, January 5, 1950, *FRUS, 1950, East Asia and the Pacific*, Vol. VI, Document 127.

44 該項演說全文，見 *China: U.S. Policy Since 1945* (Washington, D. C.: Congressional Quarterly, Inc., 1980), pp. 304-305；其分析見《從尼克森到柯林頓：美國對華一個中國政策的演變》，頁 7；資中筠、何迪編，《美台關係四十年（1949-1989）》（臺北：海峽學術，2014），頁 52-57。

而艾奇遜沒有提到朝鮮半島的原因之一其實是美國戰後復員太快，1949年成立北大西洋公約組織之後，必須增加駐歐美軍，以致在亞洲兵力根本不足支配。[45]

儘管中共對美國冷淡，美方還留在中國大陸的外交人員仍然期望與中共建立接觸，但缺乏成果。[46]

三、美政府估計臺灣不久陷共

由於共軍在1949年10月金門古寧頭戰役的失敗，便對1950年春攻占海南島之役不敢大意，作了充分準備之後才進行渡海作戰，由四野第十五兵團司令員鄧華、政委賴傳珠指揮，率領第四十軍、第四十三軍等部十餘萬人，在海南島內瓊崖縱隊馮白駒部二萬餘人的支援下，以偷渡和主力強渡並行的方式，從3月5日開始滲透，再於4月16日發起登陸作戰。國軍逐次抵抗，但戰力不足，而且有意保全部分軍力赴臺，遂讓共軍在5月1日占領全島。[47]

而在這種緊急狀態下，中華民國的外交官和軍方為保

---

45 參考邵毓麟，《使韓回憶錄》（臺北：傳記文學出版社，1980），梁敬錞序，頁4-5；艾奇遜的助理國務卿魯斯克（Dean Rusk）為艾「一言喪邦」之舉辯護，見其回憶錄 Dean Rusk, *As I Saw It* (New York: W. W. Norton Company, 1990), p. 164。

46 例如美國駐北平總領事 Clubb 便作了嘗試，詳見 Memorandum by the Assistant Secretary of State for Far Eastern Affairs (Rusk) to the Secretary of State, April 14, 1950, *FRUS, 1950, East Asia and the Pacific*, Vol. VI, Document 167.

47 《毛澤東軍事年譜1926-1958》，頁786、788；海南島戰役最後撤出五萬餘人於5月初抵臺。戰役經過見《國民革命軍戰役史第5部─戡亂》，第6冊，頁443-456；《解放戰爭史》，第5卷，頁426-446。

障臺灣的生存，向美方洽供 1948 年已經國會通過批准的「援華法案」（China Aid Act）下一億二千五百萬美元贈款（Grants）項的軍品，但國務院卻採取抵制：例如國務卿艾奇遜為了執行杜魯門 1 月 5 日不再軍援臺灣的指示，在 3 月間以英國反對（怕軍品落入共軍之手而威脅香港）為由，通知美國國防部不允臺北用該等款項購買 F-80 噴射機和戰車；4 月間再行文國防部長詹森（Louis Johnson），強調為執行杜魯門的政策，不得再向臺北提供軍援或軍事上的建議（advice）。[48] 4 月間，美國駐臺灣和香港的武官雖然均以蘇聯正在大規模的援助中共為由，建議政府迅速向臺灣提供軍援，但國務院所派的美駐臺代辦師樞安（Robert Strong）卻仍然表示異議。[49]

在浙江舟山方面，因國軍已祕密撤退，中共乃於 5 月 19 日加以占領。接著，強大共軍便開始陳兵東南沿海。國軍儘管努力備戰，美國中情局仍於 5 月 11 日估計，中共在 1950 年底前占領臺灣是最可能的發展；[50] 而先在 1949 年底，美國駐臺北外交官即勸部分住在臺灣的美僑撤離；1950 年 5 月 17 日，美國代辦師樞安向國務院報告，中國

48　The Secretary of State to the Secretary of Defense (Johnson), March 7, 1950; April 14, 1950, *FRUS 1950, East Asia and the Pacific*, Vol. VI, Documents 161, 166.

49　Memorandum by the Assistant Secretary of State for Far Eastern Affairs (Rusk) to the Secretary of State, April 26,1950, *East Asia and the Pacific*, Vol. VI, Document 172.

50　*CIA Research Reports China*, Reel-1-0401, 中譯文見楊奎松主編，《美國對華情報解密檔案 1948-1976》（臺北：海峽學術出版社，2014），中國內戰篇，下冊，頁 346-348；《蔣介石與現代中國的奮鬥》，頁 552-553；《毛澤東軍事年譜 1926-1958》，頁 790。

大陸的解放軍恐將於 6 月 15 日到 7 月底進攻臺灣，請求
國務院同意他撤離在臺的美國僑民，並減少美國大使館人
員，同時準備在 6 月 15 日以前將必須轉交給英國領事館
（在臺北近郊淡水）的文件準備好，獲得國務院同意。[51]
另一方面，他以駐使身分竟然不顧外交基本規範地公開表
示，臺灣的經濟將在 6 月間崩潰，揚言中華民國政府不能
拖過 1950 年 7 月。美國外交人員的乖張行為如此，再加
美僑紛紛離臺，可以想見對臺灣的民心會造成多大影響
——蔣中正當時的心境是：「於民心、軍心皆未安定之臺
灣」，「美國日日為之煽惑造謠，助張共匪來攻之聲勢，
除誓以一死殉職以外，再無保臺之希望矣」。[52]

　　韓戰在 6 月 25 日爆發後，美國國務院和中情局仍然
不改悲觀論調，分別在 7 月 26 和 27 日的不同分析中估
計，中共奪取臺灣的長期目標既已確定，而已在杭州灣到
汕頭部署了超過五千隻帆船和可牽引的船隻（其中很多木
船都能於短期間改裝成機帆船，同時中共在港代理人正在
大量收購馬達），其運兵能力至少有二十萬至二十萬五千
人。又，美軍曾在夏威夷做過實驗，用現代化軍艦砲擊木
質的帆船（junks）打不沉，因為木頭永遠浮在水面上，
所以不易阻止千萬艘木船同時強渡臺海。[53] 除了各種帆船

51　The Chargé in China (Strong) to the Secretary of State, Taipei May 17,1950; The
　　Acting Secretary of State to the Embassy in China, Washington, May 19, 1950;
　　FRUS, 1950, East Asia and the Pacific, Vol. VI, Documents 177, 178.

52　《蔣中正日記》，1950 年「三十九年工作反省錄」。

53　此項估計係四年之後美參謀首長聯席會議主席雷德福上將（Admiral

之外，至少還有七十五艘登陸艇和其他海岸艇，以供運輸六萬至八萬全副武裝的士兵，二十四小時可到達，然後進行機動靈活的登陸作戰。另外中共有可能已經擁有二百至二百五十架戰機作為掩護，因為中共從 1947 年起即在滿洲培訓飛行人員，現在應能操作這些戰機。至於在臺灣的國軍雖然已經有進步，卻仍有許多缺點和弱點，所以除非美國進行有效干預，否則中共很可能在 9 月中旬前行動，發動攻擊後幾週內即可成功占領臺灣。[54]

美國的中情局和國務院這時都不知道史達林在簽訂與中共的同盟條約之後，反而決心先幫助金日成統一朝鮮半島，而非立刻幫助毛澤東攻打臺灣，所以在 1950 年的上半年把答應支援中共的許多重要裝備都轉運給北韓。[55]

為什麼會如此？其實和中蘇共關係的發展和變化密切相關。

Arthur Radford）在國安會會議上向艾森豪總統（Dwight Eisenhower）所作的報告，見 Memorandum of Discussion at 183d Meeting of the National Security Council, February 4, 1954, *FRUS 1952-1954, China and Japan*, Vol. XIV, Part 1, Document 167。

54　〈國務院關於中國大陸攻占台灣的可能性分析（1950 年 7 月 26 日）〉、〈中情局關於中國共產黨人與國民黨人對台灣的意圖和能力的分析（1950 年 7 月 27 日）〉，雙驚華、忻華編，《美國對華情報解密檔案 1948-1976》（臺北：海峽學術，2014），臺灣問題篇，上冊，頁 252-262、263-273；另參考 Dean Rusk, *As I Saw It*, p. 166.

55　負責接洽蘇聯提供海空裝備的中共總理周恩來在 1950 年 5 月 23 日電報莫斯科中共駐蘇聯大使館，抱怨蘇聯沒照著所承諾的把裝備及時送來，《無奈的選擇：冷戰與中蘇同盟的命運（1945-1959）》，頁 225。

第三章 1950 年代初期中共
與蘇聯的結盟

　　中共在共產國際代表催生，於 1921 年建黨以後，一直與蘇聯領導的國際共產運動關係密切，接受其指揮。而在內部的持續鬥爭中，毛澤東取得了絕對領導權，仍然聽從蘇聯共產黨領導人史達林的指導。甚至在西安事變前，中共只剩萬餘部隊時，毛澤東和中共高層還曾計畫必要時遁入蘇聯避難。[1]

　　1945 年 2 月，蘇聯在雅爾達密約（Yalta Accord）中承諾，於戰勝德國三個月之後對日本宣戰，德國既於 5 月投降，蘇軍便在 8 月進入中國東北，擊敗日本關東軍，控制了東北。國民政府當時主力均在中國西南和西北，8 月 15 日日本宣佈投降，抗戰突然勝利，為了接收東北，於是要求盟邦美國協助空運、海運國軍部隊進入華北和東北恢復統治，美軍並登陸青島，協助恢復秩序。但蘇聯占領東北後卻是將之「特殊化」，將當地工業設備移去蘇聯，一面拖延向國民政府移交的時間，一面卻為中共部隊前往東北且逐漸控制廣大鄉村地區提供方便，並以大量擄自日軍的

1　陳兼，《怎忍青史盡成灰：文革政治史批判筆記》，頁 2；中共建黨的歷史另可參考陳永發，《中國共產革命七十年》（臺北：聯經公司，2001，修訂版），上冊，第 1 章。

武器供應共軍；[2] 然後到 1946 年 4 月撤軍時，撤出的區域
再交由中共接收。另一方面，國軍於 1946 年 1 月在東北
有擊敗共軍的最佳機會，卻因美國馬歇爾強力要求停戰，
使得共軍逃過了被殲的命運，然後又藉和談之機會重整旗
鼓、擴展兵力，開始漸占上風。是以蘇聯在美國馬歇爾特使
的間接協助下，對中共最終占領東北作出重大貢獻；[3] 而中
共在中國戰略要地東北的勝利，又大有助於其在大陸的得
勢。此足以說明蘇聯對於近代中國的發展有絕對的影響。[4]

第一節　中共建政前對蘇聯的輸誠

一、米高揚去中共總部摸底

　　1940 年代的後期，儘管美國頻頻向中共遞送橄欖枝，

2　參考 The Chargé in China (Robertson) to the Secretary of State Chungking,
　　September 29, October 9, 1945, *FRUS, Diplomatic Papers, 1945, The Far East,
　　China*, Vol. VII, Documents 433, 439.

3　《蘇俄在中國》，第 4 章第 8 節；蕭道中，〈中華民國廢止中蘇友好
　　同盟條約的歷程與其影響〉，《冷戰與台海危機》，頁 295-301；東
　　北地區國共戰事的詳情參考《國民革命軍戰役史第 5 部－戡亂》，
　　第 4 冊，第 2 章；《解放戰爭史》，第 1 卷第 6 章第 3 節、第 2 卷
　　第 2 章第 6 節、第 3 卷第 3 章第 4 節、第 4 卷第 3 章。另賈維錄
　　將軍記載，1946 年 2 月軍統局戴笠在派忠義救國軍赴東北時即談
　　稱：「就全面形勢來看，東北如不能確保，華北則岌岌可危；如華
　　北不能確保，則整個國家岌岌可危。」錄於《郝柏村解讀蔣公日記
　　1945-1949》，頁 371。

4　例如中共總理兼外長周恩來公開宣稱：「三十多年來（即中共建黨
　　以來）中國人民……所取得的偉大勝利……是與偉大的蘇聯人民和
　　政府在史達林同志領導之下，對於中國人民解放事業和建設事業的
　　親切關懷和偉大援助分不開的。」見《周恩來年譜（1949-1976）》，
　　1952 年 9 月 15 日（於莫斯科關於旅順口等協定的簽字儀式上）。

中共為了確保和蘇聯的關係，便沒有把握超級強國美國的善意，還利用國外的這些期望向蘇聯爭取更多好處。至於蘇聯，多疑的史達林，[5] 卻決定對中共對於美國和蘇聯的基本態度再次摸底。

於是，在 1949 年 1 月 28 日，當中國的蔣中正已在一週前下野，李宗仁在南京代理總統，急於與中共和談，中共即將在中國大陸獲勝的時候，莫斯科的聯共中央便派了政治局委員米高揚祕密到中共中央所在的河北西柏坡，[6] 和中共首腦，尤其是毛澤東舉行多次會談，俾了解中國的軍事形勢，中共以後建政的方向，與蘇聯關係的可能發展，還有毛對於不服從蘇聯命令且向蘇聯共產黨鬧獨立的南斯拉夫共產黨領導人狄托的立場等。

毛便詳細地向米高揚說明中共的意識形態和歷史發展，認為「中國革命的軍事階段實際上可以算是結束了……國民黨軍隊總共只有一一〇萬人，而且分散在烏魯木齊到上海等地區，因此機動部隊很少」，中共的武裝部

5　史達林的繼任人赫魯雪夫在其回憶錄中認為史達林對毛澤東極不信任（He had a deep distrust of Mao），而赫魯雪夫也覺得毛讓人很難了解。見 Nikita Khrushchev, *Khrushchev Remembers: The Glasnost Tapes* (Boston: Little Brown and Company, 1990), p. 142.

6　毛澤東領導的中共中央和共軍總部在 1947 年 3 月逃避國軍攻擊而離開延安，在陝北為躲避國軍追擊，到 11 月進入米脂縣楊家溝之前，二百四十八天之內搬遷三十六次（平均每週均須搬遷），然後於 1948 年 5 月遷入河北平山縣西柏坡，其位置參考《中國分省系列地圖冊：河北》（北京：中國地圖出版社，2020），頁 42-43；另見《疾風勁草：胡宗南與國軍在大陸的最後戰役（1949-1950）》，頁 18-20，以及本章第 2 節。

隊「超過三百萬人……部隊裡中共黨員的人數約占 30%
（可以確保部隊忠誠）……」[7] 至於南斯拉夫的狄托，毛澤
東明確地表示：「鐵〔狄〕托就是張國燾，張國燾原是中
共中央政治局委員，是叛徒」。另外，毛和其他中共領導
人都一再請米高揚轉達史達林有關中共願意完全追隨蘇聯
的意願，[8] 毛澤東甚至表示：「中國是如此地落後於俄國，
我們是不成熟的馬克思主義者，會犯很多錯誤，如果以俄
國的標準來看待我們的工作，那麼，我們就一無是處。」[9]

　　把狄托比喻為聯共（布）熟悉的張國燾，蘇聯共黨既
能了解，也容易接受。張國燾在北大唸書時便是學生會會
長，參加五四運動，後來與陳獨秀、李大釗發起組織中國
共產黨，1921 年中共第一次全國代表大會，據稱張就是大
會主席。[10] 1931 年 11 月 7 日中共在江西成立「中華蘇維埃

7　〈米高揚致史達林電：就軍事形勢等問題與中共代表的會談（1949
　　年 1 月 31 日）〉、〈米高揚與毛澤東會談紀要：中共當前的工作
　　方針（1949 年 1 月 31 日）〉，《俄羅斯解密檔案選編：中蘇關係》，
　　第 1 卷，頁 371、375-377。

8　〈米高揚與毛澤東會談紀要：中國局勢和中共歷史（1949 年 1 月
　　30 日）〉、〈米高揚與毛澤東會談紀要：中共當前的工作方針（1949
　　年 1 月 31 日）〉、〈米高揚與周恩來等人會談紀要：關於中共的
　　對外政策（1949 年 2 月 1 日）〉、〈米高揚與毛澤東會談紀要：中
　　共歷史問題（1949 年 2 月 3 日）〉、〈米高揚致史達林電：關於對
　　南斯拉夫的看法（1949 年 2 月 4 日）〉等文件，均錄於《俄羅斯解
　　密檔案選編：中蘇關係》，第 1 卷，頁 359-433。

9　〈米高揚致史達林電：就軍事形勢等問題與中共代表的會談（1949 年
　　1 月 31 日）〉，《俄羅斯解密檔案選編：中蘇關係》，第 1 卷，頁 374。

10　中共一大時全國黨員共五十七人，會議是在第三國際代表馬林
　　（Maring）和赤色職工國際代表尼康斯基（Nikonsky）指導下進行，
　　通過了黨綱、宣傳工作、與第三國際之關係等決議；其大會宣言表
　　示反對孫中山，要推翻南方政府等。選出主要的中央局有三人：書

共和國」時，張國燾被選為副主席。其後他在鄂豫皖邊區
率同徐向前、蔡申熙、陳昌浩等帶領紅四方面軍抵抗圍
剿，被胡宗南部等國軍擊敗後一路西逃，1935 年到四川，
與抵抗國軍第五次圍剿而失敗西逃的中共中央紅軍會合。
但在國軍圍攻的情勢下，張與毛澤東產生矛盾，另立中央
而率軍南下，可是作戰失敗，再回頭妥協，同赴延安。
1937 年中共中央在延安舉行批判張國燾運動，張雖名義上
還是陝甘寧邊區政府的副主席，但被迫認錯，遂於 1938
年向重慶政府投誠，中共於 4 月 18 日開除他的黨籍。[11]

　　總之，當年米高揚與中共領導人的各項談話、尤其
知道了中共對狄托的敵對立場之後，對於促進史達林了解
和支持中共有了極大的幫助。

二、劉少奇訪問莫斯科

　　在美國司徒雷登大使奉命於 1949 年 5 月和中共接觸，
表達善意的第二個月，毛澤東卻派了軍委會副主席劉少奇
率同高崗和王稼祥，於 6 月 21 日至 8 月 14 日訪問莫斯科，

　　記陳獨秀，組織委員張國燾，宣傳委員李達；候補委員三人：周佛
　　海、李漢俊、劉仁靜。另根據參加中共一大的陳潭秋的回憶，一大
　　的書記（即記錄）係毛澤東和周佛海。但中共當年的史實被重寫數
　　次。以上參考郭華倫，《中共史論》，第 1 章。

11 參考張國燾自傳，《我的回憶》（香港：明報月刊社，2000），其
　　〈敬告國人書〉在頁 567-574；至於根據中共官方立場所介紹之張國
　　燾歷史見：蘇若群、姚金果，《張國燾傳：從先驅到叛徒》（成都：
　　天地出版社，2018），頁 561 刊載了中共中央開除張國燾黨籍決定
　　的照片；另參考蔡孟堅，〈悼念反共強人張國燾〉，《蔡孟堅傳真集》
　　（臺北：傳記文學，1981），頁 141-152。

與史達林及蘇聯外交部長維辛斯基（Andrey Vyshinsky）等同僚會談。劉少奇於 1921 年在莫斯科「東方勞動大學」就讀時加入共產黨，次年回國參加工運，1931 年擔任「中華蘇維埃共和國」中央執行委員，1934 年被選為中央政治局委員，之後任軍團政委參加「長征」。抗戰期間因指導新四軍及中共在江南等「白區」內發展的工作有功，受到毛澤東賞識，回到延安後積極參與整風，被一路拔擢，1949 年時已經是中共黨內領導人之一。[12]

劉少奇一行首先轉達毛澤東的信函，對蘇聯對中共「所給的巨大幫助表示感謝」，[13] 並且再向蘇共交心，強調絕對接受服從世界共產運動的統帥部：聯共（布）的領導，在言談中一再保證：「我們是你（史達林）的學生」、

---

12 劉少奇 1943 年擔任中央書記處書記，後來做到中華人民共和國主席，但是在文化大革命中成為毛澤東的鬥爭對象，1969 年 11 月 12 日慘死，主持審判的是周恩來，說劉是「叛徒、內奸、工賊，是罪惡累累的帝國主義、現代修正主義和國民黨反動派的走狗」。其遭遇及生平參考《劉少奇傳》；馮客（Frank Dikotter）著，向淑容、堯嘉寧譯，《文化大革命：人民的歷史 1962 至 1976》（臺北：聯經公司，2017），頁 262，及第 24、28 章；高崗係東北人民解放軍副司令員兼政委，中共中央政治局委員，但樹敵太多，在 1954 年遭整肅自殺；王稼祥在 1935 年 1 月的貴州遵義會議中支持毛澤東，成功把博古（秦邦憲的別名，留學莫斯科中山大學，1930 年代國軍圍剿時中共的領導人之一）、李德（Otto Braun，軍人，德國共產黨員）從中共領導人的位置拉下，1937 年從莫斯科回到延安，帶了共產國際綱領性的方針，中共據以制定自己的具體任務。王後來歷任黨內要職，但毛澤東說他也曾犯過錯誤。參考徐則浩，《王稼祥傳》（北京：當代中國出版社，2006），第 12 章；以及《六大以來—黨內祕密文件》，頁 1061-1067；陳兼，《怎忍青史盡成灰：文革政治史批判筆記》，頁 18-20。

13 〈史達林與劉少奇會談紀要：對中國的援助（1949 年 6 月 27 日）〉，《俄羅斯解密檔案選編：中蘇關係》，第 2 卷，頁 71。

「我們中共服從聯共的決定」等。[14]

　　劉還在莫斯科會談時，毛澤東便於 6 月 30 日，發表〈論人民民主專政〉一文，明確地強調「一邊倒」政策，也就是中共在國際上是屬於以蘇聯為首的反帝國主義一方，所謂「中國人不是倒向帝國主義一邊，就是倒向社會主義一邊，絕無例外，騎牆是不行的，第三條道路是沒有的」；「靠蘇聯這個巨人站在我們背後，這就極大地鼓舞了我們的銳氣，大剎了國民黨的威風！」[15]

　　雖然毛澤東取代了與莫斯科關係更密切的博古（秦邦憲）、李德、及王明，成為中共唯一最高領導人，蘇聯仍然與中共中央維持密切聯繫；[16] 而中共內部不論如何不情願，仍然忠實地聽從蘇共，尤其是史達林的指導，例如在 1936 年 12 月的西安事變中改變中共政治局原先的決議轉而支持釋放蔣委員長，[17] 後來在 1945 年抗戰勝利時，

14　劉少奇明白地說：「毛澤東同志和中共中央是這樣認為的：即聯共（布）是世界共產主義運動的統帥部，而中共則只是一個方面軍的司令部。局部利益應當服從世界利益，因此，我們中共服從聯共（布）的決定……中共……準備服從並堅決執行聯共（布）的決定」。以上根據〈劉少奇給史達林的報告〉，1949 年 7 月 4 日，錄於《無奈的選擇：冷戰與中蘇同盟的命運（1945-1959）》，頁 115。

15　毛澤東，〈論人民民主專政：紀念中國共產黨 28 周年〉，《毛澤東選集》，第 4 卷，頁 1468-1482；美國大使司徒雷登對其強烈批判見 The Ambassador in China (Stuart) to the Secretary of State, Nanking, July 6,1949, *FRUS, 1949, The Far East: China*, Vol. VIII, Document 478.

16　王明本名陳紹禹，抗戰前及抗戰進行時曾數次代表中共表示對時局的看法，毛澤東將他與張國燾並列予以否定，對他的批評見前述與米高揚的談話中，《俄羅斯解密檔案選編：中蘇關係》，第 1 卷，頁 412-413；另可參考潘佐夫、梁思文，《毛澤東：真實的故事》，第 18、22、23 章。

17　西安事變發生後，中共高層發表〈紅軍將領關於西安事變致國民黨

毛澤東也聽從史達林的意思，接受蔣中正委員長的邀請到重慶進行談判。[18]

　　但是由於美國不斷地表示善意，英國也在背後慫恿，蘇聯早有情報，史達林對中共也不放心，所以中共再特別向蘇聯交心，結果獲得了蘇聯領導人的理解和支持。史達林也有意籠絡，主動表示願意貸款三億美元給中共中央，利率 1%（對東歐各共產國家貸款的利率是 2%），並承諾派四百名各類專家去中國，還表示願提供四十架戰機協助中共儘快占領新疆，商定了新疆與莫斯科之間的直接聯繫，以及幫中共建立艦隊，還清除上海附近（國軍佈置）的水雷；然後在 11 月便派了四十五架運輸機，運送大批共軍和武器裝備，及早進入新疆。[19]

　　毛澤東接著電請劉少奇轉達他向史達林提出請求，出售一百至二百架雅克式戰機（Yak，二戰期間最優秀的螺旋槳飛機之一）、四十至八十架轟炸機、設立飛機裝配

　　國民政府電（1936 年 12 月 15 日）〉，見《六大以來─黨內祕密文件》，上冊之二，頁 791。後來由於史達林的聯共（布）以蔣中正委員長乃唯一可以領導國人抗日的領袖，而中國抗日方可減少蘇聯所受日本的威脅，乃對中共下了（要勸張學良）釋放蔣中正的指令。毛澤東私下雖然甚為憤怒，仍然完全順從。蘇共甚至在 1937年 1 月再電報中共，明白指責稱：「貴黨過去排除蔣介石以建立統一戰線，以及推翻國民政府的政策並不正確。」見潘佐夫、梁思文，《毛澤東：真實的故事》，頁 321-326。

18 《無奈的選擇：冷戰與中蘇同盟的命運（1945-1959）》，頁 115。

19 談話全文見〈史達林與劉少奇會談紀要：對中國的援助（1949 年6 月 27 日）〉，《俄羅斯解密檔案選編：中蘇關係》，第 2 卷，頁72-73；新疆國軍在 1949 年的變化參考《疾風勁草：胡宗南與國軍在大陸的最後戰役（1949-1950）》，第 5 章第 3 節。

和修理工廠、幫中共培訓一千名飛行員、三百名地勤，以便於 1950 年下半攻占臺灣，因為當時國軍成功封鎖了上海，所以「為了粉碎這種封鎖，必須占領臺灣」。[20]

在國共內戰末期，民國政府於 1949 年 6 月 20 日宣告「關閉政策」，係「將自遼河口至閩江口北之共區領水及曾經對外開放之共區港口暫停關閉，嚴禁一切外籍船舶駛入」，以斷絕中共占領區的對外經貿商務。之所以採用主權國家關閉本國口岸（Closure）的內政措施，是為了規避國際法上關於「封鎖（Blockade）」的規範，因為根據國際法當中的中立法，「封鎖」是作戰行為，在一國「內亂」期間，合法政府在還沒有承認叛逆為「交戰團體」前，如宣告「封鎖」其所占據之海岸時，即有承認其為「交戰團體」之效，則第三國便須宣告「中立」。[21]

重要的上海港被民國海軍第一艦隊司令劉廣凱代將率各艦艇「關閉」，[22] 各國商船開往上海的航道完全被切

---

20 〈劉少奇致史達林函：轉交毛澤東的電報（1949 年 7 月 25 日），《俄羅斯解密檔案選編：中蘇關係》，第 2 卷，頁 94-96。

21 參考湯武，《中國與國際法》（臺北：中華文化出版事業委員會，1957），頁 1936-2037，其中亦舉例美國南北戰爭期間，北方的林肯總統（Abraham Lincoln）在 1861 年封鎖南方政府（Confederate）之海岸後，英國立即宣告中立，以示承認南方政府並非叛逆，而係有「交戰團體」之地位。執行當時「關閉」政策的海軍紀錄參考胡平生、周先俐根據大量原始檔案所編撰之《周非將軍與民國海軍》（臺北：秀威資訊，2020），頁 83-84。

22 國軍關閉大陸沿海港口的詳情、成果及外國商船、軍艦的反應另見劉廣凱，《劉廣凱將軍報國憶往》（臺北：中央研究院近代史研究所，1994），頁 60-67、70-72；劉廣凱（1914-1991），遼寧海城，青島海軍學校，後來曾任中華民國海軍總司令；蔣中正對行政院長閻錫山及海軍總司令桂永清的相關指示見《蔣中正先生年譜長編》，

斷，柴油、汽油斷絕了主要來源，印度、美國的原棉、南洋的橡膠及許多工業原料擱置在各國港口，上海的一百多家紗廠陸續停工，造成了中共治理上海重大的困難，而不得不從事「全面反封鎖鬥爭」。[23]

關於培訓中共飛行員的請求，史達林決定不要讓中共學員們去蘇聯，而是派蘇聯顧問去幫助中共，並且設立航空學校，免得外界總說中共是靠蘇聯才得勢的。同時因為國軍海空軍經常對共軍占領地區襲擾，乃同意中共中央的請求，協助組建高射砲團，提供武器，另在旅順建立海軍學校，整備整個海岸的防禦體系。為此蘇聯部長會議撥出經費，先後決定派軍事教官、顧問、軍醫等一千餘人及相關裝備赴中國。史達林而且表示：蘇共願與中共在推動世界共產革命的事上分工，蘇共以歐洲為主，中共則致力協助亞洲共黨。[24] 這一切態度表示蘇聯願意與中共建立同盟

第9冊，頁302、350；關於「關閉」或「封鎖」中國大陸海岸之論文，參考林宏一，〈閉關政策：中華民國政府封鎖大陸沿海的行動，1949-1960年代〉，錄於《冷戰與台海危機》，頁83-117。

23 參考中共上海市市長陳毅的相關紀載：陳毅傳編寫組著，《陳毅傳》（北京：當代中國出版社，2006，2版），頁254-256。陳毅（1901-1972），四川人，早年在法國勤工儉學並加入共黨，有文采，後來主持新四軍、三野，1949年兼任上海市市長，其後任中華人民共和國外交部部長、副總理等職。

24 〈蘇聯部長會議決議：為中國人民解放軍提供援助（1949年9月19日）及第3965-cc號決議附件和第3965-1624cc號決議附件（為中國人民解放軍軍事指揮部、所屬部門和各部隊全體人員進行教育訓練）〉，《俄羅斯解密檔案選編：中蘇關係》，第2卷，頁109-113。至於中蘇共在歐洲和亞洲拓展共產勢力的分工的表現，例如1950年3月17日聯共（布）中央政治局便作出決議；「同意中華人民共和國駐蘇聯大使館在蘇聯可以代表越南民主共和國的利益」，《無奈的選擇：冷戰與中蘇同盟的命運（1945-1959）》，

關係。

第二節　韓戰前的結盟

一、毛澤東期盼去莫斯科見「大老闆」

　　其實毛澤東早就期望能到蘇聯訪問。1947 年 6 月毛在陝北逃避國軍追擊時就曾表達想去莫斯科的願望，但蘇方認為毛離開戰場不指揮戰役，會帶來不利影響，而不應離開陝北；[25] 接著，在當年年底他又希望在 1948 年能成行，蘇聯表示歡迎，毛便電報史達林，準備在 7 月帶著任弼時（懂俄文）和陳雲經由哈爾濱去蘇聯，以便「聽取聯共（布）中央同志的指導」。史達林回電先是同意，後來又因為「傅作義的部隊要攻蔚縣」，[26] 請毛推遲；然後又因為「糧食收購季節開始」，請毛再延遲到 1948 年 11 月底，使得毛頗為不滿，和任弼時相互講話時說：「大概不久『大老闆』要去休假了」。蘇聯駐中共總部的醫生兼情報員捷列賓特別在電報上註明：「這句話是他們用自己的

　　頁 201-203、252。

25　〈庫茲涅佐夫（蘇軍情報部部長）致捷列賓（聯共（布）派往延安的醫生兼聯絡員的化名）電：毛澤東訪蘇事宜（1947 年 6 月 15日）〉、〈庫茲涅佐夫致捷列賓電：推遲毛澤東訪蘇（1947 年 7月 1 日）〉，《俄羅斯解密檔案選編：中蘇關係》，第 1 卷，頁195、197；《疾風勁草：胡宗南與國軍在大陸的最後戰役（1949-1950）》，頁 17-19。

26　蔚縣在今河北省張家口市南部，鄰接保定；傅作義（1895-1974），保定軍校畢業，擔任華北剿匪總司令時在 1949 年初向中共妥協，未堅守北平，後來擔任中共政府的水利部部長等。

話講的，但我聽懂了」。[27]

　　1949 年 12 月，中共已經建政，毛再表示要慶賀史達林七十歲生日，這次終於獲得同意，他在 16 日乘坐專列抵達莫斯科，當晚獲得史達林短暫接見。不過史達林沒讓毛講話便先表示，1945 年（與國民政府簽訂的）中蘇條約是根據雅爾達會議和美國、英國的共識而締訂的，不能率爾更動去和中共再簽一個條約，以免讓美、英在千島群島和南庫頁島等條款上有藉口去援例修改。毛不敢拂逆，表示「保留長春鐵路和旅順的（蘇聯介入）**現狀符合中國的利益**，因為僅靠中國的力量還不足以有效地抵抗帝國主義的侵略，此外，中長鐵路也是培養中國鐵路幹部和工業幹部的學校」。史達林也提到蘇軍從旅順撤離事，表示蘇軍「也可以在旅順留下二年、五年或十年……二十年」。毛也順應回覆：「目前不必修改條約，也不必匆忙從旅順撤軍」。於是他便再提希望蘇聯幫助建立海軍，強調：「我

27　〈庫茲涅佐夫致捷列賓電：毛澤東訪蘇事宜（1947 年 12 月 16 日）〉、〈捷列賓致庫茲涅佐夫電：毛澤東訪蘇事宜（1947 年 12 月 17 日）〉、〈捷列賓的密碼電報：關於毛澤東訪蘇事宜：（1948 年 4 月 22 日）〉、〈毛澤東致史達林電：要求提前訪蘇及其安排（1948 年 4 月 26 日）〉、〈史達林致毛澤東電：同意提前訪蘇及其安排（1948 年 4 月 29 日）〉、〈史達林致毛澤東電：推遲毛澤東訪蘇時間（1948 年 5 月 10 日）〉、〈毛澤東致史達林電：關於訪蘇的安排（1948 年 7 月 4 日）〉、〈史達林致捷列賓電：再次推遲毛澤東訪蘇日期（1948 年 7 月 14 日〉、〈捷列賓致史達林電：毛澤東同意推遲訪蘇（1948 年 7 月 14 日）〉、〈捷列賓致庫茲涅佐夫電：毛澤東對推遲訪蘇的反應（1948 年 7 月 17 日）〉、〈捷列賓致庫茲涅佐夫電：毛澤東關於訪蘇的想法（1948 年 7 月 28 日）〉，《俄羅斯解密檔案選編：中蘇關係》，第 1 卷，頁 214-215、252-255、266-270。

們沒有海軍和空軍，這使人民解放軍難以攻占臺灣」。史達林則強調：「援助的形式需要考慮週到，這裡主要的問題是不給美國人干預的藉口」。[28]

　　21 日，史達林再邀請毛參加其生日宴，安排坐在自己旁邊，還讓毛第一個發言祝賀，但還是不安排機會與毛商議正事。這使得毛十分不安與不滿，於是決定繼續留在莫斯科。蘇聯外長維辛斯基則在 13 日建議毛派代表到聯合國，取代臺北的代表蔣廷黻；為了配合，蘇聯駐聯合國代表還聲明退出安理會，直到蔣廷黻放棄在討論中國問題時出現，才返回會場。毛立即同意，並電報北京的劉少奇作準備。[29]

二、《中蘇友好同盟互助條約》的簽訂

　　但因為以下幾項發展，促使史達林改變不和中共重新簽訂一項同盟條約的決定。首先是在 1949 年年底，西方傳言美國決定「放棄」臺灣，以便離間中共和蘇聯的關係；同時，蘇方得悉西方盟國中，與美國關係最親近，而又一直主張把中共從共產陣營中拉出來的英國，將在幾天後承認中共。[30]

28 〈史達林與毛澤東會談記錄：中蘇條約和臺灣問題（1949 年 12 月 16
　　日）〉，《俄羅斯解密檔案選編：中蘇關係》，第 2 卷，頁 175-178；其中部
　　分要點見《無奈的選擇：冷戰與中蘇同盟的命運（1945-1959）》，頁 139。
29 〈維辛斯基與毛澤東會談紀要：中國在聯合國的代表權問題（1950
　　年 1 月 13 日）〉，《俄羅斯解密檔案選編：中蘇關係》，第 2 卷，頁
　　231-232；《王稼祥傳》，頁 324。
30 《顧維鈞回憶錄》，第 6 分冊，頁 554-556。

史達林最不願看到有了巨大實力的中共，脫離他的掌控，變成第二個「狄托」，於是決定讓步，開始和中共討論簽訂新的《中蘇條約》，並令蘇方各單位準備。蘇聯外交部便起草《蘇中友好合作互助條約》的第一稿，其中包括〈雙方承認 1945 年 8 月 14 日（與民國政府）所簽訂的中長鐵路、大連和旅順口協定繼續有效〉的條文。[31] 另外，蘇聯外交部也研究了在國際上新的條約「覆蓋」或「吸收」舊的條約、以致取代舊的條約的國際法慣例。[32]

英國果然在 1950 年 1 月 6 日宣佈承認中共，[33] 接著，美國國務卿艾奇遜在 1 月 12 日提出美國亞洲新政策，闡述國務院所謂「美國基本立場」的公開演講中，顯示了美國在亞洲的防線不包括韓國及臺灣，而且再度表達希望中共疏遠蘇聯，指出蘇聯正在奪取中國北方的四個地區。[34]

---

31 〈蘇聯外交部起草的蘇中友好合作互助條約第 1 稿（1950 年 1 月 5 日）〉，《俄羅斯解密檔案選編：中蘇關係》，第 2 卷，特別是其中第 2 條和第 7 條，頁 214-215。

32 〈杜爾傑涅夫斯基（蘇聯外交部國際法專家）致維辛斯基（外長）備忘錄：關於條約的吸收問題（1950 年 1 月 13 日）〉，《俄羅斯解密檔案選編：中蘇關係》，第 2 卷，頁 233-234。

33 英國駐北京總領事遞交英國外相貝文簽署的電報說，英國政府法律上承認中華人民共和國，並指定現在南京的赫奇遜（Sir John C. Hutchinson）為英國臨時代辦。見〈史白夫與周恩來會談紀要：訪蘇安排和英國承認中國（1950 年 1 月 6 日）〉，《俄羅斯解密檔案選編：中蘇關係》，第 2 卷，頁 217-18；臺北外交部則發表聲明，撤回駐英大使鄭天錫博士。其聲明全文及英國承認中華人民共和國照會全文中譯文，連同鄭天錫記者會談話內容，見《中華民國史事紀要－民國 39（1950）年 1-3 月》，頁 56-59。

34 這篇演說發表後，蘇聯部長會議副主席莫洛托夫（Vyacheslav Molotov）立即把全文拿給正在莫斯科訪問的毛澤東看，關於艾奇遜所提蘇聯占領中國北部四省的說法要中共作出正式反應，毛則強

1月17日，蘇聯駐北京大使館再報告莫斯科稱，根據可靠情報，美國將通過英國承認中共的機會，試探與中國發展貿易關係，然後藉此施加政治影響力，並從英國獲得所需要的情報，以便將來與人民政府建立關係。[35]

於是史達林完全改變態度，允許毛澤東一再提出的，讓善於談判的周恩來也來莫斯科參加談判的要求。周遂於1月20日率東北人民政府副主席李富春、貿易部部長葉季壯、外交部司長伍修權等十七人大團抵達。[36] 22日，毛、周、李富春、王稼祥、陳伯達（毛澤東的祕書、文膽、中共理論家）、師哲（俄文專家）等人和史達林、莫洛托夫、馬林科夫（Georgy Malenkov）、米高揚、維辛斯基、羅申等人舉行了正式會談，決定了幾項原則：雙方重新締訂一項同盟條約，蘇聯放棄在大連港的權利，在簽訂對日和約以後蘇軍自旅順撤離等。[37] 雙方在1月23日開始，以蘇聯提出的條約草案為基礎，開始討論談判。[38]

調中共對此是不會理睬的；當日，中共另把美國試圖挑撥中共和蘇聯關係的計畫，透過情報管道傳給蘇聯參考，〈莫洛托夫與毛澤東會談紀要：關於艾奇遜的演說（1950年1月17日）〉、〈來自中國的祕密情報：美國挑撥中蘇關係的計畫（1950年1月17日）〉，《俄羅斯解密檔案選編：中蘇關係》，第2卷，頁245-248。

35 俄文〈來自中國的祕密情報：美國挑撥中蘇關係的計畫〉（1950年1月17日），《俄羅斯解密檔案選編：中蘇關係》，第2卷，頁248。

36 《王稼祥傳》，頁325-326；《中華民國史事紀要—民國39（1950）年1-3月》，頁161-162。

37 〈史達林與毛澤東會談記錄：中蘇條約問題（1950年1月22日）〉，《俄羅斯解密檔案選編：中蘇關係》，第2卷，頁265-269。

38 《無奈的選擇：冷戰與中蘇同盟的命運（1945-1959）》，頁153-156。

就條約本身及主要原則而言，雙方沒有什麼分歧，但最重要的爭執點是在中長鐵路、旅順和大連等實質問題上。蘇聯在 26 日提出了關於大連港協議的草案，作出了有利於蘇聯的建議，但中共方面卻也在同一天突然提出了《關於旅順口、大連和中國長春鐵路的協定》草案，主張蘇方放棄租用旅順口作為海軍基地的權利，放棄在大連和中長鐵路的權利，以及對日和約或本協議簽訂三年後，蘇聯即將中長鐵路的相關財產移交予中國。史達林收到此項草案後，顯然十分不悅，在檔案上的中共要求部分畫了大量的×。[39]

因為美國所獲得的情報並對外所一再強調的是：毛澤東被迫與蘇聯簽訂的條約一定是一種不平等條約，[40] 蘇聯在內部一再研商之後，便決定作出重大讓步，於 1 月 28 日對於中共的提議作出了基本接受的回應。[41]

雙方最後終於在 1950 年 2 月 14 日簽訂了《中蘇友好同盟互助條約》、《關於中國長春鐵路、旅順口及大連的協定》，根據此協定，在對日和約締結後，中國長春鐵路將移交給中華人民共和國完全所有，而蘇聯軍隊則將自旅順口撤退，及《關於蘇聯政府給予中華人民共和國政府以長

---

39 《無奈的選擇：冷戰與中蘇同盟的命運（1945-1959）》，頁 156-161，其中頁 158 包括史達林刪改的文件影像。

40 美方關於中蘇共談判詳情的情報，可參考：The Secretary of State to the Embassy in France, January 25, 1950; February 11, 1950, *FRUS, 1950, East Asia and the Pacific*, Vol. VI, Documents 148, 156.

41 《無奈的選擇：冷戰與中蘇同盟的命運（1945-1959）》，頁 159。

期經濟貸款，作為給付自蘇聯購買工業與鐵路的機器設備的協定》共三項條約和協定，均由中共外長周恩來和蘇聯外長維辛斯基簽字。[42] 雙方互換照會，聲稱1945年8月中國國民政府與蘇聯所簽訂的《中蘇友好同盟條約》作廢，中共並承認外蒙古的獨立地位（蒙古問題由周恩來於1月26日主動向史達林表達，其所擬的照會草案則是在1月31日提出）。同時，史達林要求在同盟條約中增加一項暫時不得公佈的補充協定，就是在蘇聯的中亞和中國的東北和新疆，不得向外國人提供租讓。由於中亞一向被蘇聯牢牢控制，這個補充協定的主要的目的就是將美國、英國和日本的勢力排除於中國東北和新疆之外，而中共也接受了這個有損主權的協定。[43]

　　此次的中蘇同盟條約第一條即開宗明義指出：「一旦締約國任何一方受到日本或與日本同盟的國家之侵襲，因而處於戰爭狀態時，締約國另一方即盡其全力給予軍事及其他協助」，由於當時日本已經戰敗，由美軍駐紮在日

42　《周恩來年譜（1949-1976）》，頁23-25，條約名稱的「互助」二字是周恩來建議加上去的。

43　蘇聯要求簽訂此補充協定，以交換其立即協助中共去強化上海的空防，因為國軍在1950年2月6日轟炸上海，造成當地重大損失。中共隨即同意，蘇聯顧問團便率空軍人員於3月抵達上海，編配二個驅逐機團、一個混合航空兵團、一個探照燈團、一個對空情報雷達營，包括一〇八架各型戰機，其中有三十八架是當時全球最先進的Mig-15。參考習賢德，《鷹揚台海：中華民國空軍血淚史》（高雄：磐石書房，2022），頁221-224；但另一方面，國軍轟炸上海也造成當地美方人員死傷、財產被毀，美方遂提出了強烈抗議：Chargé in China (Strong) to the Secretary of State, February 10, 1950, *FRUS, 1950, East Asia and the Pacific*, Vol. VI, Document 155.

本各基地，所以這是一個表面針對日本，其實是針對美國的軍事同盟。

　　中共和蘇聯接著簽訂了兩項祕密協議：在中國設立四家合資公司，就是設在新疆的金屬公司（稀有金屬和非鐵金屬）和石油公司，以及設在大連的航空公司和造船公司，雙方各有百分之五十的資本和分享百分之五十的獲利，確保蘇聯開發中國資源的權利。中蘇共也簽署了專家協定，由蘇聯派遣各類專家前往中國協助中共的建設，其薪俸由中共方優予提供；以及貸款協定，都由中共大使王稼祥、東北局李富春同蘇聯部長會議副主席米高揚和副外長葛羅米柯（Andrei Gromyko）等人繼續會談決定。[44] 史達林的後繼者赫魯雪夫後來在回憶錄中坦承，史達林當初是看上了新疆的豐富礦藏，以致這些合資公司的產品都運到蘇聯。[45] 3 月 27 日，蘇聯和中共分別由外長維辛斯基和王稼祥大使簽訂了民用航空協定，開闢了北京和中亞三條航線。[46]

　　4 月 11 日，毛澤東在北京中央人民政府委員會第六次會議中報告此次所簽訂《中蘇友好同盟互助條約》的意義時，認為這對於國內的反動派是打了一次勝仗，同蘇聯

---

44 條約中文全文根據中共新華社所公佈，錄於《中華民國史事紀要
　　─民國 39（1950）年 1-3 月》，頁 356-61；條約簽訂過程、雙方
　　爭執細節等參考《無奈的選擇：冷戰與中蘇同盟的命運（1945-
　　1959）》，第 3 章，尤其頁 156-162；以及《毛澤東：真實的故事》，
　　第 24 章；和《王稼祥傳》，第 24 章。

45 *Khrushchev Remembers,* pp. 142-143.

46 《中華民國史事紀要─民國 39（1950）年 1-3 月》，頁 703。

的友誼用條約固定下來，「帝國主義如果打我們的時候，我們就請好了一個幫手。這個條約是愛國主義的，不是國際主義的」。[47] 至於在臺灣的蔣中正總統，得悉此項條約後的私下反應是：「美國必受刺激，是於我政府利多而害少耳」。[48]

值得注意的是，不到兩年，中共的作為就說明這個條約未必是「愛國主義的」，因為 1951 年 9 月金山對日和約簽署後，民國政府也在 1952 年 1 月開始與日本談判和約。此時蘇聯依照與中共簽訂的條約，準備將軍隊撤出旅順，毛澤東反而在 1952 年 3 月 28 日主動電報史達林，請求蘇軍延遲撤出。到了 9 月，中共總理兼外長周恩來率團到莫斯科，同蘇聯正式以外交照會簽訂了《關於延長共同使用中國旅順口海軍基地期限的換文》，理由是：「日本沒有，看來也不想同中華人民共和國和蘇聯簽署和約，這樣，就給和平事業帶來了危險，為日本侵略者的捲土重來創造了有利條件」。[49] 下文顯示，中共在主權上的讓步，也換取了史達林對中共軍事現代化更多的援助。

47　《毛澤東軍事年譜 1926-1958》，頁 788。

48　《蔣中正日記》，1950 年「雜錄」。

49　《周恩來年譜（1949-1976）》，1952 年 9 月 15 日，但在該次訪問中，史達林承諾了對中共的大量軍援，見〈史達林與周恩來的會談紀錄（1952 年 9 月 3 日）〉，沈志華主編，《朝鮮戰爭：俄國檔案館的解密文件》（臺北：中央研究院近代史研究所，2013），頁 1207-1213。

三、中蘇共的同盟條約成了韓戰的催化劑

朝鮮半島在戰後被強權蘇聯和美國分為南北兩部分之後，[50] 在南、北朝鮮分別於 1948 年成立大韓民國（南韓）和朝鮮民主主義人民共和國（北韓），都以整個朝鮮半島作為國家的領土，而兩方領導人李承晚[51] 和金日成[52] 也都期望能夠以談判或戰爭的手段達到朝鮮半島的統一。

1950 年 1 月 19 日，蘇聯駐北韓大使什特科夫（Terentii Shtykof）密告莫斯科，北韓領導人金日成在宴會中表示要去莫斯科請求同意北韓向南進攻，但仍然要聽史達林的，因為史達林同志的指示對他而言就是法律。[53] 史達林

---

50 1945 年日本投降前，中、美、英、蘇會議決定由美、蘇沿三十八度線分別接受朝鮮半島南、北部日軍之投降，其後之發展、韓國內部之複雜及美軍的撤離經過等可參考魏德邁的報告：Report to the President on China-Korea, September 1947, Submitted by Lt. General A. C. Wedemeyer, September 19, 1947, *FRUS, 1947, The Far East*, Vol. VI, Document 612；為何依據三十八度線劃分南北韓？其實這只是美國國務院魯斯克當年還在美陸軍部服務時，與另一上校軍官為了方便美蘇軍隊占領南北韓，而在地圖上作出的臨時建議，見 *As I Saw It*, p. 167。

51 李承晚（1875-1965），黃海北道人，為南韓第一任總統，一生致力於韓國獨立運動，曾遭日本監禁七年，飽受酷刑，後留美獲博士學位。主張韓國統一，對於韓戰之後仍然割裂朝鮮半島深惡痛絕。1949 年 8 月曾邀請蔣中正總裁去韓國鎮海訪問，並發表聯合聲明。參考羅拔奧利華（Robert Oliver）著，華望平譯，《李承晚傳》（臺北：淡江書局，1957），頁 1-4；《蔣中正先生年譜長編》，第 9 冊，頁 336-339。

52 金日成（1912-1994）係平壤人，1927 年去中國接受教育，1931 年加入中國共產黨，組織抗日武裝戰鬥失敗後於 1940 年入蘇聯，1945 年 9 月回到朝鮮成立北韓共黨，朝鮮民主主義人民共和國建立後擔任領導人四十六年。他是強烈的朝鮮民族主義者，參考和田春樹著，許乃云譯，《北韓：從游擊革命的金日成到迷霧籠罩的金正恩》（臺北：聯經公司，2015），第 1-2 章。

53 〈什特科夫關於金日成提出向南發動進攻問題致維辛斯基電〉（1950 年 1 月 19 日），《朝鮮戰爭：俄國檔案館的解密文件》，

對這個電報擱著沒有處理，但是到了1月30日，毛澤東、周恩來都還在莫斯科商談簽訂條約，而在四天前，1月26日，才突然提出中長路和旅順大連要交還中共的條件，蘇聯因為國際壓力，經過內部研商後不得不在28日作出重大讓步，於是史達林在30日通知蘇聯駐北韓使館，他同意金日成進攻南韓的計畫，隨時準備和金日成談。[54]

史達林這個對於北韓南侵與以往完全不同的態度，顯示他意圖趁著美國艾奇遜國務卿甫於1月12日的演講中，在太平洋的防線遺漏了臺灣和韓半島，便準備趁美國可能不會介入韓半島的機會，支持金日成迅速攻占南韓，讓蘇聯雖然依據這次與中共訂立的條約，不得不退出旅順和大連，卻能夠在金日成統一韓半島之後，仍然可供蘇聯使用南韓的不凍港如仁川、釜山等。而期望有不凍港作出海口，一直是俄羅斯統治者的目標。[55]

金日成隨即偕同外務相朴憲永，於4月間和史達林舉行三次密談，強調這次對南韓的突擊，三天內便可勝利。史達林同意用武力達成統一，並告訴他，緊急狀況下，中

頁305；什特科夫原在蘇軍占領北韓時就代表蘇聯指導北韓的改革，北朝鮮成立後即轉為蘇聯大使，《北韓：從游擊革命的金日成到迷霧籠罩的金正恩》，頁45。

54 〈史達林關於同意會晤金日成討論統一問題致什特科夫電（1950年1月30日）〉，《朝鮮戰爭：俄國檔案館的解密文件》，頁309；該俄文關鍵電報之影像見沈志華，《最後的天朝：毛澤東、金日成與中朝關係（1945-1976）》（香港：中文大學出版，2017），頁xvi。

55 《無奈的選擇：冷戰與中蘇同盟的命運（1945-1959）》，頁190-195；〈維辛斯基關於答復金日成所提要求致什特科夫電（1950年2月9日）〉，《朝鮮戰爭：俄國檔案館的解密文件》，頁318。

國會出兵，同時說，需要肯定美國不會涉入作戰。金日成則強調說，蘇聯和中國建立了同盟，因此美國不會冒著陷入大戰的危險（而介入），同時，南朝鮮有二十萬共產黨支部的人會作內應，所以美國人根本來不及作軍事部署——而且朝鮮人寧願用自己的力量（**而非中國人的力量**）統一全國等。此外，史達林先已派了蘇聯將領去作北韓軍的總顧問。[56]

金日成有如此把握是因為當時北韓的軍力遠勝南韓，部隊人數是南韓的兩倍，自動步槍是十三倍，飛機是六倍，坦克是六倍半。而且他已先在 1 月間派人到北京，請求把在四野服役的朝鮮官兵連同槍砲、彈藥全部帶回朝鮮；這次在回到平壤前後，再請中共將組訓過，在國共內戰中有作戰經驗的三個師（朝鮮籍軍人）提供給北韓，也獲得毛澤東同意。至於南韓當時反而還把其九萬三千六百人的全國兵力的主力分散在較南方，以避免有挑釁的姿態。[57]

金日成卻遲至 5 月 12 日才到北京去見毛澤東。他先

---

56 參考沈志華代序，〈蘇聯與朝鮮戰爭〉及〈什特科夫關於瓦西里耶夫就任人民軍總顧問致華西列夫斯基電（1950 年 2 月 23 日）〉、〈史達林關於向人民軍提供所需裝備致什特科夫電（1950 年 3 月 18 日）〉、〈什特科夫關於金日成擬請蘇聯幫助解決的問題致莫斯科電（1950 年 3 月 23 日）〉，《朝鮮戰爭：俄國檔案館的解密文件》，頁 9-10、320、328、330。

57 《毛澤東：真實的故事》，頁 402-403；〈劉少奇致毛澤東（當時在莫斯科）電：朝鮮族部隊回國問題（1950 年 1 月 22 日）〉，《俄羅斯解密檔案選編：中蘇關係》，第 2 卷，頁 269；As *I Saw It*, pp. 168-170；《李承晚傳》，頁 279-281；另，赫魯雪夫坦承韓戰不是如共產國家當初所宣稱的由南韓發動，而是北韓金日成要求南侵，得到史達林支持後才發動的。見 *Khrushchev Remembers*, pp. 144-146。

已向史達林表示，朝鮮已經不需要中國（共）的援助，因為「他一切的要求在莫斯科都已經得到了滿足」。[58] 而對這麼重要的事，史達林也是拖了一個多月，到5月3日才告訴毛澤東：金日成已來過莫斯科。[59] 所以在蘇聯和北韓領導人心中對於中共尤其是毛澤東的保留是十分清楚的。

　　而在這之前幾個月，蘇聯原本同意援助武器裝備，以便中共在1950年下半年攻取臺灣，尤其是海軍和空軍器材，結果卻先源源運去北韓；周恩來焦急地催問也沒用，便使得進攻臺灣的戰役必須推遲。[60] 5月13日，金日成才向毛澤東通報史達林的指示，[61] 而毛澤東也完全支持朝鮮透過軍事手段完成統一，並且表示：如果美國人參與軍事行動，中國將提供軍隊給朝鮮。而且，在朝鮮統一整個韓半島之後，中國打算與朝鮮簽訂一項與《中蘇友好同盟互助條約》相似的《中朝友好同盟互助條約》，請問史達林同不同意？（此非主權國家該有的作法），史達林隨即去電同意。[62]

---

58 〈什特科夫關於金日成訪華計畫致維辛斯基電（1950年5月12日）〉，《朝鮮戰爭：俄國檔案館的解密文件》，頁381。

59 〈史達林關於將金日成訪蘇等事轉告毛澤東致羅申電（1950年5月3日）〉，《朝鮮戰爭：俄國檔案館的解密文件》，頁353。

60 《無奈的選擇：冷戰與中蘇同盟的命運（1945-1959）》，頁222-224。

61 〈羅申關於金日成與毛澤東會談情況的電報（1950年5月13日）〉，〈史達林關於同意朝鮮同志建議致毛澤東電（1950年5月14日）〉，《朝鮮戰爭：俄國檔案館的解密文件》，頁383-384。

62 〈斯大林致毛澤東電：同意朝鮮關於實現統一的建議（1950年5月14日）〉、〈羅申致斯大林：毛澤東同意對朝鮮局勢的評價（1950年5月14日）〉、〈史達林致毛澤東電：同意朝鮮統一後與中國簽約〉，《俄羅斯解密檔案選編：中蘇關係》，第2卷，頁412-414；但是這項中朝同盟條約卻到了韓戰結束後八年才簽訂，參考《最

第三節　中共成為蘇聯的棋子

一、共軍參戰

　　1950 年 6 月 25 日韓戰開始以後，雖然美國反應迅速而強烈，聯合國也通過呼籲各國支援南韓的決議案（另見第四章第二節）[63]，但北韓軍仍然節節勝利，迅速占領韓國首都漢城，美國透過英國、印度希望蘇聯能夠制止北韓，蘇聯卻是敷衍。[64] 到了 8 月中旬，北韓軍已經把美國和南韓等的軍隊圍困在朝鮮半島東南部，洛東江以東的釜山港附近。但是，聯合國軍在統帥麥克阿瑟（Douglas MacArthur, United Nations Command Korea）指揮下，於 9 月 15 日從半島西海岸漢城以南的仁川港登陸，成功截斷北韓軍的後路，北韓軍腹背受敵，便全面敗退。10 月初，聯合國軍越過三十八度線一路攻擊北上。[65]

　　中共原先就已增兵東北至七十萬人，這時，金日成不得不向中共求救。[66] 史達林在 10 月 1 日和 5 日發電報給

　　　後的天朝》，頁 xxxvi；《毛澤東：真實的故事》，頁 404。

63　Resolutions Adopted by the United Nations Security Council, June 25, 1950; June 27, 1950, *FRUS 1950, Korea*, Vol. VII, Documents 84, 130.

64　The Ambassador in the Soviet Union (Kirk) to the Secretary of State, July 6,1950, *Korea*, Vol. VII , Document 224.

65　《使韓回憶錄》，頁 27 及第 2 章；中共周恩來在 10 月 3 日凌晨約見印度大使，表示美軍正要越過三十八度線，「我們不能坐視不管，我們要管」，《周恩來年譜（1949-1976）》，1950 年 10 月 3 日。〔按：周年譜是 1997 年才出版的〕

66　1950 年 7 月中共組成東北邊防軍，見《周恩來年譜（1949-1976）》，頁 52-54；1950 年 10 月 1 日金日成致毛澤東的中文信影像，見《最

毛澤東，要中共出兵，強調中國已經和蘇聯簽訂了互助條約，不應該害怕，「如果戰爭不可避免，那麼讓它現在就打」，免得幾年之後日本軍國主義復活，成為美國的盟國，也免得李承晚控制整個朝鮮，讓美國和日本在大陸有一個現成的橋頭堡。[67]

　　毛澤東便在10月4、5日分別召開政治局會議，雖然很多幹部反對，他也一度猶豫，還派了周恩來和林彪到蘇聯表達中共的困難，但後來仍然獨斷地決定出兵援朝，並在13日告知蘇聯大使羅申。原因除了「避免美日有一個威脅中國大陸的橋頭堡」，並藉此加強蘇聯史達林的信任和支援之外，一方面是藉機利用反對美帝的中國民族主義來鞏固共黨政權，強化統治中國的合法性；二方面是如不出兵對各方面，尤其是東北頗為不利；三方面是毛澤東先前曾承諾了北韓，四方面是企圖藉聯軍之手消滅一些在內戰期間不得不向中共投降、忠誠度可疑的前國軍。[68]

　　共軍便從10月19日起祕密越過鴨綠江進入北韓，在25日向聯軍發起突擊。美軍完全被蒙在鼓裡，[69] 共軍得

後的天朝》，頁 xiv-xv。

67 〈史達林關於中國出兵問題致毛澤東電（1950年10月5日）〉，《朝鮮戰爭：俄國檔案館的解密文件》，頁581-584；《毛澤東：真實的故事》，頁407-408，並引述聶榮臻等人的回憶。

68 〈羅申致斯大林電：毛澤東通知中國決定出兵朝鮮（1950年10月13日）〉、〈羅申致史達林電：毛澤東決定出兵及對蘇聯的要求（1950年10月13日）〉，《俄羅斯解密檔案選編：中蘇關係》，第3卷，頁95-97；《周恩來年譜（1949-1976）》，1950年10月8-19日；《使韓回憶錄》，第2章；陳兼，《怎忍青史盡成灰：文革政治史批判筆記》，頁13。

69 麥克阿瑟的錯誤判斷及輕敵言論見 As I Saw It, pp. 168-169; 以及美國參

到奇襲的功效，搶到先機，得以三戰三勝，占領漢城直入南韓。但因天寒地凍，後勤不足，而且美軍占空中和火力優勢，故而第四戰不利，退回到三十八度線附近。而杜魯門政府和英國等為了集中力量在歐洲對付蘇聯，便不願將戰火燃燒至韓半島以外而擴大對中共的戰爭，[70] 甚至將主張轟炸中國東北及利用國軍助戰的聯軍統帥麥克阿瑟解職，於是便在三十八度線附近與共軍形成拉鋸。1953 年 3 月，一手促成韓戰的史達林去世後不久，雙方談判停戰才達到共識，於 7 月 27 日簽訂停戰協定。[71]

二、中共參加韓戰之失與得

中共在韓戰的損失首先是人員傷亡：根據官方的資

謀首長聯席會議主席布萊德雷的回憶錄：Omar Bradley, *A General's Life: An Autography by General Omar Bradley* (New York: Simon and Schuster, 1983), pp. 574-576；美國中情局在共軍發動突擊十三天前還作了完全錯誤的評估，見 Memorandum by the Central Intelligence Agency, Washington, October12, 1950, *FRUS, 1950, Korea*, Vol. VII, Document 665.

70 見英國首相艾德禮和杜魯門總統關於韓戰戰略的來往電函：The British Prime Minister (Attlee) to the President Truman; The Secretary of State to the President, January 8, 1951; The Secretary of State to the Embassy in the United Kingdom, January 9, 1951, *FRUS, 1951, Korea and China*, Vol. VII, Part 1, Documents 28, 29；麥克阿瑟期望國軍前往韓戰場，見 *A General's Life*, p. 607.

71 〈朝鮮戰爭大事年表〉，《朝鮮戰爭：俄國檔案館的解密文件》，頁 1351-1358；以及邵毓麟大使的《使韓回憶錄》，頁 239-243；韓戰停戰協定係於 1953 年 7 月 27 日由聯軍和共軍代表在韓國板門店簽署，共十八份文件，有英、韓、中文版，其中文全文見《中華民國史事紀要─民國 42（1953）年 7-12 月》，頁 75-95；韓戰大要另參《中共軍史、軍力和對臺威脅》，頁 139-148；《蔣公與我：見證中華民國關鍵變局》，第 12、13 章。

料，中共陣亡十四萬八千人，負傷、被俘或失蹤三十萬人
以上（但北京其他資料顯示，共軍陣亡達十八萬三千人，
整體傷亡人數達九十萬人）；[72] 第二便是失去掌控臺灣的
良好機會：為了介入韓戰，中共不得不推遲「解放臺灣」
的時間。[73] 第三是外交上的傷害：1951 年 1 月，隨著美國
國會兩院通過譴責中共為韓戰的侵略者，聯合國政治委員
會於 1 月 30 日也通過決議，接著，聯合國大會的六十個
會員國在 2 月 1 日投票，以阿根廷等四十四票贊成、緬甸
等七票反對、阿富汗等九票棄權，通過決議案（Resolution
498(V) Adopted by the United Nations General Assembly），宣佈
中華人民共和國是朝鮮戰爭中的侵略者。[74] 不但如此，中共
在韓戰中與聯合國軍對戰的事實，也延緩了它一直以來企
圖代表中國進入聯合國的時間（另見第五章第一節）。

　　第四，對於中國大陸經濟的破壞：根據周恩來向蘇聯
史達林通報，中共在大陸最需要經濟重建的 1950 年，軍

72　《毛澤東：真實的故事》，頁 412。

73　《周恩來年譜（1949-1976）》，頁 69-70；《建國以來周恩來文稿》，
　　第 3 冊，頁 34-35、64-65；《無奈的選擇：冷戰與中蘇同盟的命運
　　（1945-1959）》，頁 227。

74　英文全文見 Resolution 498(V), Adopted by the United Nations General
　　Assembly, February 1, 1951, *FRUS, 1951, Korea and China*, Vol. VII, Part
　　1, February 1, 1951, Document 120，美國為此決議案作了大量的外
　　交折衝，參考 The United States Representative at the United Nations
　　(Austin) to the Secretary of State, New York, January 3, 1951, *FRUS, 1951,
　　Korea and China*, Vol. VII, Part 1, Document 8 等；其中民國政府支持措
　　辭強烈的決議案，見 The Chargé in the Republic of China (Rankin) to
　　the Secretary of State, January 5, 1951, Document 19; 投票詳情另見《中
　　華民國史事紀要—民國 40（1951）年 1-6 月》，頁 179-180。

費開支就占整個政府預算的 44%（十二億盧布），1951
年則占了 52%（八十億盧布），1952 年占 27.9%（六十
六億盧布），另外美國和西方國家對中共的封鎖和禁運，
也對經濟造成嚴重損害。而中國大陸內部即使有饑荒，中
共還得運送大批糧食去蘇聯，以換取武器及機器。[75]

　　第五，中共軍戰俘中有一萬四千人不願回中國而選擇
來臺灣：其中有許多原係國軍，在國共戰爭中被俘或無所
選擇而被編入共軍、此次又被派來韓國戰場。[76] 反共戰俘
們經過激烈的鬥爭和曲折的安排之後，終於在 1954 年 1 月
23 日獲得聯軍正式釋放，回到臺灣，受到盛大的歡迎。他
們經歷了民國和中共統治之後，對兩種制度下生活有過比
較，然後堅決不認同中共的政府和制度，而拼命要投奔臺
灣，便是中共在政治上的失敗，以及民國政府的勝利。[77]

　　至於中共在韓戰中也有**重大收獲**：首先是中共（尤其

75　出自美國參謀首長聯席會議主席雷德福上將的談話，見〈蔣中正與
　　雷德福及羅柏遜（即勞勃森）就美遠東政策及對中國態度談話紀
　　錄（1953 年 12 月 26 日）〉，《中美協防（三）》檔案，頁 358-
　　359；另參考〈史達林與周恩來會談紀錄（1952 年 9 月 3 日）〉，《朝
　　鮮戰爭：俄國檔案館的解密文件》，頁 1207-1213。

76　《國民革命軍戰役史第 5 部－戡亂》，第 7 冊，頁 255-256，引述
　　郭汝瑰、彭德懷等人之回憶錄相關部分；另願意回大陸的中共戰俘
　　則有六六七三人，但在文革時卻慘遭批鬥，《中共軍史、軍力和對
　　臺威脅》，頁 148。

77　《蔣介石與現代中國的奮鬥》，頁 584-585；王東原（中華民國駐
　　韓大使），《浮生簡述》（臺北：傳記文學，1987），第 17 章；
　　至於民國政府接運反共戰俘來臺經過，包括決策訂定、心戰策反、
　　安置與宣傳方面等作為，參考周琇環根據外交部檔案等資料所撰，
　　〈蔣中正與韓戰反共義士的來台〉，吳祖勝總策畫，黃克武主編，
　　《同舟共濟：蔣中正與 1950 年代的臺灣》（臺北：中正紀念堂管
　　理處，2014），頁 361-392。

是毛澤東）藉此強化統治：利用「抗美援朝」的全面動
員，同時進行鎮反、三反、五反等政治運動，掩飾了其
殘酷統治的實際面貌，並將中共的組織、政策和聲望滲
入了社會的各個角落，也加強了毛本人在中共黨內一言九
鼎的地位。[78]

　　第二是保存北韓，挽救了在失敗邊緣的金日成政府，
後來確實成為大陸與美、日之間的緩衝。但是北韓與中共
之間的關係發展卻多有跌宕，貌合神離，其防備中共之心
長時間未減，尤其當中共和南韓在 1992 年建交之後。[79]

　　第三是共軍在韓戰中與聯合國軍（主要是美軍）打成
平手，從此讓美國及西方人不敢再輕視中國的軍人（共軍
各部隊之中也有部分是以前的國軍）。因此在其後的臺海
軍事衝突中，美國和英國等西方國家的決策者，堅持不
再與共軍有正面衝突的機會，便不願積極協助臺北的外島
防禦。

　　第四，中共在軍事裝備上得到了極大的更新：史達林
因為中共聽從指示進入韓戰，便慷慨地協助共軍組建並裝
備了五十六個師、六個坦克師和獨立坦克團、五個野戰高
射砲師、一○一個 37mm 的高射砲營、三十三個高射砲
團、二十八個工兵團、二個火箭砲師、十四個榴彈砲師、

78　陳兼，《怎忍青史盡成灰：文革政治史批判筆記》，頁 14；謝幼田，
　　《鄉村社會的毀滅：毛澤東暴民政治代價》（紐約：明鏡出版社，
　　2010），第 5 章。
79　《最後的天朝》，導言及第 2、3、6 章。

二個反坦克砲師、十個鐵道兵師、九個雷達團和獨立雷達營等。[80] 由於中共獲得大量的蘇聯先進火砲，[81] 得以在不久之後攻擊國軍控制的沿海島嶼，如一江山和金門。[82]

　　在建立空軍方面，從 1950 年 11 月起半年期間，蘇聯便增派了十五個空軍師，分別部署在東北及北京、上海、廣州、青島等都市的四周，以防備聯合國和國軍可能的空襲，同時也大量增派空軍顧問去大陸；[83] 1952 年 9 月 3 日，史達林與周恩來會談，聽取周報告中共的五年計畫後，還主動表示要提供中共航速一千至一千一百公里的新式殲擊機，而把螺旋槳飛機逐步淘汰。[84] 後文將說明，中共空軍的急速現代化和調往東南沿海，成為國軍必須從大陳撤離的關鍵因素。

80　《無奈的選擇：冷戰與中蘇同盟的命運（1945-1959）》，頁 276。

81　〈史達林致毛澤東電：關於 1953 年軍需品訂購問題（1952 年 12 月 27 日）〉、〈華西列夫斯基致史達林報告：向中國提供武器裝備（1953 年 1 月 12 日）〉、〈史達林致毛澤東電：向中國提供火砲和彈藥問題（1953 年 1 月 15 日）〉，《俄羅斯解密檔案選編：中蘇關係》，第 4 卷，頁 306-307、312-14。

82　參考第 10 章及宋怡明（Michael Szonyi）著，黃煜文、陳湘陽譯，《前線島嶼：冷戰下的金門》（臺北：臺大出版中心，2016），第 6 章。

83　〈毛澤東關於同意加強空軍的建議致史達林電（1950 年 11 月 15 日）〉、〈史達林關於蘇聯空軍入朝問題致毛澤東電（1951 年 3 月 3 日）〉、〈史達林關於中國空軍作戰問題致毛澤東電（1951 年 3 月 15 日）〉、〈史達林關於向中國無償提供米格 -15 飛機致毛澤東電（1951 年 5 月 22 日）〉、〈克拉索夫斯基關於中國空軍狀況等問題致史達林電（1951 年 6 月 15 日）〉，《朝鮮戰爭：俄國檔案館的解密文件》，頁 622、709、721、769、812-813；〈斯大林致毛澤東電：向中國提供空軍援助問題（1951 年 11 月 24 日）〉，《俄羅斯解密檔案選編：中蘇關係》，第 4 卷，頁 107。

84　〈史達林與周恩來的會談紀錄（1952 年 9 月 3 日）〉，《朝鮮戰爭：俄國檔案館的解密文件》，頁 1207-1213。。

在海軍現代化方面，從韓戰一開始，史達林就同意毛澤東的要求，提供魚雷快艇、裝甲艦、潛艦、岸砲等武器裝備，積極強化中共的海軍。[85] 1953 年 6 月 4 日，中共和蘇聯進一步簽署《六四協定》，蘇聯同意在 1955 年前交付各類艦艇八十一艘，及飛機、地面設備車、火砲等。[86]

　　總之，韓戰三年，各方死傷慘重，卻仍然回到三十八度線停戰，而其中損失最少的反而是躲在整個戰爭的後面，僅僅出動部分空軍、企圖實現俄羅斯傳統野心的始作俑者蘇聯。由於 1950 年 10 月聯合國軍擊退北韓軍，越過三十八度線正在勝利北上時，聯合國大會曾在 7 日通過了決議案，計畫建立一「韓國統一及重建委員會」（Commission for the Unification and Rehabilitation of Korea），由澳洲、土耳其、智利、菲律賓、巴基斯坦、荷蘭、泰國七國組成，協助南、北韓人民共同組成一個統一、民主而獨立的政府，讓外國軍隊（尤其是美軍）在韓國統一成功後即退出。觀乎七十餘年之後的現代，美軍反而還駐在朝鮮半島（雖然僅在南韓），實在諷刺，也凸顯中共從事的那場代理人戰爭的目標並未達成。[87]

---

85 〈毛澤東致斯大林電：請蘇聯提供海軍武器裝備（1953 年 1 月 7 日）〉、〈史達林致毛澤東電：關於提供海軍武器裝備問題（1953 年 1 月 27 日）〉，《俄羅斯解密檔案選編：中蘇關係》，第 4 卷，頁 310-312、319。

86 彭福全，〈一江山戰役對台澎防衛作戰的省思〉，《紀念一江山戰役 65 週年》（桃園：國防大學陸軍指揮參謀學院，2020），頁 103。

87 Resolution 376(V) Adopted by the United Nations General Assembly, October 7,1950, *FRUS 1950, Korea*, Vol. VII, Document 640；至於蘇聯是中共和北韓背後真正的決策者，參考《朝鮮戰爭：俄國檔案館

　　當然，對於民國政府，韓戰的發生確實是個轉危為安的契機。其中的重要發展如下。

的解密文件》的序文，頁 30-40。

第四章　韓戰與臺海局勢的演變

第一節　1950 年共軍犯臺與國軍保臺的準備

一、1950 年共軍犯臺的準備

　　1949 年 10 月 1 日中共建政後，主要目標便是用武力統一中國，而重要一環是進占臺灣。首先，便是建立空軍指揮系統：中央軍委於 10 月 25 日任命原四野第十四兵團司令員劉亞樓為空軍司令員，肖華為政治委員兼政治部主任，王秉璋為參謀長，由第十四兵團的機關和軍委航空局人員組成空軍領導機關──當時已有一個飛行中隊，下轄二個戰鬥機分隊、一個轟炸機分隊、一個地勤分隊。[1]

　　1950 年起，則建立海軍的指揮系統：4 月 14 日，人民解放軍海軍領導機關正式在北京成立，原四野第十二兵團司令員肖勁光，先在 1 月間被任命為海軍司令員，王宏坤任副司令員，劉道生為副政治委員兼政治部主任，羅舜初任參謀長，第十二兵團機關和四野後勤第二分部的部分機構和人員，調至北京成立海軍領導機構，同時也組建海

---

[1] 《解放戰爭史》，第 5 卷，頁 574-575。

軍部隊，把第十二兵團部、三野教導師等劃歸海軍。第一
項任務就是在粟裕領導下準備渡海作戰，攻占臺灣。[2] 當
年中共從蘇聯購買的海軍裝備花了一億五千萬美元，另外
還從香港祕密購買用於登陸作戰的舊船四十八艘，達二萬
五千噸，還向英國商人訂購了二艘巡洋艦、五艘護航驅逐
艦、四艘掃雷艦，使得海軍裝備得到加強，有各種艦艇九
十二艘，總人數達到三萬八千人。[3]

　　攻取臺灣的指揮官粟裕接任華東局軍事責任後，在
1950 年 2 月初的華東軍政委員會上報告稱：「解放東南沿
海諸島，特別是解放臺灣，是一個極其重大的問題，是中國
戰史上從來沒有的一個最大的近代化作戰的戰役」、「近
代作戰的勝負，除了政治條件而外，也就是人力、物力、財
力、武力的總決賽，誰在人財物武上占優勢，誰就能夠取
得勝利」。接著，他就在 5 月組織華東軍區團以上參謀長
和參謀學習現代化作戰指揮，並邀請蘇聯軍事顧問講課。[4]

　　另外，共軍三野前敵委員會也在 1950 年 1 月提出了
年內六大任務，其中首要任務便是「解放臺灣及肅清東南
沿海島嶼的殘敵」，隨後召開政工會議，要求部隊的各種
工作均以對臺作戰為中心。2 月 25 日共軍三野司令員陳

---

2 《解放戰爭史》，第 5 卷，頁 564-568；《毛澤東軍事年譜 1926-
　1958》，頁 789；《粟裕年譜》，頁 493。中共海軍成立之初，其
　官兵及艦艇多取於國軍叛變的部隊，參考《中華民國史事紀要—民
　國 39（1950）年 4-6 月）》，頁 56、65。

3 《金門戰役紀事本末》，頁 394。

4 《粟裕傳》，第 1 章、第 20 章，特別是頁 440。

毅要求中央授權華東局和三野自行處理作戰物資和經費調動，劉少奇在 26 日就答覆同意。[5]

　　1950 年 3 月，臺北得知蘇聯到達上海協助共軍者已達八千人；20 日，上海中共飛機三架首次與國軍空軍交戰，顯示蘇聯軍人已經開始直接幫助共軍。[6]春夏，共軍在浙江寧波趕修機場，讓噴射機可以用來攻擊國軍駐守的舟山。4 月 22 日，中共三野司令員陳毅在上海召開華東軍事會議，粟裕、饒漱石、張愛萍、譚振林、葉飛及蘇聯顧問等人參加，準備在 5 月間攻擊舟山、然後進行攻擊金門。[7]

　　此時共軍所需要的，便是空中、海上的武力和先進武器裝備以掩護登陸部隊。毛澤東在 3 月 28 日定下了「先打定海〔現浙江省舟山市定海區〕，再打金門」的方針，即 1950 年 6 月（此與《粟裕傳》所述 5 月有別）奪取舟山群島，8 月奪取金門，[8]因此周恩來在 3 月 22 日致電蘇聯國防部長布加寧（Nikolai Bulganin），表示要在 1950 年購入絕大部分的海空軍器材，「才能使臺灣戰役的準備來得及」，而且希望前次訂購的六十架驅逐機和二十四架轟炸機及全部彈藥於 5 月 1 日前運到滿洲里，[9]以便讓剛

5　《無奈的選擇：冷戰與中蘇同盟的命運（1945-1959）》，頁 208，引自《粟裕年譜》等資料。

6　《蔣中正日記》，1950 年 3 月 25 日後「上星期反省錄」。

7　《粟裕傳》，頁 435。

8　《毛澤東軍事年譜 1926-1958》，頁 788。

9　滿洲里市素有「歐亞大陸橋」之稱，位於現今內蒙古自治區呼倫貝爾市西北部，與俄羅斯接壤。

從航校畢業的八十四名飛行員能立刻參加定海作戰。

　　周於 4 月 13 日電報布加寧部長，要求當（1950）年 12 月再交付三一二架飛機，次（1951）年 2 月交付一九〇架飛機，而且要在 1951 年組建魚雷快艇隊、護航艦隊、水魚雷航空團、掃雷艇隊，及三個海岸砲團，以進行攻臺登陸作戰。各裝備總共約一億美元。[10] 1950 年 4 月時韓戰還沒有開始，但是蘇聯答應援助的海空軍裝備遲遲沒有到位——因為已轉而援助北韓準備南侵，顯示中共此時已將攻臺時間從 1950 年延遲到 1951 年。

　　1950 年 5 月 17 日，三野前敵委員會下達了〈保證攻臺作戰勝利的幾個意見〉，確定部隊進入渡海登陸作戰準備，計劃於 1950 年 7 月到 1951 年 3 月，各軍兵種分別訓練，1951 年 4 至 5 月，進行陸海空登陸進攻合練，然後三軍協同「解放臺灣」。[11]

　　也在 5 月間，國軍從舟山群島祕密撤回，使得防守臺灣的部隊達到約四十萬。6 月上旬，中共七屆三中全會時，毛澤東再正式指定粟裕擔任攻臺總指揮，粟裕匯報解放臺灣的準備和作為：參戰部隊希望用十六個軍，包括三野全部，加上其他野戰軍的四個軍等，再將傘兵部隊大量擴充至二萬五千人，並立即籌建大量運輸艦艇，千噸以上船隻五七五艘，登陸第一梯隊以六萬人計，需登陸艇二千

10　《無奈的選擇：冷戰與中蘇同盟的命運（1945-1959）》，頁 224。
11　《無奈的選擇：冷戰與中蘇同盟的命運（1945-1959）》，頁 225。

隻，希望從華東、華南、華北、東北籌集並製造，準備編
為三個運輸艦隊，再造五百門無後座力砲以補海軍砲火之
不足等。[12]

　　共軍第九兵團三個軍的宋時輪部被任命為攻臺第一梯
隊，在浙江積極準備。宋組織兵團軍、師兩級幹部研究
班，在總結金門戰役登陸失敗的經驗上作大量的調查與研
究，反復進行了〈攻臺作戰的軍事思想指導問題的初步研
究〉、〈陸海空軍協同作戰問題〉、〈登陸的幾個問題〉、
〈戰前準備工作〉等，對每一個環節都做研究並訓練，宋
時輪要參戰人員研究各項問題中，從「打到臺灣最低限度
的裝具、物資以及技術」一直到「如何順利接管和建設
臺灣」。[13]

　　但是 1950 年 6 月 25 日韓戰突然爆發，27 日美總統令
第七艦隊開入臺海，阻止了共軍攻臺的計畫，卻也阻止了
國軍空軍攻陸，於是中共也把握機會，加強擴修福建各機
場與公路，以便協助大軍的運送與集中，準備在適當時間
既攻金門又可犯臺。[14]

---

12 《粟裕年譜》，頁 496-498；《粟裕傳》，頁 441-442。

13 《金門戰役紀事本末》，頁 411-417；宋時輪（1907-1991，湖南醴陵）
　　之第九兵團後來調到朝鮮戰場，與美軍第三師、陸戰第一師作戰，
　　立有功勳（即中國大陸電影所宣揚的長津湖戰役及「冰雕連」等），
　　但自身損失極重，減員是美軍的四倍，近五萬人，後來不得不調回
　　整補。換句話說，**這些原先要領頭犯臺的共軍精銳，竟然犧牲在韓
　　國戰場**。見蒲元著，〈抗日戰爭與抗美援朝戰爭中的宋時輪〉，《黃
　　埔》雙月刊（北京：黃埔雜誌社，2022 年 1 月號），頁 34-39。

14 《蔣中正日記》，1950 年 7 月 15 日後「上星期反省錄」。

　　接著，共軍為了在古寧頭失敗之後重振軍心，尋找目標「試點」，決定攻占金門西南的大、二擔兩個小島，便在 1950 年 7 月 26 日先以猛烈炮火轟擊兩島五十分鐘，再派遣第十兵團第二十九軍第八十六師第二五八團第二營（加強營，有四個連加上一個機砲連）七百餘人趁夜登陸，企圖一鼓作氣將之占領。國軍守軍為第七十五師第二二五團第一營的兩個半連，計二九八人，只有輕兵器和八二砲兩門、六零砲六門。但在營長史恆豐率領下，不但**全殲來犯共軍，還俘虜其營長**包成、連長王國保、副連長等共一九一人，被俘共軍還聯名發表告第十兵團指戰員書，勸其不要「為了俄國鬼子、共產黨而〔和國軍〕自相殘殺」。[15] 等到秋天共軍介入韓戰以後，便不得不暫時放棄攻臺。

二、1950 年國軍保臺的準備

　　1950 年 1、2 月間，在臺北的蔣中正總裁放棄自己前

15　作戰經過參考《國民革命軍戰役史第 5 部—戡亂》，第 7 冊，頁 50-54；國軍營長史恆豐之回憶，〈大二擔島之戰〉，《王曲文獻第 4 部：戡亂（下）》，頁 710-720；國防部總政治部主任蔣經國致史恆豐勉勵函件並贈手錶，呂芳上總策畫，許瑞浩、周美華、廖文碩、陳世局編輯，《中華民國政府遷臺初期重要史料匯編：蔣經國手札（民國 39 年 -52 年）》（臺北：國史館，2015），頁 96-97；史營長亦係西安中央軍校第七分校十七期畢業，後升至少將。2020 年 7 月 26 日馬英九前總統特邀請史將軍子女及當年在大二擔戰役中立功之十七歲傳令兵賴生明之公子一同前往大二擔，紀念勝利七十週年，筆者亦應邀同行。中共《解放戰爭史》則沒有提及此役，僅《金門戰役紀事本末》有所敘述，並提及在此次作戰中，國軍繳獲了共軍第十兵團所制定的「海島作戰十大戰術」，頁 424-426。

往國軍在中國大陸的最後據點——西昌的想法之後，便決定把在大陸所有兵力自水道轉移臺灣，隨即在 1950 年 4 月間將海南島部隊撤來臺灣。[16] 由於臺灣安全靠國軍保衛，但各個不同背景、系統的軍隊整編迫在眉睫，其編現比落差嚴重，必須立即核實人員，清查裝備，減少財政負擔。[17]

　　首先，來臺的各殘敗部隊士氣低落，必須立即予以提升：蔣在 2 月間便已決心加強軍隊的政工工作，在日記中載：「今日救亡，以軍事第一，軍事以精神第一，精神以思想第一，思想以主義第一，實現主義以組織第一，軍事組織之效用以政工第一，政工組織以黨務第一，黨務以嚴密第一」。[18] 因此，指導國防部研討之後，各將領達成共識，提出「國軍政治工作綱領草案」與「各級政治部（處）事業費預算表」確定以黨領軍原則，直隸國防部參謀總長，並任命蔣經國為國防部總政治部主任。蔣經國隨即於 1950 年 6 月 12 日、8 月 21 日及 1951 年 2 月 22 日分別任命蔣堅忍（1902-1993，浙江奉化，黃埔四期）、趙龍文（1901-1968，浙江義烏，東南大學）、及王超凡（1903-1965，安徽黃山，黃埔四期）為臺灣防衛總司令

---

16 詳見《十年風木》，頁 8-10；至於 1950 年 4 月撤退海南島部隊之考慮，參考〈蔣中正與雷德福關於韓國停戰談判與美軍助國軍進攻海南島等會談記錄（1952 年 5 月 9 日）〉，《中美協防（一）》，頁 330-31。

17 詳見陳鴻獻，《反攻與再造：遷臺初期國軍的整備與作為》（臺北：民國歷史文化學社，2020），第 3 章。

18 《蔣中正日記》，1950 年「雜錄」。

部、海軍總司令部及保安司令部的政治部主任，協助他推動工作。由於政工體系與軍事體系權責分明，儘管國軍的若干高級將領如陳誠、孫立人等對政工制度頗有微詞，後來的美軍顧問也反對，但政工制度的優點在整軍和提升戰力方面很快就顯出功效（參考第八、九、十章）。[19]

其次，要儘量集中軍力：蔣中正再於 1950 年 4 月 27 日至 29 日親自前往浙江定海巡視，美國前太平洋艦隊司令柯克上將（Charles M. Cooke, Jr. 1886-1970）退休後以記者身份來臺擔任蔣的私人顧問，此次也同行，[20] 發現中共已將蘇聯援助的噴射機運到上海成軍，以致對浙江沿海的舟山國軍造成重大威脅，認為共軍將在 5 月攻擊舟山[21]

19　《中華民國政府遷臺初期重要史料彙編：蔣經國手札（民國 39 年 -52 年）》，頁 28、50、193；以上所引蔣經國任命的各政治部主任，均曾在西安綏靖公署胡宗南所屬部隊中負責政治工作，因蔣親眼見到該各部隊奮戰到底，軍紀嚴明而士氣高昂情形，印象深刻，故而均予延攬。見張政達（胡宗南侍從參謀），〈胡宗南先生行誼〉，《令人懷念的胡宗南將軍》（臺北：臺灣商務印書館，2014），頁 159；至於臺灣政工制度的重建及貢獻，參考王漢國主編，《政戰風雲錄：歷史 傳承 變革》（臺北：時報文化，2021），第 1 章第 3-4 節；《反攻與再造：遷臺初期國軍的整備與作為》，第 2 章。

20　柯克與美國駐日盟軍總部（麥克阿瑟）有密切關係，他自 1950 年初來臺後設法為臺北引進不少軍品及國軍急需的汽油，為蔣中正作了各項具體建議，並一再向美方說明美國駐臺官員許多關於民國政府的報告**帶有偏見且不正確**。參考《意外的國度》，頁 208-229。

21　蘇聯顧問已協助中共將其一個航空兵旅在上海、南京、蘇州地區進行改裝訓練。當時蘇聯駐中共軍事總顧問係克拉索夫斯基空軍元帥（1897-1971），首席空軍顧問為普魯特科夫空軍少將，突顯了蘇聯對中共空軍現代化的貢獻。〈羅申轉發毛澤東關於對中國提供空軍掩護等問題致史達史達林電（1950 年 7 月 22 日）〉，《朝鮮戰爭：俄國檔案館的解密文件》，頁 483-484；《蔣中正先生年譜長編》，第 9 冊，頁 478-479；《蔣中正日記》，1950 年 4 月 27 日、29 日。

（這是個正確的評估）。[22] 蔣乃在返回臺灣後，在柯克建議下，決定也放棄舟山。當時政府軍政高級首長因當地防務堅強，且半年前還在其中的登步島獲得大捷，故而一致反對，但蔣與首長們激烈辯論多時，最後以「與其連戰連勝之後，至終無力補充或無法接濟，仍不能不撤時，則不如主動撤退，以固最後基地〔臺灣〕」[23] 為理由，堅持其看法。蔣自稱此為其「平生革命軍事中最大之決心」，[24] 或係根據其指揮大陸東北等地作戰，數次令部隊堅守城池（如長春、錦州等地）而不早撤退部隊，以致部隊被圍、被殲的痛苦經驗。

　　蔣中正然後命聯勤總司令黃鎮球派船，令當地指揮官舟山防衛司令官兼浙江省主席石覺準備，於 5 月 10 日策定撤退計畫，12 日完成部署，由郭寄嶠副總長負責主持，海軍副總司令馬紀壯及空軍副總司令王叔銘協助，在 13、14、15 日三個晚上迅速而祕密地讓十二萬五千守軍登輪，16 日出發返臺，同時海空軍還對當面共軍陣地及船隻實施攻擊，並在 16 日發表為撤退舟山、海南告大陸同胞書。[25] 在以上的海南島、舟山等戰役中，空軍均大舉

22　《粟裕傳》，頁 435；《中華民國史稿》，頁 497-498。

23　《蔣中正日記》，1950 年 4 月 30 日。

24　《蔣中正日記》，1950 年「三十九年工作反省錄」。

25　舟山撤退詳情參考劉維開，〈防衛舟山與舟山撤退〉，《冷戰與台海危機》，頁 29-54；國防部關於 1949 年 8 月至 1950 年 5 月間的舟山群島作戰以及舟山撤退經過之記載，見《國民革命軍戰役史第 5 部—戡亂》，第 7 冊，頁 73-84；蔣中正乾運獨斷的經過，亦參考《蔣中正先生年譜長編》，第 9 冊，頁 478-479，484-490，492-497；陳誠、蔣經

出動攻擊共軍陣地及各項設施，且對京、滬、杭、廣州、徐州等戰略城市作戰略轟炸，俾延緩其攻臺之準備。[26]

　　但是臺灣當時面臨的情況確實困難，蔣中正乃在 1950年 5 月 26 日手擬（舟山等地）軍隊（來臺）集中之後，主要工作包括：整編與充實部隊、改革軍事教育與戰術思想、實施動員計畫與民眾組訓、增強生產，編組冗員指定荒地開墾、軍民合作成為一體等。[27] 在相關各單位努力下，1950 年 3 月國軍在名義上有八十四萬餘人，經過第一階段的核實整編，裁併空虛單位之後，至 6 月韓戰爆發前，國軍概況為：總名額約六十四萬人，其中陸軍近五十萬人、坦克和裝甲車約五百輛，但油料僅夠每輛車行駛二十公里，而彈藥、糧食均缺；尤其火砲量少而威力不足，大多為 75 山砲及少數 105 榴砲；海軍則分三個艦隊，共有四萬五千人，戰艦及補助艦艇六十八艘，共約十一萬噸，但許多艦艇陳舊待修，砲彈、配件缺乏，維修不易；空軍有九萬人，各式飛機三五二架，但經常能擔任戰備者僅二六四架，零附件缺乏，油料僅夠三個月，若中共渡海

　　國等人反對見《陳誠先生日記》，1950 年 4 月 30 日，5 月 3 日、7 日、8 日；另，葉公超部長等外交官員的聯繫，見《萍蹤掠影：程時敦回憶錄》，頁 25-27。

26　空軍出任務在舟山戰役先後出動三二一六架次，海南戰役出動八六〇架次；一年來之戰果見空軍總部 8 月 13 日公告，《中華民國史事紀要—民國 39（1950）年 7-12 月》，頁 320-323。

27　秦孝儀總編纂，《總統蔣公大事長編初稿》，第 9 卷，1950 年 5 月26 日紀事；《反攻與再造：遷臺初期國軍的整備與作為》，頁 106。

來攻，估計空軍只能維持一周戰力。[28] 儘管如此，國軍仍透過柯克上將私人關係並從歐洲等其他管道，暗中進口了各類槍支、彈藥，輕型坦克和裝甲車，甚至二十架 AT-6 飛機以應急。[29]

當時國軍根據海南作戰的經驗，估計中共發動攻擊時，應會避過國軍空軍阻擾而趁夜渡海，在臺海最狹處過海峽，然後在拂曉登陸，「萬船齊發、多點登陸、插進去、打出來、併攏決戰」。[30] 蔣自己則在情勢愈益危急時的 6 月 10 日（韓戰於十五天後發生），對中共攻臺時的最惡劣狀況也都考慮到了：當時，行政院正在努力生產與合理分配，而生產必須貸款，準備以外匯儘量購買物資，支出改用實物，蔣指示：「〔必須〕準備美國不會援助、最後全島被蘇聯潛艇封鎖，如過去之蘇聯與土耳其，尚能抵抗侵略，爭取最後之勝利……〔是以必須研究〕配發實

28　《中華民國史稿》，頁 527；當時陸海空軍各部隊番號及武器數量、主管姓名及艦艇、飛機之形式數量等分見陳鴻獻整理之圖表，〈1950 年代蔣中正的軍事反攻計畫〉，《同舟共濟：蔣中正與 1950 年代的台灣》，頁 298-306；以及《反攻與再造：遷臺初期國軍的整備與作為》，頁 105-121；〈海軍需要之補充：現況及需要補充物資統計如附海軍艦艇現況及接收美日艦列表、所需補充各案需款項統計等表件〉，〈美援資料〉，《蔣中正總統文物》，國史館：002-110703-00112-004；〈空軍需要之補充：修訂說明、中國空軍兵力裝備現況及自力確保臺灣所需軍品之補充、附空軍飛機補充計畫、空軍補給計畫需款統計表〉，〈美援資料〉，《蔣中正總統文物》，國史館：002-110703-00112-005 等。

29　《意外的國度》，第 7 章。

30　陸軍副總司令石覺報告：〈石覺臺灣防衛作戰之建議〉（1950 年 6 月 18 日），《國軍檔案》，00050989，轉引自：《同舟共濟：蔣中正與 1950 年代的台灣》，頁 298-299。

物之重要與可能」。[31]

　　國防部為了防禦預期共軍即將進行的犯臺作戰，除了加強兵工生產外，並在新竹、淡水等地舉行登陸戰及海岸防禦實兵演習，以及革命實踐研究院的高司演習。[32] 在臺灣及金門、馬祖、澎湖趕築防禦工事：以 1950 年 3 月為基準，金門區第一線工事已完成，第二線工事及臨時碼頭正在進行；馬祖區海岸沿線工事已完成；臺灣區環島工事則分三期進行，第一期構築海岸封鎖永久工事及伏地堡一五五〇座，已於 1 月完成；第二期先構築營地點工事，計伏地堡五九四座，指揮堡二六四座；第三期構築縱深配備永久工事，伏地堡一千座，均在繼續施工中；澎湖區亦分三期進行，第一、二期的步砲兵工事已完成，另障礙物工程及二萬公尺之坑道工程則正在進行。[33] 到了 6 月初，臺灣的四道防線（灘岸、海岸到鐵路線、鐵路沿線、山地作戰）之中，前兩道已經完成。[34]

31　《陳誠先生日記》，1950 年 6 月 10 日。

32　陳誠院長 4 月赴新竹參加總講評其後並參加 5 月的國防部檢討會，要求誠實檢討缺點及過去失敗的原因；《陳誠先生日記》，1950 年 4 月 24 日，5 月 4-5 日。

33　陳誠，《陳誠回憶錄》（北京：東方出版社，2011），頁 347-348。

34　見美國駐臺北代辦的報告：The Chargé in China (Strong) to the Secretary of State, June 7,1950; July 10,1950, *FRUS 1950, East Asia and the Pacific*, Vol. VI, Documents 189, 202.

第二節　美國對華觀望政策開始改變

一、美國對中蘇共結盟的警惕

　　1950 年 2 月 14 日的《中蘇友好同盟互助條約》既如前面所述促成了韓戰的爆發，又改變了美國對中國局勢袖手旁觀的政策。首先，美國國防部認為中共的同盟條約簽署，顯示兩個共產大國軍事上的結合，對於美國的安全是一個重大警訊；因此，它在 4 月間提出的見解是：這個條約說明了「**蘇聯已經完全接管了中國**」，因此，建議美國的短期目標應當維持臺灣的抵抗力量，長期目標應當永久不讓共產黨得到臺灣，然後連接非共鄰國，最後達到一個「非蘇維埃的中國」。具體建議立即用「援華法」（即前述「1948 年援華法案」）的餘款為臺灣購買軍艦和軍火，向臺灣增派中、高級軍官，擴大在臺灣的外交代表，另外在中、長期內派第七艦隊進駐臺灣海峽、設法「讓蔣介石下台而支持其後繼者」，讓臺灣的「民主政府」與日本、菲律賓或越南（南越）締結安全條約，最後訓練反共游擊隊派入中國大陸等。[35] 只是如前所述，美國國務卿艾奇遜援引杜魯門 1 月 5 日的聲明，對於援助臺灣事表示反對。

　　但是美國國家安全會議在 4 月卻也提出了第六十八號文件（National Security Council 68），認為蘇聯在核子武器的進展成為美國國家安全最大的威脅，而共產黨在中國

35　美國國家檔案館檔案，RG330, CD6-4-6，轉引自《美台關係四十年（1949-1989）》，頁 59-60。

的成功，以及南亞、東南亞其他地區的政治經濟情勢，為蘇聯進一步侵入這個地區提供了跳板和擴張的良好機會。鑒於蘇聯有控制歐亞大陸的戰略態勢，所以美國必須加以全面圍堵，並且快速強化自由世界的政治、經濟、軍事力量，因為其他任何一個的自由地區失守，都代表著自由地區全面受挫。杜魯門沒有立刻簽署這份文件，但是至少表示美政府對臺政策已經開始有了加以改變的討論。[36]

美國國務院主管東亞事務的助理國務卿魯斯克則續在4月26日上呈備忘錄稱，鑒於蘇聯對中共的廣泛援助，其戰機已經進駐中國沿海機場，而中共又在東南沿海屯兵百萬，國民黨成功防禦臺灣的可能性很小，中共且對印度支那（Indochina）的抗法鬥爭全面支援，美國在亞洲的利益正受到蘇聯利用中共而產生了新的有力的挑戰。因此建議美國開始援助國民黨政府，保住其剩餘的軍隊，以便分散中共在東南亞的軍力，從而贏得時間增強對東南亞的防禦。[37]

---

36 NSC 68, Note by the Executive Secretary (Lay) to the National Security Council on United States Objectives and Programs for National Security; A Report to the National Security Council by the Executive Secretary (Lay), April 14, 1950, *FRUS 1950, National Security Affairs; Foreign Economic Policy*, Vol. I, Document 85; 美方認為這項條約讓蘇聯勢力一下子從俄國遠東進入到全中國，還南下到南海等地，便成為美國的重大威脅，另參 NSC 166/1, November 6, 1953, *FRUS, 1952-1954, China and Japan*, Vol. XIV, Part 1, Document 149；*Memoirs of Harry Truman*, Vol. II, pp. 415, 437;《從尼克森到柯林頓：美國對華一個中國政策的演變》，頁 10-11；這個美國在冷戰時期的戰略，到了 1975 年才由國務卿季辛吉（Henry Kissinger）下令解密，其全文及評論、影響見 Earnest May ed., *American Cold War Strategy: Interpreting NSC 68* (Boston: Bedford Book of St. Martin's, 1993).

37 Memorandum by the Assistant Secretary of State for Far Eastern Affairs

　　他接著在 5 月 25 日和助理國防部長伯恩斯（James Burns）會商如何向臺灣國民黨政府提供防守臺灣所必需的軍事物資，5 月 31 日再提東亞新政策的報告，強調中共蘇聯同盟條約的簽訂使美國在 1 月份提出的臺灣政策失效，建議美國用武力保護臺灣，使臺灣中立化，並「讓蔣介石退休」。[38]

　　美國國防部長詹生（即前述不願與美國對華政策白皮書沾上邊的部長）再於 5 月 25 日向杜魯門總統提供了備忘錄，表示國安會在 1949 年 12 月 29 日決定不援助國民黨防衛臺灣，但迄今情勢的發展已有了重大改變，共黨中國同蘇聯簽訂了一項軍事條約，而朝鮮局勢又變得嚴峻。如果臺灣被敵對國家占領，將會嚴重影響美國在沖繩、日本和菲律賓的地位。敵機從臺灣島上的十二個機場可以完全接近我們的基地和交通線。國防部曾建議令麥克阿瑟向臺灣派出一個調查組，以掌握如何防止臺灣落入敵對國家的第一手材料，我們建議閣下採取此一行動。[39] 6 月 9 日，詹生

(Rusk) to the Secretary of State, April 26, 1950, *FRUS, 1950, East Asia and the Pacific*, Vol. VI, Document 172.

38 Memorandum by the Special Assistant to the Secretary of Defense for Foreign Military Affairs and Assistance (Burns) to the Assistant Secretary of State for Far Eastern Affairs (Rusk), May 29,1950, *FRUS, 1950, East Asia and the Pacific*, Vol. VI, Document 181; Rusk's Report of May 31, 1950, RG 59, Department of State Records, The National Archives. 蔣中正認為國務院對臺政策之目的先在「煽動臺民獨立與自治、由美國託管、由聯合國託管」，等韓戰爆發後，便「使臺灣中立化為名，而實凍結我政府與國軍，不容我在韓戰期間復活」，見《蔣中正日記》，1950 年「三十九年工作反省錄」。

39 *A General's Life*, Part 51.

部長進一步要求參謀首長聯席會議（主席為布萊德雷 Omar Bradley）考慮出動美軍阻止中共對臺灣的進攻。[40]

　　所以，到了 6 月上旬，已經有了籲請美國對臺政策轉變的聲音（雖然骨子裡是希望將臺灣與中國大陸分離），以致國務院的顧問杜勒斯（John Foster Dulles，1888-1959，在艾森豪政府中擔任國務卿，美國華府杜勒斯國際機場便以其為名）還對民國駐美大使顧維鈞說，國務院近來對臺灣的態度已經有所好轉，也就有對臺提供軍援的可能性了。而杜勒斯自己也曾在 5 月 18 日建議國務院動用美國海軍、使臺灣海峽中立化的方案。[41]

　　總之，對美國而言，中共和蘇聯簽訂同盟條約的事實顯示，不但中共不會作狄托第二，而且還成為了蘇聯的衛星國（a satellite of the USSR）。[42] 就短期而言，既然中共和蘇聯已經連接在一起，以「反共抗俄」為國策的中華民國，也就成為抵擋蘇聯勢力向亞洲、東南亞進一步擴張的據點，對於美國在西太平洋利益的維護便有了直接的重要性；何況當年臺北在東南亞的華僑社會中，仍有相當的影響力，不是中共可以比擬的──而華僑多執掌東南亞各國

40　《無奈的選擇：冷戰與中蘇同盟的命運（1945-1959）》，頁 217-218。

41　《無奈的選擇：冷戰與中蘇同盟的命運（1945-1959）》，頁 218；《顧維鈞回憶錄》，第 7 分冊，頁 764-765。

42　見之於美國務卿與國防部長之間的通訊：The Secretary of State to the Secretary of Defense (Johnson), April 28, 1950, *FRUS, 1950, East Asia and the Pacific*, Vol. VI, Document 386.

經濟的牛耳。[43]

二、美國對韓戰發生的反應

韓戰爆發後，最出乎北朝鮮（或北韓）、甚至蘇聯預料的，便是美國政府的反應。美方得知北朝鮮發動攻擊之後，便認為這個軍事行動「是對二次大戰之後好不容易建立的集體安全的直接挑戰」；至於南韓「雖然和美國還沒有簽訂任何安全條約，卻是美國派軍前往，接受了日軍投降之後又占領了五年的地方，所以對於當地的狀況感到有責任」，而且「如果北韓占領了南韓，將如同一支匕首指向日本，會因而顛覆了美日關係」，是以「美國不能允許這個二戰之後第一個武裝侵略成功」；[44] 何況，杜勒斯還在一週前訪問漢城，並且向韓國的國會保證永不會讓韓國單獨面對侵略。[45]

於是在杜魯門總統召集下，美國國務卿和軍方領袖等官員立即舉行了幾次緊急會議，對於北韓南侵是否應當介入，決定了以下幾個措施：

首先，要美國駐聯合國安理會的副代表格羅斯（Ernest Gross）立即聯繫聯合國祕書長賴伊（Trygve Lie）召開安理會會議；其次，立即令美國的海空軍介入，並向南韓軍

---

43 美方對此認知可參考中情局的評估：National Intelligence Estimate, September 14,1954, *FRUS, 1952-1954, China and Japan*, Vol. XIV, Part 1, Document 295.

44 *As I Saw It*, pp. 162-163.

45 《李承晚傳》，頁 293。

隊提供軍火及支援；第三，令第七艦隊進入臺灣海峽以阻止兩岸之間衝突，杜魯門並宣稱「臺灣未來地位之決定必須等待太平洋區域安全的恢復、對日和約的簽訂，或經由聯合國的考慮」，[46] 而美國當時並不清楚北韓的南侵究竟是單獨行動，還是共產集團對民主世界發動多面向攻擊的一環；第四，北韓發動攻擊五天之後，由於美國空軍的轟炸無法阻止北韓裝甲部隊的前進，於是杜魯門總統在 6 月 30 日再下令空運駐日美軍地面部隊進入韓戰；第五，加強對在中南半島如越南的法國軍隊的援助，因為得悉共軍大批南下，懷疑中共在廣西、雲南的軍隊也會同時侵入法國殖民的越南。

　　杜魯門總統的這些決定都獲得了美國國會領袖們和公眾輿論的完全支持。[47] 7 月 1 日，美國國安會對於蘇聯促成韓戰作了初步的評估：在其分析稿中指出：蘇聯不願介入大戰，其在韓戰的目的既是在戰略上控制南韓，也是藉著其衛星國試探美國的反應，以及消耗美國的實力、損傷其威望；只是對於中共的態度、是否會介入不確定。但如果中共攻擊國軍控制的外島，則美國不準備介入。[48]

46　該項聲明的英文原文見 *American Foreign Policy, 1950-1955, Basic Documents,* Vol. 2 (Washington, D. C.: U. S. Government Printing Office, 1957), p. 2468；*State Department Bulletin,* July 3rd 1950；錄於 *China and the Taiwan Issue,* Document 6, p. 221。杜魯門聲明發出後的次日，6 月 28 日上午 11 時，美國第七艦隊的兩艘巡洋艦、六艘驅逐艦和一艘運輸艦便駛入臺灣海峽，見《史事紀要－民國 39（1950）年 4-6 月）》，頁 914-915。

47　*As I Saw It*, pp. 161-166；《使韓回憶錄》，第 2 章。

48　Report to the National Security Council by the Executive Secretary

　　至於聯合國安理會，在通過第八十二號決議案（SCR-82）要南北韓停火無效之後，接著再通過第八十三號決議案（SCR-83），要會員國援助南韓。安理會在作這些決議時，蘇聯的代表馬立克都不在場，否則他儘可以投票否決，而馬立克不在場的原因卻是為了杯葛中華民國的代表蔣廷黻！而且當馬立克請示史達林他要不要回到安理會時，史達林竟然要他繼續杯葛，為的是表示對中共的支持，其結果反而在安理會 7 月 7 日的決議案中讓抵抗北韓的美軍和英國、加拿大、澳洲、南非、菲律賓、荷蘭、希臘、哥倫比亞等十五國的部隊得以用聯合國旗幟進入戰場，並允許美國指定聯合國軍最高指揮官。如前述，杜魯門隨即指派麥克阿瑟為聯合國軍總司令（Commander of the United Nations Command）。[49]

三、美國改變對臺態度

　　艾奇遜國務卿也在美國時間 6 月 27 日凌晨 1 時，訓令駐臺師樞安代辦持備忘錄立即覲見蔣中正總統，告知杜魯門的聲明及令第七艦隊進入臺海事。（代辦，即Chargé，表示當時美國駐華大使仍然是人在美國的司徒雷登。）

(Lay), Washington, July 1, 1950, *FRUS, 1950, National Security Affairs; Foreign Economic Policy*, Vol. I, Document 100.

49　Resolution Adopted by the United Nations Security Council, June, 25, 1950; June 27, 1950; July 7,1950, *FRUS, 1950, Korea*, Vol. VII, Documents 84, 130, 238;《心戰聯合國：中國代表權爭奪戰 1949-1971》，第 2 章第 2 節。

　　蔣直到臺北時間晚上8時才接見，由外長葉公超傳譯，次長沈昌煥在座。蔣聽後並未顯露任何情緒，只表示會答覆。[50] 杜魯門的聲明反映了中蘇共簽署同盟條約之後，美國國家安全會議制定第六十八號文件的一些具體內容，也將國務院和國防部官員在過去幾個月來的內部建議，作成了具體的政策，所以派第七艦隊進入臺灣海峽，並非係6月25日之後兩天之內匆匆作出來的即興之作。

　　美國第七艦隊開到臺灣海峽，固然抵擋了中共攻臺的計畫，而杜魯門為了將此一行動合理化，卻提到「臺灣地位未定」的說法，則完全漠視羅斯福總統和杜本人參與發佈的《開羅宣言》和《波茨坦文告》其中關於臺灣白紙黑字的內容，也是對中華民國主權的侮辱。無怪乎蔣中正在日記中痛斥其「視我一如殖民地之不若，痛辱盍極」！至於臺北的對外聲明，則由葉公超外長正式表示，暫停海空軍對中國大陸的軍事行動，但美國政府關於臺灣的聲明並不能改變《開羅宣言》中預期的臺灣地位，也不能影響中國對臺灣的主權；接受美方的提議不影響臺北反抗共產侵略及維護中國領土完整的立場。[51]

　　中共周恩來總理兼外長則在6月28日發表聲明指出，

50　The Secretary of State to the Embassy in China, Washington, June 27,1950; The Chargé in China (Strong) to the Secretary of State, Taipei, June 27,1950, The Chargé in China (Strong) to the Secretary of State, Taipei, June 29, 1950, *FRUS, 1950, Korea*, Vol. VII, Documents 111, 116, 147.

51　《蔣中正日記》，1950年6月28日；《中華民國史事紀要—民國39（1950）年4-6月）》，頁877-883、904-906、911-915。

韓戰係由美國指示李承晚傀儡政權所挑起的韓國內戰，痛斥美艦隊進入臺海是違背聯合國憲章及對中國領土的侵犯，要「美國侵略軍」、「撤出臺灣」，全國人民將為「解放臺灣」奮鬥到底等。[52]

由於聯合國安理會曾決議通知，建議會員國提供大韓民國援助，所以臺北決定派第六十七軍劉廉一軍長率第六十七師、第十八師、第二〇一師，三個師共三萬三千兵力入韓。但這個提議為艾奇遜國務卿等人以當時臺灣更需要軍隊來作防衛等理由予以阻止。蔣中正在 7 月 1 日的日記中對此極表痛恨，[53] 因為此一行動阻止了臺北進攻大陸難得的機會。

美國國務院於 7 月間將駐香港總領事藍欽（Karl Rankin）調來臺灣擔任美國大使館公使級代辦，接替師樞安，並派三軍武官駐臺。藍欽隨即於 8 月到任。後來藍欽在回憶錄中表示，他曾呈函給後來共和黨政府的國務卿杜勒斯，認為在韓戰期間，「臺灣非但可以抽調不帶裝備的三個師赴韓作戰，而且假如美國願意提供海軍和後勤支援，也可以對中國大陸發動更大規模的攻擊」。[54]

---

52 《人民日報》，1950 年 6 月 29 日，第 1 版；其英文全文見 PRC Foreign Minister Chou En-lai's Statement Refuting Truman's Statement of June 27,1950, and June 28, 1950, Chiu, *China and the Taiwan Issue*, Document 7, pp. 221-222。

53 《蔣中正日記》，1950 年 7 月 1 日；《反攻與再造：遷臺初期國軍的整備與作為》，頁 19-21。

54 藍欽，《藍欽使華回憶錄》（臺北：徵信新聞，1964），頁 75-77，216；《中華民國史事紀要—民國 39（1950）年 7-9 月》，頁

同時，美國政府接受了參謀首長們的建議，將「共同防禦互助法案」中的三○三專款（Mutual Defense Assistance Act, Section 303）撥出一四三四萬美元作為軍援臺灣的經費，11 月 23 日，首批彈藥四千七百噸運抵臺灣。[55] 但美國提供軍援的政治目的「只是在強化臺灣以防備中共攻擊，卻不是在充實國軍有攻擊大陸的能力」。[56]

另外，先是在 1950 年 7 月 8 日，第七艦隊司令史樞波（Authur Struble）來臺覲見了蔣中正，「晤談頗洽」；接著，在 7 月底，也就是韓戰爆發、美軍介入一個月後，美國駐日本的盟軍統帥麥克阿瑟在未知會國務院和白宮的情況下，率領了史樞波中將、遠東空軍司令斯特拉特梅耶中將（Lt. Gen. George E. Stratemeyer）、遠東艦隊總司令裘愛中將（Vice Admiral Charles T. Joy）等共四十餘人來臺，在 8 月 1 日與蔣中正等臺北的軍政首長會議，商量臺灣防衛問題、國軍裝備上的需要、及國軍需要攻擊大陸機場才能真正自衛等問題，會後蔣便發表聲明，表示軍民咸對此行感奮。

麥帥隨即派總部副參謀長福克斯（Alonzol P. Fox）於 8 月 4 日來臺再作三週的考察，第十三航空隊司令滕納少

210、226、229-242、308。

55 周琇環，〈美國的經援與軍援〉，《中華民國近六十年發展史》（臺北：國史館，2012），頁 35。

56 Memorandum by the Acting Deputy Director, Mutual Defense Assistance, Department of State (Bell), to the Director of the Office of Military Assistance, Department of Defense (Lemnitzer), September 15,1950, *FRUS, 1950, East Asia and the Pacific*, Vol. VI, Document 301.

將（Howard M. Turner）也於同日到臺灣，由美國空軍駕駛了六架 F-80 噴射機從沖繩飛到臺灣並駐紮。[57] 美國國防部長進而在 8 月 4 日令麥克阿瑟阻止中共攻臺以及國軍攻陸，以執行杜魯門 6 月 27 日之宣佈。[58]

蔣中正因美國務院不同意國軍為保衛金門而轟炸福州機場及捕捉中共船艦等事，十分憤怒，原準備撤守金門，但在 8 月 5 日的軍事會報中決定固守不撤，因「匪軍攻金已經準備完成也」。[59] 此時，臺北國防部也擬定了與美軍配合的作戰計畫：原則上大陸沿岸各島嶼之防禦單獨由國軍負責，而臺灣沿岸十浬以內則設「內防區域」，一旦共軍海空軍進犯，第七艦隊迎戰時，國軍艦艇則退守於「內防區域」負防守責任。[60]

---

57 《中華民國史事紀要—民國 39（1950）年 7-9 月》，頁 259-260；《蔣中正先生年譜長編》，第 9 冊，頁 522-523、531-433；麥克阿瑟來臺，蔣中正總統接機，舉行軍事會議及其他照片，見《蔣中正 1940-1960：美國國家檔案館數位彩色復原歷史影像精選》（臺北：新世語文化，2021），頁 100-107；麥帥來臺卻未通知華府，見陶涵，《蔣介石與現代中國的奮鬥》，引自艾奇遜回憶錄，頁 559-560；至於福克斯來臺考察報告見 Memorandum by Mr. Richard E. Johnson of the Office of Chinese Affairs to the Director of the Office of Chinese Affairs (Clubb), December 8, 1950, *FRUS, 1950, East Asia and the Pacific*, Vol. VI, 794A. 5/12-850, pp. 591-592.

58 The Secretary of Defense (Johnson) to the Commander in Chief, Far East (MacArthur), Washington, 4 August 1950, *FRUS, 1950, East Asia and the Pacific*, Vol. VI, Document 248.

59 《蔣中正日記》，1950 年 8 月 5 日；有關情形另參考《1949 大撤退》，頁 68-69、454；林桶法，〈金門的撤守問題—以蔣日記與蔣檔為中心的探討〉。

60 〈柯克致周至柔第七艦隊阻止臺灣、澎湖被侵襲之作戰計畫備忘錄（1950 年 8 月 13 日）〉，《中美協防（一）》，頁 300-302。

　　1951 年 2 月，韓國戰場上的聯合國軍阻止了共軍進展之後，美國杜魯門政府便和民國政府以換文方式成立了《聯防互助協定》（Agreement Relating to the Furnishing of Certain Military Material to China for the Defense of Taiwan），以便設立軍事顧問團（Military Assistance Advisory Group, MAAG），並提供軍援。[61] 而那時美國的軍援仍以輕武器、戰防砲、山砲、車輛為大宗，戰機以螺旋槳的 F-47 為主。[62]

　　至於在經援方面，美國「1948 年援外法案」中的「1948 年援華法案」，有三億三千八百萬美元是經濟援助，到 1949 年春，國會決定將「援外法案」延長到 1950 年 2 月，然後到了 1950 年 1 月 5 日，杜魯門宣佈將繼續執行，而國會中支持民國政府的議員們便運作將其中的「援華法案」延長到 1951 年 6 月。韓戰在 1950 年 6 月爆發後，國會在 10 月 10 日通過「共同安全法案」（Mutual Security Act），從軍事、經濟及技術等方面來協助盟邦抵抗共產主義擴張，把原來的「援外法案」的經濟援助加以整合。根據以上法案，美國向臺灣提供經濟援助，在技術、資本和

61　該項協定中英文本全文，見《中華民國史事紀要－民國 40（1951）年 1-6 月》，頁 210-218；另參考國務卿艾奇遜在 1 月 20 日所告知駐華大使館有關軍援以及相關要求，見 The Secretary of State to the Embassy in the Republic of China, Washington, January 20, 1951, *FRUS, 1951, Korea and China*, Vol. VII, Part 2, Document 10.。

62　迄到 1952 年底，僅到達 F-47 戰機二十五架，臺北方面期待的噴射機、B26 輕轟炸機等均未到達，已經到達的軍備中，卡賓槍、步槍、50 機槍、火箭筒、57mm 戰防砲、M3-105 榴砲則完全合乎計畫到達。〈國防部軍援檢討表（1952 年 12 月 8 日）〉，《（中美協防（一）》，頁 30-45。

貿易方面支援，引入技術和專家、訓練臺灣的人才；投資臺灣的基礎建設，尤其是水電業和製造業，並提供物資以彌補臺灣的貿易入超。[63]

國務院亞太事務助理國務卿魯斯克則在 5 月間發表聲明稱：「北平政權不是中國的政府，我們承認中華民國的國民政府——雖然他的領土很小」，由於中國共產黨政府是蘇聯所控制，「它便不是中國的（It is not Chinese），因此不能得到美國的承認」。[64] 從以上發展可知，由於東西冷戰的發展、以及中共密切靠攏蘇聯，使得美國不得不暫時放棄對中國大陸政權的期望，而對於臺灣可以阻止中國大陸勢力擴張的戰略地位開始重新評估，與二次大戰時美軍斟酌攻臺以屈服日本的戰略考量前後輝映，都突顯了臺灣地理位置有其重要性。[65] 在此背景下，民國政府的外交態勢、尤其對美關係便值得進一步觀察。

---

63 呂芳上總纂，《中華民國近六十年發展史》，頁 33-35。

64 《中華民國史事紀要－民國 40（1951）年 1-6 月》，頁 793-798；*China: U. S. Policy Since 1945*, p. 95。

65 蘇容立，〈太平洋戰爭時期台灣戰略地位之研究〉，《中華軍史學會會刊》，第 27 期（2022），頁 27-49；中共武力解放臺灣因韓戰而停頓的簡述及分析，可參考《中共軍史、軍力和對臺威脅》，第 4 章。

第五章　中華民國外交困境的突破

　　1949 年至 1950 年，當共軍逐漸控制大陸並在緊鑼密鼓地準備進犯臺灣和外島時，民國政府在外交關係上也問題重重，而**外交關係的重要性在於彰顯國家的主權，並在國際上維護中華民國的地位與法統，而法統又影響海內外華人的政治認同與實質支持，便與國家的生存密切相關。**

　　當時各主要國家以聯合國安全理事會的中、美、英、法、蘇五個常任理事國最為重要。其中蘇聯係在 1949 年 10 月 1 日中共建政的第二天即宣佈承認其政權，10 月 3 日雙方建交；英國則在 1950 年 1 月 5 日宣佈承認中共是「中國法律上的政府」，但維持在臺灣淡水的領事館，其後再與中共建立代辦級外交關係；另外的常任理事國法國則因為當時的第四共和才剛從二戰後復國，在政治、經濟、軍事上都需要美國協助，不敢得罪美國，和臺北暫時維持外交關係，直到 1964 年。除此之外，南亞大國印度在 1949 年 4 月民國政府遷往廣州時，其大使館也如同美國大使館留在南京，印度駐華大使潘尼卡（K. Panikkar）以駐華外交團團長之身分，竟還先把使館名冊交給中共，到了 12 月 31 日，便通知民國駐印度大使館，即行停止外交關係。[1] 在其他雙邊外交關係上，東歐共

1　英國直到 1972 年 3 月才提升與中共的外交關係為大使級，並關閉其駐臺灣淡水的領事館，承認臺灣是中華人民共和國的一個省，見《中華民

產國家均已承認中共，雖然南美各國、菲律賓、南韓及義大利均還與美國一致，尚不擬承認中共、[2] 在名義上仍然與中華民國有邦交，但真正將使領館遷來臺灣的幾乎沒有，而都是採取觀望態度。[3]

至於美國，雖然仍然維持外交關係，卻不以平等相待：例如 1949 年 11 月 3 日，美國駐臺總領事師樞安以備忘錄予蔣中正總裁（當時在臺灣）謂，奉國務卿艾奇遜 10 月 28 日之命轉告，美國政府並無使用軍事力量以防衛臺灣之意向，惟對大陸之混亂延及臺灣表示關懷。另外，也表示美方將繼續向臺灣提供經濟援助，但是否提供任何其他的援助將視中國政府的政績而定。[4] 這個備忘錄干涉了中國內政的治理，其用字遣詞頗為侮辱，顯示了當時美方官員的輕視心態。

1950 年 6 月韓戰爆發後，雖然因為第七艦隊介入臺海，而將臺灣在軍事上中立化，但由於中共指控美國入侵

國史事紀要—民國 39（1950）年 1-3 月份》，頁 56-59；《中華民國史事紀要—民國 61（1972）年 1-3 月）》，頁 792。法國和印度與民國政府斷交情形分見陳三井，〈法國〉、李本京，〈印度〉，《中華民國史外交志》，頁 675-679、460-463。

2　根據中華民國駐各國大使來電，見《質樸堅毅：張其昀日記 1949-1950，1952》，1949 年 12 月 23-26 日；《蔣中正先生年譜長編》，第 9 冊，頁 369-373。

3　張力，〈突破逆境的百年外交〉，《中華民國發展史：政治與法制》（臺北：國立政治大學、聯經出版，2011），頁 499-503。

4　The Secretary of State to the Consul General at Taipei, Washington, October 28,1949, *FRUS, 1949, The Far East: China*, Vol. IX, Document 438；另艾奇遜國務卿在答復駐美顧維鈞大使期望美方經濟援助的信件時也用類似說法：The Secretary of State to the Chinese Ambassador (Koo), January 13, 1950, *FRUS, 1950, East Asia and the Pacific*, Vol. VI, Document 138.

臺灣，蘇聯於 8 月間在聯合國為其發聲（本章第一節），美國國務卿便在 9 月初約同英、法兩個安理會常任理事國的外長**祕密研究臺灣的終久政治安排**：究應與大陸統一，還是獨立，或交由聯合國託管。雖然一時得到共識的部分除了「尊重開羅宣言」之外並不多，但這些強權竟在民國政府的背後祕密討論其前途的安排。[5]

　　接著，在 1950 年秋冬，中共的抗美援朝志願軍在朝鮮半島連戰連勝，美軍情勢危急，杜魯門總統正在考慮如何「光榮」退出韓戰時，英國艾德禮首相（Clement Attlee）在 12 月初率團訪問美國華盛頓，研討如何應對目前的局面。在談話中他成為中共的說客：強調中共成為東方的狄托（Titoism）已經成熟（這個認知與事實完全相反，見第三章），美國應當鼓勵其脫離蘇聯、應當承認中共政權，而且把聯合國的席位以及把福爾摩沙——臺灣——都交給中共。當時美方領導人杜魯門、艾奇遜等人都耐心地向艾德禮解釋：這是不可能的（out of the question）。[6] 連大英國協的領導人——英國首相（當年對於世界局勢的影響遠比現在大，美國在外交上尤其需要得到他的合作），其主張竟是如此，充分反映了中華民國當時在國際上處境的風雨飄搖。

5　Memorandum Prepared in the Preliminary Tripartite Meetings for the Tripartite Foreign Ministers Meeting，September 1,1950, *FRUS, 1950, East Asia and the Pacific*, Vol. VI, Document 280.

6　United States Delegation Minutes of the Second Meeting of President Truman and Prime Minister Attlee, Washington, December 5, 1950, *FRUS, 1950, Korea*, Vol. VII, Document 977; *A General's Life*, pp. 610-611.

　　所以，當民國政府在臺灣企圖突破內外的各項困境時，外交便是重要的一環。但外交困難的改善，從來都不是一蹴可及，而必須利用國內實力的增強和國際情勢的變化，審時度勢，一步一腳印地進行。在 1950 年代的前期，首先要做到的，就是維護在聯合國的席位。

第一節　在聯合國的奮鬥

一、中華民國協助建立聯合國

　　回顧中華民國與聯合國的歷史，早在二次大戰還在進行時的 1942 年 1 月 1 日，與軸心國作戰的二十六國根據前一年美國和英國發表的《大西洋憲章》（Atlantic Charter）原則，在美國華盛頓簽署《聯合國宣言》（Declaration by United Nations），當時中華民國就是發起國之一。接著，1943 年 1 月，美、英廢除了與中國簽訂的不平等條約，重新與中華民國訂立了平等新約，然後民國與美、英、蘇四國的外長又在莫斯科簽署《莫斯科宣言》，揭櫫戰後建立集體安全機制的目標。1944 年 6 月，蔣中正委員長再致函美國羅斯福總統，強調若要舉行計畫在戰後成立國際組織的會議，一定要有亞洲的代表，因亞洲占世界一半的人口。於是，中國便再被邀請參加 8 月間在美國華府喬治城敦巴頓橡樹園的國際會議（Dumbarton Oaks Conference），討論建立戰後集體安全機制及相關國際組織，成為聯合國成立前的準備會議。會中民國代表提出了七點意見，其中三點

被接受納入憲章，如維持和平根據正義及國際法原則、促進教育與文化的合作、國際公法的方針與修訂應由大會倡導等；至於有關侵略應加定義一點則被原則接受。[7]

　　八個月後，聯合國制憲會議於 1945 年 4 月在美國舊金山舉行，中華民國外交部長宋子文率團參加，發表演講。當時的中國代表團由十人組成：政府代表四人：宋子文（外交部部長，團長）、顧維鈞（駐英大使，副團長）、王寵惠（國防最高委員會祕書長）、魏道明（駐美大使）；學術界代表兩人：胡適（在美國哈佛大學講學，[8] 後來擔任北京大學校長）、吳貽芳（金陵女子大學校長）；在野黨代表三人：董必武（共產黨）、李璜（青年黨）、張君勱（民社黨）；社會名流一人：無黨籍大公報的胡霖。資深外交家施肇基則為該團的顧問。1945 年 6 月 26 日，聯合國憲章在美國舊金山簽字，由於宋子文已經回國升任行政院院長兼外交部部長，中國便由顧維鈞副團長**首先簽字**，宋子文後來再補簽，而中華民國代表團是首先簽字的團體。

7　各項意見見多為法學專家王寵惠的主張，見胡文俊，《王寵惠與中華民國》（廣州：廣東人民出版社，2006），頁 334；另參考唐啟華，〈中華民國與世界體系〉，《中華民國發展史：政治與法制》，頁 531-533；李子文，〈中華民國與聯合國及其週邊組織〉，蔡瑋主編，《中華民國與聯合國》（臺北：國立政治大學國際關係研究中心，1993），頁 87-103；蘇聯原先反對邀請中國參加莫斯科宣言，後來亦不願同時參加開羅會議，見畢英賢，〈蘇聯〉，《中華民國史外交志》（臺北：國史館，2002），頁 883。

8　胡適參加會議，但在當年 5 月 3 日即先回哈佛繼續講學，是以未能參加簽字儀式，見胡頌平編著，《胡適之先生年譜長編初稿》，第 5 冊（1937-1946）（臺北：聯經公司，2020，增補版二版），頁 1884。

1945 年 6 月 26 日中華民國代表團首先在聯合國憲章上簽字（簽字者為顧維鈞大使，後立者左起：會議總祕書長阿爾傑・希斯（Alger Hiss）、大公報胡霖、共產黨代表董必武、民社黨代表張君勱等）UN Photo/McCreary, Unique Identifier: UN7770822.

不但如此，1946 年 3 月 26 日，當聯合國安全理事會在紐約 Hunter College 舉行首次會議，按照英文字母的排序，便由常任理事國中華民國的代表郭泰祺（Quo Tai-Chi，1888-1952，湖北黃州人，曾任外交部部長）擔任此一歷史性會議的首任主席，而中國國內則在各小學教唱「聯合國歌」。[9]

二、維護在聯合國的會籍

但 1949 年 10 月 1 日中共建政後，中華民國在聯合國的

9　蘇秀法，〈聯合國的回顧及展望〉，《中華民國與聯合國》，頁 9-11；吳景平、郭岱君編著，《宋子文和他的時代》（上海：復旦大學出版，2008），頁 85-90；聯合國憲章簽字照片，見《中華民國與二戰》，頁 110-111；共產黨員董必武在出發前受到「民主同盟」人士盛大歡送，見胡傳章、哈經雄，《董必武傳記》（武漢：湖北人民出版社，1985），頁 198。「聯合國歌」歌詞包括「全世界的人們都高唱，慶祝新世界的誕生」等句，詞曲昂揚動聽（根據中華民國張文中大使1945 年在成都簇橋空軍軍士學校子弟小學五年級上課時親歷）。

會籍便開始受到挑戰。11月15日，周恩來以中華人民共和國外交部部長身分致電聯合國大會主席菲律賓代表羅慕洛（Carlos Romulo）及聯合國祕書長賴伊（Trygve Lie），強調：「國民黨反動政府現在已處於分崩離析狀態，其軍隊殘餘即將被消滅；國民黨反動政府已完全喪失代表中國人民的真正法律基礎」，「所謂中華民國政府代表團已成為一小撮喪家之犬的武器」，「無權代表中國人民出現在聯合國」，要求立即取消民國政府代表團和蔣廷黻代表的資格。[10]

1950年1月8日，周恩來再致電聯合國安全理事會各會員國政府，要求將國民黨代表驅逐於安理會之外。1月20日，周恩來第三度通知聯合國祕書長和安理會各會員國謂，北京已經任命張聞天[11]為派駐聯合國代表團團長，要求告知何時可以抵達參加聯合國會議，而且蔣廷黻應予驅逐。[12]

此時蘇聯駐聯合國代表馬立克及聯合國的祕書長賴伊均予以積極回應，馬立克於1950年1月10日在安理會提

10 〈周恩來致羅慕洛、賴伊函：中華人民共和國中央人民政府成立（1949年11月15日）〉，《俄羅斯解密檔案選編：中蘇關係》，第2卷，頁162。

11 張聞天，江蘇人，1925年參加中共，為中共領導人之一，以「洛甫」為別名多次發表中共政策的文字，並參加「長征」，1935年遵義會議前後與毛澤東關係密切，張、毛和王稼祥號稱「中央三人團」，曾任中共中央政治局總書記，之後讓權予毛澤東。後來接任王稼祥擔任駐蘇聯大使，再回北京擔任外交部副部長、部長。見《六大以來—黨內祕密文件》，上冊之一，頁157-167，356-359；梅雪，《從總書記到外交部長：張聞天》（長沙：湖南人民出版社，2016），第4章，頁457-479。

12 《心戰聯合國：中國代表權爭奪戰1949-1971》，第1章第1節、第2節。

案，質疑蔣廷黻全權代表證書的效力，投票結果是三票贊
成（蘇聯、印度、南斯拉夫），六票反對（中華民國、美
國、法國、古巴、厄瓜多、埃及），二票棄權（英國及挪
威），蘇聯的動議失敗，馬立克表示抗議，遂不再出席安
理會，以示對蔣廷黻的杯葛，直到同年 8 月 1 日才回來擔
任當月輪值主席。

接著南斯拉夫代表繼續在 1950 年 1 月 17 日在安理會
提案，質疑中華民國代表在當月輪值擔任安理會主席的
合理性，結果贊成者一票（南斯拉夫），反對者六票，
棄權三票（印度、挪威、英國）。當然，在這之前，蔣
廷黻代表曾根據國際法論點對各代表努力進洽勸說，也有
效果。[13]

至於聯合國祕書長賴伊，則責成法律部門準備關於
中國代表權的法律備忘錄，於 3 月 8 日向各會員國分送，
強調中國代表權問題與會員國是否承認中共無關（1950
年 1 月底時只有二十四國承認中共，其中十九國與其建
交，而與臺北有外交關係的會員國卻有三十三個），而且
應該看這個政府是否真有權利來執行會員國的義務。[14] 賴

13　《心戰聯合國：中國代表權爭奪戰 1949-1971》，頁 42-50、244-
　　245；引自 *Yearbook of the United Nations 1950*, pp. 421-424;《顧維鈞回
　　憶錄》，第 7 分冊，頁 636；蘇聯代表因為企圖失敗，便在聯合國
　　三個會議中（遠東委員會、原子會議、軍事參謀委員會）退席，另
　　一會議（託管理事會）也不去參加，見《中華民國史事紀要－民國
　　39（1950）年 1-3 月）》，頁 139-140。

14　賴伊在備忘錄中強調「目前的問題應該是在兩個政府中，哪一個更
　　能有效行使其權利，哪一個更為多數人民所擁護」；蔣廷黻代表則
　　於 1950 年 3 月 8 日在其聲明指出，賴伊祕書長的行動超出了祕書

伊接著到美國、英國、法國、蘇聯等國訪問，鼓吹讓中共入聯，然後於 6 月間再發出通函，要安排安理會開臨時會議討論蔣廷黻代表的去留。蔣代表雖然也提了合法、合情、合理的抗議書給各國代表，但當時臺灣本身十分危險，蔣代表的地位當然岌岌可危；[15] 蔣中正在年初也曾悲觀的評估謂「中共亦必無條件加入聯合國，而我政府的代表必將被驅逐於國際社會之外，此乃成為已定之局」。[16]

　　6 月 25 日韓戰爆發，仍然沒有改變整個態勢。蘇聯代表馬立克在 8 月 1 日回到安理會擔任主席之後，立即宣佈臺北的代表不能參加安理會，應當交給「合法的中國代表」。投票結果，八票（美國、英國、法國、挪威、厄瓜多、古巴、埃及及中華民國）對三票（蘇聯、印度、南斯拉夫），蘇聯的努力再度失敗。[17] 8 月 25 日，周恩來進

長的責任範圍，並損及一般對他公正立場的信賴。聯合國中的僵局是由於蘇聯不合法的退會行動，祕書長如願用他的力量，就應該將他的力量加諸蘇聯代表團，而賴伊所提的備忘錄在法律和政治兩方面都是毫不足取的行動。美國艾奇遜國務卿則亦發表聲明，一面譴責蘇聯代表退出聯合國各機構，一面也表示美國反對「排除國民政府代表」的任何建議。見《中華民國史事紀要─民國 39（1950）年 1-3 月）》，頁 549-550；另參考《心戰聯合國：中國代表權爭奪戰 1949-1971》，頁 55-65。

15 賴伊的行動、聯合國中中國代表權問題的複雜性、蔣代表對美國駐聯合國代表的坦言、以及美方考慮採用「緩議」之作為以維護中華民國的會籍等，參考 The United States Representative at the United Nations (Austin) to the Secretary of State, January 9, 1950; January 24,1950; The Deputy United States Representative at the United Nations (Gross) to the Secretary of State, March 11, 1950, *FRUS, 1950, The United Nations; The Western Hemisphere*, Vol. II, Documents 105, 119, 136.

16 《蔣中正日記》，1950 年「三十九年工作反省錄」。

17 《心戰聯合國：中國代表權爭奪戰 1949-1971》，頁 58-60，244-245；

一步致電聯合國祕書長賴伊，指控美國武裝侵略臺灣，而蘇聯代表馬立克馬上在 29 日響應，提請安理會將此案列入議程。9 月 29 日厄瓜多代表在安理會中提議讓中共派代表前來列席講話，由於係與中共有邦交的英國代表擔任主席，便裁定中華民國代表蔣廷黻所投反對票無否決效力，安理會遂決定讓中共派代表赴聯合國演說。周恩來乃於 10 月 23 日電告賴伊，將派伍修權為大使銜特派代表，喬冠華為顧問。[18]

　　10 月 25 日共軍介入韓戰，11 月 27 日安理會第五二二次會議審議蘇聯及中共控訴美國侵略臺灣案，以及美國控訴中共侵略南韓案。此時，共軍在韓戰占上風，聯合國軍全線動搖，安理會乃邀請中共代表伍修權列席。會議中美國代表力言中共大軍進入北韓作戰，是為侵略，而有效管轄臺灣的中國政府是美國及大多數會員國所承認的，至於美國派第七艦隊來臺海，乃是為了防止中國大陸對臺灣攻擊。但是伍修權則辯解稱，中國志願軍進入朝鮮是因為美國軍機已有九十次侵犯中國領空，轟炸中國城市鄉鎮，而現在美國政府正在有系統地包圍中國，至於朝鮮內戰則是美國帝國主義造成的，美帝以之作為藉口、派軍侵略北朝鮮等。伍的態度甚為狂傲，以致連同情中共的英國外相艾登（Robert A. Eden）都批評伍講話好像蘇聯的外長維辛

《中華民國史事紀要─民國 39（1950）年 7-9 月）》，頁 243-244。

18　《周恩來年譜》，1950 年 10 月 23 日，頁 88。

斯基，而美國助卿魯斯克也對顧維鈞大使表示，他認為伍修權的稿子多半是蘇聯幫他擬好的。[19]

　　至於在聯合國的大會中，1950 年 9 月 19 日大會第五屆會議開始後，印度和蘇聯分別提出「中國代表權」問題，要求以中華人民共和國取代中華民國代表在聯合國的席位。結果這兩個企圖分別以十六票贊成、三十三票反對、十票棄權，以及十票贊成、三十八票反對、八票棄權未獲通過。[20]

　　當年 10 月，民國的邦交國古巴提出「只有聯合國大會才可以審議會員國代表權問題」，經過了各國修正補充後，在當年 12 月 14 日獲得大會通過，自此蘇聯、英國等國打算僅在安理會中排除臺北便不再有可能，對於維護民國的會籍帶來了深遠的影響。[21]

　　當時民國在美歐和拉丁美洲友人較多，而又因為中共介入韓戰，派兵與聯合國部隊作戰，所以在韓戰進行期間，在各相關國家外交人員的努力之下，自 1950 年直到 1960 年，每年聯合國大會都決議：「此案緩議」（Moratorium）。但是，從韓戰結束後，每年贊成「緩議」的國家雖然平均約仍為四十餘國，但反對緩議的國家從 1956 年起卻增加

19　詳見 The United States Representative at the United Nations (Austin) to the Secretary of State, New York, December 14,1950, *FRUS, 1950, Korea*, Vol. VII, Document 1051；《心戰聯合國：中國代表權爭奪戰 1949-1971》，頁 96-102。

20　《心戰聯合國：中國代表權爭奪戰 1949-1971》，第 2 章第 3 節。

21　《心戰聯合國：中國代表權爭奪戰 1949-1971》，頁 121-25。

為二十餘國，[22] 甚至到 1960 年增為三十四國，棄權二十二國，以致民國政府和美國商議後，自 1961 年起，以「重要問題案」為由，繼續維護中華民國在聯合國會籍，直到 1971 年。[23] 即使如此，當年對於中華民國這個協助成立聯合國的創始會員國而言，即使「緩議」，仍然是個侮辱。[24]

三、1952 年中國在聯合國控蘇案的勝利

那時中華民國在聯合國一項成就便是控訴蘇聯違反了 1945 年 8 月 14 日所簽訂的《中蘇友好同盟條約》（Sino-Soviet Treaty of Friendship and Alliance）案，在第六屆聯合國大會召開於巴黎的政治委員會上，於 1952 年 1 月 29 日獲得通過。[25]

---

22 例如 1955 年 2 月美國與英國商量中國代表權緩議案的會議記錄 Memorandum of a Conversation, Department of State, Washington, September 7,1955, *FRUS, 1955-1957, United Nations and General Matters*, Vol. XI, Document 121.

23 1950 年至 1971 年每年聯合國中國代表權問題的簡述參考陸以正，《微臣無力可回天：陸以正的外交生涯》（臺北：天下遠見，2002），第 10 章；《中華民國史稿》，頁 582-583；歷年投票紀錄表見《心戰聯合國：中國代表權爭奪戰 1949-1971》，附錄 3，頁 246-247；《從尼克森到柯林頓：美國對華一個中國政策的演變》，頁 35；1971 年民國政府離開聯合國的過程、各國的言論，周書楷外長的致辭全文等，見朱浤源、楊力明主編，《纏鬥聯合國：資深大使見證錄》（臺北：民國歷史文化學社，2022）。頁 2-5、36-45 及各附件。

24 《蔣中正先生年譜長編》，第 7 冊，頁 719；第 8 冊，頁 46、105；第 10 冊。《蔣中正日記》，1952 年「四十一年總反省錄」；1953 年「本年總反省錄」。

25 《蔣中正日記》，1952 年 1 月「上月反省錄」。

　　此事的背景是：二次大戰期間的 1945 年 2 月，美、英、蘇三國領袖在烏克蘭所屬克里米亞（Crimea）海邊的雅爾達舉行會議（Yalta Conference），美英兩國為了要蘇聯在德國戰敗後進入中國東北攻擊日軍，乃同意其所提之條件，慷中國之慨，讓蘇聯在中國的東北取得特殊權益以及讓外蒙古維持現狀（即從中國分離），並且訂立了密約。民國政府從美國得悉後，極為痛苦及憤怒，但為了在戰後必須要與超強美國的合作，尤其為了與另一超強──強鄰蘇聯──共存，以便有二、三十年的和平以建設復原，並為了取得蘇聯不支持中共、不染指中國在東北和新疆主權的承諾，忍痛在 8 月與蘇聯簽訂了《中蘇友好同盟條約》，允許蘇聯在中國東北的中長鐵路和旅順、大連港有特權及讓外蒙維持現狀。[26]

　　由於有了這項條約，在日本投降當下，雖然蘇聯曾支持在華日軍只向國民政府投降，不向共軍投降，[27] 但是蘇聯在後來的行動，包括在中國的東北和新疆從事破壞中國主權的作為，以及在東北對中共的大量援助等，均顯示它沒有遵守條約承諾。[28] 於是中國民間包括學生團體、

26　蔣中正，〈對本黨第七次全國代表大會政治報告（1952 年 10 月 13 日）〉，《總統蔣公思想言論總集》，卷 25 演講，頁 120。

27　The Ambassador in China (Hurley) to the Secretary of State, Chungking, September 6, 1945, *FRUS, Diplomatic papers, 1945, The Far East, China*, Vol. VII, Document 387.

28　例如蘇軍在 1945 年 8 月簽訂友好同盟條約後，竟然還立即充實在新疆進行分離活動的叛軍武裝，並在 9 月初派機連日轟炸在新疆烏蘇、精河等地國軍，造成大量死傷（國軍均係胡宗南舊部，自

東北市民代表團等從 1946 年 2 月起，便多次要求政府向聯合國對蘇聯提出控訴，立法委員潘朝英等也在 1948 年聯署發起提案，促請交涉並向聯合國控訴。[29] 而中國外交部也提出強烈抗議，在 1948 年 8 月 25 日、1949 年 8 月 6 日分別將蘇聯違約一系列事實告訴蘇方，強調中國「不折不扣地履行條約義務」，而蘇聯「沒有表示出一絲一毫改變自己立場的跡象」。但是因為內戰持續以及國內外因素的考慮，民國政府沒能決定立即與蘇聯決裂。[30] 1949 年秋中共即將建政、蘇聯亦一直不理會中方抗議，中方乃決定在聯合國第四屆大會上正式提出——控告蘇聯違反 1945 年中蘇條約案，由駐聯合國蔣廷黻代表辦理。

蔣廷黻（1895-1965），湖南邵陽人，美國哥倫亞大學歷史博士，曾於 1936 年至 1938 年擔任中華民國駐蘇聯大使，1947 年即被政府派駐聯合國擔任代表。他在 1949 年奉到國內命令之後，搜集了各項資料，然後在 1949 年 9 月向聯合國第四屆大會提案（當時政府在廣州）。11 月

1944 年蘇聯支援新疆「東土耳其斯坦共和國」進行分離活動後即派往當地為護衛中國在新疆主權而作戰經年），此外蘇軍飛機亦為支援共軍，不斷轟炸張家口國軍（根據傅作義的報告），《蔣中正先生年譜長編》，第 8 冊，頁 162-163、171-179；以及於憑遠、羅列編纂，葉霞翟、胡為真校訂，《胡宗南上將年譜》（臺北：臺灣商務印書館，2014，增版版），頁 142-144。

29　〈中華民國廢止中蘇友好同盟條約的歷程與其影響〉，頁 300-302。

30　〈中華民國廢止中蘇友好同盟條約的歷程與其影響〉，頁 300-302；外交部抗議全文見〈瓦西科夫與葉公超會談紀要：抗議蘇聯與民主政權簽署協定（1949 年 8 月 6 日）〉及其附件〈中國外交部代理部長葉公超給蘇聯駐中國臨時代辦瓦西科夫〉，《俄羅斯解密檔案選編：中蘇關係》，第 2 卷，頁 102-104。

25日再發表聲明，說明蘇聯威脅中國政治獨立和領土完整的各項具體事例，包括援助中共、以及在東北、新疆、外蒙等作為（當時民國政府已從廣州遷至重慶，即將遷成都），引發聯合國大會於12月8日通過第291(IV)決議案（促進遠東國際關係之安定）及第292(IV)決議案（蘇聯違反中蘇友好同盟條約及聯合國憲章造成中國政治獨立與領土完整及對遠東和平之威脅），決議交予大會駐會委員會（Interim Committee of the General Assembly）審查研究。[31] 此時，政府於前一日即12月7日遷移至臺北，蔣中正總裁本人則於12月10日自成都飛臺灣。所以第四屆聯合國大會雖然沒有作決議──許多國家正考慮是否承認中共政權──卻因為中國提出了本案，而使國際上（尤其是美國人民和南美各國代表）「有了進一步的認識和良心的不安」。[32]

　　當時臺北認為中共如否定民國政府與外國所簽其他條約，卻不否定《中蘇友好同盟條約》，則正坐實了中共係蘇聯的附庸，因而未即廢除該約（如第三章所述，蘇聯史達林原來正是希望中共能繼承該約，而不另訂新約）。[33] 接著，因為中國政府退到臺灣，英國、印度、緬甸、巴基

31　兩項決議案全文見《心戰聯合國：中國代表權爭奪戰1949-1971》，附錄4及附錄5；蘇聯與美國在事先均反對此決議案，嗣經各小國支持，美國遂改變態度，並嚴詞譴責蘇聯帝國主義。《質樸堅毅：張其昀日記1949-1950，1952》，頁9、11、18；蔣廷黻背景參考蔡孟堅，〈外交鬥士蔣廷黻的一生〉，《蔡孟堅傳真續集》（臺北：傳記文學，1990），頁303-319。

32　蔣廷黻，〈三年控蘇的奮鬥〉，《蔣廷黻選集》（臺北：傳記文學，1969），第5集，頁892-893。

33　〈中華民國廢止中蘇友好同盟條約的歷程與其影響〉，頁303-304。

斯坦及北歐國家等相繼承認中共；如前述，1950 年 1 月
10 日至 13 日，蘇聯代表馬立克便在聯合國安理會提案接
納中共代表，驅逐蔣代表，但是失敗；不久韓戰爆發，第
五屆聯合國大會在 9 月 19 日開議之後，對於該項控蘇案，
反而產生更多妥協的意見，而且印度、蘇聯均提案接納中
共，排除民國，但那時臺北政府有四十三國承認，中共北
京政府只有十六國承認，是以這些表決未能通過。[34]

　　1951 年時，東南亞局勢顯示各國共黨勢力擴張，而臺
灣內部各項進步也為外界看到（見第七章第一節）。所以
儘管蘇聯及其共產友邦如波蘭等國不斷設法阻止本案，蔣代
表卻不斷發表內容充分，論理完善的講話，並作外交聯繫。
1952 年 1 月 26 日，蔣代表在第六屆聯合國大會上再提出中
國控訴蘇聯違約案，指控蘇聯違反《中蘇友好同盟條約》及
《聯合國憲章》，以致威脅中國政治獨立與領土完整及遠東
和平，聯合國大會政治委員會接著便於 29 日投票表決，結
果以二十五國贊成，九國反對，二十四國棄權，獲得了通
過，為蘇聯違約下了判決，使民國在外交上獲得了一次重大
的勝利，也鬆動了中共取得大陸的合法性，從而提升了民國
政府的國際地位。[35] 聯合國大會通過的決議文要點為：蘇
聯在日本投降後對中國國民政府在東三省恢復中國主權的

34　《心戰聯合國：中國代表權爭奪戰 1949-1971》，頁 12-13。

35　《心戰聯合國：中國代表權爭奪戰 1949-1971》，頁 49-50；在聯
　　合國的奮鬥經過及蔣代表的論點見蔣廷黻，「我對控俄案的看法和
　　說明」、「駁斥蘇俄的讕言」、「三年控蘇的奮鬥」，均見《蔣廷
　　黻選集》，第 5 集，頁 859-901。

努力，始終橫加阻擾，並以軍事及經濟上之援助給予中國共產黨，以反叛中國國民政府。[36]

　　支持臺北的二十五票之中，以南美洲國家為大宗。而在辯論的過程中，美國代表倒指出，中國曾經作了極大的讓步，並且始終遵守對蘇聯的諾言及義務，但蘇聯控制了東北之後，反而以之為侵略韓國的根據地。美國可說是雅爾達密約及促成其後《中蘇友好同盟條約》訂立的**始作俑者**，此次能發此言，使蔣中正不禁感慨記下：「上帝佑華，其必不負苦心人也」。[37]一年之後，到了1953年初，美國改由共和黨執政，民國政府認為廢約的國際環境已經合適，立法院便於2月23日審議將《中蘇友好同盟條約》廢除，25日由總統明令公佈，使該約走入歷史，中華民國地圖自此數十年便再列入了外蒙古，而成為秋海棠的形式。蔣中正隨即記下：「不僅東北主權今後可獲自由，即外蒙獨立之取消，仍歸我國之懷抱，亦在其中。此是以補我七年餘來之最大缺憾，亦得湔除我一生歷史之污辱。惟真要雪恥盪污，則在能否復國除奸耳。」[38]

36　畢英賢，〈蘇聯〉，《中華民國外交志》，頁891。

37　《蔣中正日記》，1952年1月「上月反省錄」。

38　《蔣中正日記》，1953年2月「上月反省錄」；〈中華民國廢止中蘇友好同盟條約的歷程與其影響〉，頁309-312。

第二節　中日和約的簽訂

一、中國未能參加舊金山對日和約

　　民國政府在 1950 年代初期最重要的外交突破便是簽訂了中日和約，但是其經過頗為曲折。

　　1949 年，英國極為重視在太平洋地區的貿易，期望日本儘快復甦，而美國則由於占領日本的高額財政負擔必須解脫，而且看到中國共產黨在大陸的得勢，便要讓日本成為在遠東另外一個可以依靠的國家。所以美國國務卿艾奇遜和英國外相貝文討論之後，艾奇遜便在 9 月 14 日宣佈美英兩國同意對日和約之訂立已經刻不容緩。1950 年 6 月間韓戰發生，無武裝的日本受到威脅，更促使美國要結束對日本的占領，期望儘快訂立和平條約，讓日本恢復國家地位，重建經濟及軍備，並加入聯合國，參加反共陣營。而在臺灣的蔣中正總統立即體認到此事之重要性，「不能不加研討」、「我對日和約惟一問題，就是日本遵照波茨坦協定及其降書所接受的臺灣交還中國而已……日本則已交還中國，事實上已歸我統治」。[39]

　　於是美國連同英國便與各二次大戰的盟國積極商議，民國駐美顧維鈞大使也於 1950 年 10 月 20 日與美國負責對日和約案的國務院顧問杜勒斯開始就對日和約問題交換意見。

39　《蔣中正日記》，1950 年 9 月 16 日、17 日；另見原斌久參考日本西村調查書，根據 2001 年日本外務省的極機密文件所撰，高詹燦譯，《吉田茂傳：尊皇的政治家》（臺北：臺灣商務印書館，2007），第 6 章。

　　臺北則先已組成「對日和約問題研究小組」，延攬有關人士共十一人，由行政院院長陳誠擔任召集人，參加者包括葉公超外長、張羣（前行政院院長）、王世杰（總統府祕書長）、張其昀、曾虛白（媒體人及新聞學者）、崔書琴（國際法專家，中國國民黨設計考核委員會）等人。蔣中正也不時參加。所有重要政策均經過行政院會議商決，再經由這個小組研討擬定以後，呈報總統核示後再交由外交部切實執行。[40]

　　研究小組在得知美方在準備和約時仍將維持所謂臺灣地位未定的企圖時，均極憤慨，但為了確保反攻大陸的任務需要美方支持，乃不將這事「擴大成為兩國之間的齟齬」，於是建議在約稿中的「臺澎地位加入依照開羅宣言和波茨坦宣言完成歸還中國之程序」，然後在 4 月 24 日由顧大使通知美方。[41]

　　另一方面，當美國把和日本簽訂和約的計畫告知蘇聯時，蘇聯便提出和約的準備工作不應只由美國和英國準備，而應當由美國、中華人民共和國、蘇聯和英國政府共同進行，讓四國外長在 7、8 月間開始集會起草，以開羅宣言、波茨坦公告和雅爾達協定為基礎，其中應當明文確定中國對臺灣和澎湖列島的主權，而且反對只由美國託管

40　民國歷史文化學社編輯部，《金山和約與中日和約的關係》（臺北：民國歷史文化學社，2020），頁 7-33；〈陳誠院長在立法院關於「中華民國與日本國間和平條約」案的說明〉，民國歷史文化學社編輯部，《中華民國對日和約》（臺北：民國歷史文化學社，2020），頁 335。

41　《金山和約與中日和約的關係》，頁 34-35；《陳誠回憶錄》，頁 89-90。

日本、琉球和其他島嶼，同時所有占領軍都應當在一年以內撤出日本領土。中共對蘇聯這些立場完全贊成。[42]

　　此時韓戰繼續僵持，杜勒斯於 1951 年 6 月 2 日飛倫敦和英國商議對日和約事，英國也和蘇聯一樣主張由中共代表中國簽約。但因美國仍與民國政府有邦交，於是和英國研究後，雙方便決定海峽兩邊都不邀，美國並在 6 月 15 日正式通知臺北，強調在英國堅持之下，只能決定由日本選擇同臺北或北京另簽和約；另外亦從華府和臺北，分別以口頭建議中方：或者與日本另簽一雙邊條約，或者在金山和約各國都批准後三個月到六個月再簽字。[43]

　　對日和會於 1951 年 9 月 4 日在美國舊金山正式召開，因韓戰還在進行，杜魯門總統演說時便報告美方占領日本的成就，強調要展望未來，恢復韓國的和平與安全，邁向亞洲持久和平。蘇聯的首席全權委員葛羅米柯（Andrei Gromyko）則在 5 日第二次正式會議中發表長篇演說，主張應承認蘇聯對於南庫頁島及千島群島之主權，中華人民共和國及蒙古均應當列為必須批准和約的國家等，會後亦舉行記者會，憤怒的表示：「對日講和條約沒有規定外國占領軍撤退，是為了新的戰爭所籌畫的草案，蘇聯

---

42 蘇聯立場參考〈史達林關於美國對日和約草案的復函致毛澤東電（1951 年 5 月 6 日）〉，中共立場見〈羅申轉發毛澤東關於對日和約的復函問題致史達林電（1951 年 5 月 7 日）〉，《朝鮮戰爭：俄國檔案館的解密文件》，頁 755-757。

43 《金山和約與中日和約的關係》，頁 49-68、88-98、117-131；《陳誠回憶錄》，頁 90；《吉田茂傳：尊皇的政治家》，頁 178。

政府和舊金山和會完全無關」。[44]

　　7 日晚間由日本吉田茂首相演說，代表日本接受和約，對於中國未能參加和會，表示遺憾；保證日本絕不從事現代化之戰爭、以及向鄰國作軍事威脅。8 日，二次大戰時同盟國中的四十八國便與日本簽訂對日和約，日本是第四十九個簽署的國家。蘇聯和東歐共產國家波蘭、捷克雖都派人參加，卻拒絕簽署。接著，在舊金山和約簽署之後五小時，吉田茂便和美國國務卿艾奇遜、杜勒斯等人簽署了根據金山和約第五、六條而訂的（舊）《美日安全保障條約》。然後和約在日本國會的眾院、參院都通過，由吉田簽名蓋章，最後在 11 月 19 日由日皇簽字。[45]

　　至於臺北方面，鑒於中華民國是對日本作戰最久、損失最大的國家，且是領導全國軍民戰勝日本的中國政府，在已經承認中共的英國、蘇聯、印度等國要中共來代表中國參加，而美國不能同意卻妥協的情況下，民國政府竟然不能簽署該一對日和約，這實在是極大的國恥！所以立法院及一般輿論對此均極為憤怒，而「對日和約問題研究小組」的小組長、行政院長陳誠更覺得「難堪至極」，便立即辭行政院院長職，但蔣中正總統批示：「慰留。應

44　《金山和約與中日和約的關係》，頁 99-106；*Khrushchev Remembers*, pp. 83-86，其中赫魯雪夫對杜魯門總統尤其不滿，認為美國人一心想要孤立蘇聯；卻對羅斯福總統有好評。

45　《吉田茂傳：尊皇的政治家》，頁 178-189；《金山和約與中日和約的關係》，頁 105-114。

以再接再厲精神奮鬥到底為要」。[46]

二、單獨締約與日本的搖擺

　　金山和約第二十六條規定了日本準備與對其作戰、但不是金山和約的簽字國訂立一項與該和約相同或大致相同的雙邊和約。當時美國對日本對外政策的影響是一言九鼎，所以臺北便於 1951 年 8 月 13 日由外長葉公超將節略面交美國駐華代辦藍欽，要求和日本訂立雙邊和約，同時希望在舊金山對日和約訂立後即能夠簽字。美國則在 8 月 23 日表達願意盡力讓日本在多邊條約簽字後能同臺北訂立雙邊和約，只是另對於條約的「實施範圍」則又洽商數次。[47]

　　日本吉田茂政府對與中國訂定和約事卻表示，如何選擇臺北或北京來簽約當視客觀環境而定。此項態度反映了日本政黨和內閣官員立場的矛盾，因為許多日本商界人士迫切希望在韓戰結束之後，能早日與中國大陸進行貿易，俾恢復日本的經濟。[48]吉田則在回憶錄中如此表示：「我個人跟臺灣的國民政府之間建立友好關係並加深經濟

46　《陳誠回憶錄》，頁 91；以及許峰源，〈總裁批簽裡的對外關係
　　——以台灣與東亞海域爭議為例〉，「新史料新視野：總裁批簽與
　　戰後中華民國史研究」學術研討會（臺北：中正紀念堂，2013），
　　頁 58-59；另參黃自進，《蔣介石與日本——一部近代中日關係史
　　的縮影》（臺北：中央研究院近代史研究所，2016），頁 338-370。

47　《金山和約與中日和約的關係》，頁 143-157。

48　參考日本內閣官防長官岡崎勝男和中國駐日大使董顯光 1951 年 10
　　月 25 日之談話，《金山和約與中日和約的關係》，頁 158-161；
　　Shigeru Yoshida, *The Yoshida Memoirs* (Westport: Greenwood Press, 1961),
　　p. 253；《顧維鈞回憶錄》，第 9 分冊，頁 146、246。

往來固然很好，但卻又希望不要跟國民政府的關係太過密切，以避免站在否認北平政權的立場。因為，我認為毛共政權現在雖然好像跟蘇俄很要好，但中國民族在本質上究竟跟俄國人是冰炭不相容的」。[49]

臺北乃積極加強在外交上各項聯繫，美國參議員諾蘭便在 9 月間聯合了一百位議員中的五十六位兩黨參議員聯名致函杜魯門總統，表示如果日本和中共簽訂和約，將對美國不利。換言之，這表示：除非中日關係得到澄清，否則參院不會批准舊金山和約──因為根據美國憲法，美國參議院有批准與外國所訂條約的外交權，而支持中華民國的議員已經過半。

所以，杜勒斯便告訴日本政府謂，由於美國民意對民國友好，如果日本不和臺北簽訂和約，參議院可能不會批准舊金山和約，日本也就無法恢復正常國家的地位。在這種情形下，吉田茂首相便在當（1951）年 12 月 24 日致函美國國務院，表示中華民國政府擁有聯合國席位，與大多數聯合國的會員國保持外交關係，且允許日本在臺灣設立海外事務所，因此準備與「中國政府」簽署一項重建兩國正常關係的條約，其中的「領土」範圍，「適用於現在在中華民國政府控制下及將來在其控制下之全部領土」；至於中國共產黨政權，現仍被聯合國判定為侵略者，復查1950 年在莫斯科締結的《中蘇友好同盟互助條約》實係

---

49 吉田茂著，陳鵬仁譯，《決定日本的一百年》（臺北：致良出版，2006），頁 79。

以對付日本為目的的軍事同盟，而且中共現正支持日本共產黨圖以暴力推翻日本之憲政政權體及現有之政府，所以日本政府無意與中共政權締結雙邊和約。[50]

以上即係第一份「吉田書簡」，在 1952 年 1 月 16 日向報界公佈。杜勒斯隨即復吉田函，對於書簡內容表示欣賞和推崇，並在次（17）日向報界公佈。蔣中正接見藍欽後得閱及該文件，感到欣慰，認為「此乃半年來之奮鬥所致」；臺北隨即發聲明認為該函對以前的誤解「得以廓清」，準備和日方開始商洽和約事。（第二書簡在 1964 年 5 月 7 日發出，給當時的總統府祕書長張羣。）[51]

另一方面，英國卻向美國交涉，意圖阻止日本同臺北締約。最後英美之間妥協為：日本不得承認中共對中國享有主

---

50 《金山和約與中日和約的關係》，頁 176-178；《顧維鈞回憶錄》，第 9 分冊，頁 247-270，吉田書簡全文見其附錄 13。蔣中正前於 1950 年復職後不久，以日本尚未恢復正常國家之地位，乃先令蔡孟堅以政府顧問身份赴日，配合 1945 年負責安排日軍日俘遣返日本的何應欽上將人脈，結交日本政要，設法推動中日和約。相關情形參考〈出入日本 10 年〉，《蔡孟堅傳真集》，頁 61-69；以及〈由中日和約談到董顯光使日經緯〉，《蔡孟堅傳真續集》，頁 17-26；蔡孟堅（1905-2001），江西萍鄉人，東京大學研究，曾任武漢行營偵緝處處長、蘭州市市長、甘肅民政廳長、中影公司董事長、國大代表等，為筆者長輩，多年來鼓勵有加。另參《陳誠回憶錄》，頁 88-94；《質樸堅毅：張其昀的日記 1949-1950，1952》，頁 102。

51 《金山和約與中日和約的關係》，頁 178；《蔣中正日記》，1952 年 1 月 16 日；吉田書簡的意義見陳鵬仁，〈何謂吉田書簡〉，《決定日本的一百年》，附錄 2；另參考《顧維鈞回憶錄》，第 9 分冊，附錄 14；吉田茂後來於 1964 年 12 月來臺北訪問與蔣中正合影，見《外交風雲》（臺北：中央通訊社，1999），頁 164-165；以及外交部攝影官許捷芳之作品集，《行腳天下，見證外交－許捷芳五十年攝影生涯集錦》（臺北，2011），頁 2-3；The Secretary of State to the Embassy in Republic of China, January 15, 1952, *FRUS, 1952-1954, China & Japan*, Vol. XIV, Part 2, Document 475。

權，亦不得承認國民政府對全部中國領土有事實上的控制。[52]

三、中日和約的締訂

　　1952年2月，日本代表團來臺北，於20日開始和會的第一次會議。臺北的全權代表為葉公超部長，副代表係胡慶育次長（1905-1970，廣東三水人），參加人員包括汪孝熙司長、薛毓麒司長、紐乃聖、孫秉乾、凌崇熙三位專門委員、賴家球、胡駿兩位科長及濮德玠專員等共十人，日方為全權代表河田烈（Isao Kawada，1883-1963，貴族院議員，吉田茂首相同母異父兄弟，曾任臺灣糖業株式會社社長），首席團員木村四郎七（1902-1996，職業外交官，日本駐臺海外事務所所長，後來也來臺北擔任駐華大使），及其他團員、顧問等共十一人。葉部長隨即提出約稿共二十二條，請日方先帶回去，二、三天後再交換意見。[53]

　　第一次會議之後，雙方在非正式會議中開始商談，首先討論會議名稱，最後同意中文為「中日和會」，日文為「日華條約會議」，英文為 Sino-Japanese Peace Conference，總算爭取到中國與盟國有同等地位。然後到4月27日結束，共舉行了正式會議三次，非正式會議十八次。其中曾一度達成協議、但東京外務省不贊成，二度又達成協議，但

52　《陳誠回憶錄》，頁92；The Secretary of State to the Embassy in the United Kingdom, January 17, 1952, *FRUS, 1952-1954, China & Japan*, Vol. XIV, Part 2, Document 478。

53　《中華民國對日和約》，頁4-24。

東京方面再翻案。前後經過六十九天的努力，終於達成最後的協議，整個內容與舊金山多邊和約大體相同，包括接受日本提案全面放棄索賠，也保持了中國與對日作戰各盟國的平等地位。[54] 在雙方研商的過程中，陳誠院長主持的中日和約工作小組，同時根據國內外情勢的發展及雙方討論進度，隨時會議，決定作法。[55]

最後終於在 1952 年 4 月 28 日，在舊金山和約生效前的七小時半，雙方於臺北賓館簽訂了中日和約，本文十四條，加上議定書和照會第一號、第二號，均有中、日、英文三個版本，由中國外交部長葉公超和日本河田烈代表中日雙方簽訂。（按，4 月 28 日舊金山和約生效，也就是日本恢復國家法人地位的日子。中華民國能與日本在其尚未得到正常國家地位之前與之簽訂和約，便顯示和金山和約簽字國──其他盟國──享有同等地位）。

在談判過程中臺北曾力爭日本在條約中承認其對中國大陸的主權，但日本不同意，最後雙方各讓一步，才能把「條約的適用範圍」定在照會中，文字為：「在中華民國之一方，適用於現在中華民國政府控制下或將來在其控制

---

54 《中華民國對日和約》，第 1 章第 3 節、第 2 章第 1-2 節；蔣中正之基本態度為「中國不可無日、美合作」，《蔣中正日記》，1952 年 4 月 14 日、18 日；而美方的支持態度，見 The Chargé in the Republic of China(Rankin) to the Secretary of State, Taipei, March 5, 1952; April 12, 1952, *FRUS, 1952-1954, China & Japan*, Vol. XIV, Part 2, Documents 539, 554。

55 《質樸堅毅：張其昀日記 1949-1950，1952》，頁 78、98-99、105-106、140-141、168-169、174-175、179-181、183-192。

下的全部領土」。[56]

臺北行政院於 1952 年 4 月 30 日通過此項條約的五項文件，接著立法院在 7 月 31 日全院無異議通過（二〇四票），蔣中正總統在 8 月 2 日批准，8 月 5 日由葉公超部長和木村四郎七所長換文生效，再由蔣中正在 8 月 9 日公佈，8 月 12 日刊登《總統府公報》。[57]

條約獲得批准後，日本派了曾任日本外務大臣及在 1930 年代即曾擔任駐中華民國公使的資深外交官芳澤謙吉來臺，擔任首任駐中華民國大使，也就是以法律行動支持臺灣隸屬於中華民國的事實。[58]

正如同芳澤當年曾是支持日本侵略的外交家，而中

---

56 《中華民國對日和約》，其中中日和約全文、議定書、照會換文等見頁 322-330；條約及照會的英文全文，見 *China and the Taiwan Issue*, Document 9；另參《中華民國史事紀要—民國 41（1952）年 1-6 月》，頁 113、209、278-284、291-312、355-363、452-456、509、539-553；《陳誠回憶錄》，頁 93-96；中日和約談判過程及美國之角色，另參考《顧維鈞回憶錄》，第 9 分冊，頁 239-320；日本的立場及考慮可參考當時的日本首相吉田茂的回憶錄：*The Yoshida Memoirs*, pp. 250-255；另參考黃自進，《蔣介石與日本——一部近代中日關係史的縮影》，頁 357-359；簽約照片見《外交風雲》，頁 80-81。

57 《中華民國史事紀要—民國 41（1952）年 7-9 月》，頁 110-111、169；林滿紅，〈臺北和約：立法院立的法〉，《聯合報》，2022 年 5 月 19 日。

58 日本來臺首任駐中華民國大使芳澤謙吉任期自 1952 至 1956 共四年，他曾任外務大臣，而早在 1923 年便被日本政府派駐北京擔任駐中華民國公使，見《蔣中正先生年譜長編》，第 2 冊，頁 366-367、412。芳澤本人對於能夠來臺北，甚為欣喜，特於出發前夕偕同其公使木村四郎七以及其女婿井口貞夫（兩人後來也都曾擔任日本駐中華民國大使）宴請蔡孟堅，見蔡孟堅前述兩文；芳澤大使在總統府前照片見《外交風雲》，頁 82，其在 1954 年 12 月 7 日接受蔣中正頒授大綬景星勳章，以酬庸他駐華兩年來促進中日邦交之功績，見《中華民國史事紀要—民國 43（1954）年 7-12 月》，頁 1177。

國派駐日本的第一任大使則是曾經擔任國民政府宣傳部副部長、新聞局長、來臺後擔任中廣公司總經理，原來十分仇日的董顯光博士。董大使到日本後，深入了解日本社會並與吉田茂首相談話後，反而致力強化中華民國與日本的合作與友誼，而這也是芳澤的同樣目標。[59] 這兩位大使的態度充分代表了國家與國家之間、或者民族與民族之間，要如何的化干戈為玉帛。

至於中共，則對於中日和約不予承認。1952 年 9 月，周恩來率團訪問莫斯科時，特別向共產世界的領導人史達林表示：「既然日本政府同蔣介石簽訂了協定，從而就證明了它無視中國人民的利益，這就排除了締結和約的可能性。只要保留與臺灣的和約，就不可能有中華人民共和國與日本的和約」。史達林立即表示支持，說：「日本與蔣介石簽約一事只能惡化日本的地位。」[60]

四、中日和約再次確立中華民國對臺灣的主權

中日條約最大的意義，在於再度確定了中華民國對於臺灣的領土法權。首先，其名稱是「中華民國與日本國間和平條約」，而根據國際法原理，和約締約國對於調整戰敗一方之疆界，不論用明示或含意，皆產生移轉之效用。和約第二條之規定：「茲承認依照公曆一千九百

---

59 《董顯光自傳》，第 20 章。

60 〈史達林與周恩來的會談紀錄（1952 年 9 月 9 日）〉，《朝鮮戰爭：俄國檔案館的解密文件》，頁 1229-1230。

五十一年九月八日在美利堅合眾國金山市簽訂之和平條約第二條，日本國業已放棄對於臺灣及澎湖群島以及南沙群島及西沙群島之一切權利，權利名義與要求」；內容表示日本移轉臺灣、澎湖等地歸還給中國。因為就放棄一項，對於金山和約之各簽字國實無任何重要性，但就中華民國而言，則有其重要性，因為中國已經自日本接收臺灣澎湖等地。日本交還之後，又締訂和約予以承認，遂形成兩國間正式約定移轉之關係。

　　另外，第十條規定：「就本約而言，中華民國國民應認為包括依照中華民國在臺灣及澎湖所已施行或將來可能施行之法律規章，而具有中國國籍之一切臺灣及澎湖居民，及前屬臺灣及澎湖之居民及其後裔……」，由於第二條所言「一切權利」係指對於領土上之人與地之管轄權，是以第十條的規定便再證明了交還臺澎給中國之意，因為領土既已移轉，人民當然隨之移轉。

　　第十條中所引用的國籍事項是因為中國已經在民國35（1946）年1月12日訓令，自民國34（1945）年10月25日起，所有臺澎居民一律恢復中國國籍。而和約第三條有關國民的財產和所作要求之處置，「應由中華民國政府與日本國政府間另商特別處理辦法」，更明文對此「移轉」之意作了表達。

　　所以，雖然滿清政府在統治臺灣二一二年（1683年至1895年）之後，在《中日講和條約》（即馬關條約，Treaty

of Shimonoseki）[61] 中將臺灣和澎湖割讓給日本，但是中華民國基於以下各項事實，對於臺灣主權又恢復了：

（一）1941 年 12 月 9 日，中國政府正式對日宣戰時宣佈「所有一切條約協定合同，有涉及中日間之關係者，一律廢止」；[62]

（二）1943 年 12 月 1 日中國蔣中正委員長、美國羅斯福總統、英國邱吉爾首相，三國領導人所發佈的**開羅宣言**中明示：「日本所竊於中國之領土，例如滿洲、臺灣、澎湖群島等，歸還中華民國」；[63]

---

61 公元 1662 年 2 月 1 日明朝鄭成功與荷蘭所簽和平條約（Koxinga-Dutch Treaty of February 1, 1662）及 1895 年 4 月 17 日之馬關條約（Treaty of Shimonoseki, April 17, 1895）全文英譯文，見 *China and the Taiwan Issue*, Documents 1 and 2。馬關條約原件在臺北故宮博物院，其影像及其他各項不平等條約原件影像均列入楊進添、周功鑫發行，沈呂巡、馮明珠編輯，《百年傳承　走出活路》（臺北：國立故宮博物院，2011）。

62 以國民政府主席林森的名義於 1941 年 12 月 9 日發佈的對日本宣戰佈告，全文及對德意志、義大利的宣戰佈告，連同外交部長郭泰祺記者會之要點見《中華民國史事紀要—民國 30（1941）年 7-12 月）》，頁 585-587。

63 三國領導人為蔣中正委員長、美國羅斯福總統（Franklin Roosevelt）、和英國首相邱吉爾（Winston Churchill）。中國代表團名單除蔣委員長及夫人外，尚包括國防最高委員會祕書長王寵惠等十五人，羅斯福在會中還希望中國參加占領日本，見呂芳上主編，《擘劃東亞新秩序——開羅會議中國代表團紀錄彙編》（臺北：民國歷史文化學社，2023）。開羅會議之法律意義參考陳純一，〈開羅宣言的法律效力與台灣的地位〉，其外交史之觀點參考呂芳上，〈蔣中正、開羅會議與戰後東亞新秩序的形成〉，會議提升中國的國際地位及史達林的反對態度見 Erez Manela, "The Fourth Policeman: Franklin Roosevelt's Vision for China's Global Role", 吳思華、呂芳上、林永樂主編，《開羅宣言的意義與影響》（臺北：政大出版社，2014），頁 121-171、213-235；另見《中華民國史事紀要—民國 32（1943）年 7-12 月）》，頁 753-797，其中包括民國駐埃及代辦湯武呈報外交部當時埃及各報關於開羅會議之報導、照片等。湯武代辦為學者

（三）中國蔣中正委員長、美國杜魯門總統、英國艾
　　　德禮首相於 1945 年 7 月 26 日簽字，後來蘇聯史
　　　達林加入的**波茨坦公告**（Potsdam Proclamation or
　　　Declaration）第八條規定：「開羅宣言之條件必須
　　　實施」，因此明確界定了臺灣的主權歸屬；[64]

（四）1945 年 9 月 2 日於日本東京灣（Tokyo Bay）所簽署
　　　的**日本降伏文書**（Japanese Instrument of Surrender）
　　　首段為：「余等茲對美利堅合眾國、中華民國、
　　　及大英帝國各國政府首腦，於 1945 年 7 月 26 日
　　　於波茨坦宣佈，爾後由蘇維埃社會主義共和國聯邦
　　　參加之宣言之條款，根據日本帝國政府及日本帝國
　　　大本營之命令，代表受諾之」；[65]

（五）1945 年 9 月 4 日國民政府公告：「本年 8 月 14 日
　　　日本政府已答覆中美英蘇四國，接受 7 月 26 日波
　　　茨坦三國宣言之各項規定，無條件投降。依此規

　　外交官，後來升任駐埃及大使、外交部講習所所長，筆者於 1974
　　年在外講所受訓時受益良多。

64　波茨坦公告係美國杜魯門總統、英國艾德禮首相及中國蔣中正委員
　　長簽字，要求日本無條件投降的國際文件，蘇聯史達林參加波茨坦
　　會議，地點在蘇軍占領的德國首都柏林近郊波茨坦。會議開始時英
　　國由邱吉爾首相參加，但後來在會議期間邱吉爾在英國的大選中
　　落敗，乃由新首相艾德禮前往簽字。筆者擔任駐德代表時（2001-
　　2005）多次前往參訪該會場。公告中英文全文及相關評論見《中華
　　民國史事紀要—民國 34（1945）年 5-7 月》，頁 911-923。

65　《中華民國史事紀要—民國 34（1945）年 8-9 月》，頁 731、755；英
　　文降伏文書參考 Directive by President Truman to the Supreme Commander
　　for the Allied Powers in Japan (MacArthur), Washington, August 15,1945, *FRUS,
　　Diplomatic Papers, 1945, The Far East, China*, Vol. VII, Document 390。

定，臺灣全境及澎湖列島應交還中華民國。本府即派行政及軍事各官吏前來治理。凡我在臺人民務須安居樂業，各守秩序，不得驚擾滋事。所有在臺日本陸海空軍及警察皆應靜候接收，不得逾越常軌，殘害民眾生命財產，並負責維持地方治安」。[66]

（六）中華民國受降：1945 年 10 月 25 日，中國戰區臺灣區受降典禮，日本臺灣總督兼第十方面軍司令官、陸軍大將安藤利吉代表日本簽字投降，日本完全退出臺灣，將臺灣交還中華民國政府管制。是日中國恢復臺灣主權。同日行政院公佈臺胞即日起恢復中華民國之國籍：「查臺灣人民原係我國國民，以受敵人侵略，致喪失國籍。茲國土重光，其原有我國國籍之人民，自三十四年〔1945〕十月二十五日起，應即一律恢復我國國籍。」[67]

（七）中華民國之占領：1945 年 8 月 29 日，國民政府令：「特任陳儀為臺灣省行政長官」；9 月 21 日，國民政府令：「茲制定臺灣省行政長官公署組織條例，公佈之」；1947 年 4 月 22 日，臺灣省行政長官公署撤銷，改為省政府，任命魏道明為臺灣省主席。5 月 16 日，臺灣省政府正式成立。1950 年 8 月 14

66　《中華民國史事紀要—民國 34（1945）年 8-9 月》，頁 778-779。

67　《中華民國史事紀要—民國 34（1945）年 10-12 月）》，頁 434，其中頁 441-445 節錄呂芳上，〈蔣中正先生與台灣光復〉文，以史實說明國民黨的國民革命一項重要目的及重大犧牲就是為了光復臺灣，而**臺灣同胞始終都以各種行動證明自己是中國人**。

日，臺灣省政府公佈「各縣市調整區域籌備委員會
組織規程」；8 月 16 日，行政院會議通過臺灣省各
縣市行政區域調整方案，決定將臺灣全省原有的八
縣、九省轄市及二縣轄市，劃分為十六縣五市。[68]

總之，1945 年 10 月 25 日日本交還臺灣給中華民國
時，是日本實際退出以及捨去對臺灣主權之意，而中國占
領並成立行政機構，即完成了國際法上占有之意，也就是
中國已在事實上與法律上恢復了對臺灣的法權。[69]

以上七項事實，再加上此次中日和約之簽訂，以及日
本在臺灣設立駐中華民國大使館，再進一步確認了中華民
國對臺灣的主權。[70] 按杜魯門政府在韓戰發生後在 1950
年 6 月 27 日派第七艦隊進入臺海時所發的聲明，提到所
謂臺灣的地位要等到對日本和約簽訂後再決定，這次中華
民國與日本和約的締訂，也就自然回答了杜魯門當年的
聲明。

後來，日本雖然在 1972 年 9 月 29 日與中華人民共和
國建交，與民國政府斷交，但是根據國際法中 1969 年的
《維也納條約法公約》（Vienna Convention on the Law of
Treaties）第七十條規定，當事國在條約終止前經由實施條

---

68 《中華民國史事紀要—民國 34（1945）年 8-9 月）》，頁 660-661、
　　1106-1109；《中華民國史事紀要—民國 36（1947）年 4-6 月》，頁
　　251-252、575-576、586-587；《中華民國史事紀要—民國 39（1950）
　　年 7-9 月》，頁 335-340、351-355。
69 湯武，《中國與國際法》，頁 436-437。
70 《中國與國際法》，頁 432-441。

約而產生的任何權利、義務或法律情勢均不受影響（the termination of a treaty…does not affect any right, obligation or legal situation of the parties created through the execution of the treaty prior to its termination）。因此，中華民國對於臺灣的主權是沒有任何疑義的。

　　總之，此項中日和約之簽訂，象徵中華民國外交困境之突破，亦可見之於蔣中正總統的分析：「我政府在國際地位不僅得以挽回若干，而且數年來一落千丈之墜勢或可由此轉捩而伸長乎。在這慘敗悲劇之中，而仍能以戰勝國地位簽訂對日和約，無異對共偽組織加以致命之打擊，此實為最大之意義。然並未能消除我革命失敗之責任也。」[71]

71　《蔣中正日記》，1952 年 4 月 27 日。

第六章　外交保國安的努力：《中美共同防禦條約》

第一節　中美對簽訂互助協定的考量

一、中方期望增進國家安全與地位

　　1950 年代前期，美蘇兩強對立，共產勢力在亞洲擴張，東西冷戰方興未艾時，中華民國政府鑒於美國已經先後與菲律賓（1951 年 8 月 30 日）、日本（1951 年 9 月 8 日）和澳洲、紐西蘭（1951 年 9 月 1 日）簽訂了保防條約，[1] 而韓戰停戰談判也已經進行許久，乃在 1953 年春，趁著美國共和黨艾森豪（Dwight D. Eisenhower, 1890-1969）政府甫上任，可能改善對華政策之際，也計畫同美國簽訂一項條約，俾在韓戰結束後能進一步確保臺灣的安全、增進中華民國的國際地位，以便積極建設。

　　艾森豪係軍人出身，在二次大戰時於 1943 年 11 月 27 日以北非盟軍總司令身分，曾與參加開羅會議之中國戰區聯軍統帥蔣中正晤面，「洽談甚歡」，其後擔任盟國的歐洲聯軍統帥，率軍登陸諾曼第戰勝德軍，戰後以美國陸軍參謀總長身分於 1946 年 5 月到南京訪問，在 5 月 9

1　*China and the Taiwan Issue*, p. 158；日美安全保障條約簽訂的背景參考該書 pp. 39-48。

日受到蔣中正主席的熱烈歡迎，邀請他和當時在華調停國共爭端的馬歇爾（恰為前任陸軍參謀長）一同午餐（國民政府甫於四天前的 5 月 5 日還都南京），所以蔣中正與艾森豪不但都是大戰時同盟國軍隊的領導人，也是舊識。[2]

艾森豪在 1953 年 2 月 2 日就職總統後的國情咨文中，解除了臺海中立化的政策，宣佈第七艦隊將繼續防衛臺澎，不受中國大陸攻擊，但不再防衛中國大陸（no longer is to be charged with shielding the mainland of China），也就是解除了對國軍進攻中國大陸的約束。美國代辦藍欽在向蔣中正和臺北高級官員轉達艾森豪的意思時，也表達希望國軍發動攻擊前要先與美軍顧問團長蔡斯（William C. Chase）商議。蔣表示同意，且對美方新政府的此一政策頗感欣慰，於 2 月 2 日發表聲明表示歡迎。[3]

駐美大使顧維鈞便進一步受命在 1953 年 3 月 29 日向美方提出希望簽訂互助協定，蔣中正也分別在 4 月 15 日和 6 月 7 日寫信給艾森豪，而在第二封信明確提及此想法。[4] 當時，顧大使在與葉公超外長共同研究此事，認為

2　《擘劃東亞新秩序——開羅會議中國代表團紀錄彙編》，頁 45、70；「蔣中正日記」，1946 年 5 月 9 日、10 日；蔣、艾二人在南京官邸前著戎裝的合照，見《外交風雲》，頁 55。

3　The Acting Secretary of State to the Embassy in the Republic of China, Washington, January 30, 1953; The Chargé in the Republic of China (Rankin) to the Department of State, Taipei, February 1, 1953, *FRUS, 1952-1954, China and Japan*, Vol. XIV, Part 1, Documents 70, 72；《蔣中正日記》，1953 年 1 月 31 日、2 月 3 日。

4　4 月的信函主要是以友人角度勸艾森豪不要相信蘇聯的和平攻勢，因其目的在獲得喘息的機會，6 月的信是建議在韓戰停戰協定簽字

中方與美國簽訂條約固然有利，但是也有壞處，就是限制
了臺北實現「光復大陸」的行動自由。葉部長則強調此條
約主要是政治作用，是要提升在臺軍民的士氣。[5]當年 11
月，政府趁美國副總統尼克森（Richard M. Nixon, 1913-
1994）訪問臺北之際（11 月 8 日至 12 日）也向他非正式
提出此議，中方接著在 12 月 18 日送了一份**條約草案**給美
國政府，另外還以葉公超外長的名義寫信給尼克森，重申
尼氏在臺和葉交換意見時葉的談話重點，包括艾奇遜前國
務卿於 1949 年 8 月間發佈白皮書之自私目的，以及現在
簽訂一項中美互助條約的好處等。但是美方基本上對於簽
訂條約的態度並不積極。[6]

二、美方對於締約的猶豫

　　如前所述，1953 年 7 月 27 日，韓戰在簽訂停戰協定
後結束。美國國安會繼於 11 月 6 日針對兩極對抗局勢分
別制定了對中共（146/1）和對臺灣的民國政府（146/2）
的政策文件。

　　在前一文件中，美方認為中共的統治鞏固，且與蘇

　　後與直接受到共黨威脅的國家：韓國、中華民國、泰國等簽訂多邊
　　或雙邊協定。兩信全文見 *FRUS 1952-1954, Japan and China*, Vol. XIV,
　　Part I, Documents 97, 108.

5　《顧維鈞回憶錄》，第 11 分冊，頁 199-200。

6　The Ambassador in the Republic of China (Rankin) to the Department of
　　State, Taipei, December 19, 1953, 2 pm and 4 pm, *China and Japan*, Vol. XIV,
　　Part 1, Documents 161, 162；《顧維鈞回憶錄》，第 11 分冊，頁 186、
　　202；《中華民國史事紀要—民國 42（1953）年 7-12 月》，頁 655。

聯有同盟關係，美國除非全國動員，否則無法將之推翻，
因此也就不支持臺北反攻大陸；但如果對中共讓步，卻又
不能改變其對美國之敵意，故而決定：

（1）必須強化東亞的非共力量，尤其韓國、福爾摩沙、
　　　印支（Indo-China），而福爾摩沙之宏觀地位現今低
　　　於韓國、印支；

（2）要設法弱化中共的發展；

（3）用明暗各種方式弱化中共和蘇聯的關係；

（4）讓其他友邦採取同樣的對共政策。

　　在第二份文件中，則主張美國繼續承認民國政府代
表中國，維護其在聯合國和其他國際組織中的地位，讓它
繼續在大陸人民以及海外僑社中成為對抗共黨影響的政治
力量、協助增進其軍事、經濟能力，並在大陸沿岸作小規
模突擊侵擾行動；但只要不大量援助其海空軍進攻大陸，
蘇聯不會作太大反應；另一方面，考慮到其他國家（尤其
是英國）的反應，則不宜將民國列入區域內聯合防衛的安
排中。[7]

7　國安會作此決策是根據前一日中情局局長艾倫杜勒斯（Allen Dulles，
　　國務卿杜勒斯之胞弟）所提出對中國大陸的估計，其中認為：史
　　達林死後，中共便不是蘇聯的衛星國了，是其自願而真正的同盟
　　（voluntary and genuine ally），中共極為依靠蘇聯的援助，迄今蘇
　　聯在中國有二至三萬顧問，但都不涉入內政，是以中蘇共的關係穩
　　固。見 Memorandum of Discussion at the 169th Meeting of the National
　　Security Council, November 5, 1953; 另見 Statement of Policy by the National
　　Security Council (U.S. Policy Towards Communist China), (United States
　　Objectives and Courses of Action with Respect to Formosa and the Chinese
　　National Government), November 6,1953, *FRUS 1952-1954, China and
　　Japan*, Vol. XIV, Part 1, Documents 147, 149, 150.

　　美方在收到中方的締約提議之後，國務院遠東事務局在1954年2月6日對是否與臺北締訂條約作了利弊分析，最後結果是以（討論朝鮮半島和中南半島局勢的）日內瓦會議（1954 Geneva Conference）召開在即而決定延緩。[8]在此同時，蔣中正知道美方因為對中方的反攻大陸政策而對締訂條約事猶豫，乃於1954年5月與來臺訪問的艾森豪總統特使符立德上將（Gen. James Van Fleet, 1892-1992）詳談期望美國支助國軍反攻大陸的計畫時（代號「開」，另見第七章第四節），承諾沒有美方同意，中方不會發動攻勢；接著，蔣於1954年6月28日接見美國駐華大使藍欽，再度表達同美國簽訂協防條約的意願，而且「願訂約後，關於軍事行動皆由兩國共同商決而後行動之意，以釋其恐我單獨行動之疑懼也」。[9]

8　1954年4月26日至7月21日美、英、法、蘇及南北韓、中共、南、北越及寮國、柬埔寨等代表集會於瑞士日內瓦，討論朝鮮半島和平及中南半島情勢安排。結果朝鮮半島問題未能獲致協議，但簽訂了中南半島停戰協議，法國退出殖民，接受越、寮、東獨立，南北越以十七度為界。中共係首次參加國際會議，各方注意，期間與蘇聯合作和美國鬥爭，並離間美、英兩國；會議進行時外界要中共入聯合國的聲浪甚囂塵上，但在美國國會壓倒性通過反對中共入聯決議、以及艾森豪總統聲明反對中共入聯——因為它是聯合國決議下所宣佈的侵略者——之後才阻止了英國、蘇聯的企圖。臺北則自始即反對此一會議，因它繞過了聯合國原有之功能，另則接送居住北越的愛國僑胞至南越或臺灣，至年底達一萬餘人。參考《中華民國史事紀要－民國43（1954）年7-12月》，頁36、51、179、181、214-215、222-228、240-241、1035-1037；《周恩來年譜（1949-1976）》，頁360-403。

9　《蔣中正日記》，1954年6月28日；Memorandum by the Ambassador in the Republic of China(Rankin) to the Secretary of State, Washington, July 8,1954, *FRUS,1952-1954, China and Japan*, Vol. XIV, Part 1, Document 228；《意外的國度》，頁330-331。

但是，因為日內瓦會議接受了朝鮮半島和越南分治的現實，顯示亞洲共黨武力擴張的成功，美政府便受到其國會和輿論的批評。艾森豪為了表示他並未對共黨軟弱，在 7 月 22 日的記者會中不否認與臺北正在研究訂立一項聯防條約，美政府的外交部長、杜勒斯國務卿也在 8 月 3 日於記者會中表示美國有與中、日、韓訂立安全公約的可能性。[10]

美國國務院遠東事務助理國務卿勞勃森（Walter S. Robertson, 1893-1970）在 8 月 25 日根據前述蔣中正的保證，日內瓦會議結束後中共加強關於解放臺灣、攻擊美國的宣傳、以及美國正推動成立的東南亞公約組織（SEATO）並未包括臺灣，以致在東北亞對共黨勢力的防禦出現空隙等理由，建議杜勒斯國務卿重新考慮不和臺北簽訂防禦條約之立場，但杜勒斯仍然不作決定。[11]

第二節　軍事危機推動了締約的進度

1953 年 7 月韓戰結束，中共為「解放臺灣」便進行研究先攻占金門還是先攻占大陳，到了年底決定先攻大陳，

---

10 《中華民國史事紀要—民國 43（1954）年 7-12 月》，頁 179、240-241。

11 Memorandum by the Assistant Secretary of State for Far Eastern Affairs (Robertson) to the Secretary of State, Washington, August 25,1954; Memorandum by the Acting Secretary of State to the Assistant Secretary of State for Far Eastern Affairs (Robertson), Washington, September 1, 1954, *FRUS, 1952-1954, China and Japan*, Vol. XIV, Part 1, Documents 262, 269.

因為大陳的國軍守軍遠少於金門，且離臺灣遠，比較容易攻取，而美國干涉的可能性小。[12] 1954 年的上半年間，中共寧波空軍基地和浙江沿海的軍港內海軍活動便十分頻繁，與在浙東沿海巡邏的國軍海空軍多次交火。

其中比較突出的戰鬥是：3 月 18 日至 20 日，共軍出動了十六艘護衛艦和砲艦支援一團兵力，攻占一江山北面少數反共救國軍守備的頭門島，從此對一江山構成重大威脅（詳見第九章第三節及第十章）；5 月 16 日至 17 日國共雙方在浙東海面發生七次海戰，國軍執行「見敵必戰」的命令，主動靈活作戰而占上風，其中雅龍艦在 17 日還為接回情報員而突擊鯁門島，以一當十的勝利歸來，艦長梁天价更因此獲青天白日勳章；5 月 18 日國軍空軍二十四架在三門灣外擊沉一千五百噸共軍軍艦瑞金號及砲艇等，使得中共張愛萍司令員自請處分；接著在 19 日國軍螺旋槳 F-47 又擊落了一架 Mig-15 噴射機。[13]

但美方於 1953 年春夏，在準備提供國軍噴射式戰鬥機前，即不願國軍將該等戰機用於外島，還特別致備忘錄要求民國政府正式承諾：不要採取讓美方認為損及最高利益之攻勢行動，尤其包括使用飛機——即怕國軍駕噴射機入陸攻擊，會被誤認為美國之侵略行動。當時臺北以需要

12　東方鶴，《上將張愛萍》（北京：人民出版社，2007），頁 454-456。

13　《蔣中正日記》，1954 年 5 月 18 日、19 日、22 日；《上將張愛萍》，頁 454-455；《毛澤東軍事年譜 1926-1958》，頁 852；《劉廣凱將軍報國憶往》，頁 85-92；梁天价，《鯁門島海戰：浙海之龍》（臺北：凱銓企業，2018），頁 47-83。

先進戰機孔急，乃不得不同意。[14] 所以到了 1954 年時，儘管國軍有相當戰果，客觀的事實是：共軍在東南沿海的海空軍數量既已遠超國軍，素質亦已超越。

一、九三砲戰

　　1954 年 7 月，日內瓦協議簽訂，列強接受了南北朝鮮分裂，以及南、北越南開始分治的現實，眼看美國也要把臺海兩岸分離的情勢固定下來，於是，毛澤東要求中共要突出「解放臺灣」的問題，《人民日報》便發出〈一定要解放臺灣〉的社論。他再於 7 月 23 日和 8 月 21 日指示軍委：「經查明是國民黨的軍用機艦者，均堅決攻擊之」，但對任何其他外國海空軍，「一律不得採取攻擊行動」，以免與美軍衝突。[15]（**也就是：只打中國人，不打外國人**）

　　毛接著於 8 月 11 日批准了華東軍區參謀長張震擬製的《關於對臺灣蔣匪軍積極鬥爭的軍事計畫與實施步驟》，原則為：「從小到大、由北向南、逐島進攻」，成立了以張愛萍為司令員兼政委的浙東前線指揮部（前指），直接歸中央軍委指揮，準備從浙江東南部沿海向國軍防守的島嶼開始攻擊。[16]

---

14 1953 年 4 月 25 日陳誠院長呈蔣中正文，《中美協商大陳撤退、外島協防、防衛臺澎問題》，檔案管理局：A200000000A/0042/31219/0001/001/010。

15 《毛澤東軍事年譜1926-1958》，頁 853-854；《金門戰役紀事本末》，頁 464。

16 張震，《張震回憶錄》（北京：解放軍出版社，2003），頁 491-493。張震（1914-2015），湖南平江人，早年參加紅軍，後來擔任

在這前後，國軍與共軍持續交火，例如：6月27日起到7月21日，國軍出動艦艇十四批共二十五艘次，對大陸沿海進行威力搜索，捕捉了一些中共船隻；[17] 7月2日，國軍雅龍、洞庭二艦再於浙海白沙山附近擊沉中共軍艦三艘；[18] 8月9日，國軍海軍砲艇突擊東山島銅山港，擊沉共軍四百噸艦艇八艘、擊傷四艘。[19]

中共在8月間將從朝鮮戰場調回來的高射砲兵第六十三、第六十四、第六十五師進駐福建，以防備國軍空襲；到了9月2日，共軍也已經完成了轟擊浙江大陳的準備，但因為印度總理尼赫魯（Pandi Jawaharlal Nehru）訪問大陸，要途徑上海、杭州，於是中央軍委指示共軍浙東前指（前線指揮部）暫緩行動，只有福建單獨對金門砲擊（以便**聲西擊東**）。[20]

毛澤東在9月2日批准攻擊行動，於是廈門地區共軍於3日開始，集中優勢砲火，從金門對岸之大嶝、小嶝、

共軍軍委副主席。

17 《金門戰役紀事本末》，頁463。

18 此即〈白沙山戰役，拖救洞庭艦〉，此役是國軍兩艘軍艦奉命攔截敵艦隊的運補任務，雅龍艦長梁天价又因此役及拖救洞庭艦獲頒七等雲麾勳章，《鯁門島海戰：浙海之龍》，頁86-92、161-162。白沙山位於舟山市普陀區。

19 兩處分屬浙江省台州市及福建省漳州市。突擊東山島海軍係黃雲白司令領軍，年輕艇長馮國甫、汪希苓等建功，見《中華民國史事紀要－民國43（1954）年7-12月》，頁229、279。東山島戰役另見第八章第二節。

20 徐焰，《金門之戰1949-1959》（北京：中國廣播電視出版社，1992），頁176。

澳頭、塔頭、前村等地的砲陣地[21] 對大、小金門島上的目標猛烈砲擊六千發，「摧毀敵砲陣地九處，擊沉、擊傷國民黨軍艦船七艘」，22 日再實施第二次砲擊，是為「九三砲戰」，美方或學界稱為「第一次臺海危機」，自此連續四個月持續零星砲戰。[22] 中共因為美國總統和國務卿都表示了要和臺北簽訂防禦條約，因而藉砲擊金門表達抗議，警告美國並試探其反應：「為了打擊美國帝國主義的侵略政策和制止國民黨軍隊對東南沿海的侵襲，在美蔣預謀簽訂共同安全雙邊條約期間，對金門國民黨軍實施懲罰性打擊」。[23] 另外，其真正的軍事目標其實還不是金門，而是大陳列島的門戶：一江山。[24]

國軍損傷不大，死傷五十餘名，傷病兵多送回臺北醫療，但在金門有兩位美軍中校顧問陣亡。至於金門民眾則損傷甚重，死傷約八十人，民房全毀及半毀共五六九棟。[25] 蔣中正立即指示代參謀總長彭孟緝，必須摧毀廈門

---

21 共軍砲兵參戰部隊包括第八十二師砲兵等單位，《金門戰役紀事本末》，頁 465-466；共軍各陣地則均屬於福建廈門市翔安區及湖里區。

22 《毛澤東軍事年譜 1926-1958》，頁 854；關於九三砲戰對於金門居民的訪談見宋怡明，《前線島嶼：冷戰下的金門》，第 4 章。

23 李仕德引自葉飛的回憶錄，《金門危機：1950 年代的美國外島政策》（金門：金門縣文化局，2017），頁 61。

24 一般學者均持筆者此種看法，《金門危機：1950 年代的美國外島政策》，頁 329-30。

25 《中華民國史事紀要—民國 43（1954）年 7-12 月）》，頁 487-488；兩位美軍分別為孟登道（Alfred Medendorp）中校和林恩（Frank W. Lynn）中校，當時就將其遺體直接空運返美，見《藍欽使華回憶錄》，頁 226；為此臺北國防部分別於 1992 年和 2012 年為他們設立紀念碑於金門水頭碼頭。前者係當時駐防金門當地的高華柱師

共軍砲陣地，並增援金門。當年國軍金門防衛司令官是劉玉章，空軍總司令王叔銘，海軍總司令為梁序昭，梁總司令乃立即晉升劉廣凱少將（艦隊司令）為兩棲部隊司令（下轄馮啟聰少將領導的兩棲訓練司令部、及宋長志上校領導的登陸艦隊司令部等單位），於三天之內運送陸軍第十九師到金門增防，讓金門劉司令官有更充裕的兵力作防禦部署。[26]

　　在對大陸內部進行攻擊方面，由於中美雙方曾私下約定，需要美方同意，臺北在 9 月 3 日當天等了七小時才得到美軍太平洋地區總部的答覆——而他們當然是問過華府[27]——於是國軍除砲兵還擊外，空軍、海軍隨即出動，加強巡弋北起泉州灣、南至東山島之海域與領空；[28] 海空軍並聯合對共軍沿岸各砲兵陣地、軍用船舶、營房等不斷炸射，海軍主力即連續三日向廈門砲擊，結果一共擊沉、擊傷共軍砲艦三艘、砲艇三十四艘、油輪一艘、機帆船一六六艘，軍用木船二六〇艘，炸毀軍營十餘棟，彈藥庫一處，飛機擊毀一架、擊傷一架。[29] 9 月 8 日起，國軍空軍

長奉命督導建立，後者係高師長後來升任國防部部長後指導建立。
26　《劉廣凱將軍報國憶往》，頁 97-98。
27　《顧維鈞回憶錄》，第 11 分冊，頁 428、443；美方的私下「約定」見美國國安會 213 次會議中參謀首長聯席會議主席雷德福的言論，Memorandum of Discussion at the 213th Meeting of the National Security Council, Washington, Sep 9, 1954, *FRUS 1952-1954, China and Japan*, Vol. XIV, Part 1, Document 289。
28　從泉州灣到東山島，今日分屬於泉州市、廈門市及漳州市之沿海。
29　《中華民國史事紀要—民國 43（1954）年 7-12 月》，頁 474-564。

飛臨大陸的領空，二十四小時繼續不斷轟炸，並飛往福建的霞浦、福安、屏南、古田、龍溪、仙游等地區空投糧食及傳單，傳單上均有彩色圖畫，教導大陸民眾如何以暗號做國軍之友。[30]

另外，行政院新聞局在 9 月 11 日再發佈聲明稱，民國政府 38（1949）年所發佈關閉（Closure）廈門等港口之命令，現仍有效，「中國政府茲特重行聲明：外籍船舶若不顧關閉命令，進入廈門等港口，其責任應由其自行負擔」（「關閉」與「封鎖」在國際法上之不同意義見第三章第一節）。[31] 而根據統計，國軍「關閉」大陸領海對於限制外輪進出金門和馬祖的對岸：廈門及福州，產生了實質的效果，也大量提升了當年商輪前往大陸口岸的保險費。[32]

二、美方對外島危機的態度

九三砲戰進行期間，杜勒斯國務卿恰在馬尼拉同其他國家簽訂《東南亞集體防衛條約》，成立東南亞公約組織，在獲得艾森豪總統同意後，便在回程中於 9 月 9 日訪問臺北。他在與蔣中正會談時特別表示對蔣尊敬，也強調不認為中共能永遠把大陸人民置於控制之下，以及「美國

---

30 《中華民國史事紀要—民國 43（1954）年 7-12 月》，頁 674；《蔣中正日記》，1954 年 9 月 4 日至 8 日。國軍戰機前往空投糧食及傳單之各縣市屬於今福建省寧德市、三明市、莆田市。

31 《中華民國史事紀要—民國 43（1954）年 7-12 月）》，頁 526。

32 林宏一，〈閉關政策：中華民國政府封鎖大陸沿海的行動，1949-1960 年代〉，頁 112-115。

絕不會拋棄您領導下的中國政府」。蔣則重申沒有美國同意，不會進行反攻大陸，而反攻的時候只要美國提供軍火和經濟、技術援助，不會要美軍參戰，但如果不反攻，則亞洲共黨問題永遠無法解決。杜勒斯則對於蔣所提出簽訂條約的事情表示有些困難，而反攻大陸的時機要順應潮流。[33]

　　事實上，在九三砲戰發生的次日，美國中央情報局和其他情報部門對兩岸形勢便提出了評估，認為中共一再宣傳美國涉入外島的防衛，因此美國對外島的任何承諾都可看作是敵視中共的證明，而被認為是對其領土主權進一步侵犯。由於民國政府封鎖了歐洲到中國的海運線，使得中共又必須加以打破。但如果美國不在這些沿海小島上表明立場，共方可能一步步攻占一些小島，來削弱民國政府的國際地位，同時繼續試探美國的反應。[34] 在 9 月 10 日的安全情勢評估中，**中情局認為**中共不願與美國作戰，所以如果中共認為攻擊外島將與美國開戰，便會有嚇阻作用。但如外島被中共攻陷，對民國政府的打擊會很大，然而，**如果主動將外島軍民撤離，再加上美國保證協防臺澎，則損害會較輕**。另一方面，如果中共和美國真的進行

33　《蔣中正先生年譜長編》，第 10 冊，頁 365-366；《顧維鈞回憶錄》，第 11 分冊，附錄 6；The Ambassador in the Republic of China (Rankin) to the Department of State, Taipei, September 9, 1954, *FRUS 1952-1954, China and Japan*, Vol. XIV, Part 1, Document 288。

34　Special National Intelligence Estimate, September 4, 1954, *FRUS 1952-1954, China and Japan*, Vol. XIV, Part 1, Document 276.

大戰，蘇聯則會因盟約關係而被牽進來。[35]

由於金門砲戰仍在進行，美國國安會便在 9 月 9 日和 12 日分別於華府和科羅拉多州丹佛市（Denver）舉行第二一三和二一四次會議，討論美國在軍事和外交上該有什麼作為。

會中參謀首長聯席會議主席雷德福，主張美國空軍對國軍駐守的外島採取支援行動，並轟炸中國大陸的砲兵陣地，以免犯了「鴨綠江政策」的錯誤（韓戰期間不炸共軍在東北的後勤基地），但不動用美國地面部隊，還強調美軍太平洋總司令史敦普（Felix B. Stump）也支持此議；但國防部長威爾遜（Charles Erwin Wilson）反對，認為協防外島如必須對大陸上的軍事目標實施打擊，則得由國會批准，而外島對美國而言沒有軍事價值。艾森豪總統參加了 12 日的會議，即認為根據美國全球部署和國家根本利益，不應為了中國大陸沿海幾個小島而和中共在亞洲作戰，從而削弱了在歐洲和其他地方與蘇聯抗衡的力量。**主張與中方締定一項防禦條約防衛臺澎，但臺北須不向大陸挑釁**。此時剛從臺灣回來的杜勒斯國務卿則認為，如果臺北從外島敗退，將造成重大打擊，且產生地區上對美國名譽不好的影響，但如參加防守外島而和中共作戰，則又會受到英國等的譴責，所以主張把外島問題交給聯合國安理會提出一個維持現狀的決議。**此建議立刻受到艾森豪的贊**

---

35 Special National Intelligence Estimate, September 10, 1954, *FRUS 1952-1954, China and Japan*, Vol. XIV, Part 1, Document 290.

同。[36] 接著，美國國安會在 9 月 24 日開了第二一五次會議之後，艾森豪便要國安會部分改變 146-2 號決策，而通知臺北暫停攻擊大陸。[37]

次月，顧維鈞大使於 10 月 9 日到紐約拜訪已退休的麥克阿瑟，麥帥即告稱，現在的白宮政策是以增加軍經援助給友邦，強化其軍力以抵抗共黨侵略，以免讓美國再派大批陸軍前往作戰，並反對先發制人的戰爭。白宮方面對遠東既缺認識，亦不感興趣，以為西歐可保便不足影響全局。據彼了解，美當局無意直接援助臺北防守外島，而中共攻打大陳最為可能，現在僅在觀察美方的真確態度而定其行動。事後看來，老經驗的麥帥果然一語中的。[38]

36　Memorandum of Discussion at the 213th meeting of the National Security Council, September 9, 1954, Washington; Memorandum of Discussion at the 214th Meeting of the National Security Council, September 12,1954, Denver, *FRUS 1952-1954, China and Japan*, Vol. XIV, Part 1, Documents 289, 293; 而艾森豪反對美軍協防外島的另一原因是為了美國期中選舉近了的政治考慮，見顧維鈞 9 月 16 日電報，府 451 號文，檔案管理局：A200000000A/0042/31219/0001/001/130。另參考李仕德，《金門危機：1950 年代的美國外島政策》，頁 85-87。

37　Memorandum of Discussion at the 215th Meeting of the National Security Council, Washington, September 24,1954; Memorandum by the Special Assistant to the President for National Security Affairs（Cutler）to the Secretary of State, Washington, September 26,1954, *FRUS 1952-1954, China and Japan*, Vol. XIV, Part 1, Documents 302, 303.

38　〈顧維鈞電蔣中正晤麥克阿瑟轉述白宮外交政策談話（1954 年 10 月 11 日）〉，《中美協防（二）》，頁 243-46.

第三節　美方提紐西蘭停火案並同意締約

　　杜勒斯國務卿隨即根據國安會的決議，一方面與紐西蘭駐美大使孟諾（Leslie Munro）商議在聯合國提海峽停火案，[39] 二方面與英國取得共識，三方面尋求並獲得其他政要如副總統尼克森的支持，四方面詢問駐華大使藍欽的意見，其中藍欽明告杜卿謂，中方必然對紐西蘭案激烈反對，認為美方又在進行另外一個雅爾達密約了。另外杜勒斯在詢問美國駐蘇聯大使波倫（Charles Bohlen）的意見時，後者主張雖然蘇聯領導人赫魯雪夫恰在不久前訪問北京以慶祝中共建國五週年，而於 9 月 30 日發表支持中共解放臺灣的演說，但美國仍然應在防衛臺灣一事上堅定。[40] 10 月 7 日，助理國務卿勞勃森便擬了一項備忘錄，主張現在是締訂條約的時候。[41] 接著，國務院便呈報

---

39 Memorandum of Conversation, by the Assistant Secretary of State for International Organization Affairs (Key), October 4, 1954, *FRUS 1952-1954, China and Japan*, Vol. XIV, Part 1, Document 317.

40 The Ambassador in the Republic of China (Rankin) to the Department of State, Taipei, September 21,1954; The Secretary of State to the Department of State, London, October 1, 1954; The Acting Secretary of State to the Embassy in the Republic of China, October 1,1954; The Ambassador in the Soviet Union (Bohlen) to the Department of State, Moscow, October 2, 1954; Memorandum by the Secretary of State, October 5,1954; The Ambassador in the Republic of China(Rankin) to the Department of State, October 5,1954; *FRUS 1952-1954, China and Japan*, Vol. XIV, Part 1, Documents 299, 311, 313, 315, 319, 320.

41 Memorandum by the Assistant Secretary of State for Far Eastern Affairs (Robertson) to the Secretary of State, October 7,1954, *FRUS 1952-1954, China and Japan*, Vol. XIV, Part 1, Document 325.

了一項準備與臺北商談締約問題的「談話文件」（Talking
Paper），獲得艾森豪同意。[42]

當杜勒斯再去電詢問駐蘇聯波倫大使，就赫魯雪夫對
於美國如果和臺北締約會有什麼影響交換意見。波倫的答
復是蘇聯對臺的觀點仍屬「凌空」（detachment），也就
是不會太在意，而二人對於美國與中國的國民政府締約但
不承諾協助臺北防禦外島一節，也得到共識。[43]

一、民國政府為維護「一個中國」立場而反對紐案

接著，勞勃森便銜命就紐西蘭案偕同中國科長馬康衛
（Walter P. McConaughy，1908-2000，後來在 1966 年至 1974
年來臺擔任美國駐華大使）於 10 月飛臺北，在 13 日覲見
蔣總統，當時陳誠副總統、俞鴻鈞院長、政務次長（代理
外長，因葉公超外長率團赴美參加聯合國大會）沈昌煥及
傳譯沈錡，以及美方的藍欽大使等均在座。[44]

---

42 Memorandum Prepared in the Department of State, Washington,
October 9, 1954, *FRUS 1952-1954, China and Japan*, Vol. XIV, Part 1,
Document 334.

43 The Secretary of State to the Embassy in the Soviet Union, Washington,
October 8, 1954; The Ambassador in the Soviet Union (Bohlen) to the
Department of State, Moscow, October 9, 1954, *FRUS 1952-1954,
China and Japan*, Vol. XIV, Part 1, Documents 331, 333.

44 《蔣中正日記》，1954 年 10 月 12 日、13 日；沈昌煥（1913-1998，
江蘇吳縣人）上海光華大學、北平燕京大學研究所、美國密西根大
學研究所畢業，曾兩次擔任中華民國外交部長，共十二年，思慮細
密，待人寬厚，處事明快，講話精彩，有強烈的說服力與感召力，
培植了大量中華民國的外交人才，後來擔任國安會祕書長及總統府

　　勞氏告知紐西蘭將在聯合國安理會提出議案，呼籲兩岸停火，而美國將予支持。案名為：《對中華人民共和國與中華民國之間在金門之武裝衝突，要求兩國立即停止衝突，並建議採和平方法》，美方將此案名為「神諭」（Oracle），**臺北則簡稱其為「紐案」**，因為艾森豪總統認為共軍如以全力來攻外島，即使第七艦隊援助，即使國軍驍勇善戰，也無法守住；而且第七艦隊如果沒有國會的同意，便不能擴大協防範圍，但如果為了貴方的外島而捲入與中共的全面戰爭，則絕不會得到國會支持。美方考慮過，紐案提出後對貴方有利無害。[45]

　　由於此案明指「兩個中國」，並且暗指臺北不能反攻大陸，因此蔣中正表示此案毫無實際效用，而且還有造成中共入聯合國之虞，如果美方強迫，則蔣「必不重蹈三十年來隨從美國政策之覆徹」，因而「失去大陸、後悔莫及」。在場的陳誠副總統等人都發表堅決反對的意見。次日，蔣即讓沈代外長再向勞君詳加解釋，並要在美的外長葉公超和駐美顧維鈞大使積極勸阻此案，否則也要指出聯合國應阻止共黨侵占這些外島領土，如果還不行，至少

祕書長，深為蔣中正及蔣經國兩位總統倚重。筆者有幸於 1976 至 1978 年在其外長任內擔任機要祕書三年；而沈錡大使（1917-2004，浙江德清），國立政治大學畢業，國防研究院第一期，曾任新聞局長、駐澳洲、哥倫比亞等國大使，後來擔任駐西德代表十三年，係筆者之長輩及駐德前輩。

45 〈蔣中正與羅柏遜就紐西蘭所提外島停火案及中美雙邊條約等談話紀錄（1954 年 10 月 13 日上午 8 時至 9 時半）〉，《中美協防（三）》，頁 251-268。

要在紐案提出時宣佈與臺北的互助協定已在積極進行。[46]
此項指示顯示**蔣在處理外交事務時，雖然原則不變，但作法上很有彈性，絕不是如外界所傳的那般僵硬。**

　　杜勒斯在巴黎開四國會議時，隨即於 10 月 20 日覓機同英國艾登外相就簽約以及在安理會提紐案事研究懇談，告知中美共同防禦條約將純粹是防禦性質；艾登便建議紐案不要在宣佈簽約之前提出，杜表同意。[47]

　　杜乃回報蔣總統稱，保證雙邊協定一定會簽訂，將先與美國會兩黨領袖私下商議，但不能與紐西蘭案同時發表。蔣遂要葉部長和顧大使向美方表示，如果美國不先宣佈簽訂雙邊協定而逕自提出紐案，則臺北將正式反對它；但如果美國願發聲明，卻把中華人民共和國和中華民國並稱，即「偽國號與我併列」，則會「造成兩個中國」，臺北仍將反對紐案，不能同意。[48]

46　《蔣中正先生年譜長編》，第 10 冊，頁 372-374；沈錡，〈我所參加過的蔣公與美國訪賓的重要談話〉，《傳記文學》，78 卷第 2 期（2001），頁 93-104。

47　The Secretary of State to the Department of State, Paris, October 21,1954, *FRUS, 1952-1954, China and Japan*, Vol. XIV, Part 1, Document 357.

48　紐案杜勒斯來電譯文，1954 年 10 月 14 日，檔案管理局：A200000000A/0042/31219/0001/001/250；沈昌煥次長呈（華府）葉公超部長電，1954 年 10 月 16 日，檔案管理局：A200000000A/0042/31219/0001/001/260；《蔣中正先生年譜長編》，第 10 冊，頁 376-377；杜勒斯致蔣中正信函全文及 1954 年 10 月 23 日臺北駐美大使館為紐西蘭提案致美國國務院備忘錄，亦均見《顧維鈞回憶錄》，第 11 分冊，附錄 9。

二、美國安會確認對華政策具體項目後同意締約

10月28日，杜勒斯在國安會第二二〇次會議上報告，指出美國自從韓戰以來的對華政策要點為：

（一）繼續承認臺北的政府為中國的政府；

（二）援助國府，支持其軍事及經濟發展；

（三）不承認中共政權，但視情況會在事實基礎上與之交涉；

（四）反對中共進入聯合國；

（五）繼續對中共實施貿易禁運；

（六）依據行政命令以美軍協防臺澎；

（七）鼓勵國軍從海空騷擾中共航運和大陸特定目標（目前暫時停止）；

（八）外島留給國共對抗後作決定，美國對外島的支持僅限於物資支援。[49]

但是現在韓戰和中南半島的戰爭已經結束，前五項沒有基本改變，其他有些政策便需要調整，包括：

（一）必須和臺北簽訂一項涵蓋臺灣澎湖、但不包括外島的協防條約，以取代總統要第七艦隊巡視臺海的行政命令；

（二）臺北必須接受這項條約的本質是防禦性的，也就是

---

49 Report by the Secretary of State to the National Security Council, Washington, October 28, 1954, *FRUS, 1952-1954, China and Japan*, Vol. XIV, Part 1, Document 365.

它必須如德國和韓國一樣，需放棄用武力統一國家，但不排除利用時機、如中國大陸發生暴亂，或其政權崩潰時，在雙方同意下的統一；

（三）聯合國安理會需以臨時手段以停止戰爭，未來外島的處置必須和平解決。

艾森豪總統在會議最後結論說：既然臺灣對於美國的安全重要，那就必須簽訂條約。[50]

當天葉公超外長和顧維鈞大使去看杜勒斯，談話後葉部長隨即把實況電報臺北，表示將全力與美方談判，讓條約擔負第七艦隊協防臺海之責任，但如要將之包括外島防禦恐不可能。[51] 11 月 2 日，美國國安會再集會討論中美協防條約及外島問題，與會的軍事首長多贊成中美協防條約包括外島，杜勒斯則顧忌自由世界輿論，尤其歐洲和日本皆反對美國為外島而和中共開戰。最後，總統國家安全顧問科特勒（Robert Cutler）則結論說艾森豪總統已經有定見，即共黨攻擊外島時，美國不能派軍協助。[52]

同日（11 月 2 日），葉公超外長同顧維鈞大使再聯袂去拜會杜勒斯國務卿，再希望美方「說服」紐西蘭不要提

---

50 Report by the Secretary of State to the National Security Council, Washington, October 28, 1954, *FRUS, 1952-1954, China and Japan*, Vol. XIV, Part 1, Document 365.

51 〈葉公超電蔣中正報告杜勒斯談紐案簽訂雙邊條約及第七艦隊協防臺澎等（1954 年 10 月 27 日）〉，《中美協防（二）》，頁 7-14。

52 Memorandum of Discussion at the 221st Meeting of the National Security Council, Washington, November 2, 1954, *FRUS, 1952-1954, China and Japan*, Vol. XIV, Part 1, Document 375.

出「兩國」停火案；杜卿未予同意，但表示贊成締結防禦條約，因為，「完成這條從阿拉斯加，經阿留申群島到日本、沖繩島、臺灣、菲律賓、澳大利亞和紐西蘭的防禦鏈，非常重要」。葉外長便希望和杜卿先就條約的重點粗略交換意見，杜勒斯同意，接著便交給葉、顧兩人美方擬定的條約草案，並表示這份草案是以 1951 年 8 月 30 日簽訂的美菲條約作為藍本而草擬的。[53]

11 月 4 日開始，葉、顧二人便與美方的勞勃森助卿開始談判條約的內容。而在葉公超的要求下，勞勃森同意以中方在 1953 年 12 月 18 日透過藍欽大使向美方提出的草案，而不是杜勒斯在兩天前交給他們的美方的草案，來作為討論的基礎。[54]

第四節　戰鼓頻仍中條約的談判

一、浙江沿海的軍事戰場

九三金門砲戰之後，共軍與國軍繼續不斷衝突，而多數卻不在福建沿海，而是在浙江沿海的大陳附近。[55]

---

53 Memorandum of Conversation by the Director of the Office of Chinese Affairs (McConaughy), November 2, 1954, *China and Japan*, Vol. XIV, Part 1, Document 377; 《顧維鈞回憶錄》，第 11 分冊，頁 381-387。

54 《顧維鈞回憶錄》，第 11 分冊，頁 387-389，中方提出的條約初稿全文見附錄 3。

55 以下 1954 年 9 月到 11 月底的國共雙方交戰記錄引自《中華民國史事紀要－民國 43（1954）年 7-12 月》，頁 564、651-652、680、779、785、795、817、879、881、943、1026-1027、1045、1048。

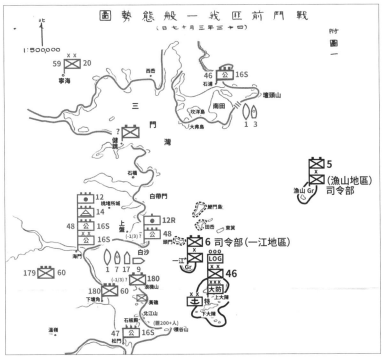

1954 年 3 月浙江沿海國共兩方軍事配置略圖，修改自〈金馬及邊區作戰（二）〉（國史館藏）。

　　9 月至 10 月間，兩岸海空軍在浙海多次衝突，大陳反共游擊隊亦曾突擊平陽縣之羊角嶼。[56] 11 月 1 日，中共軍機群到上、下大陳上空投彈百餘枚，並對地面施放火箭、機槍掃射；同一天，頭門島的共軍砲擊大陳列島的門戶一江山八小時之久，共三千餘發。11 月 2 日至 3 日，蔣中正

56　〈大陳防衛司令部突擊員嶼角〔即羊角嶼〕作戰定期報告（10 月 27日）〉，《大陳島撤退案》，檔案管理局：AA05000000C/0041/543.64/4003-3；當地靠近反共救國軍掌控的南麂島，在今浙江省溫州市平陽縣。

令國軍強力報復，空軍遂轟炸共軍頭門島砲兵陣地，其向一江山發砲之陣地多被摧毀，但共機四度企圖攔截，經開火後逃逸。另，共機各機種在 2 日、4 日再度侵入一江山上空，投彈掃射，島上彈藥庫被炸、多人受傷。[57] 11 月 6 日，國防部長俞大維率團赴大陳及一江山視察駐軍及慰問傷患。[58] 然而，11 月 14 日，國軍海軍一千四百五十噸級的護航驅逐艦太平艦，於凌晨 1 時 45 分在大陳島東北被共軍四艘魚雷快艇突襲，7 時 10 分沉沒。太平艦是大陳地區最大的戰艦，它的損失對當地軍事造成了重大的影響。[59]

---

57 共軍對大陳轟炸詳情見代總長彭孟緝 11 月 2 日呈蔣中正電報，列於《大陳海空軍戰鬥檢討改進（43 年 4 月至 11 月）》案，檔案管理局：AA05000000C/0043/0520/4003；對一江山轟炸情形見王生明司令歷次電報，列入《一江山防衛戰經過概要案》，檔案管理局：AA05000000C/0043/0503.6/1000；蔣中正對共軍炸射大陳事作了以下對策的思考：「甲、美海軍之行動如何。乙、空軍對匪島轟炸。丙、一江山與漁山增加兵力。丁、轟炸閩、浙沿海匪軍重要基地與交通線之準備。戊、催美 F86 機速來。己、不可對美表示我將對大陸匪空軍報復之意見。庚、嚴令搜捕閩、浙沿海匪船。辛、對舟山群島之嚴密偵察。」《蔣中正日記》，1954 年 11 月 3 日。另外，國軍在 11 月 1 日對廈門附近空襲沒有先知會美軍顧問團，蔡斯團長即提出抱怨，國防部部長俞大維則籲請美大使藍欽促美第七艦隊儘速到大陳附近彰顯實力；杜勒斯國務卿則認為如果國軍純粹是報復行為，則美方默認，但如果共軍轟炸了臺灣本島，則第七艦隊便要報復，見 The Ambassador in the Republic of China (Rankin) to the Department of State, November 1,1954; The Ambassador in the Republic of China (Rankin) to the Department of State, November 3, 1954; The Secretary of State to the Embassy in the Republic of China, November 3, 1954, *FRUS, 1952-1954, China and Japan*, Vol. XIV, Part 1, Documents 374, 380, 381.

58 俞大維，〈前國防部長俞大維對一江山戰役、大陳轉進日記〉，王傳達總編，顧惠莉編輯，《大陳人在臺灣—大陳遷臺六十週年紀念特刊〈緬懷、薪傳、感恩、鄉情〉》（臺北：大陳遷臺六十週年紀念活動委員會編印，2015），頁 19-20；《俞大維傳》，頁 133-134。

59 中共係由雷達站觀察太平艦每日巡航路線和時間，甚為規律，乃報請張愛萍 10 月 25 日親自從雷達上觀察後，決定從定海調來四艘魚

蔣中正聞訊後，即派海軍副總司令黎玉璽對殉職官兵從優撫卹、接見太平艦長唐廷襄慰問，並電駐美顧大使及葉部長，請美方撥借驅逐艦及護航驅逐艦各二艘，繼續積極交涉軍援。十天之後，美國國防部次長麥克尼爾（Wilfred J. McNeil, 1901-1979）告訴葉部長，同意撥給臺北一艘護航驅逐艦（美方定義：二千一百噸以下稱護航驅逐艦，以上稱驅逐艦），謂該艦必遠較太平艦為優，且正考慮另再撥一艘護航驅逐艦。[60]

太平艦的損失激起臺灣民眾組成「中華民國青年建艦復仇運動委員會」，掀起一片愛國熱潮，到了年底，各界捐款已達一百七十餘萬元，志願從軍報名已達一萬八千七百餘人。[61]

11月18日，中共轟炸機四架，在六架戰鬥機掩護下，對大陳北面的北漁山島投彈二十餘枚，其中一架為地面砲火擊傷；同日下午廈門共軍對金門砲擊數十發，造成十餘位平民死傷，四間民房被毀。20日，中共轟炸機三架在戰鬥機掩護下，向披山投彈三枚，經地面砲火射擊後離

雷快艇，然後令海軍前指組織伏擊，13日在太平艦赴漁山返航後以半圓形伏擊圈襲擊成功，見《上將張愛萍》，頁461-462；杜勒斯對此評論認為中共採取這行動與臺灣的防衛有關，但仍不說明美國在何種情況下將參加大陳的防禦，《中華民國史事紀要—民國43（1954）年7-12月》，頁1026-1027、1035；《毛澤東軍事年譜1926-1958》，頁856。

60　〈葉公超電蔣中正美有意撥護航驅逐艦一艘以補太平艦之損失等事（1954年11月26日）〉，《中美協防（一）》，頁114-117；《蔣中正先生年譜長編》，第10冊，頁387-388。

61　《中華民國史事紀要—民國43（1954）年7-12月》，頁1414-1415。

去；國軍空軍則再度轟炸頭門島附近沿海一帶共軍砲兵陣地，引起大火，雖受中共地面砲火猛烈射擊，仍均安返基地。[62]

11 月 29 日，國軍期盼已久、在韓國戰場上證明可以和 Mig-15 對抗的第一批（四架）美援 F-86 軍刀式噴射機，終於由美國飛行員從日本飛到臺灣，舉行交接典禮。[63]

重點是，不論中共海空軍在大陳附近如何行動，只見到國軍海空軍的報復，卻沒有看到第七艦隊任何反應，充分顯示美國決策當局的立場。其實，早在 10 月初，美國國務院在研擬與臺北的協防條約稿時，**還曾經**加上了「任何一方在各自政府控制下之太平洋地區之領土，或隨後由對方合法承認和實際行政控制下之領土」一句，也就是**考慮到有協助防衛外島的可能性**，杜勒斯國務卿也在國安會二一六次會議中報告了共軍在沿海集結，隨時可以攻擊金門、馬祖或大陳，而其中最可能的是攻大陳。不但如此，美國軍方也贊成把外島納入中美協防條約範圍內，只是最後在上文所引之「談話文件」中，**被艾森豪總統確定了不把外島包括在內的方針**。背後原因固然是條約需要參議院批准，許多參議員態度保守，反映了美國民眾不願再有大

62　《中華民國史事紀要—民國 43（1954）年 7-12 月》，另參考出身西安第七分校的大陳國軍副營長張維海日記，〈大陳島撤退作戰前後〉，王曲文獻委員會編輯，《王曲文獻第四部——戰史：戡亂之部（下）》（臺北：王曲文獻委員會，1995），頁 811-812。

63　《中華民國史事紀要—民國 43（1954）年 7-12 月》，頁 1098-1099；國軍螺旋槳戰機對共軍噴射機之劣勢另見第 10 章第 2 節。

的戰事之外，也與美國的親密盟國——承認中共，美國特別需要其在外交上支持的英國等國——一再對美方施壓、以及艾森豪本人總是考慮的「抗蘇大局」有關。[64]

二、美國華府的外交戰場一：條約本文的談判

中美雙方的外交人員從 11 月 4 日開始，在美國華盛頓根據中方在 1953 年 12 月 18 日提交的草案，一條一條地討論條約本文。美國是由國務院助理國務卿勞勃森領軍，國務院參事麥克阿瑟第二（Douglas MacArthur II，麥帥的侄兒）及法律顧問弗萊格（Herman Phleger）等人參加；中方由外交部長葉公超、駐美顧維鈞大使、譚紹華公使，以及外交部派赴華府支援的條約司副司長王之珍等人參加。

開始時，勞助卿便提出臺北草案的第五條美方無法接受。該第五條的擬議是：「第四條所指對於任一締約國之武裝攻擊，應被視為包括對任一締約國本土或在其管轄下之太平洋區域及各島嶼，或對其武裝部隊，或太平洋上之公有船隻或飛機之攻擊」，所以他建議用美國草案的第四條，也就是，假設臺灣或澎湖遭到武裝進攻，美國準備給予保護，但除本條所規定者外，美國政府不準備承擔更多責任。在場的國務院法律顧問弗萊格進一步說，貴方草案的第五條超出了北大西洋公約組織以及任何一個美國所簽訂安全條約類似條款的內容。還有，國務卿曾於 1954

64　〈我所參加過的蔣公與美國訪賓的重要談話〉，頁 85-104；李仕德，
　　《金門危機：1950 年代的美國外島政策》，頁 104。

年 9 月 29 日在倫敦的九國外長第四屆會議上正式發表聲明謂：「美國總統無權事先安排武裝力量的某些部隊在某一特定的時期內派到世界的某一特定地點去」，為此弗萊格並解釋稱，「總統有保護美國領土的權力；但對於外國領土，只在由於進攻該領土可能危及美國時，才能給予保護。這是根據門羅主義推導出來的」。[65]

　　由於美方人員一致的堅持，葉部長等最後同意第五條為：「每一締約國承認針對在西太平洋區域內任一締約國領土上之武裝攻擊，即將危及其本身之和平與安全，茲並宣告將依其憲法程序採取行動以對付此共同危險。任何此項武裝攻擊及因而採取之一切措施，應立即報告聯合國安全理事會，此等措施應於安全理事會採取恢復並維持國際和平與安全之必要措施時，予以終止。」至於臺北最關切的條約的適用範圍，美方最初堅決主張僅適用於臺灣和澎湖，經過一再堅持解釋之後，美方終於同意將之放在第六條，成為：「為適用於第二條（以自助或互助方式抵抗武裝攻擊）及第五條之目的，所有領土等詞就中華民國而言，應指臺灣與澎湖；就美利堅合眾國而言，應指西太平洋區域內在其管轄下之各島嶼領土。第二條及第五條之規

---

65 《顧維鈞回憶錄》，第 11 分冊，頁 389-394；〈葉公超電蔣中正在美國務院會議逐一討論防禦條約內容之詳情（1954 年 11 月 5 日）〉，《中美協防（二）》，頁 15-20; 美方在討論過程中不斷向杜勒斯請示，而杜勒斯則經常和參議院外交委員會遠東小組委員商量細節，例如 Memorandum by the Counselor (MacArthur) to the Assistant Secretary of State for Far Eastern Affairs (Robertson), Washington, November 10, 1954, *FRUS, 1952-1954, China and Japan*, Vol. XIV, Part 1, Document 391.

定並將適用於經共同協議所決定之其他領土」。[66]

　　蔣中正始終注意本案進展，並與外交部政務次長沈昌煥等人多次研究，在臺北時間 11 月 5 日發出親筆所擬的電文予葉、顧二人：「葉部長：一、棠案（即本案之代號）美方如其必提出臺澎為範圍的字樣則我方亦必須堅持協防臺澎之下附加『以及其協防臺澎有關問題共同協商決定之』等類文句，如此則不明提外衛島嶼字句亦可。二、日韓協定之期限只以任何一方不願繼續協定時應以先一年通知對方，則其期限實際只有一年。此次中美協定關於期限條文最好援用美日協定之例，即以雙方協商之方式而不由單方廢止也，此點望特加注意。三、紐案此時再無提出之必要，務告杜卿設法打銷，否則必須待中美互助協定簽訂以後再作計議，如此則對美或有意義也。中正」。[67]

　　因此對於較有爭議的條文──條約效期──臺北主張或者沒有效期之規定，或者雙方協商之方式，或者兩年前通知，但美方堅持要如同其他條約，單方可在一年前通知終止，最後獲同意，因此條約本文在 11 月 5 日即達成協議。

　　11 月 6 日蔣中正乃再與司法院院長王寵惠、立法院院長張道藩研究內容，二人均贊成，是以蔣頗為滿意，日記中載：「此一協定如果美國會能夠通過，則對內對外增

66　《顧維鈞回憶錄》，第 11 分冊，頁 395-405。

67　〈蔣中正電葉公超指示簽訂防禦條約相關事宜及請杜勒斯設法打消紐案（1954 年 11 月 5 日）〉，《中美協防（二）》，頁 23-25。

加無比之安定力也」。[68] 換言之，蔣也認為這條約主要是有政治上的功用。

　　但是，條約可以經由單方面在一年前提出停止生效，後來在美方與中華民國斷交的 1979 年 1 月 1 日提出，根據第十條讓它終止（to terminate）（而不是如中共所要求的廢除 to abrogate），此一條約便於 1980 年 1 月 1 日開始失效。[69]

三、美國華府的外交戰場二：議定書和換文的爭辯

　　此時，美國的華盛頓郵報（*The Washington Post*）與時代論壇報（*The Times Tribune*）在 11 月 5 日登了一篇記者羅伯茨（Charles Roberts）的文章，以「美國正在與國民黨中國談判一項共同防禦條約，但附有一項諒解，即臺灣政府要避免對紅色中國大陸發動任何挑釁性的進攻」作為第一段，然後提及了 9 月 13 日美國國家安全會議的內容等機密事項

68　《顧維鈞回憶錄》，第 11 分冊，頁 404-406；《蔣中正日記》，1954 年 11 月 7 日。

69　美國民主黨卡特政府（Jimmy Carter）1979 年 1 月 1 日與中共建交，並在次年通過《臺灣關係法》並於年底終止《中美共同防禦條約》，其經過參考《從尼克森到柯林頓：美國對華一個中國政策之演變》，頁 78-102；大陸學者關於《臺灣關係法》違反中（共）美建交協議和國際法的相關論述，參考莊去病、張鴻增、潘同文，〈評美國的「與臺灣關係法」〉，《美臺關係四十年》，頁 232-246；美方的著作參考綜合整理美國參議院和眾議院各相關國會紀錄及有關檔案的《臺灣關係法制定史》：Lester L. Wolff and David L. Simon eds., *Legislative History of the Taiwan Relations Act: An Analytic Compilation with Documents on Subsequent Developments* (New York: American Association for Chinese Studies, 1982), Sections 2-16.

（即前述國安會在 Denver 舉行的第二一四次會議）。[70]
這當然是美方洩密。

　　然後，11 月 6 日，勞勃森助卿會同國務院科長馬康
衛竟然突然向葉外長、顧大使和譚公使遞出一份議定書
（Protocol）草案，內稱，武力之使用，包括「中華民國
之軍事部署」，須經共同協議！顧大使記載：「換句話
說，美國方面想要立即解決沿海島嶼和我們有朝一日要打
回大陸的政策問題。」其實，杜勒斯的目的就是防備中國
政府把國軍主力派去大陸作戰，然後根據雙方的協防條約
把空虛的臺灣交給美方防守。[71]

　　因此，雙方立即引起激烈爭論，情緒激動。勞勃森是
友好並了解臺北立場的資深外交官，但是在辯護其所認知
的美國國家利益時，便不會讓步。他強調：「議定書的目
的之一是讓全世界都知道，目前在臺灣的中國政府是中國
的合法政府。美國政府承認臺灣的中國政府是中國的合法
政府。美國政府願意讓中共知道，美國不承認他們所聲稱
的對中國大陸的統治權，但是，美國不希望締結某項條約
或協議，使之能被用來造成一種可能把美國拖入一場違背
美國意願的戰爭中去」，並謂，為了擬定這個內容，其實
煞費苦心。

70　該項報導的全文見《顧維鈞回憶錄》，第 11 分冊，附錄 14。

71　《顧維鈞回憶錄》，第 11 分冊，頁 406-408，其全文見附錄 11 甲；杜
　　勒斯此一想法係先在國安會議中提出，見 Memorandum of Discussion
　　at the 221th Meeting of the National Security Council, November 2, 1954,
　　FRUS, 1952-1954, China and Japan, Vol. XIV, Part 1, Document 377。

葉外長立即反駁稱這個議定書毫無必要，「因為我方已經不止一次向美國政府的代表作出保證，未經美國同意，中國不會向大陸採取大規模軍事行動」，「蔣總統一旦作出保證，絕不會食言」；但這些都是祕密保證，「如果公諸於世……對於包括大陸同胞在內的中國民眾的鬥志和信心也是影響極大的」，他本人不贊成這個意見，但是因為美方現在正式提出來，他仍然要向臺北請示。

爭論到最後，葉、顧兩位經驗豐富的資深外交家便建議或者可以用「照會」（diplomatic notes）的方式，不在條約之內，作某種方式的表達，勞勃森立即請示杜勒斯國務卿，獲得同意。[72]

蔣中正總統獲報後即於 11 日召見陳誠、俞鴻鈞、張羣、沈昌煥等研商，各人對於美國居然要干涉國軍的調動，心中之憤怒，可以想見：「此種苛刻之無理要求無法忍受，但此協定又不能不速訂立……弱國被侮如此，能不自強求存乎」。沈昌煥次長隨即將討論結果電報顧維鈞大使，同意改為換文（Exchange of Notes），但內容關於國軍的軍事部署竟然還要同美方協商，實在是逼人太甚，必須繼續交涉。[73]

---

72 《顧維鈞回憶錄》，第 11 分冊，頁 408-412；中美雙方論述詳情見 Memorandum of Conversation by the Director of the Office of Chinese Affairs (McConaughy), November 6, 1954, *FRUS, 1952-1954, China and Japan*, Vol. XIV, Part 1, Document 385.

73 《蔣中正日記》，1954 年 11 月 11 日；沈昌煥次長隨即特別對藍欽大使表示「困惑」（puzzled）稱，美國如此逼人，侵犯中國主權，不是正好坐實中共指控的美國占領了臺灣嗎？見 The Ambassador

經過辛苦的談判，五易其稿之後，雙方終於對於換文達成一致的意見：「中華民國有效控制第六條所述之領土及其他領土，並對其現在與將來所控制的一切領土具有固有之自衛權力。鑒於任一締約國自上述任一區域使用武力將致影響另一締約國，茲同意，此項使用武力除顯係行使固有自衛權利之緊急性行動外，將為共同協議之事項。凡由締約國雙方共同努力與貢獻而產生之軍事單位，其調離第六條所述各領土達於實質上減低此等領土防守之可能性之程度者，須經共同協議」。[74]

11 月 23 日，蔣中正總統再召集相關官員討論後，同意此最後的議定稿，於是中美雙方在 11 月 24 日（華府時間 23 日）祕密草簽。[75] 蔣另電葉公超指示，正式簽約必須在「紐案」提出之前。因為需要參院對條約的批准，葉公超同日也立即和友好的參議院共和黨領袖諾蘭說明此項條約。接著，在臺北的沈昌煥次長也奉命先向立法院外交委

---

in the Republic of China to the Department of State, November 20, 1954, *FRUS 1952-1954, China and Japan*, Vol. XIV, Part 1, Document 399。

74 參考杜勒斯告知藍欽大使的密電，November 23,1954, *FRUS 1952-1954, China and Japan*, Vol. XIV, Part 1, Document 401；《顧維鈞回憶錄》，第 11 分冊，頁 439-477，雙方換文五次的文稿見附錄 11。條約中英文全文見《從尼克森到柯林頓：美國對華一個中國政策之演變》，附錄一；英文包括換文全文另見 *China and the Taiwan Issue* , Document 10, pp. 227-230。

75 在華府的杜勒斯國務卿也向艾森豪總統報告稱，他已草簽條約了，**但是談判過程相當辛苦（difficult）**，但至少不會將美國捲入同中共的戰爭（意即中方的頑強談判使得美國未能完全如意），見：Memorandum of the Secretary of State to the President, November 23,1954, *FRUS, 1952-1954, China and Japan*, Vol. XIV, Part 1, Document 403.

員會全體委員祕密報告此項共同防禦條約的內容，頗獲好
評，立委們也提到如果要限制光復大陸的軍事行動，則不
要簽字，也盼望將沿海島嶼包括在共同防禦範圍之內。

　　12月1日，沈次長再向外交、國防委員會聯席會議二
百人報告此已進行近一年而即將完成的條約，同時再由國
防部副部長黃鎮球作補充報告。委員曾提出實施範圍措辭
要謹慎，如果外島不包括在內，國軍實難防守；而且以一
年為期可廢約，則時間太短等意見。[76]

第五節　條約簽訂的意義與後續

一、條約的簽訂與意義

　　中美雙方經過九次談判以後，[77] 美國時間 1954 年 12
月 2 日星期四下午 4 時，此項《中美共同防禦條約》終於
由美國國務卿杜勒斯和中國外交部部長葉公超在美國華盛
頓的國務院內簽署（蔣中正曾指示顧維鈞大使也一併代表
中方簽署，但因美方僅由杜勒斯簽署，顧大使便電報總統
稱：葉部長認為美方僅由一人簽署，故中方不便有兩人簽

---

76 《顧維鈞回憶錄》，第 11 分冊，頁 465-481；《蔣中正先生年譜長
　　編》，第 10 冊，頁 390-91；《中華民國史事紀要—民國 43（1954）
　　年 7-12 月》，頁 1107-1109。

77 九次談判的美方紀錄均由馬康衛撰寫：Memorandum of Conversation
　　by the Director of the Office of Chinese Affairs (McConaughy), November
　　2, 4, 6, 9, 12, 16, 19, 22, 23, *FRUS, 1952-1954, China and Japan*, Vol. XIV,
　　Part 1, Documents 377, 382, 385, 387, 392, 394, 396, 400, 402.

署）。[78] 中方參加者有顧維鈞大使，譚紹華公使，外交部條約司王之珍副司長，大使館顧毓瑞和張慰慈，美方為參謀首長聯席會議主席雷德福，助卿勞勃森，法律顧問弗萊格及馬康衛科長等各相關單位官員。由王之珍和美國條約司代表照料簽約文本，顧維鈞大使、雷德福上將和勞勃森助卿則站在簽字的二人後面。[79]

　　中美條約的簽訂，使美國簽訂共同防禦性條約的國家數達到四十一國，對中國而言，則是繼 1952 年 4 月 28 日、在金山和約生效前所簽訂的中日和約之後，又一件重大的外交成就，也是**美國用法律的方式再度承認中華民國對臺灣的主權**，對國內外的民心士氣、中華民國的國際地位、和海外千萬華僑的向心力都產生了積極的作用，也強化了其後數十年臺灣經濟發展的基礎。

　　杜勒斯先在記者會中宣佈簽約事，也表示這條約是依照美國與其他西太平洋國家所訂其他安全條約的形式；當記者問到這條約是否包括中國所作將不反攻大陸之承諾，他回答稱，該條約中訂有中美兩國諮商的規定。另說，根據條約，如果中共犯臺，則美國將對中共作戰，且將在她自己所選擇的地方用她自己所選擇的手段進行報復。當晚，葉公超外長在紐約告訴記者，該條約在任何意義上都

78　〈顧維鈞電蔣中正未會簽防禦條約由葉公超單獨代表簽字（1954 年 12 月 2 日）〉，《中美協防（二）》，頁 46。

79　《顧維鈞回憶錄》，第 11 分冊，頁 484；簽約的照片見《外交風雲》，頁 102-103。

不妨礙自由中國光復大陸的權利。如果中國政府對大陸採取非自衛性質的軍事行動，則應該先與美國政府商議。[80]

顧維鈞大使的結論是：美國之所以願意同我國簽訂此項條約，「其根本目的在於穩定局勢和防止（至少是限制）發生任何武裝衝突。艾森豪同杜魯門（雖然是不同政黨，但是）在防止遠東再一次爆發戰爭的政策上，不折不扣，完全一致，而臺灣則是遠東潛在危機和糾紛的一個主要策源地……因此，美國需要這個條約，以期**在約束臺灣行動的同時，也通過維持臺灣的存在以制約共產黨**……還有一個很重要的理由……臺灣是自阿拉斯加經朝鮮、日本、沖繩，然後臺灣、菲律賓、澳大利亞、紐西蘭整個防禦鏈條上的一個非常重要的環節。換句話說，在太平洋地區，美國利益範圍將由這個條約來保障」。[81] 這個分析到現在都有參考價值。

至於蔣中正，則在得知簽約已經草簽的 11 月 30 日，在「本月反省錄」中記下：「此乃共匪與俄寇所萬不及料也。而一年來之憂愁忙碌，用腦之苦，亦於本月為最大，十餘年來對美之忍辱負重，期其有成者，於此亦聊以自慰，然而大陸尚未能反攻恢復耳」。[82] 接著，他便電報艾森豪總統表示欽賀，強調：「茲所締結之條約不僅使貴我兩國人民在其反抗共產侵略之鬥爭中，益見密切團結，

---

80 《中華民國史事紀要—民國 43（1954）年 7-12 月》，頁 1108-1109。

81 《顧維鈞回憶錄》，第 11 分冊，頁 432。

82 《蔣中正日記》，1954 年 11 月「上月反省錄」。

且使千百萬崇尚自由之亞洲人民，更增信心」；[83] 同時
並要在華府的葉外長往見艾森豪總統。[84]

二、條約簽訂後續

12 月 20 日，葉公超外長在顧維鈞大使和勞勃森助卿
的陪伴下，赴白宮往見艾森豪總統、轉達蔣中正之意，並
希望艾森豪能運用影響力不讓這個條約導致「兩個中國」
的幻想及允許中共入聯合國之氛圍。由於條約未能包含外
島，盼美方能保證支持臺北保衛外島所需之裝備補給。此
外，國軍有一項大範圍的訓練方案，目的是把現在軍中老
弱殘兵加以替換，希望美方能予以支持。

艾森豪回答說，美國對華絕對以支持民國為政策，
但國際間變化吾人不易預測；外島對美國而言為一微妙問
題，美方可以間接予以協助，但決使臺灣本身不遭任何共
產侵略之危險；至於訓練方案也已聽說，正在審慎考慮
中。艾森豪並讚美蔣中正為亞洲偉大的領袖，凡所提出有
關亞洲問題的意見他必加以慎重考慮，但美國既為自由世
界的領袖，亦有本身之困難，當亦為貴總統所諒察等。葉
部長當時對於艾森豪態度的感受是，整個講話以避免戰爭
為主要意旨。[85]

---

83 〈蔣中正電艾森豪為防禦條約之簽訂致欽賀之意（1954 年 12 月 4 日）〉，
　　《中美協防（二）》，頁 47。

84 《蔣中正先生年譜長編》，第 10 冊，頁 394-396。

85 〈葉公超電蔣中正偕顧維鈞謁艾森豪表達締結防禦條約增強兩國友
　　誼等意見（1954 年 12 月 21 日）〉，《中美協防（二）》，頁 102-

　　在艾森豪與葉公超談話後的第二天，美國國安會便討論遠東政策的文件，結論包括繼續承認中華民國代表中國，維護在聯合國的席位，締訂共同防禦條約確保臺澎的安全，並在軍事和經濟方面提供援助，但**不協防外島**；同時**承認兩個中國的事實存在，兩邊都不可被消滅**，也不支持臺北對中共採取攻勢行動──除非是（美）總統認為恰當的回應中共的挑釁；還有，要儘量削弱中共的實力和影響力，並用貿易等手段離間中共和蘇聯的關係等。[86]

　　至於中共，對於《中美共同防禦條約》的簽訂當然作出強烈的反對。周恩來總理兼外長於 12 月 8 日發表聲明，強調「這個條約在任何意義上都不是一個防禦性的條約」，而「是一個徹頭徹尾的侵略性的戰爭條約」，這是美國「對中國人民的一個嚴重的戰爭挑釁行為」，解放臺灣是中國的內政，任何人無權干涉。因此宣佈該條約是非法的、無效的。中共新華社說，這個條約規定經過協議可以把雙方管轄下的其他領土包括進去，因此美國將積極鼓勵和支持臺灣對中國大陸的戰爭行動。[87] 以上這類指責雖然

106；《中華民國史事紀要─民國 43（1954）年 7-12 月》，頁 1243-1244；《顧維鈞回憶錄》，第 11 分冊，頁 544。

86 Draft Statement of Policy, Prepared by the NSC Planning Board, November 19, 1954，Document 397; Memorandum of Discussion at the 229th Meeting of the National Security Council, Washington, December 21,1954, *FRUS, 1952-1954, China and Japan*, Vol. XIV, Part 1, Document 455.

87 《周恩來年譜》，1954 年 12 月 8 日，頁 430；《毛澤東軍事年譜 1926-1958》，頁 857；令人注意的是，中共電臺在批判中美條約時，居然也痛罵英國，謂英國政府已經承認了中華人民共和國，就遠東局勢同美國華府經常保持接觸，竟然同意中美條約，這是對中國人

與美國的目的相反，但也自然更約束了美國和盟國執政者的心理。至於蘇聯共產黨的機關報《真理報》（Pravda）則在 12 月 5 日指稱，這個條約是美國對中國的直接挑釁，其目的在破壞遠東以及整個亞洲的和平。[88]

事實上，**當中共面對中美已經簽訂了防禦條約的既成事實後，便思考改變對美態度的可能，顯示了其作法的靈活**。周恩來在 1955 年 2 月 10 日私下寫信給毛澤東、劉少奇和鄧小平，主張「如果美國政府願意緩和緊張局勢，從臺灣、澎湖和臺灣海峽撤走它的一切武裝力量，停止干涉中國內政，那麼，臺灣就有和平解放的可能……如果美國真能撤走他的一切武裝力量，停止干涉中國內政，中美兩國之間不僅可以和平共處，還可以友好往來」。[89]

接著，周在當年 4 月在印尼萬隆（Bandung）所召開的二十九國亞非會議中一改好戰態度，提出「和平共處五原則」（互相尊重領土主權、互不侵犯、互不干涉內政、平等互利、和平共處）；其後，到了 8 月 1 日，美國駐捷克大使強森（U. Alexis Johnson）便與中共駐波蘭大使王炳南開始談判。艾森豪隨後在 8 月 4 日的記者會中宣稱，中華民國為美國的友邦，美國如果同中共談判時涉及了臺灣事

民極不友好的行動。見《中華民國史事紀要—民國 43（1954）年 7-12 月》，頁 1170，此點反證當年英國確實常去影響美國、以助中共一臂之力。

88　《中華民國史事紀要—民國 43（1954）年 7-12 月》，頁 1172。

89　《周恩來年譜》，1954 年 12 月 10 日，頁 430；中共這個立場後來在 1979 年與美國建交時部分實現了。

宜，則必然要臺北參與。從 1955 年起，直到 1972 年美國和中共簽訂了《上海公報》之前，美國與中共先後在瑞士日內瓦和波蘭華沙共舉行了一三六次談判。[90]

以上非常清楚顯示，美方在簽訂《中美共同防禦條約》之後對華的長期政策是要維持「實質上兩個中國」的「現狀」，但中方（臺北）則是藉此條約先設法增進民國的穩定與安全，然後再進一步追求「一個中國」的實現，也就是計畫「反攻大陸」。

---

90 Memorandum of a Conversation Between the President and the Secretary of State, The White House, August 5, 1955, *FRUS 1955-1957, China*, Vol. III, Document 9；《顧維鈞回憶錄》，第 12 分冊，頁 363-368；《中華民國史事紀要—民國 44（1955）年 7-12 月》，頁 227；至於美國和中共的一三六次談判中僅達成了一項協議：承認對方國民有返回的權利的聲明。參考《從尼克森到柯林頓：美國對華一個中國政策的演變》，頁 23-24。

第七章 反攻大陸計畫

　　1950 年代前期，美國反對民國政府反攻大陸，但這卻不是在臺灣執政的中國國民黨的立場。因為民國政府遷臺以後，儘管由於在大陸上慘敗，而不得不以鞏固臺灣的防衛作為第一目標，卻仍然開始各種反攻大陸的計畫。其背景一方面固然基於執政當局要繼續完成國民革命、用武力統一國家的理念，另一方面是因為中共控制大陸以後，所推行的制度和激烈作法激起了許多人民的反感，從而更**強化了計畫反攻的動力**。

第一節　為了「解救同胞」而準備反攻

一、中共建政初期的專政

　　七十多年前，**中共政權建立的初期與現時代中國大陸的治理有極大的不同**。那時嚴厲實施階級鬥爭，並以俄為師，中共領導人毛澤東甚至尊蘇聯史達林為「人類領袖的導師」，以至於「毛澤東主義」竟然成為「史達林主義」的中國版。[1]

1　《史達林真傳》，頁 230；《蘇俄在中國》，頁 89；毛澤東致力獲取史達林的好感，例如他在 1939 年史達林六十歲生日前夕，特別在 12 月 20 日發表〈史達林是中國人民的朋友〉一文，錄於《毛澤東選集》，第 2 卷，頁 657-658；然後在史達林七十歲時，還到莫斯科去當面賀壽，見本書第 3 章第 2 節。

　　1949 年 10 月中共在北京建政以後，毛澤東發現共產黨占領區內許多地方官員對於當地所謂「反革命分子」，有「寬大有餘，鎮壓不足」的傾向，於是在第二年──1950年 10 月 10 日，趁著韓戰正在進行，外界注意力集中在韓半島之際，向各地發出「關於糾正鎮壓反革命的右傾傾向的指示」，發起全大陸的「鎮反運動」，並直接電令各地共軍負責人在「鎮壓」「反革命分子」時，要有具體成績。例如 1951 年 1 月 16 日指示華東軍區和三野司令員陳毅：「請督促福建擔任剿匪的四個師兩個團積極動作，每星期要有成績，成績多者應受獎勵，少者應受批評，犯錯誤應受處罰，務必早日肅清匪禍……江浙散匪必須限期肅清」。[2] 17 日，毛再致電各中央分局的領導，表揚湖南西部共軍第四十七軍鎮反報告謂，湘西（窮困的）二十一縣殺了四千六百餘人，準備再殺一批：「這個處置是很必要的……匪首惡霸特務殺得太少……要堅決地殺掉一切應殺的反動分子。」[3]

　　1951 年 4 月間，毛再指示兼任上海市市長的陳毅：「在上海這樣的大城市，在春季處決三、五百人，壓低敵

2　李正編著，《踏浪東海─第三野戰軍解放東南紀實》（北京：國防大學出版社，1999），頁 263；在 1950 年 10 月鎮反運動開始前，周恩來先在政協國慶慶祝大會上宣佈：「目前鞏固人民民主專政的最重要任務，就是在中國新解放區實施土地改革」，「這是緊接著人民解放戰爭而來的中國第二場最激烈的階級鬥爭」，見《周恩來年譜（1949-1976）》，1950 年 9 月 30 日。

3　《建國以來毛澤東文稿》，第 2 冊，頁 36，引在《鄉村社會的毀滅》，頁 245-247。

焰，伸張民氣，是很必要的」，因此，上海當局在 4 月
27 日一夜之間就逮捕了一〇〇五八名「反革命分子」，
然後，「將一些血債纍纍、民憤極大的反革命分子、匪
首、特務、惡霸一一正法」。[4] 也就是說，毛澤東明令各
地共產黨幹部必須不只是按照「犯人」所犯的「罪行」、
甚至「階級成分」去處分人，而是按照「數字指標」去「鎮
壓」人，否則，自己要受處分。[5]

　　由於這兩年也正是新占領區土地改革和各地的反共
游擊隊反抗共黨統治活躍的時期，因此，在毛澤東嚴令之
下，到了 1952 年 10 月，便得到了以下的數字：全國共殲
滅土匪二百四十餘萬，關押各種反革命分子一百二十七
萬，管制二十三萬，殺掉七十一萬。[6]

　　這種以「鎮壓反革命暴亂」、和「剿匪」為名、以滿足
數字為指標對待人民的作法，正是史達林在 1930 年代在
蘇聯的「大恐怖作為」的中國版：史達林在 1937 年至 1938
年期間命令各地官員整肅人要有業績數字：根據蘇聯共產
黨在 1956 年 2 月的第二十次代表大會上，蘇共總書記赫

4　《陳毅傳》，頁 270-271。

5　階級劃分的原則參考魏昂德（Andrew G. Walder）著，閆宇譯，《脫
　軌的革命：毛澤東時代的中國》（香港：中文大學出版社，2019），
　頁 113-119。

6　見陳果吉、崔建生所著，〈鎮壓反革命運動紀實〉，錄於張樹軍、
　史言主編，《紅色檔案：中國共產黨重大事件實錄》（長沙：湖南
　人民出版社，2006），頁 385-396；這一數據包括城鄉地區，但不
　包括之前在土地革命期間的大量死亡人數，《脫軌的革命：毛澤東
　時代的中國》，頁 53。

魯雪夫在批判史達林時報告稱，史達林執政時全蘇聯有一百六十萬人被捕，七十萬人被槍決，其中有數萬公務員。[7]

　　中共當年在大陸的做法，與史達林類似的，除了「鎮反運動」外，還有接著從 1951 年起開始舉行的「三反、五反運動」，就是以「反貪污、反浪費、反官僚主義」、「反行賄、反偷稅漏稅、反偷工減料、反盜騙國家財產、反盜竊國家經濟情報」為名，整肅「腐敗分子、騙子、民族資產階級的合謀者」。中共的領導人之一劉少奇在 1952 年春時，曾坦白告訴蘇聯駐北京的大使羅申，表示從 1951 年起，由毛澤東親自領導這一運動，先以北京和天津為試點，當時便發現「75% 的工商企業都是不同程度的違法者」，所以預備「把嚴重腐敗分子、貪污盜竊分子送上法庭，關入勞改營、投入監獄，而查明的罪大惡極分子則被槍斃」，而且，打算將「其餘 1% 最大和最惡劣的民族資產階級的代表予以監禁或槍決」（亦即按數字指標嚴懲），而「我們仍將堅決地進行鬥爭並按照預定的計畫完成運動。」[8]由於這些政治運動，造成各地民眾極為反感，反抗不斷。[9]

7　奧列格‧賀列夫維克（Oleg V. Khlevniuk）著，陳韻聿譯，《史達林：從革命者到獨裁者》（新北：左岸出版，2018），第 4 章，頁 303。

8　〈羅申與劉少奇談話紀要：中國的三反、五反運動（1952 年 3 月 18 日）〉，《俄羅斯解密檔案選編：中蘇關係》，第 4 卷，頁 194-198。劉少奇本人相關情形另見第 3 章第 1 節。

9　中共建政初期的「鎮壓」和政治運動的記錄另參考中華民國駐聯合國大使蔣廷黻在 1951 年底向聯合國所作報告中列入之具體資料與數字：〈共產黨在中國大陸的恐怖主義〉，列在《蔣廷黻選集》，

　　其實在 1950 年春韓戰尚未發生時，美國即將撤離的上海總領事馬康衛便已經報導，當年大陸由於稅收太重、銀行倒閉、失業劇增，使得人民生活困苦，以致「一般對新政權的不滿與仇視劇增」，「一年前支持新政權的人，現在清醒了（disillusioned）！」[10]

二、臺灣地區穩定進步

　　由於「與共產黨的鬥爭，不是單純的軍事問題，乃是兩方在政治、文化與經濟建設的成績作一比賽，使人民有所歸趨」，[11] 因此中華民國在臺灣的治理及推動現代化，便突顯一個完全相對的圖畫：不但不是專政，反而強化人民的政治權利、教育水準和生活條件。例如在幣制改革、政局穩定的情況下，1951 到 1954 年的溫和土地改革成功，糧食增產開始自給自足；而且為了實施「民權主義」，賦予人民政治權利，在縣市長、臨時省議會議員層次的選舉都開始直選，平均投票率 75% 以上；國民所得也從 1952 年的新臺幣一四九五元到 1956 年的二五八七元；各級學校在 1954 年已經達到一六〇三所，學生一百二十七萬人；對外貿易逐年增加，到 1957 年進出口均達一億數千萬美

　　第 5 冊，頁 845-858。

10　The Consul General at Shanghai (McConaughy) to the Secretary of State, March 16,1950, *FRUS 1950, East Asia and the Pacific*, Vol. VI, Document 163.

11　徐培根上將（抗戰初期之軍事發言人），〈蔣中正先生軍事思想及其戰略觀〉，《蔣中正先生與現代中國學術研討集》（臺北：蔣中正先生與現代中國學術研討集編輯委員會，1986），第一冊，頁 426。

元，在穩定中逐漸進步。[12]

　　而蔣中正自己在檢討施政時，亦認為「各項制度完成，軍民組織大有進步」，其中特別提到：自1952年起，大專畢業生皆擔任預備軍官一年，也已經將三十一個師整編為二十一個師，三軍之餉項，亦皆歸聯勤統一發放；在圓山軍訓團第三期完成後，國軍團長以上高級將領亦均已訓練完畢。同時，蔣以「反共抗俄總動員運動」為平臺，每次都親自主持會報，從各組的報告中不斷檢討精進，看到全臺灣的經濟、交通、衛生、教育、政治各方面持續進步，引以為慰，當即考慮給公教人員加薪（先給教職員，再給公務人員），以及「四年之內讓臺灣的經濟能自給自足」。[13]

　　當時的駐華大使藍欽在回憶錄中強調：民國政府所實行的普選、法庭手續的改進、法治的加強、及行動自

12　殷章甫，〈土地改革〉，《中華民國發展史：經濟發展》（臺北：國立政治大學、聯經公司，2011），頁133-154。劉義周，〈中華民國百年選舉〉；呂育誠，〈地方自治百年成長與發展〉，《中華民國發展史：政治與法制》，頁286-291、314-317。吳文星，〈百年來中小學教育之發展〉；呂芳上，〈時代變局中的不滅燈火：高等教育近代歷程〉，《中華民國發展史：教育與文化》（臺北：國立政治大學、聯經公司，2011），頁295-299、330-334。嚴家淦，〈經濟建設與財政（1958年7月）〉，《靜波人生：故總統嚴家淦講稿選集》，頁29-98。

13　以上參考行政院（院長俞鴻鈞）發表之〈四年來行政院重要施政成果簡述〉，《中華民國史事紀要－民國43（1954）年1-6月）》，頁1177-1183；《蔣中正日記》，1952年「四十一年總反省錄」；1953年8月26日，10月7日。另參中國國民黨祕書長張其昀在1954年1月對克難英雄演講：〈扭轉大局的一年〉，《中華民國史事紀要－民國43（1954）年1-6月》，頁6-9。

由的較少限制，是亞洲其他國家無法比擬的。[14] 美國參謀首長聯席會議主席雷德福（Admiral Arthur Radford）於1954年7月12日在參院外委會上作證時，也對民國政府大加讚揚，說中華民國進步神速，已建設臺灣成為現代中國的模範省。「如果中國大陸一旦回到民主的懷抱，中國人民將得到一個模範政府」，臺灣的「生活水準和一般狀況幾乎比較遠東任何地方為佳」，所以，民國政府已經使臺灣變為遠東的「模範區」。[15]

1954年12月13日，美國基督教科學箴言報（Christian Science Monitor）記者以與其前次來臺的觀察作比較，再大幅報導臺灣的新氣象，看到人民孜孜不息、日益富足，鄉間85%都是自耕農，而軍事方面的準備尤其令人印象深刻，自製武器愈益增加，現在正製造登陸艇等。[16]

國軍經過整編訓練，到1954年底，確已顯示出長足的進步。首先，在部隊整編方面，設法進行員額核實，在美軍顧問團介入下，汰弱留強，增加火力和機動力。1950到1954年間，歷經1950、1952、1954三次整編，先後裁減十個軍、三十三個師，編成南北兩個標準野戰軍團，八個軍、二十四個師（其後減為二十一個師）；總員額則從1950年春的名義上八十萬人減至1952年夏的五十三萬一千九百二十六員。

14　《藍欽使華回憶錄》，頁156。
15　《中華民國史事紀要—民國43（1954）年7-12月》，頁115-116。
16　《中華民國史事紀要—民國43（1954）年7-12月》，頁1213-1215。

　　而在裝備方面，陸軍最顯著的進步是美援火砲的增加，例如在 1954 年，軍砲兵編制便有 155 榴砲及 105 榴砲各二個營，師砲兵編制為 75（M3-105）山砲二個營，M2-105 榴砲一個營。軍隊因而精實化、青壯化，裝備美式化，而陸軍主官多為中央嫡系的黃埔化，使軍隊完全成為國家的軍隊。但是，美軍顧問團在提供新式裝備時，一再強調，只為充實臺澎防衛，而不用於各外島。[17]

　　1952 年 4 月，美國海軍部長金博（Dan A. Kimball）自遠東考察回到美國後舉行記者會強調：如果韓戰和談失敗，美國總統應重新考慮讓受到良好訓練、志在收復大陸的五十萬國軍在聯合國支持下反攻大陸；他說，他在臺灣**參觀國軍登陸演習不亞於美軍所能為**；且美軍事顧問訓練國軍成績良好，只是非有重武器和空軍掩護與船舶運輸等外援，國軍才能進攻大陸，是以他建議將目前七百人的軍事顧問增至二千人。[18]

　　1953 年春，韓戰仍未結束時，美國互助安全總署所派考察團員渥頓將軍（William A. Worton）從臺灣回到美國之後，也向剛就任的艾森豪總統報告稱，在臺國軍為彼所見中國軍隊之最優部隊，紀律、士氣均佳，可成大業，只是缺少裝備，現有子彈僅夠十日之用；國軍收復大陸力量不足，需要美國援助，彼相信**國軍陸戰隊如有三個師，可**

17　《反攻與再造：遷臺初期國軍的整備與作為》，第 3 章。

18　〈顧維鈞電蔣中正美海軍部長返美發表韓戰及參觀國軍情形談話（1952 年 4 月 10 日）〉，《中美協防（二）》，頁 229-230。

以收復上海。但倘臺灣陷入共黨，則日本、菲律賓、越南均不能安全。艾森豪便說，臺灣必不任其陷落。[19]

美國陸軍副參謀總長鮑爾德上將（Charles L. Bolte）在 1955 年 1 月 15 日，在參觀完砲兵學校和陸軍第九十三師之後，向蔣中正總統分享的觀感說：「從設備、車輛、武器、服裝、精神及訓練各點上看來，以本人數十年帶兵之經驗，**中華民國國軍實能與世界上任何最好軍隊相比，而毫無愧色**。較諸本人二十年前所見之軍隊實不可同日而語矣。」「余能見貴國之高級將領在領導力方面努力培養，深感欣慰」，「如國家之政策搖曳不定，缺乏決心，則其軍隊對政府及國家必乏信心……但目前在臺灣所見到者，則為在總統領導之下，國策堅定，軍民合作，上下一體，戮力同心，擁護政府。本人來此以前對貴國前途本具信心，來此後，信心更形增加矣。」「余自幼即對中國及其人民有深切之愛好，對中華民族之前途更有無限之信心。**希望時機一到，余能來此參加反攻大陸之壯舉**。」[20]

---

19 〈顧維鈞電蔣中正分析渥頓返美後向艾森豪報告對國軍之觀察（1953 年 3 月 26 日）〉，《中美協防（二）》，頁 236。

20 〈蔣中正與鮑爾德就美國協防大陳態度等問題談話紀錄（1955 年 1 月 15 日）〉，《中美協防（三）》，頁 319-21；《蔣中正先生年譜長編》，第 10 冊，頁 408-409。

第二節　臺北國防部及日本軍官顧問團設計的反攻大陸計畫

　　以上由於大陸上的政治運動頻仍，反對共黨統治的人民愈增，而民國政府在臺灣的治理展現成績，遂更加強了臺北反攻大陸、完成國民革命、統一中國的使命感。行政院長俞鴻鈞（1898-1960，廣東新會人，財經專家）在1954年6月20日即對合眾社外國記者說：「五年以前，中國大陸人民幻想共黨可能給予他們較好的生活，他們現在已完全醒悟。共黨政權將導致其本身的崩潰」，「反攻大陸是政府的唯一目標。」駐美顧維鈞大使也認為，此時發動對大陸的進攻看來比過去有希望。[21] 甚至在1954年初時，當時的行政院長陳誠在日記中即感覺：「大陸同胞希望我們反攻，比在臺希望回大陸之心切」；而且還記載：蔣中正總統催財政部嚴家淦部長編列四十三年度（1954年7月1日到1955年6月底）預算甚急。[22]

一、臺北國防部設計的反攻大陸計畫

　　事實上，1950年6月韓戰發生以後，雖然美國總統宣示其第七艦隊來臺灣海峽並制約國軍攻擊大陸，臺北國防部仍然一面進行軍事整編與再造，一面即低調地作各種

21　《中華民國史事紀要－民國43（1954）年1-6月》，頁1334；《顧維鈞回憶錄》，第11分冊，頁200。
22　《陳誠先生日記》，頁770、781。

反攻的計畫。

第一階段，在蔣中正總統命令下，國防部與顧問柯克（Charles M. Cooke）研討多時後，分別於 1951 年 1 月至 3 月間根據 1 月 25 日提出的「反攻大陸方略草案」：當聯合國在韓的軍隊需要國軍牽制以打擊共軍，或為了配合聯軍作戰的目的，或國軍獨立開闢戰場的情況下，乃提出了第一號至第三號作戰計畫。其中第一號計畫以突擊為主，由國軍執行，包括福建沿海的平潭島、南日島、南澳島和浙江沿海的台州灣、溫州灣、沙埕、三都澳等島嶼（按，1952 年大陳反共救國軍 6 月即突擊台州灣，10 月突擊沙埕，而國軍正規軍也在 10 月突擊南日島，見第八章、第九章）；第二號計畫係登陸福建地區，先掠取閩南；第三號計畫則係登陸滬杭或汕穗，或與聯軍配合登陸長江以北；接著，國軍以臺灣防衛總司令部為班底，於 1951 年 4 月成立專研反攻大陸的任務編組，代號為「三七五執行部」。[23]

國防部設計反攻大陸的第二階段，係蔣中正總統於 1952 年 6 月 10 日以機密件、令國防部擬定「反攻目標二十個地區」，限於一年內完成計畫及兵棋演習。於是，國防部成立「五三計畫組」，負責策定有限度反攻作戰的計畫，以「聯合戰略判斷」作為當時一切建軍及作戰計畫的依據與最高準則，而前述「三七五執行部」階段性任務便

---

23 《反攻與再造：遷臺初期國軍的整備與作為》，第 1 章第 1 節。

於此時結束。[24]

事實上，蔣在對國防部作此指示的三個月前的 3 月間，由於韓戰和談觸礁，美方在中情局安排下，曾派學者梅爾（Howard Meyer）祕密來臺見蔣中正，表示美國務院的對華政策已經改變，如果韓戰和談破裂，美方會考慮協助國民政府攻擊大陸，只是屆時盟國各部隊則不會參加對中共作戰；但如和談成功，則以上均不成立。是以蔣在 3 月 26、27 日接見梅爾之前，便已先自行研究反攻地點，主要戰略地區之目標及次目標等，包括福州、閩清、侯官等三十餘地縣區，而以上海與南京為總目標。[25]

從當年開始，國防部曾先後草擬了各相關計畫，以獨立作戰或配合盟軍作戰的方式，多次向蔣提報並修正，然後於 1954 年 4 月起，將有關目標合併為「反攻華南地區作戰計畫」。到了 1955 年 1 月 10 日，當時的參謀總長彭孟緝又為保密緣故，將五三計畫更名為「五五建設計畫」，直到 1957 年底全案才完成。其中登陸正目標的選定，包括泉州－廈門，或定海－象山－鎮海，或汕頭－潮安，或惠陽－淡水－墩頭灣等十處，次目標則包括電白－陽江－茂名或龍門－欽州，或北海－合浦，或海安－徐

---

24 《反攻與再造：遷臺初期國軍的整備與作為》，第 1 章第 2 節；各計畫內容亦見陳鴻獻另文，〈1950 年代蔣中正的軍事反攻計畫〉，《同舟共濟：蔣中正與 1950 年代的台灣》，頁 310-325。

25 《蔣中正日記》1952 年 3 月 23-27 日；蔣中正將梅爾所攜文件交由周宏濤、王世杰二人處理，未由他人經手，見《蔣公與我：見證中華民國關鍵變局》，頁 255-258。

聞，或威海衛－海陽，或煙台－龍口－青島等十處，而蔣
也曾在這些計畫上作了嚴厲的檢討批示。[26]

蔣中正當時的考慮是：在福建或廣東、浙江登陸均
可，福建是廈門或福州附近，上海以南便是溫州地區，原
因是國軍的兵力小，因此必須藉重敵人運輸困難地區、而
國軍反而具有海路可通之優勢。在此考慮之下，福建和浙
南、粵東便是首選，因為當地均為山區，且與內陸無鐵路
相通，雖有公路，卻易於破壞。至於登陸之後，如能堅守
三至六個月，蔣「確信大陸人民必將奮起反抗共匪政權，
協助國軍」，[27] 而此種看法亦見諸於臺灣當時媒體的甚多
論述；甚至美國對臺政策檔案中也顯示其熱切期望民國政
府能對大陸同胞增加吸引力。[28]

二、日本軍官顧問團（白團）的成立

對於反攻大陸認真研究的單位，還有來臺協助國軍的

---

26 《反攻與再造：遷臺初期國軍的整備與作為》，第 1 章第 2 節；這
些沿海地區分別在今福建省泉州市、廈門市、浙江省寧波市、廣東
省汕頭市、惠州市、陽江市、茂名市、湛江市等，及廣西欽州市、
北海市，和山東青島市、威海市、煙台市。

27 以上係蔣中正先後對美方人士如海軍上將雷德福、國防部次長麥克
尼爾的說明，見《中美協防（一）》，頁 333-334；外交部致駐美大
使館（43）美 005112 函，檔案管理局：A200000000A/0042/31219/
0001/001；《中美協防（三）》，頁 94。

28 Statement of Policy by the National Security Council (NSC146-2), November
6,1953, *FRUS, 1952-1954, China and Japan*, Vol. XIV, Part 1, Document 150；
另參考政論家、立法委員胡秋原著，〈共黨內部亦有我們的友軍〉，
匯集於李仁雄序，美國世界兵學社編，《反攻復國政治文選》（波士頓：
世界兵學社，2022），頁 45-54。

前日本軍官團，也就是白鴻亮所率領軍事顧問團（簡稱白團）所研擬的「光作戰計畫」。

這一切都源自於 1945 年 8 月 15 日，日本正式向中華民國在內的盟國無條件投降之後，蔣中正委員長在當日演講，要中國全體國民對日本要「不念舊惡」、「要愛敵人」，並發表「抗戰勝利告全國軍民及全世界人士書」，再度強調要發揚中華民族傳統的德性：「不念舊惡」及「與人為善」，認清敵人只是日本軍閥，國人不要以日本人民為敵。[29] 這也就是沒有「以德報怨」四個字的對日本的「以德報怨政策」。

同時便電日軍駐華最高指揮官岡村寧次，指示六項投降原則，包括要他派代表接受中國陸軍總司令何應欽之命令、日軍可暫時保有其武裝及裝備，維持所在地之秩序及交通，飛機船艦停留在現地，長江之船艦集中於宜昌和沙市、不得破壞任何設備及物資等。[30] 岡村寧次對於重慶政府如此寬大，十分感動。根據他的參謀小笠原清所見，當小笠原參謀把蔣委員長這個聲明呈給岡村寧次時，岡村一面讀，一面喃喃自語的說：「這是對日本的一大開導啊」！岡村並在次（16）日的日記上記載：「若是要振興東亞，此時此刻除了寄望中國的強大與繁榮之外，別無

---

29 全文見〈序章：蔣中正對日本的政策〉，《金山和約與中日和約的關係》，頁 3-6。

30 《蔣中正先生年譜長編》，第 8 冊，頁 147。

他法。」[31]

　　這時，國軍的主力均在中國的西南和西北，而中共在華北、華中許多占領區則與日軍占領的許多大都市相近，早在 8 月 10 日至 11 日也已經先後由延安總部以總司令朱德的名義發了七道命令，要「各解放區所有（中共的）武裝部隊」，向附近城鎮及交通要道的「敵人軍隊」發出通牒，繳出全部武裝等，[32] 所以美方在與同盟國的英國、蘇聯商議獲得同意後，便根據波茨坦公告、要求日軍只向國民政府投降，也要在華日軍配合國民政府的接收計畫，要日軍協助國軍接收廣州、武漢、南京、上海、濟南、青島、鄭州、洛陽、張家口等二十七個戰略都市，美國並派遣五萬海軍陸戰隊登陸華北，占領北平、天津。[33]

　　岡村在收到美方指示及何應欽轉來國民政府的相關

---

31 野島剛著，蘆荻譯，《最後的帝國軍人：蔣介石與白團》（臺北：聯經公司，2015），頁 113-126，其中記載，岡村寧次後來於 12 月 23 日被蔣委員長召見，要中日兩個民族繼承孫文遺志，相互提攜。他在日記中對蔣的印象是：「充滿令人感動的溫柔敦厚」。

32 延安總部的命令包括要共軍配合蒙古軍隊入內蒙，配合蘇聯紅軍入東北，對於賀龍、聶榮臻、武亭等人的指示等的各項要求，強調共軍要猛力擴大解放區，搶占大小城市及交通要道等。七項命令分別從 1945 年 8 月 10 日 24 時到 8 月 11 日 18 時發出，見《中共中央文件選集》，第 15 冊，頁 217-25；此外，8 月 17 日，中共並以朱德的名義向政府提出了六項要求，均可見於《蘇俄在中國》，第 4 章第 3 節。

33 參考 The Ambassador in China (Hurley) to the Secretary of State, Chungking, August 12, 13, 17, September 6, 1945; The Ambassador in the United Kingdom (Winant) to the Secretary of State, London, August 24,1945; *FRUS, Diplomatic Papers, 1945, The Far East, China*, Vol. VII, Documents 374, 375, 376, 384, 387; 黃自進專題演講，〈圍堵思維與遠東地區冷戰政治脈絡的開展〉，「20 世紀中外軍事交流學術研討會」，臺北：中華軍史學會，2022 年 11 月 30 日。

指示後，便全心全意地幫助國民政府恢復對日本占領區的統治，維護各地的交通線，令日軍只向國軍投降，不接受中共武裝力量的任何要求，並抵抗共軍的脅迫等，致遭受相當犧牲。[34]

岡村寧次接著負責遣返事宜。由於中國政府動員了各種交通工具，到 1946 年夏在華日本軍民全都遣返日本，只剩下岡村等少數人。1946 年 7 月 9 日參謀總長陳誠以岡村寧次率領日軍投降、尚能遵守命令、達成任務，乃簽呈蔣主席，請予從寬審處，以示恩信。蔣批示：「此事可准，但對國際及法庭是否應另辦手續，須待查明後，方可發表」。由於中共的宣傳對岡村的處理一直強烈批判，國民政府乃在種種考慮之下，於 1947 年秋把岡村監禁，直到 1949 年 1 月 26 日，上海戰犯法庭審判長石美瑜審判長宣判無罪釋放。[35]

蔣中正在 1949 年日本還沒有恢復正常國家地位時，便起意要聘請曾經作為敵人的前日本軍官來為國軍授課，

---

34 抗戰勝利當下，日軍為了等待國軍、只向國軍投降移交，不向共軍投降，以致從 1945 年 8 月 15 日接到蔣委員長命令起，到次年 1 月 10 日止，總計被共軍擊斃、擊傷九千人，見小林淺三郎，〈支那派遣軍總參謀長發次官宛電報（總參電第 14 號）〉（1946 年 2 月 6 日），《中央終戰處理》，日本防衛省防衛研究所藏（原件），錄於黃自進，《蔣介石與日本——一部近代中日關係史的縮影》，頁 382-383；中共電令見〈中央關於日本投降後我黨任務的決定（1945 年 8 月 11 日）〉，《中共中央文件選集》，第 15 冊，頁 228-230。

35 《蔣中正先生年譜長編》，第 8 冊，頁 427；對於岡村寧次的處置，參考《最後的帝國軍人：蔣介石與白團》，第 2 章，其中包括南京國防部在 1948 年 11 月 28 日相關會議紀錄檔案。

主要的動機起於他在國共內戰中對於政府何以慘敗的誠實檢討：例如他在 1949 年 3 月 31 日的反省錄上即記下：除了外交、經濟金融政策失敗的影響外，「軍事教育與高等教育之失敗為其最大之基因」，[36] 所以他聘請日本軍人的主要目的是教育：要國軍軍官們學習日軍總是奮戰到底的作戰精神，以便重整革命精神與熱情，以及學習日軍如何屢屢在物質條件不夠的情況下，仍然能有優秀作戰成果的祕訣。

　　由於此時國軍已在內戰中失利，岡村在回到日本後，即願提供協助。於是，當民國駐日軍事代表團曹士澂（前國防部二廳）聯繫時，他便找到前華南派遣軍第二十三軍參謀長富田直亮（中文取名白鴻亮）來擔任團長；再由富田和小笠原清等人根據蔣委員長所提的條件，分別選擇優秀的前日本軍官組成顧問團，在 1949 年 9 月 10 日簽訂盟約書，由國軍提供經費赴臺灣協助，岡村本人則擔任見證人並留在日本。（當時蔣中正僅係中國國民黨總裁，而國防部參謀本部尚在廣州，屬於李宗仁代總統所領導的政府，總長為顧祝同，臺灣省主席為陳誠。）該團前後共有八十三人參加，多有日本陸軍大學或海軍大學畢業的資歷，各人在臺時間長短不一，早年人數最集中時有七十六人。[37]

36　《蔣中正日記》，1949 年 3 月「上月反省錄」。

37　各人中日文姓名、學經歷等檔案均錄於《反攻與再造：遷臺初期國軍的整備與作為》，頁 241-246；《最後的帝國軍人：蔣介石與白團》，

白團團員一方面是因為臺北提供了相當的生活經費，讓彼等在日本戰敗、美軍進駐，百廢待舉的年代，能夠安家；一方面是感念於蔣中正的三大對日和平政策：維護了日本天皇體制，反對分割日本，以及照顧並安全遣返百萬日本軍民（但盟軍總部把中國東北領土上的日軍劃歸蘇聯受降），[38] 因此願意離鄉背井的來臺協助。

蔣任命了幾位人士辦理此事：在美軍占領的日本祕密進行是駐日曹士澂將軍；來往臺日之間的是曾經擔任行政院善後救濟總署江西分署署長，當時擔任「景華企業公司」董事長的蔡孟堅；[39] 在臺負責教育項目的推動和執行的則是圓山軍官團教育長，其後擔任參謀總長的彭孟緝，協助他的是張柏亭。[40] 但由於此事之敏感性質（向中共及

頁 117-184；岡村寧次免於盟軍的戰犯追訴參考蔡孟堅，〈由中日和約談到董顯光使日經緯〉，《蔡孟堅傳真續集》，頁 17-20。

38 蔣中正委員長在開羅會議中，「力主日本天皇制的存廢，應依其人民的意願而決定的主張，羅斯福總統亦能諒解，乃贊成此議。到了大戰結束的時候，日本軍隊在國外各地均能遵照其天皇的命令，繳械投降。同時日本國內秩序，亦以其天皇為之維繫，得免於混亂與破壞。」見《蘇俄在中國》，頁 106；至於被遣返的日本人總數，根據東京遠東司令部的統計，中國（滿洲和臺灣除外）軍民共有 1,499,397 人（軍人 1,036,922，平民 462,475），臺灣軍民共有 473,316 人（軍人 154,634，平民 318,682），滿洲 1,010,837 人（軍人 41,688，平民 969,149），總計 2,983,550 人，見《馬歇爾使華祕密報告》（臺北：致知學術，2013），頁 480-481。

39 江西分署署長原係曾任中共領導人、投誠政府、被中共開除黨籍的張國燾，與蔡孟堅係老同學及江西萍鄉小同鄉，見《蔡孟堅傳真集》，頁 17、31、49-50。

40 彭孟緝（1908-1997，湖北武昌，黃埔五期），抗戰期間歷任砲兵職務，參加淞滬、潼關、獨山保衛戰等戰役，1946 年來臺後曾任高雄要塞司令、臺灣警備副總司令、總司令，1954 年 8 月代理參謀總長，1957 年 6 月任陸軍總司令，1959 年升任一級上將參謀總長。

美國守密），各相關人士均嚴守祕密，是以他們只有私人
檔案，而即使留下著作，也避免提及本案。[41]

三、白團的成績與價值

　　蔣中正於 1950 年 3 月 1 日在臺北復行視事僅僅兩個
月之後，便要白團從 5 月起負責革命實踐研究院軍官團的
軍事教學工作，不久在圓山成立軍官訓練團。5 月 21 日，
蔣親自主持訓練團成立儀式，要國軍軍官不要以戰勝國的
姿態看待日本教官，反而要謙虛學習，強調說：日軍「視
死如歸的精神，和他協同一致的行動，除了德國以外，世
界上沒有其他的國家可與相比」；6 月 27 日圓山軍官訓
練團第一期畢業典禮中，再度呼籲大家要向日本教官的身
教中學習，就是負責、服從、服務、犧牲、創造、守法這
六大精神特質的「武士道」精神。[42]

　　參考彭蔭剛主編，《一級上將彭孟緝：1965 年日記與照片集》（臺
　　北：世界大同，2020），頁 3；張柏亭，日本陸軍士校學習，國防
　　大學六期，參加多次戰役，八百壯士堅守四行倉庫之壯舉即其策
　　畫，來臺後從事教育及兵學研究，編譯《克勞塞維茲戰爭論》等，
　　並擔任第三十二師師長。見〈張柏亭先生行狀〉，《王曲叢刊》，
　　第 12 期，頁 144-146。

41　例如蔡孟堅在其三冊回憶錄《傳真集》中，只提景華公司之成立，
　　以及協助中日和約之談判，對於公司之主要目的及白團一字不提；
　　又張柏亭將軍著作等身，雖然參與白團運作甚深，但也不提本案。
　　另參考《蔣中正日記》，1952 年 5 月 17 日；《胡宗南先生日記》，
　　1958 年 7 月 4 日。

42　蔣中正，〈革命實踐研究院軍官訓練團成立之意義〉（1950 年 5 月
　　21 日）、〈實踐與組織〉（1950 年 6 月 11 日）、〈軍官訓練團畢業
　　學員的任務〉（1950 年 6 月 27 日），均見《總統蔣公思想言論總集》，
　　卷 23 演講，頁 258、273、312-313。

　　軍官訓練團成立期間只有二年，卻培訓了中下階級軍官四〇五九人，高級將官班三期，結訓六五七員。對國軍重整的士氣和戰技提升，甚有助益。1952 年，白鴻亮更率領日籍教官四十多人，為陸軍第三十二師實施日式訓練，重點在「攻擊、機動、奇襲」，使第三十二師一躍而為國軍最精銳的部隊之一。[43]

　　但是，自從美軍顧問團及美援到來以後，美方人士便對白團的存在甚為反對，1951 年 6 月顧問團長蔡斯（William Chase）正式表示後，經告以合同期滿後不再續聘，到了 1952 年 7 月，蔡斯又問參謀總長周至柔。[44]

　　蔣中正與相關同仁研究後，乃將白團的工作轉移到幕後，改組為「國防部軍學研究會」，仍以「實踐學社」為代稱，設在臺北的近郊石牌，負責參謀作業教學，於 1952 年 8 月 1 日正式成立，由保安副司令彭孟緝中將兼主任，曹士澂少將擔任副主任。同年 9 月 13 日，該會改為會長制，全銜改稱為「軍學研究會」，由蔣中正總統親兼會長，彭孟緝中將仍兼主任，11 月 7 日由劉仲荻中將

---

43 黃慶秋，《日本軍事顧問（教官）在華工作紀要》（臺北：國防部史政編譯局，1968），頁 9、31-39；筆者表兄黃文衡（成都軍校二十三期，上校退）即在該師服務多年。

44 顧問團長蔡斯於 1951 年 6 月 27 日觀見蔣中正報告近日工作時，突然提及日本教官事，表示反對，《蔣中正先生年譜長編》，第 9 冊，頁 683-684。周至柔在 1952 年 8 月 8 日亦呈報蔣中正，對聘用日籍教官之事反對，理由為會影響顧問團助我之熱心，以及美日的戰術思想、體系難容；見〈周至柔函蔣中正說明美軍顧問團對聘請日籍教官協助軍事訓練之顧慮（1952 年 8 月 8 日）〉，《中美協防（一）》，頁 236-244。

擔任副主任，之後曹將軍調任，由鄭冰如中將任副主任。學社之內設有各組室，負責人皆為少將或上校，此外尚有印刷所、招待所等，先後開設「黨政軍聯合作戰研究班」（第一期三十七人，第二期四十一人，第三期六十人等，共辦十二期，達六九四人）、「兵學研究班」（共四期，畢業研究員六十七人）、「動員幹部訓練班」（共三十一期，連同相關班級共訓練幹部七三二九人）等等，全部以研究反攻作戰為主要目的。[45]

　　白團展現的價值，就是在臺灣內外均最脆弱、孤立，而國軍的制度、精神和戰術最需要重建、以恢復並提升戰力的時候，成為來華協助提供教育、建立制度的第一個外國團隊，並以各種班隊於短期內儲備了各類人才，而得以因應 1950 和 1960 年代兩岸之間的各種戰事，至於國軍的重要軍職，也都出自白團的訓練班隊。[46]

---

45 蔣緯國上將主纂，《實踐三十年史要》，上冊，（臺北：國防部史政編譯局，1982），頁 116-119；《日本軍事顧問（教官）在華工作紀要》，頁 31-39；《蔣介石與日本——一部近代中日關係史的縮影》，頁 66-69。

46 擔任軍中或政府要職者例如聯戰班第一期學員中的趙桂森（班長）、劉鼎漢、蔡名永（副班長）、華心權、宋長志（副班長）、朱元琮、馬安瀾、胡炘、周中峰、李維錦、王多年、池孟彬、張立夫、陳桂華等，第二期的鄭挺峰（班長）、郝柏村、孔令晟、周菊村、宋達、羅揚鞭等（胡宗南以其階級較高，受蔣中正命在該期「旁聽」，於 1954 年 7 月 5 日開學，1955 年 3 月 10 日結訓），及第三期的王昇、蔣堅忍、汪道淵、羅中揚等人。總之，實踐學社自圓山軍官訓練團改組之後，成立共 16 年，於 1965 年 7 月 31 日結束。圓山訓練班各班結業共 4,714 人，實踐學社各班隊結業 9,208 人，共 15,126 人，教育長彭孟緝簽呈蔣中正總統公文照片，見《一級上將彭孟緝：1965 年日記與照片集》，頁 183-184；《胡宗南上將年譜》，頁 312-313。

當然，當時也有政府黨政高層曾以美援及教育體制不應混淆為由，質疑白團的價值，包括前述參謀總長周至柔。蔣中正乃要班方與日籍教官商議後，選擇一位學員發表一次學術性的報告，結果孔令晟被選出作了兩小時報告，大受歡迎，監察委員陶百川等人特別表示推崇，從此臺灣無人再反對白團的功能。[47]

四、光作戰計畫

白團在來臺兩年之後的 1952 年 5 月，趁著韓戰還在進行，就已經提出了以「光作戰計畫」為名的反攻大陸計畫，由於日本軍官多有在中國大陸作戰的豐富經驗，是以計畫能在短期間完成。白鴻亮等人便先請國防部次長徐培根、副總長蕭毅肅聽簡報，覺得可行後，再於 1953 年 6 月 11 日向蔣中正總統簡報。該計畫分為甲、乙兩案，甲案係以國軍單獨反攻為構想，初期以占領華南作為基地，預定五年完成；乙案係先做二年之作戰準備，以因應國際局勢之變化，配合民主國家，進行反攻。蔣聽後滿意，在日記中載：「其方針與余原意相同，今後準備工作應積極

---

47 參考孟興華（前陸軍化學兵學校校長，王曲聯誼會會長）編著，《孔令晟與兩位蔣總統》（臺北：幼獅文化，2017），頁 64；按孔令晟中將（1918-2014，山東曲阜）抗戰期間於北大化學系未畢業即投筆從戎，入西安王曲軍校第七分校十五期，畢業後對日軍和共軍作戰多次立功，來臺後赴美參謀大學以優異成績畢業，曾任蔣中正總統侍衛長、反攻大陸幕僚、陸戰隊司令、警政署長、駐馬來西亞代表、淡江大學戰略研究所所長等職，協助建立「王曲聯誼會」並擔任會長多年，著有《大戰略通論》等書。

指導，又以小型氣艇設法製造為先也」。6 月 18 日，蔣
又特別召見白團中的海軍教官帥本源（日文名為山本親
雄，海軍少將，白團的副團長），記曰：「彼認為海、空
軍聯合作戰訓練，應特別加強實習也，又小艇之製造亦應
從速實施也。」因為製作小型機帆船和訓練操舟人才是登
陸作戰首先要解決的問題。[48]

　　「光作戰計畫」的大要如下：

作戰目的：摧毀中共政權，消滅其武力，光復大陸解救同
　　　　　胞，復興三民主義的中華民國。

作戰方針：在陸海空三軍緊密協同下，先行反攻華南，爾
　　　　　後逐次向北擴大地域。

預定日期：預備於 1958 年春季發動。

作戰期程：第一期華南要域之戡定作戰：六個月至一年；
　　　　　第二期揚子江以南要域之戡定作戰；第三期：
　　　　　全國土之戡定作戰。

使用兵力：

第一期：

　初期：從臺灣：陸軍步兵師五十二、裝甲師八；空軍全
　　　　兵力第一線一六五〇機；海軍全兵力，一般商船

---

48 《蔣中正日記》，1953 年 6 月 11 日、19 日；《反攻與再造：
　遷臺初期國軍的整備與作為》，頁 44-45；《最後的帝國軍人：
　蔣介石與白團》，頁 24。小艇主要是指國造 LCM (Landing Craft
　Mechanized) 機械登陸艇，LCM-6 型滿載五十五噸，航速九節，可
　裝載三十四噸物資或八十名士兵，1964 年 8 月 1 日成軍，海軍在
　1965 年 3 月時已造一一〇艘，部署於小金門前線等地。《一級上
　將彭孟緝：1965 年日記與照片集》，頁 69。

十五萬噸，LST（戰車登陸艦）、LSM（中型登
陸艦）二十萬噸，小型舟船八千五百隻，運輸機
三百至五百架。

末期：現地動員步兵師二十，計步兵師七十二，裝甲
師八。

第二期：

初期：現地動員步兵師二十（共四十個師），以致步兵
師共九十二，裝甲師八。

末期：現地動員步兵師六十（共一百個師），以致步兵
師共一五二，裝甲師八。

第三期以後：依當時之狀況而定。

另，臺灣防衛兵力，以師管區部隊及防空部隊（高射
砲五百門、雷達三十）為基幹。

「光作戰計畫」內容十分龐大，鉅細靡遺，舉凡作戰
開始相關基本條件的準備，如三軍的訓練、精神動員、情
報防諜、宣傳、渡海輸具的準備、通信聯絡、後方勤務等
都有完整嚴密的計畫。作成後再由「黨政軍幹部聯合作戰
研究班」作戰組范健教官（本鄉健，負責戰爭指導、大軍
統帥及軍史教育）指導，在1954年之後再作修訂，並陸
續完成「大風計畫」（四十五年作戰計畫）、「鐵拳計畫」
（四十七年作戰計畫）等。兩案皆假設有美方的海空軍支
援，預定「大風計畫」為十一個軍，編成二個方面軍，在
1956年春實施，而「鐵拳計畫」為十五個軍，編成三個

方面軍，於 1958 年實施。[49]

第三節　直接請美方支援的計畫

一、理想與現實的巨大落差

　　雖然 1952 年韓戰已逐漸進入尾聲，但為了能實現光復大陸的目標，蔣中正一直在觀察思考。美軍太平洋總司令海軍上將雷德福曾在當年 5 月和 10 月兩度訪華，問及可否派軍去韓國參戰，或者光復海南島，蔣當時對於海南島的提議以會占用國軍太多兵力而拒絕，[50] 但對於參加韓戰，他便深入再研，[51] 並在 1952 年 11 月 13 日記載，如何用派軍參加韓戰的方式，製造反攻大陸的機會。12 月 8 日主持軍事會談，討論國軍入韓時，即認為可派三個軍參加韓戰，自敵後登陸，以「開創反攻大陸解決亞洲共匪之樞機」。但是，蔣也非常實際的在前一日告訴前來拜見的美國駐華公使銜代辦藍欽和美國軍事顧問團團長蔡斯（因為蔡斯剛剛從韓國回來，在韓國時見過剛選上美國總統的艾森豪）說，他首先考慮的是臺灣本身的安全，如要派軍去韓國助戰，共軍必來轟炸臺灣，如果臺灣沒有一大隊的

49　參考《反攻與再造：遷臺初期國軍的整備與作為》頁 45-47 所製表格及相關檔案。

50　〈蔣中正與雷德福關於韓國停戰談判與美軍助國軍進攻海南島等會談紀錄（1952 年 5 月 9 日）〉，《中美協防（一）》檔案，頁 324-336；另參考《蔣中正先生年譜長編》，第 10 冊，頁 53-54；《蔣中正日記》1952 年 3 月 25 日。

51　《蔣中正日記》，1952 年 10 月 16 日。

噴射戰機來到，充實空防，以確保臺灣安全的話，就根本無法談到派兵去援助韓戰。[52]

一週後，蔣自己研究反攻大陸所需要的兵力是：必須補足六十個師，另練成二個傘兵師，並增補陸戰旅成為三個旅；編練三到五個噴射機大隊、五個運輸機大隊；海軍則需要巡洋艦二艘、驅逐艦六艘、潛艇八艘；要籌足幣制基金五億美元，以及每年作戰經費三億美元，武器補充經費在外，且戰車與運輸車輛還要另計。[53]

臺灣那時人口只有七百至八百萬人，如何能動員到近百萬人？而且，國軍因為缺乏經費，訓練部隊每四個月僅能訓練二萬人，以上龐大的裝備和經費沒有美方全力援助是不能達到的。何況，隨著韓戰進入尾聲，中共已經把在韓戰場的部隊逐漸調往浙江沿海和福建，對外島的威脅日漸增加。韓戰固然造成中共重大的損失和人員傷亡，但共軍也藉此獲得了蘇聯提供的大量先進裝備。

根據國防部二廳賴名湯廳長在 1954 年春的報告，蘇聯共派遣了七萬五千人擔任共軍顧問，援助了中共空軍五千架飛機，雖然其中三千架在韓戰中毀滅，但仍有二千餘架，其中有數百架還是新式的噴射機；另外援助了一百五十艘海軍作戰艦艇，並裝備了中共陸軍的七十五個步兵師和十個裝甲師，而共軍的火砲比較 1949 年時，還增加了

---

52 《蔣中正日記》，1952 年 11 月 13 日、17 日，12 月 9 日；〈我所參加過的蔣公與美國訪賓的重要談話〉，頁 87。
53 《蔣中正日記》，1952 年 12 月 16 日。

276%。[54]（以上數字中，至少空軍被低估了，當時中共已有三千架各型戰機，甚至已建航校十三所，培養了近六千名飛行員，當年 8 月還試製成功第一架自產的飛機。）[55]

理想與現實既然有巨大的差距，當時各界人士便發表甚多支持反攻大陸的文章，以鼓勵民心士氣：例如陸宗騏（立法委員）著，〈反攻大陸的力量與方法〉（1953 年 10 月），強調臺灣有自身實力和大陸人心、國際支援，要在軍事、政治和經濟上不斷反攻；李浴日（孫子兵法研究泰斗，中國現代軍事理論的主要創建者）著，〈民眾支持與聯合行動〉（1954 年 9 月），以越南被分割為戒，強調反攻戰爭最重要的兩點，便是民眾支持和國際上的聯合行動；吳康（政治大學文學院院長）著，〈反共抗俄的任務和步驟〉，主張以各具體項目的軍事討伐、政治建設、文化建設來反攻大陸、拯救民族、重建國家等等。[56]至於蔣中正自己的基本戰爭哲學，則是認為決勝的因素精神重於物質，也就是思想、學術、智慧、勇氣與意志力為支配戰爭的主宰，**而意志力更為重要**。[57]

同時在「抗俄」方面，也有不少思考，在情報界負盛

---

54 《中華民國史事紀要—民國 43（1954）年 1-6 月》，頁 554-560。

55 《粟裕傳》，頁 454。

56 各文原刊於 1953 年初起在金門發行的《戰鬥》月刊，由國防部高參李浴日主編，皆列入 2022 年在美出版的《反攻復國政治文選》，頁 25-35、233-237、35-44。

57 言百謙（三軍大學校長），〈蔣中正先生的戰爭哲學之研究〉，《蔣中正先生與現代中國學術研討集》，第一冊，頁 430、443-446。

名、曾留俄的鄭介民將軍在 1954 年 10 月發表的論文〈如何抵抗蘇俄的四大戰略〉可作代表。他強調蘇聯是用：其一，內線（蘇聯內部）和平、外線（對他國）戰爭的戰略；其二，以少變多、以多吃少（辯證法）的戰略；其三，兩條陣線（國外和國內用當地共黨奪取政權）的戰略；以及其四，和平消耗（自由世界）的戰略。因此為了對抗，他主張要肅清內奸，要以組織對組織，要作反消耗戰，以及心理上不要害怕大戰等。[58]

　　不論如何，當年要實施任何的反攻大陸計畫，都必須有美方的大力支助，因此蔣中正便在艾森豪擔任總統後，覓機直接與美方商議。

二、把握機會提出的「開」計畫

　　1953 年初，艾森豪政府就職以後，對民國政府的使命感較了解、且曾建請國軍攻擊海南島的雷德福上將被艾森豪任命為參謀首長聯席會議主席（Chairman of Joint Chiefs of Staff），臺北乃在韓戰停戰協定即將簽署前的 1953 年 6 月 4 日，由參謀總長周至柔出面，給雷德福——他的對等官員——寫了一封絕密的信，題為：《中國武裝部隊對中國大陸反攻作戰的準備計畫綱要》，代號「開」計畫，希望一年之後，也就是在 1954 年 6 月 30 日以前，能用十八個月完成這工作。

---

58 《鄭介民將軍生平》，頁 280-282，鄭介民簡介見第 8 章第 2 節。

雷德福和勞勃森助卿恰於 1953 年 12 月下旬於其訪問
亞太的行程中再來臺灣訪問，蔣乃與二人連日會談。在 26
日的談話中，勞勃遜說明美國對華政策，表示「美國之政
府與人民一致反對承認中共，及反對其進入聯合國……杜
勒斯國務卿（在不久前）之聲明……重點在言中共匪幫從
未履行國際義務，根本缺乏堪被承認為政府之實證，其蔑
視人道主義之事實，實尤為顯著」；但蔣則坦白指出**美國
外交政策：「一是無重點，二為敵友不分**……美政府現在
所作所為，與當時〔七年前杜魯門政府〕並無相異之處…
阻擾我打擊共匪，不能助我解救大陸同胞……蘇聯則協助
共匪不遺餘力，玉門油礦已可生產一百號之汽油，鞍山鐵
礦已能生產鑄鐵，共匪力量日見增強，亦即使自由中國反
攻時之困難日見加多」。[59] 在 27 日的談話中，雷德福表
示，顧問團長蔡斯關於改組臺北的陸軍為野戰軍團之建議
甚為合理，軍團之數目，在美援逐漸增多時，可由兩個擴
充為三個軍團。他並認為美援之武器可用於外島之防衛。[60]

蔣中正也坦告雷主席：「**現在美國軍援顧問團並無戰
略上或政治性之計畫，而只注意行政上和技術上之問題**」，
希望美國對我建軍能有一具體之長期計畫，或三年，或一
年半均可，目前所行之美援辦法，希望雷主席能以其地位

---

59 〈蔣中正與雷德福及羅柏遜〔即勞勃森〕就美遠東政策及對中國態度
　　談話紀錄（1953 年 12 月 26 日）〉，《中美協防（三）》，頁 349-359。
60 〈蔣中正與雷德福及羅柏遜續談美遠東政策及國軍建軍等談話紀錄
　　（1952 年 12 月 27 日）〉，《中美協防（三）》，頁 360-667。此
　　次談話翻譯者為葉公超部長，紀錄為秘書沈錡。

「先定下助我在一年半或三年內建軍之具體目標，俾在此
次力量建立以後，將來反攻大陸或在其他地區，均可使
用……與**目前頭痛醫頭**之辦法不同，是在計畫確定之後，
再定軍援數量」。（此即分辨本末先後，然後綱舉目張地去
推動工作的思維）另外，蔣指出，我方希望在明年度即改
編為三個軍團，在十八個月內，建成三十六個步兵師、四
個裝甲師、一個傘兵師，比現在增加三分之一，在 1954
年 1955 年之間建成，以便隨時作戰略上之運用，或局部
反攻大陸時使用。[61]

　　次日（12 月 28 日）上午，蔣中正在與雷主席談話時，
告知國軍陸軍現有三十一萬七千人，希望增加三十萬人，
亦即陸軍需要十億四千八百四十四萬美元，海軍一百九十
五萬美元，空軍一億五千八百零八萬美元，軍協一億三千五
百五十六萬美元，一共十三億四千四百零四萬美元，不包括
在現行軍援款之內。計畫在十八個月或兩三年時間內完
成，因為現在遠東情勢隨時可發生變化，例如越南方面，
共方隨時可對法方加以打擊，如果貴方盼望我方採取任何
行動，便必須事先計畫。接著，蔣便把「特別軍援計畫」
（即「開」案）面交，說明價值數目總計十三億美金，
而且在現行軍援款的三億之外。這時雷主席「忽現驚駭之
色，認為此數字太大」，蔣乃解釋稱，不論展延至二、三
年，總要有一個總目標。雷乃表示，「本人對此項計畫決加

---

61 《中美協防（三）》，頁 376-378。

研究，以此為擴充國軍之基礎，但不視此為官方文件。若有所決定，仍交顧問團執行」。[62] 此次雷主席僅願以之為私人非正式之文件而收下這項慎重提出的計畫，使蔣覺得受辱，但為了國家而問心無愧。只是此一數字甚至超越了自 1950 年重啟軍援到 1954 年 6 月底，共十一億九千四百餘萬的金額。[63]

其實，雷德福返美後，參謀首長聯席會議便在 1954年 1 月 18 日根據國安會所商定的 146/2 對華政策，提出對臺北的軍援預算，建議為讓國軍保衛臺澎及外島，必須增加其實力（例如陸軍從二十九萬餘人增至三十五萬七千人，空軍增加噴射機，海軍增加兩棲作戰能力，陸戰隊從二個旅增至三個旅等，以及各相應的裝備，而且原承諾的援款仍還有甚多的短缺）。但他的長官國防部長威爾遜（C. E. Wilson）在 26 日報告國安會時作了否定的回應，表示 1955 會計年度美國對全球各國軍援一共都只能增加十一億四千餘萬美元，其中還得支應中南半島三億五千萬的需求，所以 1954 會計年度對民國政府只能支應三億五千九百五十萬美元，較雷德福所提出的要求不足二億五千萬美元，而且為了中南半島的急需，以上對福爾摩沙

---

62 〈蔣中正與雷德福及羅柏遜再談國軍擴軍及特別軍援等談話紀錄（1953 年 12 月 28 日）〉，《中美協防（三）》，頁 383-89。參加者美方尚有藍欽大使，中方翻譯為沈錡，紀錄為侍衛長皮宗敢。

63 《反攻與再造：遷臺初期國軍的整備與作為》的整理，頁 50-55；《蔣中正日記》，1953 年 12 月 26 日至 28 日。

的援款還會減少，如要補充，便得尋找別的財源。[64]

三、向符立德特使補充說明並保證

　　「開」案提出後，美方一直都沒有反應。5 個月以後，艾森豪總統為了調查各友邦的軍事力量及軍援情形，派特使符立德上將率國防部次長麥克尼爾來華，於 1954 年 5 月 13 日至 28 日與蔣中正前後作了五次談話。符立德在韓國作戰及在希臘訓練部隊阻止共黨叛亂有功而受重視，麥克尼爾則專長國防經費設計，且在二戰後曾主持贈送國民政府軍艦。[65]

　　蔣中正乃在接見符立德時，再就「開」案等與之詳細說明，當時外長葉公超、參謀總長周至柔和美國藍欽大使都在場。由於此時共黨在越南得勢，中共又已在閩浙沿海加強了軍力和交通路線，蔣便改變了上年兩次拒絕雷德福請國軍出兵海南島的期望，提出中共在海南只有三個師防守，而（廣西）欽州到（廣西）南寧只有八十哩。所以國軍九到十二個師之兵力便可從欽州登陸，占領海口機場，取得局部優勢，而（廣東）雷州半島北部腰地狹而易於防守，便可威脅南寧（因為三地包圍著越南北部），從而牽制越南共黨。一舉既收復海南，又解決越南問題。國軍可

---

64 Memorandum by the Secretary of Defense (Wilson) to the Executive Secretary of the National Security Council (Lay), Washington, January 26, 1954, *FRUS, 1952-1954, China and Japan*, Vol. XIV, Part 1, Document 165.

65 〈蕭勃電蔣中正伉儷與麥克尼爾晤談反攻大陸事宜（1954 年 4 月 24 日）〉，《中美協防（二）》，頁 237-242。

負此任務，只有運輸補給和空軍方面需要美國支援。同時，因為是中國軍隊占領中國領土，所以蘇聯便沒有出面干涉的理由。此外從戰略上言，若要解決越南問題，必須從敵人的側背著眼，而不是單從東南亞本身去做。蔣強調，不要說殖民地宗主國的英國和法國，即使美國自己參加越戰，也決不會生效。而且在亞洲對付共黨切不可只權衡外表軍事力量，而以心理戰最為重要。[66]（此一判斷後來證明完全正確）

葉公超等人再向之解釋，希望避免美援法令之限制，以便將臺灣補充兵的訓練經費及武器，一併算在軍援範圍內，即以二十四個師的經費，在十八個月之後，建立三十六個師，再十八個月，便有五十四個師的力量。蔣中正強調，中共陸空軍在數量上當然占優勢，但在經驗和技術上則不如國軍，尤其國軍空軍已有二十三年歷史，而中共只有四年，即使以螺旋槳飛機仍能與其噴射機對抗，每次都將之擊退，而海軍也是如此，所以如果美國對國軍海空軍稍微加強與改革，便可控制大陸三千餘哩的海岸線，而解決問題之大半。此外，希望符特使一行更了解中共政治性質及大陸人民對國軍反攻之希望、和國軍之戰鬥精神，便不至於認為中共強、而國軍弱了。符立德當場就表示，他

66　〈蔣中正與符立德關於補充兵訓練與亞洲共黨問題等談話紀錄（1954 年 5 月 16 日）〉，《中美協防（三）》，頁 42-47，英文談話紀錄見頁 48-52（中方葉公超部長在場，國防部聯絡局局長胡旭光翻譯。侍衛長皮宗敢紀錄）。

對國軍的精神和技術十分欽佩，他在韓國戰場作戰時，最大的遺憾就是國軍未能參戰。[67]

另外，蔣特別提出：「吾等只要求貴國在政治上對於我反共形勢能增加補益，而決無在軍事上予我以美軍協同反攻之妄念。吾國如能收復以前失去之領土，美國加以承認、且使大陸人民增加反共復國之信心」。蓋「政治上的信心較之軍事上的力量尤大，其比例如同七分政治、三分軍事，我國對日抗戰時就是有必勝的信心，才能獲致最後勝利」；而「大陸人民當年誤信中共宣傳，以致陷入鐵幕，現今對共產集權深惡痛絕，是以國軍一旦登陸，人民會相率來歸、共軍會投誠反正」；「中華民國政府之反攻大陸所求於美國者，以政治、經濟為主，至軍事方面，絕不需美國地面部隊參與」。而且，美國如果承諾將金門、馬祖和大陳的防衛包括在第七艦隊責任範圍之內，則「我可承諾目前不以各該島為反攻基礎，如果有利用各該島發動突擊大陸行動之需要，我方自當仍先與美協商。」[68]臺

---

67 〈蔣中正與符立德關於補充兵問題與東南亞防共等談話紀錄〉，《中美協防（三）》，頁 53-76。

68 以上根據〈蔣中正與符立德關於開案及東亞防共意見等談話紀錄（1954 年 5 月 28 日）〉，《中美協防（三）》，頁 88-100，英文紀錄全文見頁 101-112；其中蔣中正將該一中文紀錄稿以毛筆作了大量的修改和補充，都與反攻大陸的構想與計畫有關。當時在場者有美國國防部次長麥克尼爾、駐華大使藍欽、葉公超外長，翻譯為國防部聯絡局局長胡旭光，紀錄為侍衛長皮宗敢。另見 6 月 4 日外交部葉公超部長致駐美顧維鈞大使 005112 電，檔案管理局：A2000 00000A/0042/31219/0001/001/040；《蔣中正先生年譜長編》，第 10 冊，頁 324-325；《顧維鈞回憶錄》，第 11 分冊，頁 207-208。

北國防部隨後並製作了絕對機密文件，對隨同符立德特使來訪的麥克尼爾次長所提的十個具體問題作出了解答。[69]

　　符立德訪問完各國回美之後，9 月經由國防部長向美總統提出了報告，主張迅速協助中方建立一戰鬥軍力，成立三個軍團（Armies），一個軍團轄十二個師，每師一萬二千人，第二個軍團是足額的 50%-70%，第三個軍團以十個師為度。[70] 他接著再主張接受中方的提議，與民國政府訂立協防條約、並主張美軍協防外島，主張美國聯合韓、日、菲組成一反共聯盟，甚至對於美國政府上年結束韓戰的妥協表示異議。他的主張並未被接受。國安會後來在討論其報告時，國安顧問科特勒（Robert Cutler）雖然也提到美國內很多人士認為美政府沒有全力支持蔣介石是個錯誤，但從艾森豪當時對於符立德報告書的反應，便可看出他內心對符君的意見十分不悅。[71]

四、為補救而提出的「協」計畫

　　當年 9 月 3 日砲戰發生後（見前述第六章第二節），

---

69 〈國防部對符立德代表團員麥克尼所提 10 項國軍相關問題答解（1954 年 6 月）〉，《中美協防（三）》，頁 113-170。

70 參考葉公超外長於 1954 年 9 月 23 日從紐約報回外交部關於他與符立德私下談話電。符在談話中對顧問團長蔡斯沒有將國軍情形誠實報回華府甚為不滿，對與他同去遠東的麥克尼爾次長尤其不滿，因後者竟主張臺灣只要十個師防守就夠了。檔案管理局：A200000000A/0042/31219/0001/001/160。

71 Memorandum of Discussion at the 220th Meeting of the National Security Council, October 28, 1954, *FRUS,1952-1954, China and Japan*, Vol. XIV, Part 1, Document 364.

蔣在 9 月 21 日再問藍欽大使和蔡斯團長，得悉「開」案
的特別援助無法實施後，乃以美國對民國政府及對韓、越
之態度有很大不同而責備之。藍欽設法解釋，說金門方面
戰事只有局部意義，國軍表現令人欽佩，但外界誇大報導
強調國軍攻擊廈門好像超出了防守金門的範圍等。蔣當日
記下：「美政府政策對中國之無視與欺侮太過。今日世界
反共之戰事，惟在我金門、大陳對戰，往昔韓、越一有戰
事，美國立即以最優先往援，而我金門情勢如此，而美國
反而斷絕接濟，即前已答應之 F86 機亦杳無消息，殊太
不忍。」[72] 藍欽接著與沈昌煥次長私下談「開」案，認為
該案中將海空軍擴充得太多了。但他個人對國軍的陸軍戰
力有信心，認為如登陸華南，足以擊敗共軍云，爰建議中方
再提一案。[73]

　　由於大陳、金門等情勢危急，軍事上實在有需要，臺
北乃再提了一個「協」計畫，建議用一年而非一年半的時
間來滿足「開」計畫中緊急援助的條件。葉公超在顧維鈞
的陪同下，於 1954 年 10 月 23 日再拜會雷德福主席，10
月 25 日復拜會國防部長威爾遜，均談及此案，內容基本
上包括如下：

　　最晚到 1955 年底，盼能在臺灣完成一支戰略部隊的

---

72 《蔣中正日記》，1954 年 9 月 21 日；〈我所參加過的蔣公與美國
　　訪賓的重要談話〉，頁 93。
73 外交部 1954 年 9 月 23 日致華府中國大使館電，檔案管理局：A20
　　0000000A/0042/31219/0001/001/170。

訓練與準備，以應付 1955 年以後遠東可能出現的某種緊急情況（一江山戰役就是在不到三個月之內，即 1955 年 1 月發生），包括對大陸的有限反攻。由於中共已經持有了相當的軍事實力以及從事多點進攻的能力，所以臺北有迫切的需要，必須儘快將一支武裝部隊在最短期間內予以訓練和裝備，以便可以投入戰略任務，例如讓這支部隊在華南作側翼運動，就可以調動並牽制住中共可能用在中南半島（威脅越南、泰國等）的若干個師。

這個方案是以 1955 年共同防務援助計畫得到批准為前提，包括請美方提供兩種支援：一種是武器裝備，請提供戰鬥轟炸機、運輸機、偵察機等共三一二架，四大隊的基地勤務、維修與補給，二個醫療隊和二個地區氣象站；海軍三十艘艦艇；陸軍一個空降師、一個野戰軍、一個特種部隊的武器和裝備等。另外一種是緊急援助：包括六萬三千名三軍官兵（陸軍五萬、海軍七千、空軍六千）的訓練設備、日常經費，和增加人員後共三十四萬一千七百人的被服和裝備，其中的六萬三千人希望在 1954 年 7 月 1 日到 1955 年一年內任何時間接受訓練（原先希望十八個月）。以上的經費如果是十八個月的「開」計劃，便總共需近十億美元，但因為形勢所迫的緊急需要，縮小到僅僅能用一年的緊急援助「協」計畫，則減少了三億五千八百萬美元的需求。

駐美大使館在 11 月 12 日再向美方提出一項「特別直接軍事援助方案綱要」，以 1954 年 9 月的價格，而不是

1953 年 12 月 1 日的價格為基數，提出關於「協」計畫的修正本，也就是陸軍援助需款為一億零六百二十二萬五千美元，並增加了海軍的迫切需求，包括四艘驅逐艦、六艘護衛艦（均係為了保持沿著大陸沿海的巡邏，並對其岸砲的攻擊進行反擊）、三十艘坦克登陸艇（作為各外島的支援力量，因為外島缺乏港口設施，並且可以進行保衛臺灣的反登陸作戰）和六艘非磁性掃雷艇以防備共軍對臺實施水雷封鎖。[74] 到了 11 月下旬，美國防部麥克尼爾次長才告知葉部長，眾院撥款委員會可予臺北一億美元之援助，其中軍事項目五千二百萬，經濟項目三千萬，預算補助款項一千七百萬元。[75]

五、美國的態度

前述在史達林去世、韓戰於 1953 年 7 月結束以後的 11 月，美國國安會的紀錄便顯示美方決定**不支持臺北反**

---

74 以上內容根據《顧維鈞回憶錄》，第 11 分冊，頁 526-542；就水雷和共軍武器製造技術而言，中共周恩來曾在 1952 年 9 月向蘇聯史達林報告，共軍正在籌建水雷製造廠，也期望蘇聯提供生產榴彈砲、加農砲等的技術文件，史達林立即慷慨地答應說：「圖紙可以提供」。見〈史達林與周恩來的會談紀錄（1952 年 9 月 3 日）〉，《朝鮮戰爭：俄國檔案館的解密文件》，頁 1207-1213；美方關於「協」計畫的通訊檔案見 The Secretary of State to the Embassy in the Republic of China, November 17,1954, *FRUS 1952-1954, China and Japan*, Vol. XIV, Part 1, Document 395 (The Hsieh Plan)。

75 〈葉公超電蔣中正美有意撥護航驅逐艦一艘以補太平艦之損失等事（1954 年 11 月 26 日）〉、〈葉公超電蔣中正美方對陸軍師足額數之討論及撥一億元援助細目等（1954 年 11 月 26 日）〉，《中美協防（一）》，頁 114-121；以上有關反攻計畫相關的國軍檔案，參考《反攻與再造：遷臺初期國軍的整備與作為》，頁 345-349。

攻大陸的政策。而在當時的國際局勢中，臺北既需要美方協助建軍以保衛臺灣並且伺機反攻大陸，又為了防止美國承認中共或同時承認兩個中國，而需要與美國締訂一項安保條約，所以更增加了事情的困難度。

1954 年 7 月，美國駐華大使藍欽在與顧維鈞大使的私下談話中，也承認**美方完全沒有支持臺北收復大陸的打算**，所以國軍雖然逐漸成為勁旅，但是缺少許多進攻作戰該有的裝備，美方有意地在提供裝備時只是為了防禦的目的，在提供彈藥時只發三十天的用量，因此，「靠現在的裝備連擺出一副進攻的姿態都難以做到，更不要說進攻大陸的大規模作戰了」。[76]

蔣中正對此十分清楚，例如早在 1953 年 7 月 12 日，艾森豪政府執政半年之後的私下記載：「再不要幻想美國援助我反攻復國，該國之政策與諾言絕不能信賴。其幼稚衝動、反覆無常之教訓，如果自無主張與實力，若與之合作，只有被其陷害與犧牲而已。吾甚佩李承晚之態度，彼實最認識美國之革命家也」（李承晚曾向蔣歷述「美國出賣韓國」之史實）。[77]

即使如此，蔣中正仍然不放棄爭取，1954 年 10 月 26 日，他仍電報在華府的葉公超部長，希望美方協助先建成

---

76 見藍欽 1954 年 7 月 15 日的談話，《顧維鈞回憶錄》，第 11 分冊，頁 216-218；至於彈藥只發三十天的用量，乃係軍事會談中軍方向蔣總統的報告，《蔣中正日記》，1953 年 12 月 19 日。

77 《蔣中正日記》，1953 年 7 月 12 日。

「開」案第一步所需要步兵三十六個師當中，比現有的二十一個師還缺十五個師，能否先在年內增六個師，以及提供原已承諾六艘驅逐艦之中的四艘、中字號登陸艇三十艘以補給外島、陸戰隊等裝備等。[78] 葉、顧二人即往見雷德福主席，雷正式表示美國目前無法接受「開」案，國防部只願支持中方維持二十一個足額師。臺北希望獲得正常軍援外之援助不是他個人或任一單位所能單獨決定，在程序上必須經過各有關單位分別研究會商，提出至參謀首長聯席會議之後要呈報國防部長，再看對全世界軍援之分配有無餘額；而各受援國均圖增加，故極感困難云。[79]

年底，臺北再請駐華府多年、與麥克尼爾次長熟悉的蕭勃將軍請求協助中方的「協」案，尤其是二十萬補充兵、每批訓練三萬餘的訓練裝備及費用問題時，雖然直到一年之後始獲同意。[80]

但對於「協」案其他部分，美方則先由駐臺的顧問團

---

78 《反攻與再造：遷臺初期國軍的整備與作為》，頁 60。

79 〈葉公超電蔣中正詳述與雷德福及穆懿爾會談美國對於開案態度等（1954 年 10 月 26 日）〉，《中美協防（一）》，頁 90-94。葉公超、顧維鈞 11 月 2、3 日報回臺北外交部的電報明言與華府各方洽談結果，均認為「開」案無法執行，見美洲司發文 277 號，檔案管理局：A200000000A/0042/31219/0001/001。

80 〈蕭勃電蔣中正關於協案待雷德福返美後同謁國防部長再作具體決定（1954 年 12 月 30 日）〉，《中美協防（一）》，頁 384；〈俞大維（國防部長）電彭孟緝（參謀總長）美方已同意補充兵訓練方案並電令顧問團簽字及實施時間（1955 年 12 月 26 日）〉，《中美協防（一）》，頁 390。蕭勃將軍係軍事調查統計局高級幹部，於抗戰期間即代表戴雨農在華府與美方推動中美雙方情報合作，厥功甚偉。筆者幼年時也見過數次。

團長蔡斯於 1954 年 12 月 27 日函覆國防部表示，對於採購、屯儲三十四萬一千七百人之裝備，以及臺北要求超出目前陸軍所有消耗量的油料、希望建築營房以供充員兵十二個步兵師居住等，**都不同意**。也就是連民國政府希望最低限度建立一支小型戰略部隊的要求，都不支持。[81]

後來到了 1957 年底，雷德福以退休之身再來臺灣，在 12 月 2 日與蔣中正懇談時透露四點：

1. 臺北反攻大陸之希望應隨環境轉移而定；

2. 事前不應多說反攻，到了時候即行實施；

3. 在他擔任美國軍方首長任內時（1953 年至 1957 年），美國政府對臺北反攻大陸的政策並沒有研究，因為那時「不是時間」；

4. 對於蔣所問：當國軍反攻時，你們美國是否仍然會阻礙？雷表示：無法預知。

因此，蔣在日記中結論為：這些應當是美國政府的真實態度。[82]

對於反攻大陸政策始終支持的美國軍方高層人士，如前所述，首推麥克阿瑟。[83] 另外，前述曾訪問臺灣而和蔣長談五次的艾森豪特使符立德於 1954 年 12 月底，特別

---

81 「對協案修正案之建議事項」（1954 年 12 月 27 日），《國軍檔案》，錄於陳鴻獻，〈1950 年代蔣中正的軍事反攻計畫〉，《同舟共濟：蔣中正與 1950 年代的台灣》，頁 344-345。

82 「蔣中正日記」，1957 年 12 月 2 日。

83 他的建議例如 The Commander in Chief, Far East (MacArthur) to the Joint Chiefs of Staff, Tokyo, 23 February 1951, *FRUS, 1951, Korea and China*, Vol. VII, Part 2, Document 37.

邀請在美國剛簽署完《中美共同防禦條約》的葉公超部長
去佛羅里達州共度聖誕假期，告稱他先已發表反對共和黨
外交政策的聲明，現在擬再發表一文強烈抨擊艾森豪總統
不該漠視遠東。他坦白的吐露，艾森豪不但在韓國的政策
錯誤、而且失敗，對臺灣則根本缺乏積極的政策，不認真
對臺協防，給予援助全為了應付國內政治，美軍駐臺顧問
團對於國軍的援助並不到位，欺騙了美國納稅人等。葉公
超乃對他好言相勸。[84]

　　總之，從美國公佈的檔案便可看出，其對臺政策主要
仍是視中國大陸的情勢而定。也就是，雖然大陸為與美敵
對的共黨所控制，但美國的目的，就是先要將之「化敵為
非敵」，然後「化敵為友」。至於臺灣雖然是友邦，比較
起來實力卻是弱小，現實而不時即會面臨改選的美國政客
們，怎麼可能願盡力協助國軍反攻？因此，蔣中正私下認
為「復國之時機」當待：甲、第三次世界大戰發動時；
乙、加強自身實力後，視中共內訌至相當程度時，獨力
反攻。[85]

---

84 〈葉公超電蔣中正報告范福利（即符立德）擬發表分析美國遠東政
　　策文章對我頗為不利（1954 年 12 月 30 日）〉，《中美協防（二）》，
　　頁 247-254。
85 《蔣中正日記》，1953 年 5 月 3 日。

第四節　光復大陸設計委員會

　　民國各界非常清楚，反攻大陸不只是軍事問題，更是國家重建的問題。所以當 1950 年陳誠接任行政院長以後，便在行政院之下成立了設計委員會，自己兼任主任委員，「網羅各方俊彥，從事設計工作，工作項目分為反攻前、反攻時、反攻後有關政治、經濟、軍事、文化諸問題，分組研究」，四年內完成了百餘件方案。[86]

一、機構的成立

　　1954 年 10 月 31 日，行政院的設計委員會結束運作，11 月 1 日（正當《中美共同防禦條約》準備開始談判之際），民國政府在總統府以下設立的一新的機構——「**光復大陸設計委員會**」——在臺北市涼州街 28 號開始辦公。該會的委員由原行政院設計委員會的委員和第一屆國民大會全體代表組成，達一八八三人，均為無給職，仍然由陳誠副總統兼主任委員；副主任委員為胡適（中研院院士、無黨籍）、徐傅霖（民社黨）、曾寶蓀（女教育家）、徐永昌（陸軍一級上將）、左舜生（青年黨）；祕書長邱昌渭（立委、前總統府祕書長）、副祕書長朱懷冰（陳誠同窗、前行政院顧問，一直負行政院設計委員會的實際責任）、朱佛定（外交家、也曾任臺灣省民政廳廳長）。11 月 25

86　《中華民國史事紀要－民國 43（1954）年 7-12 月》，頁 877-878。

日，該會正式成立，仍由陳誠主持，五院院長、總統府祕書長、參軍長、各部會首長均在場觀禮，蔣中正總統致辭，強調該會的成立在告知大陸同胞要解除其在中共治理下的痛苦，但第一步必須先要鞏固臺灣，要對臺灣的政治、經濟、文化提出改進意見。陳誠則宣示對中共基本態度是「首惡必除、錯誤寬恕、裏脅不問、立功受賞」。[87]委員會接著便「循新速實簡之精神，積極展開工作」。而在立法院審查該會組織條例及預算通過以後，其職員1957年時為一百三十五人，技役六十二人，就預算而言該年度概算數為一百四十一萬九千八百二十八元。[88]

二、工作大要

　　光復大陸設計委員會的研究中心目標「在使政治經濟文化社會各方面之設施，均能配合軍事，加強實施總動員，以建成反攻復國之任務」，劃分為臺北、臺中、臺南三個研究區。工作分為「方案設計」和「資料搜集」兩大類，第一年前者分為三案：鞏固臺灣光復大陸加強總動員案、戰地政務實施方案、和各省重建方案；後者分為五類：沿海各省資料之整理充實與研究、專題研究、編印參

87　《中華民國史事紀要—民國43（1954）年7-12月》，頁1074-1078；《蔣中正先生年譜長編》，第10冊，頁391，該會正式成立日，恰為《中美共同防禦條約》定稿後之草簽日。

88　〈光復大陸研究設計委員會四十四年度工作計畫初稿〉、〈光復大陸設計研究委員會四十四至四十七年度工作計畫（草案）〉，《光復大陸設計研究委員會》，國史館：120-010100-0002、120-010100-0001。

考資料、考察、及調查。計畫要點為就法令、機構、組織、人力、物力等擬定各種具體方案，其實施方法則係分為內政、財政、經濟、交通、教育文化、軍事、司法、國際關係、海外、邊疆十項，由在各領域有多年學養或工作經驗的委員，組成不同委員會進行研究；其上半期各項工作之重點為研擬反攻前之準備工作，下半期則為研擬反攻時之措施。[89]

　　該會成立第二年（45 年度）的計畫中即包括光復地區軍事時期政務實施案、大陸光復後國家建設綱領案、各省區重建方案、國界問題研究、就業問題研究等，在事務計畫中包括購買書籍、設立印刷所等。第三年（46 年度）的計畫開始研擬「各省、市、區及蒙藏地區重建方案分區調整規畫」以及研訂「大陸光復後國家重建總計畫」、而繼續研擬之方案包括繼續編訂「戰地政務人員手冊」、繼續研究國界問題、繼續研究臺灣省農業資金問題、反攻時期全國水利建設方案。第四年（47 年度）則繼續研擬以上各方案等。[90]

　　由於反攻行動開始後，最需要的就是光復地區政務重建，內政組便加以積極研討，包括兵員與物資就地補充、交通機構的重建、經濟行政緊急措施、貨幣的處理、賦稅的重建、教育文化機構之接管、中共幹部的管教、善後救

89　〈光復大陸設計研究委員會四十四年度工作計畫〉，《光復大陸設計研究委員會》，國史館：120-010100-0003。

90　〈光復大陸研究設計委員會四十四年度工作計畫初稿〉。

濟、人民團體之扶持等，均作具體研究；至於如何適時
動員戰地的人力物力，該會的編纂委員會（成員包括凌
鴻勛、祝紹周、李峴崗、邱昌渭、查良釗、王克等；其中
祝、李、查筆者均見過，係長輩），在 1955 年 6 月 3 日的
第十八次會議中即通過了〈戰地政務實施綱要草案〉，決
定戰地政務的組織、執行、地方政權的重建、各類專業人
員的甄選與訓練等。到了 1957 年初，該編纂委員會即開了
四十七次會。[91]

　　至於其他各組所完成之計畫尚包括〈國防建設現狀
檢討及改進意見〉、〈光復大陸搶修復原重建交通方案〉、
〈反攻大陸警官儲訓實施綱要草案〉、〈教育文化動員方案
草案〉、〈儲訓邊疆建設人才方案草案〉、〈民防計畫綱要
草案〉、〈中美共同防禦條約生效後加強中美關係方案草
案〉、〈對匪經濟作戰方案草案〉、〈司法人才儲備方案草
案〉、〈全民心理作戰方案草案〉、〈加強外交組織方案〉、
〈動員僑胞人力財力增強反共力量方案〉等。[92]甚至行政
院設計委員會的「聯合國憲章修正案」專題組（包括莫德
惠、王雲五、葉公超、徐鍾珮等約四十位委員）還持續在
光復大陸設計委員會國際關係組之下運作研究，至於該組
的任務還包括「促成太平洋公約組織方案」、「爭取與國

91　〈第十八至二三次編纂委員會會議紀錄〉、〈第四四至四七次編纂
　　委員會會議紀錄〉，《光復大陸設計研究委員會》，國史館：120-
　　010100-0038、120-010100-0042。
92　〈光復大陸研究設計委員會四十四年度工作計畫初稿〉。

強化外交陣容方案」、「外交人才培養方案」、「爭取國外
資本方案」等。[93]

　　在各研究案中，軍事組在 1955 年 7 月所通過的〈反
攻大陸戰略戰術之研究大綱〉值得一提，該文認為國軍對
共軍是以寡擊眾之戰爭，但從「勢」來看，國軍已有優勢
（大陸人心向背、中共向蘇聯「賣國」及國際上民主國家
反共警覺提高等），是以要妥選登陸地點、造成局部優
勢，根據共軍在內戰和韓戰期間各項攻守戰法及趨勢，提
出對應措施，另講求政略、戰略與戰術關係，國軍尤其要
發揮主動攻擊精神。另外，臺中區的軍事研究組也提出
〈反攻大陸戰略戰術之研究〉，強調利用國民當前熱烈的
復國情緒，切實將之組織在國民生活方式上，利用大陸民
眾，而作戰指導特別著重殲滅共軍武裝部隊，不要拘泥於
一城一地之得失等。[94] 換言之，當年的光復大陸設計委員
會的各項研究作為對於蔣中正和政府中作反攻大陸準備的
各部門而言，正如同現今各種智庫的功能。

93　〈光復大陸研究設計委員會四十四年度工作計畫〉。
94　〈第四四至四七次編纂委員會會議紀錄〉。

第八章　反攻大陸的具體行動：國軍部隊參與的戰役

民國政府在遷臺初期，儘管百廢待舉、條件不足，卻不但為反攻大陸作出各種計畫，也曾以不同規模的各種具體行動進行了對大陸的反攻。本章乃就國軍部隊參與的不同戰役作簡略的介紹。[1]

第一節　滇緬邊區部隊

一、邊區部隊的形成

滇緬邊境國軍係 1950 年初雲南戰役失利，退守到緬泰邊境大其力（Tachileik）附近猛捧地區（Mong Pong）的部隊，以第八軍第二三七師第七〇九團和第二十六軍第九十三師第二七八團為主，總人數一千四百餘人，後來發展成滇緬邊區游擊部隊的種子部隊。同時，滇南在鄉軍人（抗戰時的遠征軍部隊復員後留下者）所組成的地方自衛團隊七百餘人也抵達緬北三島（Hsan Kho）地區。由於緬甸軍的壓迫，這三支隊伍組成聯合軍，由李國輝和譚忠聯合指揮，修子政為政治部主任，拒絕向緬甸繳械。該軍

1　關於本章所述各戰役，坊間及甚多學術機構均已有相關研究或出版品予以詳論，此處僅予簡單介紹。

完全沒有補給，直到 1950 年 4 月，雲南省主席、前第八軍軍長李彌（1902-1973，雲南騰衝，黃埔四期）從臺灣回到曼谷，提供了私人儲蓄十萬美金才得以救急。當年 6 月 8 日，中共與緬甸建交，便強迫緬甸驅逐國軍。緬軍乃與國軍進行談判，破裂後動員陸、空軍五千人以上的優勢兵力，從 6 月 16 日起到 8 月 21 日，多次向國軍攻擊，卻皆遭國軍擊敗，是為大其力之戰。[2]

　　李彌在返臺期間曾於 1950 年 4 月向蔣中正提出入滇工作計畫，主張收容留在雲南的第八軍和第二十六軍殘部，在緬越北部和滇南重整旗鼓，然後到中國西南建立反共基地，進行敵後與反攻活動。因其要求的經費二百萬銀元太過龐大，總統府不得不告以「無力實施」，但國防部則決定從 5 月起每月發給泰幣十萬銖，因此滇緬部隊得以維持並不斷收容各地軍民，兵力遂逐漸增加。[3]

　　6 月韓戰爆發、中共於 10 月參戰，聯合國（美）軍初戰連連敗退，美國中央情報局乃報奉杜魯門總統核准，開始雇用陳納德（Claire Lee Chennault, 1893-1958, 中國對日抗戰時美國援華飛虎隊的領導人）所成立的「民航空運公司」（Civil Air Transport, CAT）從沖繩島空運武器

2　雲南戰役失利情形見《國民革命軍戰役史第 5 部—戡亂》，第 7 冊，頁 183-213；中共稱之為昆明保衛戰及滇南戰役，見《解放戰爭史》，第 5 卷，頁 486-493；緬甸大其力之戰詳情見覃怡輝所引國軍檔案，《金三角國軍血淚史》（臺北：中央研究院、聯經公司，2009），頁 53-71。以上主要領導人之中，筆者曾見過修子政先生多次。

3　〈李彌入滇工作計畫〉，《金三角國軍血淚史》，頁 55-57。

赴緬境，抵達甫完成的簡易機場後提供給當地部隊。美方進一步於 1951 年 4 月和臺北國防部合作，雇用臺航嘉義輪也運送武器、經由泰國轉給李彌所部。同時，國防部從 1951 年 2 月開始，再提高補助到每月二十萬泰銖，於是李彌決定進入大陸，開始向雲南邊境進發。一路收容軍民，建立游擊隊編制，以致兵力增至原來五倍以上。雖然武器裝備和教育訓練都還遠遠不足，李彌仍於 5 月 21 日下令進軍雲南。[4]

二、反攻與撤離

部隊分南北兩路，北部由第一九三師李國輝師長率領，兵力六千餘人，南路由呂國銓軍長和第九十三師師長彭程率領，兵力二千餘人，進入雲南境內之後，兩個月內連克鎮康、雙江、耿馬、孟定、滄源、瀾滄、寧江、南嶠等地，[5] 期間美方也空投了部分輕武器和彈藥以作補充。但是因為環境、人力、糧食和彈藥補給等問題，未能如計畫在占領區建立基地。在共軍第十四軍（李成芳部）集中兵力、包圍反攻後，李彌部傷亡五百餘人，無法支撐，不得不於 7 月下旬再退回緬甸境內，共軍則傷亡六百八十二人。[6]

4　《金三角國軍血淚史》，頁 75-76。

5　屬於今日雲南臨滄市及西雙版納傣族自治州。

6　戰鬥詳情見《金三角國軍血淚史》，頁 80-89；《反攻與再造：遷臺初期國軍的整備與作為》，頁 297-306。美方對於國軍利用緬甸為基地攻擊雲南一節向臺北外交部表達異議，見 The Secretary of State to the Embassy in the Republic of China, Washington, August 10, 1951, *FRUS, 1951, Korea and China*, Vol. VII, Part 2, Document 166。

　　其實，當時美方供應李部的目的除了減輕美軍在韓戰中所受共軍的壓力，也要求李和臺北蔣中正脫離關係（但李未同意），所以自 9 月起還每月給予該部七萬五千美元補助，直到 1952 年 4 月停止。鑒於反攻雲南失敗的主要原因既是武器裝備嚴重不足，更因為反共義民缺少足夠軍事訓練便倉促出戰，於是在猛研成立「雲南省反共大學」，除了軍事訓練外，也訓練行政幹部，政工幹部，因為李彌也身兼雲南省省主席。[7]

　　後來緬甸國防軍與李部陸續作戰，均未能獲勝，乃在中共壓力下，向聯合國控訴。隨著韓戰即將結束，美國便在 1953 年 2 月訓令駐華公使藍欽謁見蔣中正，正式要求將李彌部隊自滇緬邊境撤回臺灣（藍欽後來在回憶錄上承認，執行這個國務院的訓令是他在臺北服務期間最不愉快的事）；[8] 蔣對此起初「決意周旋」，決定「接運越南黃杰的部隊，但緬甸李彌的部隊則由其自願為之，不強其所難」。[9] 也就因為如此，當時在大陳積極經營的胡宗南

7　《金三角國軍血淚史》，頁 88-96。李彌請蔣經國主任遴選政工人員前往協助見《中華民國政府遷臺初期重要史料匯編：蔣經國手札（民國 39 年 -52 年）》，1951 年 9 月 26 日；另參林孝庭，〈從中、英文檔案看冷戰初期敵後反攻的實與虛（1950-1954）〉，《同舟共濟：蔣中正與 1950 年代的台灣》，頁 424-429。

8　《藍欽使華回憶錄》，頁 173-174；《金三角國軍血淚史》，頁 122-129。

9　蔣認為撤回滇緬邊境國軍事將對滇桂人民反共心理打擊，《蔣中正先生年譜長編》第 10 冊，頁 159；《蔣中正日記》，1953 年 2 月 25 日、26 日，3 月 7 日後「上星期反省錄」。美國中央情報局幹員之回憶參考 James Lilley with Jeffrey Lilley, *China Hands: Nine Decades of Adventure, Espionage and Diplomacy in Asia* (New York: Public Affairs, 2004), pp. 81-83（該書作者即李潔明，後來擔任駐臺北美國在台協會處長，駐北京美國大使）。

（見第九章第六節），還曾經希望有朝一日能夠在大陳集中數十萬的大軍，「與滇緬邊境的國軍造成犄角之勢，以臺灣為基地同時對大陸發動反攻」。[10]

但是聯合國於 4 月間通過決議案，要求李彌部撤離，臺北為顧及在聯合國之會籍，乃不得不予應付。5 月起，中（臺灣）、美、緬、泰四國組成委員會，開始有關滇緬游擊隊撤離的談判，8 月間蔣中正乃派前駐韓大使邵毓麟前往勸導，與柳元麟、李則芬副總指揮及各部隊長談話，半年後游擊隊主要部分也就逐漸撤回臺灣。[11] 根據李彌報回由鄭（介民）處長呈周（至柔）總長祕密代電，1952年 3 月其各部的原國軍及游擊隊共計一八一七二人，1953年 10 月為二二七八七人，[12] 到了 1954 年 5 月 29 日，李彌在臺北發佈聲明稱，他在滇緬地區的舊日部屬已經全部接運來臺，原來的雲南省反共救國軍總部已經不復存在。來臺人員總數，臺北方面統計是六五六八人，但曼谷四國委員會的統計是六五七二人，委員會把這個數字再加戰俘和難胞各一七七人，共有六九二六人。[13]

10　前大陳副總指揮鍾松在 1987 年 5 月 10 日與筆者的談話。

11　《蔣中正先生年譜長編》，第 10 冊，1953 年 8 月 19 日，頁 232，到 12 月 5 日蔣再手令參謀長柳元麟將部隊如期撤回臺灣，頁 276；〈我所參加過的蔣公與美國訪賓的重要談話〉，頁 88；聯合國決議案全文見《金三角國軍血淚史》，頁 144-145。

12　《雲南省反共救國軍兵力駐地表》，檔案管理局：AA05000000C/0041/543.4/1073；美方政策參考國安會紀錄：Statement of Policy by the National Security Council, November 6,1953, *FRUS, 1952-1954, China and Japan*, Vol. XIV, Part 1, Document 150。

13　李彌聲明全文見《中華民國史事紀要—民國 43 年（1954）1-6 月》，

　　從以上數字可知國軍不但有相當部分志願留下了，還曾積極擴充；他們分別由李文煥（第三軍，最初約一千餘人）和段希文（第五軍，最初約二千餘人）率領，以中、緬、泰三國交界處的孟帕遼（Moeng Pa-liao）為基地，到了 1950 年代後期仍然是臺北希望從事反攻大陸的基地之一。[14] 只是由於部隊的補給及生存均甚困難，而且在緬甸抗議及美國壓力下，民國政府又須維護在聯合國的席位，蔣中正總統與相關首長研商後，乃於 1961 年春決定將大部分剩餘部隊撤出。另於 1961 年 4 月 1 日在臺北三峽成立「國光作業室」，策畫自力反攻大陸。接著，國防部情報局仍然不斷培訓幹部，派至滇緬邊界從事滲透大陸及游擊作戰，具體執行反攻行動。[15]

　　頁 1167-1168；另參考林孝庭，《台海‧冷戰‧蔣介石：解密檔案中消失的台灣史 1949-1988》（臺北：聯經公司，2015），頁 106-108。聯合國及美方干涉有關詳情見《金三角國軍血淚史》，第 2、3 章，其中附有各相關部分的地圖、照片等；另參考《反攻與再造：遷臺初期國軍的整備與作為》，頁 303-314，其中有細節簡表；陶涵，《蔣介石與現代中國的奮鬥》，頁 591-592。

14　遲景德、林秋敏訪問，《孔令晟先生訪談錄》（臺北：國史館，2002），頁 88-89；詳情另見《金三角國軍血淚史》，第 4 章。

15　《蔣中正先生年譜長編》，第 11 冊，頁 426-434；「國光計畫」簡述見《中華民國近六十年發展史》，頁 48-54，另參考親身參與反攻大陸游擊作戰的翁衍慶著，〈國軍國光反攻大陸計畫〉，《忠義會訊》，第 89 期（2022），頁 24-27。

第二節　湄洲、南日和東山島突擊戰及美國的「西方公司」

　　福建比浙江距離臺灣較近，而駐守金門、馬祖的國軍尤為精銳，再加福建反共救國軍的實力，在其實行反攻大陸軍事行動時，亦可得到海、空軍的支援。

一、美國成立西方企業公司

　　1951 年 5 月 1 日美國在臺成立美軍顧問團（U. S. Military Assistance Advisory Group, MAAG），協助國軍的訓練與裝備。[16] 但是，顧問團團長蔡斯到任後，依據美國政府的政策，強調軍援僅僅限於臺灣和澎湖，不包括外圍島嶼——金門、馬祖和大陳。

　　當時韓戰仍在進行，由於美國的政策是不願把韓戰擴大到朝鮮半島以外而與中共大戰，但在實際上又需要民國政府從臺灣、外島及其留在大陸的反抗勢力在東南沿海牽制中共，不讓它把軍事資源北上轉移到朝鮮，於是便由不受外交關係限制的情報單位——美國中央情報局——在1951 年 2 月於美國賓州匹茨堡（Pittsburgh）設立一個「民間」的進出口公司「西方企業公司」（Western Enterprises Incorporated，簡稱「西方公司」）來進行。其資本為七千

16　陳鴻獻，〈美國與 1950 年代的國軍整編〉，《國軍與現代中國》頁348。

萬美金及幾萬件輕武器，[17] 有自己的訓練中心、飛機與貨輪，以布雷克（Frank Brick）和丹諾芬（William Donovan）出面，由詹斯頓（Charles Johnston）負責；其成員經過爆破、傘訓及若干商務作為的訓練之後，便於當年 3 月開始到臺北成立辦公室，在臺負責人為皮爾斯中校（William R. Peers，二戰時曾被美國戰略情報局派往緬甸和中國戰場敵後作戰，與軍統局合作密切），[18] 以非正式的方式向民國政府提供軍事援助，訓練游擊隊突擊大陸，還在淡水、澎湖和金門設立訓練班。[19]

　　設立西方公司的構想是參照美國於二次大戰正式參戰前，美國陸軍航空部隊出身的陳納德成立飛虎公司（Flying Tigers）的經驗。而這次陳納德不但協助「西方公司」的成立，還在美國和臺灣兩地協調其工作，他也獲得蔣宋美齡夫人的支持。其實，那時美國中情局本身也成立不久，是杜魯門政府在 1947 年根據「1947 年國家安全法」，在原有的「戰略情報局」（Office of Strategic Service, OSS）基礎上成立的，而「西方公司」便是中情局底下的「政策協

17　胡璉，《金門憶舊》（新北：胡璉故居紀念館暨研究中心籌備處，2017），頁 77；《意外的國度》，頁 300-301。

18　參考西方公司成員之回憶錄 Frank Holober, *Raiders of the China Coast: CIA Covert Operations during the Korean War* (Annapolis, Maryland: Naval Institute Press, 1999), Prologue 3, p.18，西方公司在臺上軌道之後，皮爾斯即回到陸軍在韓國和越南戰場作戰，升至三星上將，因為主持調查越戰中的美萊村事件（My Lai）而為外界注意。

19　翁台生，《CIA 在台活動祕辛—西方公司的故事》（臺北：聯合報，1991），頁 22-24。

調辦公室」（Office of Policy Coordination, OPC）所設立。[20]

　　至於臺北的情報機關原係以國防部保密局為主，它也維持在大陸的情報網，但為了與美國「民間」的「西方公司」合作，蔣中正乃交由中國國民黨的大陸工作處（Continental Operations Department, COD）處長鄭介民負責。鄭介民（1897-1959）係海南文昌人、馬來亞華僑，回國投考黃埔，二期畢業，早年與戴笠、胡宗南、賀衷寒等建立三民主義力行社（亦稱藍衣社），從事情報工作，1946年起擔任國防部保密局局長、參謀次長，1952年3月15日起專任大陸工作處，1954年國家安全局成立後擔任第一任局長。[21]民國政府在美國對「西方公司」的聯絡人先為駐美大使館蕭勃武官，後為厲志山；而西方公司這時也派人員到福建金門、浙江大陳、馬祖白犬等外島，並且自行設有電台。[22]

　　當時美國情報系統為了牽制韓國戰場的共軍，還在東京、香港、琉球、塞班島等地扶持不同於臺北政府，但反對中共的第三勢力，還暗助蔡文治領導的「自由中國運動」和張發奎等人所領導的「中國自由民主戰鬥聯盟」

20　《CIA在台活動祕辛—西方公司的故事》，頁18-22；Holober, *Raiders of the China Coast: CIA Covert Operations during the Korean War*, Prologue 3-8, p.12.

21　《鄭介民將軍生平》，頁70-74、179、189、200；蔣中正在1962年曾記：「胡宗南與鄭介民二子乃為〔黃埔一、二期學生中對蔣〕忠貞之尤者也，今皆在臺先我而逝去為慟」，見「蔣中正日記」，1962年6月9日。

22　《蔣中正先生年譜長編》，第10冊，頁29-30、105。

等，但都未能影響到中共在大陸的統治。[23] 而那時的美國駐華藍欽代辦也曾特別以長電予國務院，強調在臺灣的民國政府才對海外華人有吸引力，建議美政府不要對「第三勢力」寄以太大希望。[24]

因此，西方公司與美軍顧問團在臺灣的工作是一種雙軌制的運作，顧問團對有正式番號的部隊提供美援，而西方公司僅對游擊部隊的戰力加以充實、訓練，但不能涉及國軍正規部隊。它從 1951 年起到 1954 年 4 月對於滇緬部隊和福建、浙江游擊隊的補充共計達各式槍支四七九九支、各式火砲二五七門，彈藥六百五十五萬餘發，換言之，除了少數火箭砲外，大部分都只是輕武器。[25]

二、湄洲島及南日島突擊戰

湄洲島在今福建省莆田市外海，面積十四餘平方公里，1951 年 3 月 18 日，福建反共救國軍二百餘人曾突擊後撤離。反共救國軍之名，起於國防部在 1951 年初從雲南開始，將大陸各地反抗中共的游擊隊統一命名，陸續以

---

23 〈從中、英文檔案看冷戰初期敵後反攻的實與虛（1950-1954）〉，《同舟共濟：蔣中正與 1950 年代的台灣》，頁 408-414；張發奎口述，《蔣介石與我：張發奎上將回憶錄》（香港：文化藝術出版社，2008），第 20 章；*China Hands :Nine Decades of Adventure, Espionage and Diplomacy in Asia*, pp. 78, 82-83.

24 The Chargé in the Republic of China (Rankin) to the Assistant Secretary of State for Far Eastern Affairs (Rusk), August 13, 1951, *FRUS, 1951, Korea and China*, Vol. VII, Part 2, Document 168.

25 《反攻與再造：遷臺初期國軍的整備與作為》，頁 265。

各省為名成立了九個「反共救國軍」總部，遴選有號召能力的人前往統一指揮，其地方性救國軍的編制則採總隊、大隊、中隊、分隊、小隊為名。[26]

1952年1月28日，金門防衛司令兼福建反共救國軍總指揮胡璉決定發起第二次突擊，集中國軍正規軍一個營三百餘人和游擊隊南海總隊及海上突擊大隊等，共動員一六八八人，由南海總隊長王盛傳領導從金門進發，在海空軍支援下登陸湄洲島。胡璉（1907-1977，字伯玉，陝西華縣人，黃埔四期）。抗戰及內戰期間多次立大功，曾任金門防衛司令官，駐越南共和國大使等。

共軍主力是第二十八軍船營團、第八十三師偵察連及民兵，在國軍及游擊隊攻擊下完全瓦解，陣亡一二〇人，被俘五十七人，其增援機帆船被國軍擊毀四艘，俘獲十艘、各式槍支五十一支。攻擊軍陣亡十人、傷三十三人，十二小時後撤回金門，成為一明顯的勝仗。期間二位美國西方公司軍官還違背美政府規定地隨同王盛傳上了岸而沒有報回給其總部。[27]

---

26 1950年2月1日，國防部通令仍在大陸各省活動的「游擊軍總指揮部」均改名為該省的「反共救國軍總指揮部」，見國防部史政編譯局檔案，《雲南省反共救國軍總指揮部編成案》（民國39年3月至43年6月），錄於《金三角國軍血淚史》，頁57；《反攻與再造：遷臺初期國軍的整備與作為》，頁263-264。

27 戰役經過參考《福建省反共救國軍戰鬥詳報（民國41年2月至42年11月）》，檔案管理局：AA05000000C/0041/543.61/3126；《反攻與再造：遷臺初期國軍的整備與作為》，頁267-271；另見 Raiders of the China Coast: CIA Covert Operations during the Korean War, pp. 56-57；《中華民國政府遷臺初期重要史料匯編：蔣經國手札（民國39年-52年）》，頁219。

　　南日島也在今福建省莆田市東面海上，扼興化灣之咽喉，如加以控制，可擾亂共軍在閩南之補給線。[28] 1951 年 12 月 7 日，福建反共救國軍從金門出動了一個突擊大隊一千餘人突擊南日島，速去速回，獲得一些經驗。據守的共軍是屬於第二十八軍第八十三師的正規部隊，其運兵增援的機帆船被國軍護航驅逐艦擊沉十二艘，三、四百人葬身海底，但金門反共救國軍的副總隊長李果然少將陣亡。[29]

　　於是在 1952 年 10 月 11 日，胡璉司令官決定指揮其國軍部隊四千人（第二二三、第二二四、第二二五團），結合福建反共救國軍一千人，在海、空軍支援下再度突擊南日島。當時的副總指揮是柯遠芬，以第六軍第七十五師為主力的西部攻擊軍由汪光堯師長指揮，反共救國軍南海支隊及正規軍一個連組成的東部攻擊軍由王盛傳指揮，先遣部隊則是反共救國軍一個突擊大隊，由章乃安指揮。海軍出動三艘戰艦、三艘運輸艦及朱英其指揮的船舶第四十一支隊八艘機帆船。

　　共軍守軍是第八十五師第二五五團。突擊開始時由先遣部隊成功占領灘頭，然後東、西部攻擊軍都登陸攻擊，到當日晚占領南日島東部，政工幹部則安撫當地居民。然後佈置反登陸作戰，12 日、13 日共軍增援部隊均被打退。13 日傍晚登陸軍即上船回航金門，共消滅共軍

28　南日島屬於今福建省莆田市秀嶼區。

29　*Raiders of the China Coast: CIA Covert Operations during the Korean War*, pp. 51-54；張友驊，《刀鋒戰將：胡璉》（臺北：暖暖書屋，2021），頁 186。

六個營，生俘共軍營長以下八百多人，另二百人投降，繳獲大小砲四十多門、輕重機槍六十多挺、步槍一千多支，大勝而歸。而此次南日島及前次湄洲島突擊，西方公司駐金門負責人漢密爾頓（Edward Hamilton，西點軍校畢業的美軍中校）都參與作出計畫。[30]

在檢討時有三項重要結論，其一是三軍協同無懈可擊；其二是國軍官兵們都有視死如歸、死而無怨的奮戰精神，這種高昂士氣充分證明了過去數年政工工作的成功；其三是雖然中共地方行政組織嚴密，幹部黨員黨性堅強，而且共軍裝備極佳，但戰志卻低薄。[31] 國軍大受鼓舞，便準備下一場突擊。

三、東山島突擊戰

1953 年 2 月，美國新任總統艾森豪解除了阻止國軍攻陸的措施。國軍乃於 1953 年 7 月 16 日以正規軍一個師、游擊部隊一個支隊，傘兵一個支隊（官兵四八九員）及海軍陸戰隊一個大隊共一萬一千人，在空軍第二十大隊、運輸大隊（C46 共二十架）和海軍第四艦隊（四艘戰艦及九艘運輸艦）支援下，從金門對福建詔安東南、閩粵交界處的東山島進行攻擊。該島有金門島兩倍大，全島無懸崖峭

30　《金門憶舊》，第 16 章；《反攻與再造：遷臺初期國軍的整備與作為》，頁 271-276；*Raiders of the China Coast: CIA Covert Operations during the Korean War*, pp. 47, 52, 55, 57-59, 其中南日島勝利慶功照片在 pp. 146-147。

31　《福建省反共救國軍南日島作戰經過報告書》，檔案管理局：AA050000 00C/0041/0503.6/3126

壁，登陸容易，所以美國西方公司與金門防衛部胡璉等人，在海軍代表黃震白及陸戰隊代表孔令晟參與下，開會多次研商決定。[32]

當時韓戰即將結束，但西方公司金門負責人漢密爾頓仍以申請援助臺北一萬具傘具為理由，須有戰功報回，便一直要求傘兵加入，還擬定計畫，獲得批准。但對於傘兵降落地點，漢密爾頓和胡璉等金門防衛部意見不一，最後仍照漢密爾頓的意見實施。[33]

7月16日晨首先由陸戰隊突擊，指揮官何恩廷上校、大隊長江虎臣、副大隊長屠由信領軍，乘 LVT 兩棲登陸車分別從北海灘及南浦高地登陸，排除共軍抵抗，接著陸軍登陸，但傘兵降落時共軍已有準備，受到 410 高地共軍砲火猛烈攻擊，致降落點沒有能集中；雖然國軍持續攻擊，卻未能將最大可用兵力用於主攻及決戰方面。海軍艦砲不斷支援，入夜後戰鬥尤其激烈。天亮後胡璉和陸戰隊周雨寰司令都來到灘頭，鼓舞士氣並作指示。只是共軍迅速由廈門和汕頭增援，絡繹於途。國軍不斷遭到損失，乃於 17 日 12 時撤退。此時共軍反撲，但遭海軍艦砲和空軍 AT-6 機炸射而大量傷亡。殿後的第一三五團（團長袁國徵上校）則至 18 日 2 時才上船回航。[34]

---

32 東山島屬於今福建省漳州市東山縣；《孔令晟先生訪談錄》，頁 59-63；《反攻與再造：遷臺初期國軍的整備與作為》，頁 276-280。

33 《金門憶舊》，頁 136-137。

34 《金門憶舊》，頁 140-145；「鄭介民呈蔣中正東山突擊作戰檢討會檢討概要」（1953 年 7 月 25 日），錄於《反攻與再造》，頁 280-287；

　　東山島作戰係國軍第一次三棲聯合作戰，動員的正規三軍人數達一萬一千餘人，幾乎是江浙反共救國軍所進行最大一次行動——鹿羊突擊戰——參與人數的十倍，雖俘獲共軍三百餘人，亦獲得一些聯合作戰的經驗，包括「攻、防、追、退」及通訊、潮水、傘降、陸空聯絡等，但陸軍、海軍、傘兵等都受到相當損失（傷一〇三〇，亡九九四，失蹤一六六；其中福建反共救國軍傷亡共五六五人）。因為共軍針對前次南日島的失敗，已經改進了戰法，採取後退配備，固守待援，工事堅固，後援迅速；國軍則對共軍估計過低，海軍對潮汐時間掌握不確實，空軍誤炸友軍部隊，且未能將傘兵降落於預定目標；尤其部隊之間通訊困難，及事先保密不周，未策定全軍撤退計畫，均係重大缺失；其中只有陸戰隊缺失最少。7 月 18 日、31 日蔣中正總統乃一再召集會議檢討。[35] 至於國軍中的政治戰士仍然勇敢當先，以致傷亡甚重，蔣經國主任乃不但指示優予撫卹、照料之外，並令將壯烈事跡整理作為激

　　〈屠由信將軍訪問紀錄〉，錄於劉台貴編輯，《海軍陸戰隊官兵口述歷史訪問紀錄》（臺北：國防部史政編譯局，2005），頁 141-143。以上陸戰隊之周雨寰、袁國徵、何恩廷、孔令晟、屠由信（前後均擔任司令）等幹部均係胡宗南在西安時所訓練之部屬或學生。

35　參考〈聯合指揮部東山戰役詳報〉，《福建省反共救國軍戰鬥詳報》，檔案管理局：AA05000000C/0041/543.61/3126；《蔣中正日記》，1953 年 7 月 18 日、31 日；〈屠由信將軍訪問紀錄〉，頁 143；及其他參與作戰軍官的相關回憶如陳器，〈兩棲突擊東山島的回憶〉、賈懷祥，〈東山島之役〉，王曲文獻委員會編，《王曲文獻》，第四部——戰史：戡亂之部（下），頁 731-744；另見《反攻與再造：遷臺初期國軍的整備與作為》，頁 287-290。

勵士氣之教材。[36]

　　這次戰役特殊之處既在於規模較大，亦在其係首次及唯一一次使用傘兵降落在大陸地區之作戰，而且是為了配合西方企業公司的意見。[37] 就美方而言，鑒於韓戰已經結束，不必讓美國軍人偽裝平民參與作戰，因此在此戰之後，西方公司也就進入尾聲。[38] 值得注意的是，國軍在東山島戰役的缺失，例如通訊紊亂、飛機誤炸友軍等，在之後不到兩年的一江山戰役中，共軍也犯了同樣的錯誤（見第十章）。當然，這些都是中國人打中國人的戰役。

第三節　中共防備國軍反攻

　　國軍希望能趁著韓戰進行反攻，當然需要大陸境內反抗運動的配合。只是中共除了加強各地的組織治理，全由共產黨系統掌控外，為了對付民國政府在各地撤退時留下或佈置的游擊武力，早已集中軍力進行掃蕩，俾鞏固政權。

---

36 《中華民國政府遷臺初期重要史料匯編：蔣經國手札（民國 39 年-52 年）》，頁 340、344-47。

37 黃志雄，〈1953 年東山島戰役之研究〉（桃園：中央大學歷史研究所碩士論文，2020），該論文引用各方檔案資料頗全。

38 *Raiders of the China Coast: CIA Covert Operations during the Korean War*, pp. 195-222; 蔣中正先已在 1953 年 4 月 15 日向來訪之海軍中將阿菲里表達不贊成由顧問團接替西方公司之工作，但美方仍然進行，《蔣中正先生年譜長編》，第 10 冊，頁 182。

一、中共掃蕩國軍游擊武力

根據統計，從 1949 年下半年開始，共軍投入了六個兵團部、四十一個軍部、一百四十個師，共一百五十萬餘人，在華東、中南、西南和西北地區從事「剿匪鬥爭」。

由於中共傳統上每占領一個地區，便優先建立其共黨組織和地方政權，是以當國軍敗退、中共加緊在占領區地方上的組織與控制時，各地的反共游擊隊即使勇敢奮戰，也會面臨缺食、缺衣、缺醫藥、武器彈藥的困境，於是便逐漸被撲滅。據中共方面統計，1950 年 1 到 10 月，大陸即發生「反革命暴亂八一八次」，半年內就有「四萬幹部及群眾被殺害」，到 1950 年 9 月底，「全國除廣東、廣西、福建、浙江和解放最晚的西南地區尚有部分股匪外……共剿匪一百餘萬，僅西南地區就剿匪八十五萬人」。[39]

按西南地區在 1949 年秋天、政府與中共最後決戰時，所依賴的主要可靠部隊便是後來在大陳擔任反共救國軍總指揮的胡宗南所領導，故在當地留下的反共游擊隊中有相當一部分就是他佈置的。

駐軍陝西的胡宗南早在 1949 年 4 月起，即一再呈請蔣中正總裁、李宗仁代總統、西南軍政長官張羣和國防部等長官們，讓他率軍從駐地下到四川、雲南，取代當地不可靠的地方部隊以穩定局勢，並擴軍到一百萬，才能與優

---

39 賀龍、鄧小平、張際春、李達，〈西南軍區一九五零年剿匪情況總結〉，顧永忠，《賀龍與共和國元帥》（北京：人民出版社，2007），頁 147；〈鎮壓反革命運動紀實〉，頁 385-96。

勢共軍長期對抗，但均未蒙同意，反而要胡部留在陝西南部保衛川北，以抵擋應會從陝甘指向四川的共軍攻勢。[40] 但是，1949 年 11 月初，共軍卻是從湖北、湖南向川東和川東南進攻，這時蔣中正及國防部才令他迅速從陝南到四川護衛重慶和成都，其路線正是他半年以來一再向長官們的建議。當時已經太晚，但他仍在主力南下前，分別於 11 月 9 日至 12 日到陝西東南部的安康以及南部的南鄭附近山區，與當地部隊長會議，成立川陝甘挺進軍（即游擊部隊），指派王凌雲為總指揮，轄新四軍、新五軍，其中王凌雲為新四軍軍長兼新十師師長、李學正為副軍長，李靜模為新十一師師長，柯愈珊為新十二師師長，徐經濟為新五軍軍長，白青雲為新十三師師長，陳士傑為新十四師師長，程參之為新十五師師長，各率部隊從事游擊。

接著，由於川東、貴州等地友軍未能阻擋共軍，情勢危急，已轉移到重慶的國防部再於 11 月 18 日命胡宗南在十天之內將主力從陝南轉進到成都平原。但這時四川情勢已經與半年前完全不同，地方軍頭劉文輝、鄧錫侯等積極部署部隊作各種投共準備，人心惶惶、社會混亂，而道路擁塞，車輛、汽油都不足，以致胡宗南的許多部隊只能徒步以強行軍南下。偏偏秦嶺還沒有如常地被大雪封凍，共

---

40 《胡宗南先生日記》，1949 年 4 月 19、24、27 日，8 月 7、15、31 日等；郝柏村前院長評論稱：「胡宗南部為僅有之中央嫡系部隊，且戰力完整，仍留西北，為戰略錯誤」；「胡宗南部不及早入西南，全為政治考慮。但留在陝南，乃絕境也。」《蔣公日記 1949》，8 月 16 日，11 月 4 日。

軍便得以從陝甘南下尾隨攻擊，使得國軍還必須分兵抵擋。在此不利情勢下，胡宗南於 11 月 28 日再建游擊隊，派馬繼武為新七軍軍長，張士智為暫三縱隊司令，劉希孟為新七軍副軍長，指定彼等以四川江油為初步目標，向川西移動。[41]

惟該等游擊武力隨後在各地優勢共軍圍殲中失敗，或犧牲，或負傷被俘，或投共。[42] 1952 年 7 月，四川西北部黑水地區國軍游擊隊勢大，中共西南軍區乃組織二萬餘人的部隊，在西北軍區部隊和空軍的配合下，進行「黑水剿匪戰役」，至 9 月中旬才將當地的反共游擊隊完全消滅。游擊隊領導人傅秉勛即曾經為胡宗南之部屬。[43] 甚至到了 1957 年 11 月，據報已投共的國軍前第一一九軍軍長蔣雲台曾策動部隊起事反抗中共，蔣也曾是胡宗南的老部屬。[44]

根據中共資料，從 1950 年初到 1953 年，「共殲滅武

---

41 《胡宗南先生日記》，1949 年 11 月 12、28 日。

42 《疾風勁草：胡宗南與國軍在大陸的最後戰役（1949-1950）》，第 7 章，及附錄 3、4、9；至於游擊犧牲的烈士中如李學正少將係被俘逃脫、再聚眾抗暴、再被俘乃遇害，於 2022 年 3 月 24 日正式入祀臺北忠烈祠，由陸軍司令徐衍璞上將主持，李少將公子旅美名醫李台回臺代表接受，筆者亦應邀觀禮。關於大陸陷共敵後游擊的綜合研究，參考趙嘉凱，《奮戰江山：國共第二次戰爭實錄一場不為人知的悲壯戰役》（臺北：時英出版，2018），第 3、8、14、18、25 章。

43 《毛澤東軍事年譜 1926-1958》，頁 835；《奮戰江山：國共第二次戰爭實錄》，頁 312-318。

44 〈退輔會主委蔣經國 1957 年 11 月 15 日致澎湖防衛司令胡宗南函〉，《中華民國政府遷臺初期重要史料匯編：蔣經國手札（民國 39 年 -52 年）》，頁 582。

裝匪特二六五萬餘人，鞏固了新生的人民政權，保證了經濟恢復和生產建設工作的順利進行」，[45] 這些中共的「成就」充分顯示當年敵後反共游擊的艱辛。就因為如此，蔣中正也曾很實際地在日記中承認復國日益困難：「共匪在大陸統制愈厲，殺戮更慘，青年與幼童之教育皆已毒化。今後復國事業，照事實論幾乎不復可能，然而吾對革命復國之信心，毫不因此動搖。今後一切設計，當為繼我後來者成功之謀，而不必為我手成功之計也。」[46]

二、地方共軍趕建工事，「畏敵如虎」

1950 年韓戰爆發，共軍主力北上進入朝鮮半島前後，毛澤東即一再催促西南、東南等地各軍區要進行土改，鎮壓「反革命」、同時加強剿「匪」，強調土改完成後對於抵抗國軍反攻會有效果；例如共軍已經在朝鮮半島與聯軍大戰的 11 月 14 日到 17 日，毛還致電廣東的葉劍英、方方等人「為對付臺灣敵人可能向廣東進犯，有增強廣東兵力之必要，因此必須提前肅清廣西匪患，以便爭取於明年 5 月 1 日前從廣西抽調一個軍增強廣東防務」、「只要廣東土改完成，廣西土匪消滅，即使蔣介石登陸進犯也是容易對付的……必須準備使用五個至七個軍」。[47] 17 日，

45　《毛澤東軍事年譜 1926-1958》，頁 787。

46　《蔣中正日記》，1951 年 8 月 8 日。

47　《毛澤東軍事年譜 1926-1958》，頁 806；葉劍英當時擔任廣東省政府主席，方方、古大存、李章達為副主席，先在 1949 年 11 月 1 日，葉即計畫在 1950 年要「解放瓊崖、解放全廣東」，見中國人

毛也致電東南方面的陳毅、饒漱石，強調：「閩浙兩省剿匪工作極為重要，提出要把剿匪工作和廣泛開展土地改革工作相配合，限六個月內剿滅一切成股土匪」，要「華東一切工作要以美國和蔣介石登陸進犯為假想的基礎去作佈置」。[48]

　　1952 年 1 月 24 日，正當胡宗南在大陳把反共救國軍整頓完成，加強訓練、準備積極突擊大陸（見第九章）時，毛再致電鄧子恢、譚政（均係老紅軍出身，當時在中共中央中南局）及陳毅、葉劍英等人，批評他們在東南沿海「盲目地構築工事」，今後必須多派人查看設計，「敵來讓其登陸，並須誘其深入，然後聚而殲之，軍隊不要去守海岸線，特務潛入及股匪登陸，應由保安隊及地方武裝擔任殲擊任務。只要蔣正規陸軍集中一處登陸，我均可集中野戰軍主力各個殲滅之」，「**到處修工事，畏敵如虎，你們應加強教育**」。4 月 1 日，毛又致電葉飛、成鈞並告陳毅、饒漱石、鄧子恢、譚政，對於「福建在 12 月份消滅股匪萬餘，極為欣慰……只要土匪消滅了，廈門、平潭的工事又做好了，福建形勢改變了，即使臺匪敢於進攻，也就有完全勝利的把握了」。[49]那幾年大陸沿海的地方軍

民解放軍軍事科學院編，《葉劍英年譜》（北京：中央文獻出版社，2007），頁 570。葉劍英（1897-1986），廣東梅縣人，中共領導人之一，抗戰時為八路軍參謀長，中共建政後曾任國防部部長、中央軍委副主席、人大委員長等。

48　《毛澤東軍事年譜 1926-1958》，頁 806。

49　《毛澤東軍事年譜 1926-1958》，頁 814、817；葉飛係福建南安人，老紅軍出身，曾任三野第十五兵團司令員、中共福建省委第一副書

頭懼怕國軍，因而到處修工事，當然是為了防備不畏死的
反共救國軍的不斷突擊吧。

記、廈門市市長等，見《中共人名錄》（臺北：國立政治大學國際
關係研究中心，1999），頁 514。

第九章　反攻大陸的具體行動：大陳江浙反共救國軍

　　民國政府遷臺初期，在條件極為欠缺的情況下——甚至臺北國防部參謀本部都沒有積極支持——但仍然不斷以突擊方式來實行反攻大陸行動的組織，只有以浙江大陳為基地的游擊隊，也就是江浙反共救國軍。

第一節　大陳與江浙反共救國軍

一、大陳的地略

　　1950 年 3 月底，中國大陸完全失陷，但中華民國政府仍然掌控了浙江省和福建省的一些沿岸島嶼。其中福建沿海主要的是金門、馬祖，而浙江沿海的島嶼從 1950 年 5 月舟山撤退後，便只剩大陳地區。大陳地區包括大陳列島（現屬台州市椒江區）、南麂列島（屬溫州市平陽縣）、漁山列島（屬寧波市象山縣）和披山列島（屬台州市玉環市）。

　　大陳列島本身位於今日浙江台州的外海，由上、下大陳島、一江山島等二十九個島嶼組成，是台州列島的一部分，離大陸台州市椒江區約五十餘公里，但是離臺灣卻有約四百四十公里；上下大陳兩島中間相距不足二公里，水深十九米，舢板四十分鐘可達，其中上大陳南北長五公里，東西寬四點五公里，下大陳南北長二十二公里，東西寬

六公里，面積共十五平方公里。至於一江山島則位於大陳島的北面，分為南一江、北一江兩島，全為岩石，鮮少植物，沒有水源，歷代亦無居民，總面積僅僅一點七五平方公里，北距頭門山島十二公里，南距上大陳約十四公里，西距台州灣三十公里，是大陳島的門戶。而大陳島本身也是山頭林立，地形陡峭，水利不發達，而土地貧瘠，農業不盛。但是因為處於廣大的漁場，魚產豐富，居民多賴捕魚為生。傳統上閩浙沿海海盜猖獗，居民們的安全常無保障。到 1950 年代，大陳的住民總共也只有一萬七千餘人。[1]

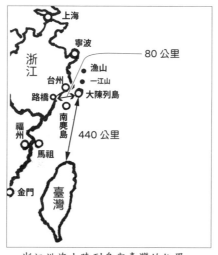

浙江沿海大陳列島與臺灣的位置。
（顯示中共空軍從路橋機場起飛攻擊大陳遠比國軍空軍前往支援便利）

1 陸軍第四十六師呈，《大陳作戰綜合報告》，檔案管理局：AA050000
00C/0044/543.65/4003-2；王傳達總編，顧惠莉編輯，《大陳人在臺灣——大陳遷臺六十週年紀念特刊〈緬懷、薪傳、感恩、鄉情〉》（臺北：大陳遷臺六十週年紀念活動委員會，2015），頁 73、84-85、97。

　　大陳列島雖小，卻有重大的戰略價值：其中大陳島位於大陳列島的中央位置，是上海通往浙江鎮海與福建廈門的必經水道，因此控領大陳島，便可截斷大陸沿海南北的海上交通線，而國軍停泊在大陳附近的海軍艦隊則更可威脅長江口和杭州灣。據中共方面記載，當年陳毅司令員曾經在軍事會議上報告稱：「從浙東沿海一系列島嶼到福建的金門馬祖……它就像是一條套在我們脖子上的絞索，捆住了我國與友好國家國際交往的手腳……特別是位居於長江口和杭州灣航道的大陳列島，國民黨派兵踞守，其海、空軍經常把大陳作為專門用來破壞、襲擾我方的經濟命脈上海及江浙地區的基地……對正在百廢待興，恢復經濟中的共和國建設和財政收入也造成了很大影響」。[2]

二、胡宗南受命赴大陳整合各游擊隊

　　中共在統治區內從事暴力的土地改革、階級鬥爭，所以共軍在 1949 年春夏進占浙江、福建之後，[3] 江浙各地許多受害的人民，便紛紛起來反抗。他們或率其原有之縣府地方團隊，或臨時糾集志同道合的民眾，或就以魚撈生產船舶，組成游擊部隊，亦有原來國軍或交警失敗後的

2　解放一江山島戰鬥回憶錄編委會編，《解放一江山島》（北京：長征出版社，2003），頁 48。

3　共軍三野於 1949 年 5 月下旬攻占福建、浙江，國軍原淞滬防衛司令石覺轉任舟山防衛司令，雙方作戰經過參考《國民革命軍戰役史第 5 部─戡亂》，第 7 冊，頁 10-22、73-82；《解放戰爭史》，第 5 卷，頁 181-184。

遣散官兵、國防部保密局或其他情治單位原在東南地區之組織等，均成立游擊隊，以沿海島嶼為基地，用游擊戰的方式打擊共軍，與共黨的地方政權相對抗。國軍於 1950 年 5 月撤離浙江外海的舟山群島後，各游擊隊則又隨國軍撤至浙江東南海上，以大陳列島為基地，北起漁山，南至南北麂、洞頭等各島均屬之，他們在 1950 年到 1951 年多次突擊大陸。[4]

　　但是各游擊隊的基本狀況是：武器殘缺不一，參加人員許多沒有受過軍事訓練，僅憑一腔反共或愛國的熱忱，而彼此之間沒有組織，帶隊官皆自稱司令，有的用國防部所給番號，有的用大陸原來番號，各不相統屬，而且因為各島嶼土地貧瘠，極為落後，所以有時他們還會為了生活而甚至恃力兼併，或搶奪百姓。[5]臺北陸續派情治人員前往，以便覓機進入大陸，或充實游擊隊實力，但愈益了解當地各游擊隊必須予以統合訓練，才能發揮戰力。[6]

4　參考陳仁和編著，《大陳島─英雄之島》（臺北：上海印刷廠，1987），頁 35-40。大陸學者之報告如《金門戰役紀事本末》，頁 410，舉例謂呂渭祥部在 6 月 2 日攻擊玉環島坎門鎮。

5　《大陳島─英雄之島》，頁 29-34；另參考原江蘇省反共救國軍第四縱隊（後改編為反共救國軍第二十八縱隊）司令袁國祥之回憶文，〈鹽城漁民自衛大隊參加抗戰戡亂之回顧〉，原載於 1981 年 1 月江蘇旅臺（外）人士史料彙編第一輯，轉載於袁頌安，《行言記》（臺北：2016），頁 272-273。

6　例如當年二十二歲的池蘭森奉國防部大陸工作處之令，在 1951 年 3 月與其他十餘位情治人員，於寒風刺骨的夜間坐小火輪前往大陳參加反共救國軍，準備設法潛入大陸。途中大家刺血立誓，保證犧牲生命，完成任務，見〈池蘭森先生訪問紀錄〉，黃克武訪問，周維朋等記錄，《蔣經國先生侍從與僚屬訪問紀錄》（臺北：中央研究院近代史研究所，2016），頁 625-626。

　　1950 年底，蔣中正在檢討一年來的局勢發展時，感到缺憾之一即為「大陸反共組織，尤其情報部署，皆不能如計進行，游擊力量亦被匪日漸消失」，[7] 於是在 1951 年 3 月決定派遣一年前甫自西昌回臺的胡宗南上將前往大陳列島，並在 4 月指示「陸軍應即增撥，並加強工事」，期望將各游擊隊加以組織訓練，然後突擊大陸、俾鬆動中共統治，至少能牽制中共兵力，減少對臺灣的威脅。國防部參謀本部則建議大陳守備兵力如何加強一節，擬俟胡宗南到達大陳提出意見之後再決定，而加強工事方面「已經撥了兩個營半永久工事材料，將再運一百五十噸水泥去加強」；蔣同意。[8]

　　胡宗南（1896-1962）原來在浙江湖州家鄉孝豐縣擔任小學教師，1924 年投筆從戎，進入黃埔軍校第一期。認為蔣中正校長是當時國民黨內唯一能打倒軍閥和帝國主義，拯救中華民族於水火的領袖，於是畢業後便一直追隨蔣作戰，參加東征、北伐、平亂、剿共、抗戰、戡亂，以至保臺，無役不與；也因愛兵如子，善於培養人才，作戰常勝，便一路受蔣知遇、拔擢，擔任集團軍總司令、戰區司令長官、地區綏靖公署主任等。他先前於 1949 年秋冬從陝西率軍遠援重慶及成都抵擋共軍圍攻，護衛政府及蔣總裁平安遷臺之後，到了 1950 年 3 月底才奉命自西昌撤回臺灣，是

7　《蔣中正日記》，1950 年「三十九年工作反省錄」。

8　蔣於 40（1951）年 4 月 7 日批示，見《增援大陳防衛戰力》，檔案管理局：AA05000000C/0039/0520/4816；《胡宗南上將年譜》，頁 293。

最後一個離開大陸的國軍高級將領。[9]

胡宗南受到命令後，立即著手調查大陳游擊隊情形，7月29日周至柔總長奉蔣中正命、請人代表他前往催促胡上任時，胡便在30日提出了調查報告及初步工作計畫，上書總統，主張將大陳現有的游擊部隊七千餘人納入編制，發給裝備、經費、糧食、被服；組建機動船隊；而且在大陳建立碼頭、軍醫院；各島之間建立通訊網路；增派步兵一團、砲兵一連，增發半永久工事的工料；並且增發經費，在大陳建立政務系統、黨務系統等，然後將大陳建為反攻大陸的基地，以在臺灣及香港的大陸沿海各省的三萬反共義民為基礎，加以游擊訓練，成立野戰挺進總隊，深入大陸建立基地，作為爾後發展中心，以便響應政府反攻大陸。[10]

胡宗南的報告主旨，就是不但把大陳建成如同金門馬祖的防禦基地，而且要利用大陳的地略，建設成為反攻大陸的基地。但是國防部參謀本部對於大陳的主要功能、和不占國軍人員底缺的游擊隊究竟要如何運用的基本政策未能決定，便向蔣中正簽注意見：「對於大量裝備經費糧食服裝艦艇及各項器材之籌措，均極困難」，而訓練義民

9　《疾風勁草：胡宗南與國軍在大陸的最後戰役（1949-1950）》，第7章至第10章；胡宗南著，胡為真增訂，《胡宗南先生文存》（臺北：臺灣商務印書館，2016），頁 xiii-xvi。

10　《胡宗南赴大陳島部署防務及成立江浙游擊總指揮部》，檔案管理局：AA05000000C/0040/0520/4762；《胡宗南先生文存》，部分錄於頁 400-401。

事，以臺灣的「外交和財政狀況」，「絕無可能」，故只
能（從金門）撥調二個軍官戰鬥團。[11] 蔣中正則在周總長
的簽呈上批示如擬。[12] 也就因為國防部對游擊隊的運用沒
有清楚的目標和規畫，胡宗南便沒有出發。

　　8 月間，再由行政院長陳誠親赴胡在臺北的家中商
議，胡宗南才決定成行——儘管當時後勤仍未解決，連游
擊隊的主副食都沒有著落。鑒於當地是戰地，隨時可能犧
牲，胡在出發前還對家人作了交代。[13]

　　1951 年 9 月 9 日，胡宗南以「國防部視察組秦東
昌」為化名，[14] 率領少數舊日同僚於基隆搭乘海軍 209 中
練艦[15] 出發，同行者包括副總指揮——前第三十六軍軍長
鍾松中將（化名鍾常青），[16] 政治部主任沈之岳（化名王

11　軍官戰鬥團係由撤退來臺的國軍軍官們所組成，如同抗戰勝利後
　　1946 年部隊整編時之軍官總隊，全團皆為官長，從中將到尉官不
　　等，任務與一般戰鬥部隊相同。原則上，一個軍官戰鬥團可以成立
　　一個軍。參考曾任戰鬥團團長王靖之的訪問紀錄：《半生戎馬半書
　　生－王靖之將軍回憶》（臺北：國防部史政編譯局，1995），頁
　　88；以及袁國祥先生回憶，《行言記》，頁 287。

12　《胡宗南赴大陳島部署防務及成立江浙游擊總指揮部》，檔案管理局：
　　AA05000000C/0040/0520/4762。

13　陳誠和胡宗南談話情形，參考葉霞翟，《天地悠悠》（臺北：幼獅
　　書局，2013），頁 138-140。

14　取化名是為了減少中共注意，《胡宗南上將年譜》，頁 292-294；胡宗
　　南奉命自 1938 年至 1949 年戍守西北，以西安為總部近十二年，參加
　　抗日、戡亂各戰役。陝西簡稱秦，故以秦為姓，而他在西安的住址為
　　東倉門 1 號，遂以諧音取東昌為名，也有從東方捲土重來之意。

15　當時國防部總政治部主任蔣經國和海軍第三軍區司令曹開諫少將均
　　去碼頭送行。中練艦的艦長是許承功中校，航海官即為梁天价上尉，
　　《鯁門島海戰：浙海之龍》，頁 39-41。

16　鍾松中將，黃埔二期畢業，浙江松陽人，參加剿共、抗日、戡亂諸

明），[17] 前第五十七軍軍長馮龍中將（化名李奇英），前
西安市副市長趙才標（化名趙永復），前第一師師長袁書
田少將，前第一軍參謀長張銘梓少將，前第五十五師師長
曹維漢少將，前電訊主任王微少將，前保安處長劉慶曾
少將，前第五十七軍參謀長胡復威少將，前第一師團長李
惟錦上校，醫官許正魁及幕僚楊炳鏞、張政達、蔡美璋、
張文伯、伍天祥、蔣燕禮、苗德武、夏新華，袁學善、楊
世綸、張書信、李孝泉等人，於 9 月 10 日抵達大陳附近海
上，18 日改乘永修軍艦（艦長王方藺）立即至大陳島以南
之披山、洞頭、南麂，以及大陳以北之漁山、一江山各島，
詳細調查各地游擊部隊人數、武器、交通、通訊、生活情
形，於 26 日才上岸，暫住「中華人民反共救國軍獨立第
三十六縱隊」司令兼溫嶺縣長王相義樓上，其餘人士則住
大陳財神廟，多以稻草為蓆。鑒於主要市區在下大陳，胡
乃把軍事指揮部設在上大陳的大澳里。[18]

役。曾於抗日期間擔任軍長時在滇西作戰獲青天白日勳章。參考祝
康明編，《青天白日勳章》（臺北：知兵堂，2011），頁 244。

17 沈之岳係軍統幹部，曾受命潛入延安在毛澤東、周恩來身邊擔任要
職，第 1 章第 4 節所提吳石案之交通員朱湛之在舟山被捕獲即沈之
貢獻。此次係蔣經國循胡宗南之請特予推薦赴大陳。沈後來擔任調
查局局長、國民黨社會工作會主任等職。參考沈之岳，〈自傳〉（其
中特別強調「胡宗南先生為余最崇敬之長官」）；沈徐露，〈我的
丈夫沈之岳先生〉，王成聖，〈潛伏在毛澤東身邊的「國特」〉，
均錄於于健等編撰，胡家麒等校勘，《平凡人的不平凡：沈之岳》
（臺北：沈之岳先生百年誕辰紀念會，2011），頁 8-17、83-94、
108-116、273-276。

18 《胡宗南上將年譜》，頁 293-294；《胡宗南先生日記》，下冊，頁
211，及 1952 年 1 月 13 日。

三、江浙反共救國軍的編成

　　1951年9月，胡宗南巡查大陳各島詳細調查後得悉，浙江沿海為游擊隊占領之島嶼尚有二十一個，各游擊隊共十一個單位，負責人分別為呂渭祥、王祥林、吳澍霖、袁國祥、林篤弇、程慕頤、王相義、張為邦，兵員總共一一九一一人，但群龍無首，衣食缺乏，飢寒交迫；而武器龐雜，口徑不一，彈藥不足，各島上已完成之工事則均不合標準，所用之船舶多係擄自中共之機帆船，船隻差、數量少，總共僅三十五艘，且沒有醫療設備，隊員患病均無處診治，生活用水則均依賴天雨後的山溝積水來供飲用。各島與臺灣沒有定期航船，亦均無碼頭設備，其間運航端賴漁船，人員物資運抵後尚需用小舢板駁運。由於中共對未能占領之島嶼實施封鎖，斷絕貿易，浙江內陸之各類農產品、商品無法進入大陳及各島嶼，以致各島日用必需品枯竭，價格高昂，一般民心惶惶。是以胡宗南於視察完畢後呈報國內，具體建議如何整編部隊，改善補給，強化基地防衛，編三千人為基幹的海上突擊艇隊，增設訓練機構，建立政工制度提升士氣，並建議成立縣政府，強化中國國民黨黨務，救濟民生，改良漁業等。[19]

---

19 胡宗南，〈大陳地區視察報告暨建議方案〉，《胡宗南赴大陳島部署防務及成立江浙游擊總指揮部》，檔案管理局：AA05000000C/0040/0520/4762，內容包括各部隊所有武器、彈藥、通訊器材、船舶詳情等，以及〈大陳地區匪我態勢要圖〉、各島兵誌要圖等（1951年10月9日），見檔案管理局：AA05000000C/0040/0520/4762，其中建立海上突擊艇隊包括請撥登陸艇二艘、機帆船二十隻等則在9月30日上總統簽呈中；另參《胡宗南先生日記》，1952年1月1日。

　　該等建議經呈報臺北後，國防部同意撥補舊軍服、派遣軍官戰鬥團等，另關於船用油料、增設電台及強化政工工作，蔣中正總統亦多予同意；但是，關於撥派陸、海軍部隊，包括陸軍兩個師分至最重要的大陳，以及有居民三萬、物產富庶的洞頭島，並且加運水泥在兩島趕建工事，[20] 成立各式訓練班等其他部分，蔣卻都接受了周總長的建議——以臺灣當時各方窘迫為由——未予核准。另則在 10 月 11 日指示從聯勤總部前曾交中央銀行款項下撥付五萬銀元支助。[21]

　　1951 年 10 月 25 日，國防部核定了「江浙反共救國軍」總指揮部編制，令胡宗南為總指揮，鍾松、羅列為副總指揮，[22] 其下設有參謀長（馮龍），副參謀長（李惟錦）、祕書長（趙才標）、各處處長（袁書田、王微、張銘梓、胡復威、程開椿），副處長（張政達、李錫福、柴會政），

---

20 洞頭島在甌江口南側屬今日之溫州市洞頭區。

21 國防部檔案機祕（乙）字第 102-044 號，（1951 年 10 月 17 日），總統府 10 月 11 日 0902 號代電，檔案管理局：AA05000000C/0040/0520/4762。據鍾松前副總指揮 1987 年 5 月 10 日親告筆者，這五萬元是蔣中正本人的養生費用，胡宗南一聽說便令退回，但部屬告以，已經緊急動用了一萬元，不能不接受了。

22 胡宗南 1951 年 10 月 24 日 2643 號呈總統電，檔案管理局：A200000000A/0040/0520/4762/0001。羅列，福建長汀人，黃埔四期，陸大十期，抗戰、戡亂期間多次立功，1947 年 3 月立遺書後率第一師首先攻入延安。先後與共軍大小五十餘戰，大多獲勝，獲雲麾、寶鼎等勳章多種。西昌戰役後化裝經香港來臺，此次擔任副總指揮係留在臺北負責聯絡接應等工作，後來在 1959 年出任陸軍總司令。詳見《羅列上將紀念集》（臺北：1977），頁 1-11；《疾風勁草：胡宗南與國軍在大陸的最後戰役（1949-1950）》，第 1 章第 3 節及第 10 章第 5 節。

另設有政治部（主任沈之岳）等。[23]

羅列副總指揮的任命令
（羅列公子羅大楨博士提供）。

　　同時，胡宗南在大陳召集各游擊部隊首長，作三日之
會議，策定在上下大陳建立軍政基地，並劃分為三個時期
來進行：第一時期自 1951 年九月底開始到年底，以建立
軍政秩序為急務；第二個時期是鞏固基地時期，以建立大
陳地區防務，部隊訓練，部隊裝備，地方保甲等為主要事
務；第三時期是發展時期，以充實反共救國軍兵力，加強
大陸情報網，擴大大陸邊沿突擊與海上游擊，組訓島民充
實後備力量，發展浙江、福建、江西邊區游擊基地等。[24]

23　《胡宗南上將年譜》，頁 295。
24　鍾松，〈在大陳〉，《令人懷念的胡宗南將軍》，頁 235；袁頌安，
　　《行言記》，頁 287。

　　在各地區司令們的合作下，到了 11 月下旬，胡宗南和其同僚成功地將淵源各別、難以互助協調的五十多個縱隊、一百多個支隊的游擊隊編成了六個野戰大隊，及一個海上突擊總隊，每個大隊都有四個步兵中隊、一個本部中隊，官兵約一千餘人，其後並將國防部派去、每團有約一千二百人的「軍官戰鬥團」中選派優秀團員擔任各大隊的營、連、排長，教導游擊隊戰鬥技能，並與隊員們共同生活。[25]

反共救國軍胡宗南總指揮在大陳島山頂上召集第五、第十八兩個軍官戰鬥團人員講話鼓勵（1951 年 11 月 15 日）（筆者提供）。

　　第一到第六突擊大隊隊長分別是王相義、王祥林（後為徐驤）、王樞、王輔弼、陳和貴（後為黎克強）、程慕頤，砲兵大隊長為徐驤，海上突擊總隊長初為海軍駐大陳巡防處長招德培兼任，副司令先後為馮龍、袁書田，招處

25　胡宗南 1951 年 11 月 29 日呈蔣中正電，報告整編游擊隊以及訓練、作戰諸決策均已圓滿解決，乃連同各游擊司令宣誓效忠。該電係由胡宗南領頭具名，其餘人士為鍾松、沈之岳、呂渭祥、王祥林、張為邦、王相義、程慕穎、袁國祥、吳澍霖（後七人均為游擊隊領導人）。

長及袁將軍調職後便請夏季屏擔任，各艇隊隊長分別為張為邦、袁國祥、陳連林、余宋、王連森及張熙明；指揮部另有特務隊、砲兵隊、工兵隊、偵察隊、電訊處（總機一、無線電台八，及報話隊）。組織編好，駐地劃分清楚後，胡宗南便認為「大陳前線亦已站住，一切一切皆須從頭做起，重新創造」。[26] 臺北方面，在 1952 年 1 月 12 日的軍事會談中，蔣中正也指示：「大陳方面海軍應歸胡宗南指揮」；3 月 1 日再指示：「溫台巡防處長〔即招德培代將〕可負責總指揮部之海軍參謀業務，襄助海軍指揮事宜」。胡宗南請招代將兼任副參謀長，也獲得海軍總部同意。[27]

　　當時在大陳的守軍，外圍是反共救國軍的游擊隊，上大陳是「軍官戰鬥團」，下大陳有海軍陸戰隊一個團，團長何恩廷（陸官十四期，曾任職西安第七分校，參加抗日、戡亂多次戰役，來臺後曾任海軍陸戰隊司令）。[28] 後來在 1952 年 8 月收復南北麂，確實占領之後，為鞏固游擊基地，設置了四個地區司令，自北至南為：漁山地區（分為北漁山和南漁山，在大陳以北六十五公里，總面

26　《胡宗南先生日記》，1952 年 1 月 1 日；《胡宗南上將年譜》，頁 297-298；另參考當時第五大隊大隊長陳和貴的回憶：〈追隨陸軍一級上將胡宗南將軍片段〉，《令人懷念的胡宗南將軍》，頁 173-174；此外，中共方面亦記載：「胡宗南在大陳很賣力氣地整訓眾兵，收編浙海地區多如牛毛的『游擊司令』，部眾一萬餘……」，見《解放一江山島》，頁 47。

27　《大陳區作戰艦艇指揮權責及兵力部署》，檔案管理局：AA0500
　　0000C/0041/0520/4003。

28　《胡宗南上將年譜》，頁 297-299；〈屠由信將軍訪問紀錄〉，頁155-165；《大陳島－英雄之島》，頁 45。

積一點五一平方公里）以顧錫九為司令；一江山以程慕頤兼任司令；披山列島（在大陳以南六十五公里，面積二點三平方公里）調馮龍為司令；南麂（在大陳以南約一百五十七公里，臺灣以北約二百五十公里，其面積僅次於大陳，有七點四平方公里）先以徐驥兼任司令，後為曹維漢。各地均組訓民眾，構築工事。[29]

第二節　在大陳的浙江省政府及西方公司

一、浙江省政府的組成

在國防部任命胡宗南擔任江浙反共救國軍總指揮之後，行政院在 1951 年 4 月「為求軍政配合、統一指揮，並期迅速建立敵前敵後政權起見」，也派胡總指揮兼任浙江省政府主席，「所有業務並飭由江浙反共救國軍總指揮部兼辦」，也奉總統核定。[30]換言之，浙江省政府與同時成立的福建省政府雖然都是只轄幾個小島，卻是準備在部

---

29 《胡宗南上將年譜》，頁 301-302；《胡宗南先生日記》，1952 年 8 月 14-18 日；《大陳人在臺灣－大陳遷臺六十週年紀念特刊〈緬懷、薪傳、感恩、鄉情〉》，頁 99-103。

30 在此之前，1950 年 6 月 7 日行政院院會曾決議浙江省政府名義保留、組織撤銷，並奉蔣中正總統同意，見檔案管理局：A200000000A/0039/3100201/0004/001/020。1952 年 12 月行政院重建省府，12 月 30 日蔣中正批示「照准」，總統令在 1953 年 2 月 12 日以（42）台總字第 541 號總統令發佈，相關公文見《任命胡宗南等為福建省政府委員》，檔案管理局：A200000000A/0038/2142103/0001/001/070。（按：此處檔名有誤，應為浙江省政府）；另參考《蔣公與我：見證中華民國關鍵變局》，頁 258。

隊登陸時，省政府將隨之登陸，以作為其他省分的示範。

　　胡宗南於 9 月到大陳整編游擊隊、完成任務之後，便開始建立省政府，由鍾松（浙江松陽）副總指揮兼任省府委員兼軍事處處長，沈之岳（浙江仙居）為省府委員兼政務處處長，趙才標（浙江諸暨，美國康乃爾大學、維吉尼亞軍校，教授）為省府委員兼祕書處處長，其他還有方青儒（浙江浦江，省黨部祕書長）、徐世麒（湖北黃陂，軍官戰鬥團副團長）、李允成（浙江奉化，英國格拉斯哥大學，油輪公司總經理）共七人為省府委員，行政院報請總統核定；[31] 後來還增加程開椿（浙江孝豐，臺北辦事處處長）為省府委員兼經濟處處長，並接連設立了溫嶺、玉環兩個縣政府，溫嶺縣政府設在下大陳，由王相義擔任縣長（後來由吳澍霖接任），並有警察局；玉環縣政府設在披山，由地區司令馮龍兼任縣長。此外，省政府還在臨海、三門和平陽設立了三個雛形的縣政府以及漁山、竹嶼兩個管理局。[32] 由於省府人員與江浙總部人員許多重疊，由軍方支

31　1953 年 2 月 18 日總統頒發任職狀，為保持機密而暫未公佈，《任命胡宗南等為福建省政府委員》。

32　《胡宗南上將年譜》，頁 305；溫嶺、玉環的兩位縣長中，王相義曾組游擊隊（中華人民反共救國軍第三十六縱隊），成立學校，並多次濟助鄉民，被稱為大陳七大恩人之一，吳澍霖縣長係中華人民反共救國軍第二十七縱隊司令，參考《大陳地區視察報告暨建議方案》，附表第一；《大陳島—英雄之島》，頁 22-24；及張崇芳，〈悼念王相義衛國愛鄉〉，錄於《大陳人在臺灣—大陳遷臺六十週年紀念特刊〈緬懷、薪傳、感恩、鄉情〉》，頁 41-43；174。馮龍縣長係職業軍人，湖北人，1937 年春陸軍大學第一名畢業，參加抗戰、戡亂諸戰役，積功升至中將軍長，來臺後曾在中國文化大學服務多年。參考王曲文獻委員會編印，《吳允周將軍紀念集》（臺北：1999），頁 13。

援當地民間便更為便利。

二、浙江省政府的工作

　　省政府成立後，一方面重劃行政區域，整編大陳島的鄉鎮村里，成立民防隊，維護戰地安全，一面成立地方行政訓練班，於 1951 年底開始，在下大陳南田的平水廟成立地方幹部行政人員講習班，招收當地知識青年數十人接受一週的講習，以思想教育和行政知識為主，接著建立戶政制度，實施戶警合一制，並分設村里辦公處，教導人民運用四權（選舉、罷免、創制、複決），實施地方自治，讓人民與政府隨時可以溝通；各縣政府並在每一村里設立國民小學一所，對學童實施強迫教育，有縣立勾踐小學、縣立中正小學、力行國校、中興國校等十三所，1952 年還在下大陳的南田村平水王廟設立中正中學一所，有學生五十多人。

　　另在上大陳的大嶴里成立女政工大隊，巡迴各部隊擔任勞軍等任務，號稱「大陳花木蘭」；並與江浙總部合作成立「東南劇團」，分平劇組、越劇組、話劇組，以木國良為團長，到各地勞軍；由於游擊隊與海軍先前在 1949 年起即曾分組籃球隊不時進行比賽，這時更繼續以各種比賽推動大陳當地的體育活動；當中國青年反共救國團在臺灣成立後，也立即在大陳設立支隊，從事社教活動。在此同時，為了改善各部隊及大陳居民對國內外消息的隔閡，特別創辦了《江浙日報》，聘請朱劍農為社長，吳宗德任

總編輯，發行五千份，成為戰地軍民的精神食糧。以上各項工作中，江浙總部政治部主任兼浙江省政府主管政務的沈之岳處長厥功甚偉。[33]

省府同時在報請農復會補助房屋及醫療器材後，於下大陳南坑里設立衛生院，積極改善居民醫療和各島的環境衛生；並創辦大陳物資供應社，統包向臺灣採購物資，運銷海產，以安定民生，繁榮商業；同時自 1952 年 1 月起，由臺灣銀行派員到大陳成立通匯處，讓新臺幣流通於島上；其後再成立戰時災民收容所，由縣長兼所長，以適應戰地需要。

此外，並開闢大陳到臺灣定期海運航線，在上下大陳建設碼頭，於 1952 年設立漁業管理處，改善漁會組織，提升漁產；另請交通部派員成立郵局，建立郵政；並以軍用設施為基礎，設法普及當地電訊服務，還設立發電所為居民供電；進而建設水庫，解決水荒。不但如此，省政府還派員到農復會接受技術訓練後回來成立農業試驗場，設立苗圃，建立當地農業，也申請苗木萬餘株，廣植樹木，以綠化大陳。以上各項民生、便民和服務工作，在江浙總部和省政府成立後，便能次第進行。而浙江省婦聯分會主委黃百器（即外界熟知的浙江平湖人雙槍黃八妹）在蔣笑

---

33 《大陳島—英雄之島》，頁 54-63，74-86；另參考杜均明，〈追思與感恩—沈之岳先生〉，《平凡人的不平凡—沈之岳》，頁 108-115；沈先生每次同筆者談到大陳往事時，總以能成立多所學校、教育青少年最感欣慰。

顏總幹事的協助下，除了募款興辦幼稚園，免費招收軍眷子弟及貧苦兒童外，還在下大陳沙頭成立了婦孺工廠，從事縫紉、刺繡、洗衣等工作，並供給膳宿、衣著，解決軍眷及窮困居民生活的困難。[34]

三、「西方公司」在大陳

胡宗南在 1951 年 9 月抵達大陳之後，特別詢問臺北鄭介民處長關於西方公司的性質及任務，鄭於 1951 年 9 月 19 日回信告稱：「西方公司是執行美國政策的機構……要求我方的政策為：甲、積極突擊牽制中共（加入韓戰之）軍力；乙、讓各處均有破壞行動，使共軍風聲鶴唳，影響共軍士氣；丙、收集情報供行動參考。能滿足這三項要求，就增加援助，否則停止合作……」（原件由筆者收藏）。

那時西方公司派在大陳共有約二十人。他們見到胡宗南在上大陳設立指揮部，也就搬到上大陳的南坑。其負責人開始時是雷德曼（Lon Redman），他是陸軍軍官出身，在二次大戰一直屬於美軍第九十師，參加諾曼第登陸，後在法國作戰至大戰結束，獲多種勳章。雷君調走之後是巴羅（Robert Barrow），他在中國對日抗戰期間參加由中方戴笠主持、美方梅勒斯（Milton Miles）為副手所領導的「中美合作所」（SACO），1944 年在湖南敵後與一千五百位民國游擊隊共同游擊作戰八個月之久，韓戰期間任連長，

---

34 《大陳島—英雄之島》，頁 49、51-73、79；鍾松，〈在大陳〉，頁 236。

曾機智讓美軍殲滅北韓軍五千人立大功，1951 年春入海軍陸戰隊，1952 年 11 月以其游擊戰經驗被派赴大陳。[35] 胡宗南乃從 1952 年 1 月 30 日起，請西方公司大陳地區負責人與反共救國軍鍾松副總指揮一同辦公，參加開會並提供意見。[36]

　　但胡宗南也在一開始即向他們聲明，一旦大陳危險，會立即派兵艦先把美方人員送走，讓他們放心。[37] 換句話說，當時臺北以維護中國正統及臺灣安全為要務，希望以大陳為基地，鬆動中共統治，而美方也如前述地希望鬆動中共統治，增加其內部的困難——雖然美國和中共、韓共從 1951 年夏秋開始就已經為停戰開始談判了——以減少在朝鮮半島作戰的美軍的壓力。雙方雖有不同的動機，卻有共同的目的，於是便開始密切合作，交換情報，協助教育訓練，反共救國軍尤其是期望美方贊助武器。

35　*Raiders of the China Coast: CIA Covert Operations during the Korean War*, pp. 38, 122-123; 巴羅後來在美國陸戰隊升至上將司令。

36　總指揮部英文較好的同仁平日與西方公司聯絡較多的有楊炳鏞上校、張政達少校，胡宗南有時亦靠趙才標傳譯。楊炳鏞年輕時在西安長官部服務，胡早即計畫培養，自大陳返臺後任職調查局多年退休，相關資料及照片見《大陳島—英雄之島》，頁 115-117、136-138；張政達係軍校七分校十六期畢業，自 1946 年 12 月起擔任胡宗南侍從參謀共七年，在大陳時擔任參謀處第二科科長，曾親歷大陸板盪時種種關鍵發展，後加入國家安全局，以少將處長退休。參考《胡宗南先生日記》，1947 年 1 月 1 日、29 日，《令人懷念的胡宗南將軍》，頁 156-166。

37　《胡宗南先生日記》，1952 年 1 月 23 日；本章內美方人員的全名參考 *Raiders of the China Coast: CIA Covert Operations during the Korean War*。

第三節　突擊沿海以期待光復大陸

一、中共對大陳的威脅

　　儘管中共主要的武力放在朝鮮半島參加韓戰，大陳面臨的威脅仍然很大。前述胡宗南到達大陳巡查各島之後，看到洞頭島的重要性，便立即製作當地兵要地誌圖多幅，電請國內在中共尚未注意到時迅速調派一師陸軍及砲兵一營駐守該島，並強化其工事，未獲國防部同意；結果在 1952 年 1 月，浙江共軍果然動員了其第三十五軍第一○五師、第一○三師，第二十一軍第六十二師和警備旅、一營砲兵共一萬三千人，登陸洞頭，與張履行所領導的第五戰鬥團特遣支隊及王祥林所領導的游擊隊近一千人激戰。共軍勢大，又陸續增援，在 11 日到 14 日雖然犧牲達二千七百餘人（破譯共軍電報得悉），仍然占領了洞頭島。[38] 胡宗南親自前往當地海上，指揮海軍黃埔、永修兩艦密切支援，並接應前去支援的第五大隊陳和貴部游擊隊四百五十

---

38 戰鬥團陳學鈐等十一人被圍後跳海自盡，參考〈洞頭戰役〉，《海軍戰役案》，檔案管理局：AA05000000C/0039/543.6/3815-5；胡宗南1951 年 1 月 29、30 日電報，檔案管理局：AA05000000C/0040/0520/4762。沿海島嶼常易手不止一次，例如 1949 年秋共軍陳毅部占領洞頭島之後，國防部保密局所屬江浙人民反共突擊軍六百餘人即於 1950年 7 月 7 日從三十浬外的竹嶼（亦屬洞頭列島）出發，突擊洞頭，擊斃共軍七百餘人後占領三天，運回當地監獄中的「反革命分子」、「地主、惡霸」等三百餘人，見《大陳島—英雄之島》，頁 39；大陸方面記載可參考李正，《踏浪東海—第三野戰軍解放東南紀實》，頁 264-265；以及曹宏、李莉編著，《第三野戰軍》（北京：國防大學出版社，1996，修訂本），頁 208、214。

人，撐到最後才撤退，但王祥林部則犧牲重大而陷共。[39]

　　中共華東軍區參謀長張震接著在 4 月上書，建議於當年進攻上下大陳，「以聯合作戰方式聚殲之，爾後則以一個加強團控制。這樣，浙東沿海兵力可節約，華東海軍可以南伸到溫州灣、洞頭島之線，則滬、榕交通基本打通。」「求得在這個戰役中取得陸海空協同作戰經驗……作為今後強攻金門基礎」。華東軍區在 6 月間上報後，11 日獲得中央軍委同意，准許在 9 或 10 月付諸行動，而從 6 月起要先做準備。於是華東軍區司令部便於 6 月 15 日頒佈「對解放上下大陳島登陸作戰的指示」，目的是「徹底殲滅浙南沿海殘敵，打通南北航運，並為解放金門、臺灣創造先決條件」。但是中央軍委副主席兼國防部長彭德懷顧慮因為韓戰尚未結束，屆時美國海空軍可能會參戰，主張暫緩行動。此議獲得軍委主席毛澤東的同意，於 7 月 27 日（恰為韓戰停戰協定簽訂的前一年）指示稱，攻占大陳的行動以等待朝鮮戰爭停戰後再舉行為宜。[40]

　　雖然如此，因為大陳方面已經得知共軍集結了兩個軍的陸軍和各種艦艇三百餘艘，連同轟炸機、噴射機等大批

39　《胡宗南先生日記》，1952 年 1 月 11-13 日；陳和貴，〈追隨陸軍一
　　級上將胡宗南將軍片段〉，《令人懷念的胡宗南將軍》，頁 174-178。
　　陳和貴驍勇善戰，後來擔任胡宗南在大陳的祕書，返回臺灣後創辦
　　「國祥冷凍」企業有成。

40　張震，《張震回憶錄》（北京：解放軍出版社，2003），頁 491，
　　頁 490 有彭德懷在華東軍區攻打大陳方案上主張暫緩的建議及毛澤
　　東同意的照片；東方鶴，《上將張愛萍》，頁 449。

空軍，隨時可以進犯，[41] 對大陳百姓，以及當地的美方人員造成了極大心理威脅。臺北國防部這時則發電質詢何以洞頭會失陷？胡宗南乃在 1 月 24 日回電告以沿海小島隨時可以規復，但請國內增援「軍官戰鬥團」二個團進駐一江、頭門、田嶴、和漁山，以便**讓各地沒有受過正規軍事訓練的游擊隊趕快回到大陳訓練、裝備；**[42] 並希望國防部增援兩艘軍艦駛泊一江、頭門之間，因為他已經看到一江山的戰略重要性，以及頭門與一江的密切關係。[43] 2 月 10 日再電請參謀本部增派正規部隊以加強防衛。但是周總長 2 月 19 日回電稱，參謀本部經總統核定，僅能增派海軍陸戰隊一個加強營到大陳。另外，不派正規陸軍師，而只再派軍官戰鬥團前來。後來常駐者仍然只有從金門調過去的第五和第十八軍官戰鬥團。[44]

---

41 參考蔣經國主任 2 月 8 日之告警電報，《胡宗南先生日記》，1952 年 1 月 24 日及 2 月 10 日；全文見《胡宗南先生文存》，頁 386。

42 親自參加游擊隊作戰的池蘭森回憶道：「游擊隊沒什麼訓練，更談不上軍事常識，只曉得共軍來就開槍」，見〈池蘭森先生訪問紀錄〉，頁 628。

43 胡宗南看到一江山（分為北一江、南一江兩島）當中，北一江形勢的雄偉，十分讚賞，先後於 1951 年 9 月、1952 年 1 月及 7 月間四度前往巡查，特別指示加強工事、增進武器裝備，並要守軍當中的父子兵、夫妻兵、兄弟兵中必須有一人回到後方，以免作戰時同時犧牲（此項資訊係曾偕同丈夫戍守一江山之女兵羅丙花女士於九十歲時在台親告筆者，由於此一命令她才回到大陳，而丈夫陳大興先生後即在一江山戰役中陣亡），因為他認為一江山是共軍必攻之地。後來在他離開大陳一年半之後，果然就發生了一江山戰役，見《胡宗南先生日記》，1952 年 1 月 8 日、17 日，3 月 8 日、6 月 15 日至 17 日，7 月 3 日。

44 《胡宗南先生日記》，1952 年 2 月 10 日、19 日；《胡宗南上將年譜》，頁 298-299。

二、總指揮率軍突擊

儘管共軍威脅嚴重，胡宗南在把反共救國軍編組完畢，一面向國內請求加運武器彈藥，從目前不足一個基數增至五個基數，作為戰備屯彈，[45] 一面積極加以訓練，然後於 3 月至 4 月間開始突擊大陸，以測驗游擊隊戰力。第一次他便親自率領，西方公司負責人雷德曼及房松（Tom Varnson）也同行（但不上岸），乘永豐艦並率領永泰艦，於 3 月 28 日突擊共軍第六十二師（師長周純麟、政委周世忠）駐地海門的前進據點白沙（在今台州市路橋區），占領數個高地，與共軍駐軍的加強連，加上前後援軍共一個團激戰，共軍受損傷頗重，亦被艦砲擊毀機關砲及機槍陣地等，以致傷亡共四百餘人，游擊隊在傷亡二十餘人後，胡宗南見突擊目的已達，便下令撤退。[46] 當天晚上，他或因重返大陸（係第一個打回大陸的高級將領），百感交集，或認為游擊隊表現還不夠理想，素質必須再提升（因他返來後立即檢討），而在白沙一夜未睡。[47]

---

45 1952 年 1 月 18 日電報，《胡宗南赴大陳島部署防務及成立江浙游擊總指揮部》，檔案管理局：AA05000000C/0040/0520/4762。

46 永豐艦艦長周非對此次戰役有一手經歷，見其親撰戰鬥詳報，包括登陸計畫、戰鬥經過、戰果及檢討、附圖等，《周非將軍與民國海軍》，頁 121-128。

47 《胡宗南先生日記》，1952 年 3 月 28 日至 29 日。《周非將軍與民國海軍》，頁 127 引述了大陸劉幹才著作，但以其來源不明，評論為學術價值不高。還有大陸徐焰謂，當時游擊隊係採取「以大吃小、速進速退」，打了就跑，突然襲擊的新戰術，「昔日在西北統轄幾十萬軍隊的陸軍上將胡宗南，自 51 年 9 月起化名為秦東昌，被蔣介石派駐大陳島擔任總指揮。胡宗南上任後不久，就率部開始對浙東大陸沿海地區連續發起襲擊」，見徐焰，《金門之戰 1949-1959》，頁 157-159。

　　1952 年 5 月間，胡宗南回臺灣，在蔣中正總統主持的軍事會議中就大陳現況、游擊隊的整編與待遇作了完整的報告，並成功申請到國防部提供九千人的補給，每人每月雖只有區區兩元，但起碼將申請反共救國軍待遇之事推進了一步。但胡希望加強大陳海軍，設立艦隊司令和軍區司令（當時大陳海軍兵力僅為中、美、安、永字艦四艘、百噸級砲艇二艘），並派正規軍一個師接替上下大陳、漁山、披山之任務（即擔任島嶼防衛），俾由游擊隊八千人專作突擊任務的建議，國防部仍然不准，理由是大陳地區狹小，防守兵力有軍官戰鬥團、陸戰隊等共五九三九人已經足夠，而由於空軍不易取得當地空優，故海軍亦不能擴大到建立艦隊，以免遭受更大損害等；此見解獲蔣中正同意。但胡宗南請求提供游擊隊蚊帳、草蓆事，僅需九萬餘新臺幣，國防部也以無預算加以拒絕；後來在蔣中正再詢問、參軍長桂永清感不平而協助爭取之下，才決定設法籌款支應。[48] 至於胡宗南主張由游擊隊專事突擊的目的是：「使敵人處處設防，處處作工，而處處被動；我在任何時期不能被動，何況此無訓練、裝備、補給之游擊部隊，如果被動，必至消滅也」。[49] 另外，蔣中正在召見胡宗南聽

48　胡宗南在 5 月 17 日軍事會談中的報告全文見《胡宗南先生文存》，頁 390-92；周總長 1952 年 5 月 21 日簽呈及蔣中正批示原件，檔案管理局：AA05000000C/0039/0520/48160039/0520/4816/0001。

49　《胡宗南先生文存》，頁 392，而這也是與美國西方公司駐大陳人員一再商量後的一致看法，見《胡宗南先生日記》，1952 年 2 月 5 日。

取佈置大陸反共游擊隊事宜時，卻得到安慰。[50] 惟蔣、胡的日記都沒有提到細節。

　　儘管條件欠缺，胡宗南於回到大陳後便於次（6）月10日又再度親率第一、第三的兩個大隊中所挑選的數百人突擊浙江溫嶺縣的黃礁、北江兩地（屬今台州市路橋區）。當地守軍為中共正規軍第六十二師第一八六團下屬，在游擊隊勇猛衝殺下遭到擊潰。接著由於颱風來襲，胡便下令立即撤回。此次反共救國軍作戰順利，且步砲協同良好，雖然武器落後且不足，仍足證明游擊隊與正規軍無異，而士氣尤其旺盛可用，因能將傷兵完全搶救回來。[51]

　　於是再多次突擊，例如令第一大隊攻入沿海之跪人山，第二大隊突擊松門角之吊幫鄉、第一大隊之第二隊突擊白帶門之雷門坑、砲臺山（在今溫嶺市）等地，均能完成任務。8月胡宗南再率救國軍第二大隊及海軍永定、潮安、聯錚等艦艇突擊（披山以南之）北麂、南麂，收復兩島（上年1月因為洞頭失陷而主動放棄）、掃蕩小南龍、龜頭山、登陸平陽縣的金鎮衛（均屬今溫州市），均有斬獲，捕獲共幹及民兵七十名，且有漁民自願隨游擊隊歸

50　《蔣中正日記》，1952年5月11日。

51　《胡宗南先生日記》，1952年6月9日至12日、19日至20日，其中述明原擬突擊寨頭、楚門，後來因為王相義等在地人的建議而改為突擊黃礁。至於中共方面則強調守島的解放軍只有一個連，打退了國民黨軍一次次進攻，堅守到增援部隊上島，登島部隊隨即展開反擊，胡宗南在損失310人後慌忙逃走，解放軍在戰鬥中僅傷亡四十六人。見徐焰，《金門之戰1949-1959》，頁159。

回，共軍艦艇前來攻擊則均被海軍擊退。[52]

　　10月上旬，胡宗南根據情資，共軍在溫州、樂清集結，可能要攻披山，於是他為了粉碎敵人企圖，親自前往披山坐鎮，然後一面派隊登陸溫嶺縣的寨頭突擊，以牽制共軍，一面派披山地區司令李奇英（即馮龍）主動出擊，率四百人登上雞冠山、洋嶼，激戰十一小時後消滅了當地共軍第五十團第一營及公安部隊數百人，包括其營長王達才及連長、指導員等，完成殲滅戰，擄獲六零砲、輕重機槍等武器多種，所獲戰利品運回臺灣在臺北新公園（現二二八公園）展示；反共救國軍則前後陣亡隊長胡賡來，教官胡鵬、甘德華、封志俊、劉鼎華及十九名士兵，又因風浪太大舢板翻覆，教官陳何樹及九名士兵不幸殉職（但其他救起的士兵，槍皆握在手上，顯示教育的成果），分別葬在沙埕（屬福建省靠近浙江邊界的寧德市福鼎市）、南麂及披山。

　　這次戰役的重要性在於發現大陸人民明確對中共政權不滿。胡宗南的日記記載：「當戰事進行之際，雞冠山人民燒茶、燒飯分享戰士，戰事結束，人民全部出觀，喜形於色，為我運輸傷亡，召集舢板五十餘艘運送官兵，並且說三五七有今天，天報應，天報應」！[53]

52　《胡宗南先生日記》，1952 年 8 月 10 日至 19 日、26、28 日；《中華民國史事紀要—民國 41（1952）年 7-12 月》，頁 220-221。

53　《胡宗南先生日記》，10 月 8 日至 9 日；《中華民國史事紀要—民國 41（1952）年 7-12 月》，頁 342-343。

　　由於該殲滅戰及其他勝績，「西方公司」駐臺負責人杜蘭尼（Bob Delaney）乃致賀電到大陳予胡宗南，強調這是近年來國軍首次以及最大的對共軍作戰的勝利。而指揮官馮龍則獲得五等寶鼎勛章，副總教官李道隆等四十五人獲選（民國）41 年國軍戰鬥英雄。[54]

　　胡宗南並在當（1952）年 10 月回臺北，在國民黨七全大會上報告突擊大陸情形，包括最近期間三次進入大陸（平陽縣金鎮衛、福鼎縣沙涅港和雞冠山殲滅戰），發現共軍士氣低落，其正規軍還向游擊隊集體投降，而百姓對游擊隊極為支持，顯示反攻大陸有希望。[55]

　　事實上，胡宗南一直熱切希望大陳能夠成為光復大陸的跳板，而當時民國政府駐美大使顧維鈞也有同樣的看法：「大陳兩島的位置就在長江口南面，正好處於華北和華南中間，因此具有很大的戰略重要性。如果今後要採取

54　《胡宗南上將年譜》，頁 302-303；杜蘭尼賀電原文有關部分為："I want to take this opportunity to congratulate you and your staff on those fine operations. This is the first and largest victory that the Nationalist government has had in recent years... It is an honor and pleasure to be associated with such a fine organization as yours." 錄於《胡宗南先生日記》，1952 年 10 月 15 日；戰役前後情形及外界賀電見 9 月 30 日至 10 月 16 日之日記。杜蘭尼原係美陸軍砲兵軍官，二戰時被戰略情報局派往緬甸協助皮爾斯（Ray Peers），其後來臺，*Raiders of the China Coast: CIA Covert Operations during the Korean War* 亦有蔣中正總統與杜蘭尼話別的照片，見頁 74、140。民國 41 年戰鬥英雄名單中副總教官李道隆為陸軍第一名，接著為羅樹家、苗樹林、羅範清等人，《中華民國史事紀要－民國 41（1952）年 7-12 月》，頁 651-653。

55　報告全文見《胡宗南先生文存》，頁 409-411；《胡宗南上將年譜》，頁 296-305；以至於美國記者 John Caldwell 後來還在美國退伍軍人雜誌五月號上以〈蔣總統如何反攻〉為題讚許國軍，見《中華民國史事紀要－民國 43（1954）年 1-6 月》，頁 1062-1064。

光復大陸的任何行動，大陳將有著無法估量的價值。另一方面，僅僅保有金門和它周圍的小島，只能有助於臺灣的防務，但對光復大陸沒有任何重大意義」。[56]

第四節　「反攻大陸的第一場勝仗」及海軍的戰績

一、鹿羊突擊戰

由於反共救國軍多次突擊大陸，使中共十分不安，其總參謀部乃在 1952 年冬提出對策，在沿海各省、地、縣都建立海防對敵鬥爭委員會，加強軍民聯防，做各種應急準備。[57]

1953 年 5 月，共軍共約二營兵力攻占了游擊隊前哨據點大小鹿山及羊嶼，反共救國軍守軍部隊長何卓權上校被俘後壯烈殉國。[58] 共軍然後加築工事，設置重砲（共配有 105 榴彈砲八門、37 戰防砲十五門以上、60 及 80 迫擊砲二十門以上），每日轟擊救國軍占領之披山及其屬島，另於洞頭駐軍一千五百人，海門（屬今台州市椒江區）駐砲艇及機帆船二十三艘，在寨頭（在大小鹿山之西北）、坎門（在大小鹿山之西，屬今台州市之玉環市的坎門街

---

56 《顧維鈞回憶錄》，第 12 分冊，頁 67-68。

57 《金門之戰 1949-1959》，頁 160-161。

58 胡宗南曾在三個月前亦交代何卓權上校建立大陸工作，《胡宗南先生日記》，1953 年 2 月 25 日；另參考信陽軍艦周非艦長，〈戰鬥詳報〉，《周非將軍與民國海軍》，頁 175。

道）亦設 105 重砲。[59]

　　胡宗南計畫進行一次大型的進攻，規復這三個島，和幕僚研究後作了作戰編組，請鍾松副總指揮和西方公司負責人巴羅擔任本戰役副總指揮，錢永復（趙才標之化名）擔任祕書長，中方的楊炳鏞和美方的葛雷（Neal Gray）擔任參謀長，招德培（海軍溫台巡防處處長）、黃瑞成擔任副參謀長，李奇英（馮龍化名）為突擊指揮官，雷振（前第三十六軍第一二三師少將師長，1949 年 12 月下旬部隊從成都突圍時率重武器殿後）為副指揮官，朱向豪總教官、王輔弼大隊長及第四大隊政治室主任池蘭森共同建立前敵指揮所等，之後偕同海軍第二艦隊司令齊鴻章代將乘坐太平軍艦作為旗艦，親自率領第四和第五兩個突擊大隊共一千八百人（實際參加戰鬥一千二百人），於 6 月 19 日至 20 日突擊玉環縣屬的羊嶼及大小鹿三島嶼，乘坐運輸艇隊共十艘及各型機帆船，並動員其他八艘軍艦參加（註：當時除太平及信陽艦係一千噸以上的軍艦，其餘各艦的輕載和滿載都只有數百噸）。

　　游擊隊有旺盛的企圖心，極為勇敢，在激烈戰鬥後順利攻占羊嶼及小鹿山，大鹿山共軍前去支援小鹿山，猛烈反撲時，亦被游擊隊和支援艦砲擊退。但大鹿山的共軍裝備佳，工事甚為堅固，游擊隊雖然奮勇強攻，冒死突進，但無破網工具，連大鹿山的三層鐵絲網都無法衝過，

---

59 分別參考太平軍艦桂宗炎艦長及寶應軍艦汪傳賢艦長之〈戰鬥詳報〉，《周非將軍與民國海軍》，頁 172、197。

支援軍艦的三吋砲也不易擊毀其工事，以致傷亡增加。由於已經達到突擊的目的，胡宗南為避免過多傷亡，乃令各部隊在海軍艦砲掩護下立即乘坐機帆船撤退至披山。

當夜胡宗南打算在讓部隊休息，於第三天再作出人意料的突擊，以光復大鹿山，卻因突擊指揮官李奇英反對而作罷（應是部隊裝備不足）。但是此戰至少擊敗了自韓戰撤回的三野陳毅共軍王牌部隊第二十軍（軍長張翼翔、政委王一平）第六十師（師長俞炳輝、政委邱相田）[60] 第一七九團一個加強營及公安部隊，擊斃七百餘人，俘獲共軍無後座力砲、戰防砲、火箭筒等各種火砲十三門及其他各種武器、輕重機槍、砲彈、文件等，生俘官兵六十一人（或說近百人），救國軍陣亡隊長（屬第四大隊）呂玉柏、身先士卒的第一隊政治指導員鄧國權、第五大隊政治主任二十八歲的黃達先、政治幹事汪洋等官佐士兵共一〇三人，舢板翻覆溺水六十人，受傷官佐四十三人、士兵二二四人，游擊隊艇隊損傷共五艘。[61]

---

60 共軍三野第二十軍屬於宋時輪第九兵團，共軍精銳，1952 年 10 月從朝鮮戰場調回，派到浙東前線。見《第三野戰軍》，頁 18、214-215；以及蒲元，〈抗日戰爭與抗美援朝戰爭中的宋時輪（下）〉，頁 34-39。

61 關於此項戰役參戰海軍所撰述的檔案有多種，包括呈蔣總統戰鬥詳報、海軍 3119 部隊長（即第二艦隊司令齊鴻章）、太平軍艦艦長桂宗炎中校、信陽艦新任艦長周非、永壽艦艦長黃揭掀、永昌艦艦長黎士榮、寶應艦長汪傳賢、嘉陵艦長卓祖馨、洞庭艦長雷泰元、雅龍代理艦長梁天价所呈各戰鬥詳報、內容包括戰役經過，戰果、彈藥使用統計等，見《周非將軍與民國海軍》，頁 158-224；另參加陸上作戰，擔任主攻第四大隊政治部主任的池蘭森著有該戰役經過之回憶：〈鹿羊戰役四十年—憶胡宗南將軍〉，《盡忠報國》，頁 154-164；此外可參考《胡宗南先生文存》，頁 412；《胡宗南

當天晚上在披山開作戰檢討會，美方也參加，胡宗南聽完了政治部主任池蘭森的報告後高興地說：「**我們這次獲勝，不叫突擊大陸，而是反攻大陸的第一場勝仗**」！[62]胡接著於 7 月 16 日在大陳主持「鹿羊大捷慶功大會」，褒獎二十九位立功的戰鬥英雄，包括黃益林、王侃等游擊隊隊員以及海軍的桂宗炎、黃揭掀、汪傳賢、賀大傑、周非、卓祖馨、雷泰元、梁天价各艦長等。[63]那時，與西方公司聯絡的大陸工作處鄭介民還盼望胡宗南積極進行突擊大陸，因為美方已經通知 10 月底前可交登陸艇三十艘。[64]

二、海軍的戰績

胡宗南在大陳期間的作為完全需要海軍配合，雖然國防部沒有同意擴充當地海軍建成艦隊，蔣中正卻曾在1952 年 4 月指示增撥四艘砲艇予大陳。[65]胡也充分運用

先生日記》，1953 年 5 月 29 日至 6 月 22 日；另見《中華民國史事紀要—民國 42（1953）年 1-6 月》，頁 562；《鯁門島海戰：浙海之龍》，頁 49-50。

62 〈池蘭森先生訪問紀錄〉，《蔣經國先生侍從與僚屬訪問紀錄》，頁 632。

63 此二十九人之姓名見《中華民國史事紀要—民國 42（1953）年 7-12 月》，頁 53-54，每人配戴一枚戰鬥英雄勳章另附一件獎品；而參加鹿羊戰役立功的海軍艦長桂宗炎、卓祖馨、黃揭掀、汪傳賢、賀大傑、雷泰元、梁天价等人及在大陳擔任教官的陸戰隊屠由信均入選當年度國軍克難英雄，於年底赴臺北接受表揚，見頁 956-958；另見《胡宗南先生日記》，1953 年 7 月 16 日；〈梁天价事略〉，《鯁門島海戰：浙海之龍》，頁 34。

64 全文錄於《胡宗南先生日記》，下冊，頁 325。

65 1952 年 4 月 5 日在周總長簽呈上的批示，檔案管理局：AA05000000C/0040/0520/4762。

了海軍的特長，不但令其掩護游擊隊作戰，亦鼓勵多次主動突擊中共沿海及海軍各駐地，期在中共加強沿岸海軍部署時挫折其企圖，甚至捕捉共軍艦艇。[66] 而海軍在劣勢中屢次建立功績的成果尤其值得記錄；例如永豐軍艦在周非艦長[67] 任內，便在 1952 年 2 月的披山戰役中俘獲大型機帆船、山砲及百餘冊共軍書刊，從而獲頒六等寶鼎勛章，4 月再掩護游擊隊登陸三門灣，又捕獲共軍四名；雅龍軍艦沉著對敵，機警勇敢，獲致光榮戰績；洪澤軍艦則在 1952 年 9 月上旬與中共十三艘機帆船作戰，擊沉對方兩艘，擊傷兩艘等。[68] 只是當時國軍軍備均靠美援，例如艦上主砲（三吋砲）的砲彈到了當年年底共僅有二八四九九顆運到臺灣，離國防部預計的還差一萬顆。[69]

其後，1953 年 4 月 5 日、6 日兩日，齊鴻章代將率同信陽、永壽、寶應軍艦在浙東檀頭山附近執行威力搜索任務時，與共軍岸砲、艦艇激戰，又擊傷共軍艦艇四艘，摧毀狗頭山巨型碉堡一座，自身無損失。每次獲勝歸來的游擊隊

---

66 例如胡宗南 1952 年 2 月 22 日 A4591 號呈總統電，檔案管理局：AA05000000C/0040/0520/4762。

67 胡宗南在給蔣經國主任的信請其支援海軍、俾游擊隊突擊大陸時，曾特別指明希望永豐艦及周非艦長能夠參戰，顯示他對周艦長的能力印象深刻，亦欣賞其對中共海軍作戰的見解，《胡宗南先生日記》，1952 年 4 月 23 日、5 月 27 日。

68 《胡宗南先生日記》，1952 年 9 月 9 日、10 月 5 日；《周非將軍與民國海軍》，頁 117-121、128；所擄獲中共書刊國防部總政治部蔣經國主任特別要其同仁研究，《中華民國政府遷臺初期重要史料匯編：蔣經國手札（民國 39 年 -52 年）》，1952 年 3 月 25 日，頁 225。

69 〈五一、五二海軍軍援計畫運到對照表（列於軍援檢討表內，1952 年 12 月 8 日）〉，《中美協防（一）》，頁 45。

或海軍，胡宗南總是對各部隊或各軍艦犒賞一或兩頭豬。[70]

第五節　反共救國軍的教育與困境

一、教育訓練

胡宗南一心想要反攻大陸，曾建議再積極招選江浙義民，或到香港接回反共義胞八千人，甚至希望將韓戰的反共義士[71]轉去大陳，以作為發展大陸游擊軍事核心之用，但是都沒有被核准，年來又看到多數游擊幹部未受正式軍事訓練，戰時卻忠勇向前，不顧死傷，於是為了強化戰技和思想精神的教育，乃於 1952 年 9 月呈奉總統同意成立了「東南幹部學校」，自任校長，請鍾松副總指揮和西方公司的房松擔任副校長，李惟錦為教育長，陳玉玲為副教育長兼大隊長。[72]

另外請陸戰隊何恩廷團長選拔優秀幹部擔任學校的第一和第二隊長，也就是教官：選派了屠由信和葛軼眾兩位上尉帶領士官們前往教學。[73]此外，還特別從臺北延攬

70　《周非將軍與民國海軍》，頁 137-157；齊鴻章代將擔任艦隊代司令時，曾於 1950 年 5 月 25 日在粵南群島南山衛附近海戰中負重傷後送就醫，南山衛戰鬥中共軍一百八十三人在其副營長率領下向國軍投降。見《王曲文獻》，第四部──戰史：戡亂之部（下），頁 645-656。

71　《胡宗南上將年譜》，頁 303-304；韓戰停戰談判自 1952 年即開始，但因戰俘問題拖延至 1953 年 7 月才簽訂協定，一萬四千反共戰俘於 1954 年 1 月回到臺灣，但胡宗南已經在半年前奉調離開大陳回臺了。

72　《胡宗南先生日記》，1952 年 9 月 5 日。

73　屠、葛兩位上尉從下大陳駐地到上大陳報到，胡宗南以最難得的紅燒肉和拇指大的臺灣香蕉款待，其他接見詳情、對教育訓練的重視

有經營事業的經驗，又曾在西安主持中正中學，對教育內行的臺大總務長高化臣前往擔任學校的顧問，其本職係負責浙江省政府的供應總社，不久後接替程開椿處長擔任浙江省政府經濟處長。[74]

　　東南幹部學校終於在當年 9 月 9 日開學。儘管內外的環境都有重大的困難，胡宗南在典禮中仍然延續著他一貫的攻勢思想，強調設立這個「**學校的目的就是要有革命的幹部來擔負打回大陸的任務**」，「良好的戰鬥技術，堅強的戰鬥意志，旺盛的犧牲精神，而以信仰主義為中心、為基礎，如此幹部才能將游擊部隊進而為野戰軍，進而為革命軍，和老百姓結成一體，而為人民的武裝，才能百戰百勝打回大陸……」。當時即先調訓班排級官兵九百人，編為一個大隊，二個月結業，再遣回原部隊。他希望繼續招考臺港反共志士多多參加受訓，只可惜奉命調回臺灣後，後繼者未能持續，以至於學校只辦了兩期，未能繼續。[75]

及彼等在東南幹部學校的訓練理念、課目等，以及從此以後每天以青菜鹽水作副食的生活等，見〈屠由信將軍訪問紀錄〉，劉台貴，《海軍陸戰隊官兵口述歷史訪問記錄》，頁 155-165，屠由信後來擔任海軍陸戰隊司令。

74 《胡宗南先生日記》，1952 年 9 月 13 日，1953 年 2 月 13、18 日；高化臣後來回到臺北服務，曾擔任中央研究院副院長、教育部次長等職。他在 1999 年 11 月 3 日告訴筆者，當年他去大陳幫助胡宗南時，才發現胡的生活苦得只吃鹽水泡飯！說到此，高先生當場就哭了。高化成校長在西安中正中學的教育理念和成績，詳見王玉傑主編，《春秋歌—西安中正中學校友回憶錄》（洛杉磯：2005）。

75 《胡宗南先生文存》，頁 408；《胡宗南上將年譜》，頁 303-304。按「革命軍」一詞為孫中山於 1924 年 6 月 16 日在黃埔軍校開學典禮上所強調，要軍校生畢業後建立國民革命軍，要有革命黨（如黃花崗烈士）的犧牲精神。胡宗南以黃埔第一期學生之身分，當時即

二、反共救國軍的困境

反共救國軍儘管有各項輝煌的戰績，不斷執行登陸和攻堅任務，其生活卻十分艱苦。首先是食的問題，胡宗南在 1951 年 9 月抵達大陳、巡查完各島後提出報告及請求事項，國防部雖然在 11 月 1 日上總統的簽呈明文報告已經提供主食七一五七份給救國軍，但是到了 12 月 11 日，胡宗南還得電報蔣中正：「大陳島游擊隊七千餘人之主食無著，究應如何之處」？到了次年 5 月胡宗南回到臺北、在軍事會談中報告後，才從當月起獲得九千三百人主食的補給。[76] 至於副食，平時多以臺灣補給去的蘿蔔乾和黃豆為主，一個月難得吃到一次豬肉，而且由於部隊窮，甚至連當地漁民出售的魚都買不起。此外，雖然游擊隊獲發舊軍服，但全體都是住帳篷，很多人缺鞋襪。「西方公司」成員之住處則是半永久性的房舍，其眷屬則住在臺北陽明山的房舍。[77]

胡宗南為了改善救國軍處境，作了各種努力；首先，留在臺灣、沒有前往大陳的另一副總指揮羅列便向各單位進行了多次聯繫，以爭取游擊隊的待遇為優先；1952 年 3 月間再請鍾松副總指揮回臺灣協助羅列聯繫政府各部門求

在場聽講。

76　1952 年 12 月 11 日 3042 號電，檔案管理局：A200000000A/0040/0520/4762/0001。

77　池蘭森，〈鹿羊戰役四十年─憶胡宗南將軍〉，頁 155；*Raiders of the China Coast: CIA Covert Operations during the Korean War*, p. 147；《中華民國政府遷臺初期重要史料匯編：蔣經國手札（民國 39 年 -52 年）》，頁 402-403。

助，但他到國防部、行政院等地陳情時，均被設詞推卸，因此不得要領。[78]

胡宗南自己回到臺灣、呼籲國防部和國內相關部門支持反共救國軍時，曾作了以下說明：「今日的游擊隊，是共產黨政治的產物：大陸人民禁不起鬥爭、清算、三反、五反，參軍，反美援朝，捐獻這些，捐獻那些，在種種剝削壓迫之下，所掙脫的人民組合的武力。這個武力的發展、壯大，也是國民黨政治的產物：這是反共抗俄的一群，爭取自由光明的一群，不願做奴隸牛馬的一群……這一群到什麼地方，就是我們的政治光輝映照到什麼地方……**他們一心一意地在努力打回大陸的工作**……游擊隊的志士交給國家的是鮮紅的血液、聖潔的靈魂，和寶貴的生命，而政府對游擊隊的補給，應該盡其所有、盡其所能……游擊隊的戰力、紀律、名譽等等，就是補給問題，補給問題解決，任何問題皆可解決……（向游擊隊提供政治、軍事裝備比如「下注」）正規戰之收穫是一比一，而游擊戰的收穫是一比十，甚至一比五十、一比一百……」[79]

從 1952 年 5 月起，反共救國軍的士兵們終於每月可有

---

78 《胡宗南上將年譜》，頁 304-305；《胡宗南先生日記》，1952 年 4 月 5 日、10 月 17 日。關於政府拖延撥付經費的經過、各相關首長何人如何敷衍的言辭、國防部執行補給的實情，甚至不准在大陳負責通訊的王微在臺灣所訓練的三十個通訊士去大陳等情，均係鍾松前副總指揮於 1987 年 5 月親告筆者。

79 《胡宗南先生文存》，頁 415-418。

兩塊錢薪金，得到了第一階段的待遇。只是他們雖然是第一線的戰鬥部隊，卻始終都沒有軍階，而且極缺生活必需品。至於作戰必須的裝備，其實也十分有限，遇到共軍堅固的防禦工事時便難以突進或爆破，而為防禦共軍進攻所作工事中急需的水泥、鋼筋、黃沙等，又遲遲不見從臺灣運來。這些問題在 1953 年 6 月攻擊大鹿山和防守積穀山的戰鬥中均明顯看出。[80] 以至於同樣是游擊隊，反共救國軍在大陳與在金門的待遇和當地條件有很大的不同，美國西方公司人員看得很清楚。[81]

　　後來，胡宗南藉著浙江省政府的成立，促請臺灣派團到大陳考察經濟，同仁們甚至建議大陳自行發行貨幣，以改善大陳居民的民生，結果得以進行。[82] 但是游擊隊隨時得出動戰鬥，生活情況仍然辛苦。例如，在 1953 年初胡宗南視察各島嶼情形時，仍親見駐守竹嶼（屬於南麂島，行政上屬於玉環縣的披山管轄，現在則屬浙江溫州市平陽縣）的部隊，防禦工事甚好，但部隊營房部署還是極為艱難，大隊長曹維漢的「司令部所在地：天后宮，甚為破敗、屋漏而且鼠多」。[83]

80　《胡宗南上將年譜》，頁 306-308；《行言記》，頁 289-290

81　*Raiders of the China Coast: CIA Covert Operations during the Korean War*, Chapters 3 and 7.

82　《胡宗南先生日記》，1952 年 10 月 17 日。

83　《胡宗南先生日記》，1953 年 2 月 22 日、1952 年 8 月 14 日。曹維漢曾在 1949 年 6 月反攻西安之役中擔任第五十五師師長力戰負傷，1952 年 8 月 14 日率救國軍攻克北鹿島。另外，1990 年代在臺曾任憲兵司令、總政戰部主任等要職的曹文生上將（陸官三十五期）即係其公子。

　　此等狀況，到了 1954 年 5 月，蔣中正親自到面積較大、軍民較多的南麂島巡視時，仍未改善，蔣在日記中記；「進入游擊隊駐所與民居視察，其黑暗與污穢甚於地窖，殊非人的生活，不勝憂惶，應設法改正」。[84]

蔣中正總統巡視大陳島各處（國史館藏）。　蔣中正總統於巡視大陳島時留影（國史館藏）。

　　生活雖然如此的苦，但是游擊隊卻終不改其志。反共救國軍的袁國祥司令在回憶文中記得甚清楚：「本軍……雖得政府之番號……對中共海上作戰，雖屢建功勞，但仍無法改變本軍軍需給養窮困之厄境。本軍……矢志追隨政府，擔任海上游擊突擊等任務，番號雖一再擴大，人員之裝備也不斷從戰利品中獲得充實，但軍需給養仍需自籌自給，均靠以戰養軍養家，無一文來自政府……在如此苦的情況下，鄉親袍澤肯追隨國祥，忠心不貳者……實由於多

84　《蔣中正日記》，1954 年 5 月 10 日。

年來彼此有深厚之鄉誼，以及皆具有同仇敵愾之心，故爾始終能團結一致，追隨政府，不為敵人所乘……」[85] 換言之，各島的重要物資來源竟然是救國軍海上突擊總隊所擄獲大陸地區的物資和船舶。[86]

　　國防部不願提供更多武器裝備和後勤支援，應當是對於大陳的戰略功能持不看好的負面態度，而當時正與美軍顧問團合作，整編各部隊或亦有所困難。[87] 但也因此與蔣中正期望藉助大陳準備反攻的動機不同，蔣也曾對此種消極態度而震怒。[88]

　　與參謀本部態度完全不同的，卻是國防部總政治部主任蔣經國。他不但多次親赴大陳視察，鼓勵當地反共救國軍戰士們，還設法應胡宗南信函或電報所提及的作戰需求，支援突擊大陸所需要的海軍等，甚至在臺灣為大陳募集前線最需要的醫藥費用，並關切大陳所需用度經費的按期撥送。[89] 此外，1951 年及 1952 年冬季，蔣宋美齡夫人還

85　《行言記》，頁 289-290。

86　汪士淳，《漂移歲月：將軍大使胡炘的戰爭紀事》（臺北：聯合文學，2006），頁 52。

87　來臺國軍番號多、甚多殘破而戰力亟需加強，是以必須整編。整編詳情及其與美軍顧問團的關係，參考陳鴻獻，〈美國與 1950 年代的國軍整編〉，頁 347-365。

88　《胡宗南先生日記》，1952 年 1 月 25 日記載。本情是友人密告臺北討論對大陳基本方針的軍事會議內容。當年不只是國防部參謀本部不願多支援大陳，其他以守成為主，而非光復大陸為主要目標的政府首長，許多亦不認為應在外島配置太多兵力，如俞大維部長、孫立人總司令等，見《顧維鈞回憶錄》，第 11 分冊，頁 288。

89　《胡宗南先生日記》，1952 年 4 月 6 日、5 月 27 日、9 月 20 日，1953 年 1 月 14 日、3 月 21 日、4 月 7 日至 9 日、17 日、22 日、

領導婦聯會，織作了全部反共救國軍所急需的棉背心，寄去大陳戰地支援（大陳冬季平均溫度為攝氏六度）。[90]

蔣經國主任致函胡宗南（筆者提供）。

第六節　總指揮奉調回臺

一、大陳的任務及組織改變

　　1953年夏，韓戰即將結束，美國不再需要反共救國軍突擊大陸去牽制共軍，此時便派駐臺美軍顧問團副團長

<hr />

27日；《中華民國政府遷臺初期重要史料匯編：蔣經國手札（民國39年-52年）》，頁377-379。

90 此為蔣宋美齡親告胡宗南夫人葉霞翟教授，見她於1952年1月24日致胡宗南私函，錄於胡為真口述，汪士淳撰寫，《情到深處：胡宗南將軍與夫人葉霞翟在戰火中的生命書寫》（新北：臺灣商務印書館，2020），頁259；婦聯會成員為前線將士縫製征衣見第1章第3節。

麥唐納（Joseph C. MacDonald），在陸軍總司令孫立人陪
同下赴大陳參訪，[91] 其後將在大陳的西方公司人員大部撤
離。但此項調動竟然未先與臺北協商，而西方公司的組織
者──中央情報局的副局長葛勃（Charles P. Cabell）在 7 月
10 日觀見蔣中正時也沒有提出。蔣在日記上表示：「不
強求」，「終久的損失與責任，最後仍須由美國付出比前
更大之代價，尚不能補償。此突如撤退無商餘地之行動，
殊為美不智也。」[92]

　　而此時共軍也已大量南下，準備攻擊游擊隊仍駐守的
浙江沿海各島嶼。臺北當局便決定改組大陳指揮系統，
「固守大陳」，把攻擊性的反共救國軍總指揮部改為防禦性
的大陳防衛司令部，把剛完成美制換裝訓練的正規軍陸軍
第四十六師調去大陳接替防務：7 月 21 日奉調，25 日開
始船運，8 月 11 日全部到達；司令部兼管江浙游擊部隊
及海軍艦隊所組成的特種艦隊，其中轄有作戰艦八艘（包
括太字號二艘）、運輸艦三艘及登陸艇等，並有空軍協同

---

91 麥克唐納副團長的作風未守外交人員本分，竟對民國政府的高級人
事予以指點，蔣中正乃不得不請來臺訪問的美國務院勞勃森助卿轉告
藍欽大使要求其改正，見〈蔣中正與羅柏澄清中美雙方對遠東事
務之誤會等談話紀錄（1953 年 12 月 28 日）〉，《中美協防（三）》，
頁 395-397；《蔣中正先生年譜長編》，第 10 冊，頁 289- 290、298、
317。此次前來大陳的顧問團首席團員安德遜上校（Col. Anderson）
在開會時忽然對坐在旁邊的胡宗南說：「〔胡〕將軍的工作真是難，
我幸虧不在他手下工作」；不但如此，西方公司撤退前，其指揮官
巴羅也在私下對胡宗南吐露心聲說，「貴國國防部中某些人……不支
援你兵力及武器，又要你防守所有地方，還要你負全責」等，巴羅邊說
還邊流淚。其英文全文見《胡宗南先生日記》，1953 年 7 月 9、10 日。
92 《蔣中正日記》，1953 年 7 月 11 日、17 日

作戰，還加強象山港到溫州灣的巡邏。司令部的任務是「確保大陳，以鞏固臺灣之北防，並任臺灣北面及大陸沿海匪情之搜索及海上巡邏」；「大陳區各島之防衛應以攻為守，對匪占領各島，隨時施行突擊，但對大陸進行攻擊時，須經本部核准後始得實施」。同時**秦東昌（胡宗南）調回臺灣**、入國防大學進修，而原在大陳的軍官戰鬥團及海軍陸戰隊等也全部調回臺灣，[93] 並派遣在 1949 年 11 月登步島戰役中立功的第六十七軍軍長劉廉一中將擔任大陳防守區的司令。司令部於 1953 年 8 月 1 日成立，劉於 8 月 6 日就任，但他僅兼反共救國軍副總指揮，總指揮仍由調回臺灣的胡宗南暫時擔任。[94]

　　大陳防守區的副司令是趙霞，參謀長由第四十六師師長胡忻兼，政治部主任沈之岳，下轄第一三六團（團長王士品）、第一三七團（團長彭學昭）、第一三八團（團長江樹平），及其他附屬部隊。[95] 以上派遣一個正規師及海軍艦隊進駐大陳，則是胡宗南早在一年多前便已建議卻

93　見 1953 年 7 月 31 日國防部令及 8 月 6 日之指示，《調整大陳防務機構》，檔案管理局：AA05000000C/0042/0520/0762。

94　《調整大陳防務機構》；另見《蔣中正日記》，1953 年 7 月 28 日；《胡宗南上將年譜》，頁 307-310。所以胡宗南回臺，到國防大學聯合作戰系第二期入學時，其通訊地址欄中仍然填寫為「江浙反共救國軍總部」（學號 2098）。劉廉一（1912-1975），湖南長沙人，黃埔六期，抗戰時期參加遠征軍，多次立功，其後參加戡亂諸戰役，在登步島戰役再度立功。另見《胡宗南先生日記》，1953 年 7 月 31 日、1957 年 6 月 13 日（劉廉一來懇談其悔改信主經過）。

95　黃世忠（當年第四十六師營長）回憶：《大陳作戰回顧》（1998），頁 3-5、45-46，其中提及當年第一三八團之副團長即係後來擔任國防部長之蔣仲苓上將，蔣亦曾向筆者談及此事。

未被接受的作法。

　　防守大陳最大的困難是距離臺灣較遠，沒有空軍優勢，以致海陸作戰均有困難。參謀總長周至柔在 8 月間曾向美軍顧問團表達，希望美國第七艦隊能夠把上下大陳及金馬都包含在協防範圍內，當周和外交部長葉公超談及此事時，葉特別指出，第七艦隊協防不止要美國的國防部，尤其需要國務院諒解，這話實是一針見血。[96]

　　但是，胡宗南趁著在大陳期間已經佈置了多項大陸地下工作的線索，[97]尤其渴望在大陳前線能夠獲得機會反攻大陸。例如他早在 1952 年即寫信給在臺北負責救國軍後勤的羅列，要積極從香港進行大陸工作，聯絡游擊隊人員，物色在香港調景嶺的舊西北人士，將之派到山東和安徽，其經費和人數的需求，以及在大陸游擊所需要的武器裝備，可以用大陳游擊隊的名義申請。（在金門領導福建反共救國軍的胡璉上將，在 1951 年胡宗南尚未抵達大陳之前已從香港招募了千餘反共青年，以正規軍為基幹編成了三個大隊。）[98]胡宗南到了 1952 年底，才去大陳一年餘，便已在給臺北羅列副總指揮的信上表達，他（儘管在貧弱又落後、實力不足的大陳、本身就已經有極難克服的實際困難）1953 年的工作中心竟是「移到大陸」！[99]

96　1951 年 8 月 12 日簽呈及 8 月 15 日檔案，《調整大陳防務機構》。
97　《胡宗南先生日記》，1953 年 1 月 7 日、2 月 25 日。
98　《金門憶舊》，頁 80-81。
99　胡宗南在 1950 年離開大陸之後，一心要打回大陸，是以對於敵後

　　所以他不願意離開大陳前線，希望蔣中正重新考慮。可是蔣有不同的想法，乃派總政治部蔣經國主任到大陳，說明大陳改組的原因，強調劉廉一只是兼任副總指揮，而浙江省政府並無改變，蔣經國然後於 7 月 31 日陪同胡宗南及其少數同僚一同乘坐太和軍艦回臺。[100]

　　因此，胡宗南回到臺灣以後，仍然兼任浙江省政府主席，並且持續關懷大陳同胞的福祉。次（1954）年，共軍多次轟炸大陳，造成人民死傷和財物損失，浙江省政府便提供救濟及撫卹，並多次行文到國防部、大陸救災總會、農復會等機構，為大陳爭取經費及水泥以建築防空設施。[101]

二、江浙反共救國軍的成就

　　胡宗南在大陳的江浙總部將近兩年（1951 年 9 月到 1953 年 7 月），「以四個戰鬥團的兵力，陸軍一萬餘的

　　工作最為重視，此可見於他在 1950 年 7 月 12 日給派入大陸潛伏的多年老幹部戴濤的信：「……世界風雲日緊，兄宜忍痛忍苦忍其一切，毅然赴新目的地，以農工小學教師之身份，孤臣孽子之心理，埋頭為組織為地下之工作……家中一切可勿念，我可負責照料，此任務此工作……祕密為要……一切惟戰鬥，戰鬥才能生存，勉之。」（本函係戴濤先生本人提供），該函及胡宗南致羅列各函電全文均載於《胡宗南先生文存》，照片頁及頁 393-398；各函電原件係羅列副總指揮公子羅大楨博士（陸官三十一期，留美電腦博士）提供。

100 《胡宗南先生日記》，1953 年 7 月 31 日。

101 對於大陳民眾救濟參考浙江省政府胡宗南主席致國防部、農復會、大陳行政督察專員公署等公文，由該公署專員沈之岳執行，其中救濟金發放：死亡者二百元，遺屬每人食米一百市斤，重傷者一百元，輕傷者五十元，受傷民眾公家負擔醫藥費用，每人食米一市斤、三元，房屋損毀者發放五十至二百元，災民每人食米二十市斤不等，見《大陳撤退義胞接待安置》，檔案管理局：A300000000A/0044/ 3-3-3-7/89。

游擊隊，五千噸之海軍，不僅牽制中共正規軍十八萬以上，民兵二十五萬有餘，海軍艦艇五萬餘噸」，屏障了在風雨飄搖中的臺灣，而且率領反共救國軍並令海軍不斷向大陸突擊，鼓舞大陸民心，大小戰三十餘次，[102]「如洞頭〔屬今溫州市洞頭區〕之役、白沙之役、金鎮衛沙埕港之役，以及官山洋面〔屬今溫州市蒼南縣〕、漁山洋面〔屬今寧波市象山縣〕、石塘洋面〔屬今溫嶺市〕、飛雲江口〔屬今溫州瑞安市〕、鎮下關〔今溫州市蒼南縣霞關鎮〕附近等等，皆能得到勝利。」

「每次戰役，游擊隊以舢板帆船等原始交通工具而竟登陸成功，沒有一次失敗；每次戰役，在撤退的階段，戰友們都願意冒大危險，將負傷的戰士一一搶回，陣亡的烈士亦一一抬回；而軍官戰鬥團以教官的身份、無作戰的責任，而能自動的自發的搶先的參加戰鬥，領導戰士，多立功勳，甚至甘心在突擊戰中陣亡」。**以上這些陣亡以及負傷致殘的將士，不論有無正式的軍階，都是為了中華民國而奉獻了一切的英雄。**[103]

換句話說，資源極為缺乏的大陳，各個鬆散分立的游擊武力、在內外條件欠缺、僅有少數海軍，沒有空軍協助

---

102 此數字根據反共救國軍副總指揮鍾松之回憶：〈在大陳〉，《令人懷念的胡宗南將軍》，頁 236；另《胡宗南上將年譜》載，（反共救國軍及海軍）共突擊大陸三十九次，頁 310。

103 各引號內之內容均引自〈胡總指揮結束江浙反共救國軍職務時之移交報告〉，《胡宗南先生文存》，頁 412；另參考《天地悠悠》，頁 141-144。

作戰時，竟然能轉型成能與中共正規軍、韓國戰場的王牌軍作戰，而且是獲勝的常勝軍，主要靠的是從上到下不顧自己、一致為國奮戰的決心，印證了《孫子兵法》的〈始計篇〉中所謂「道者，令民與上同意也，故可以與之死，可以與之生，而不畏危」；以及〈謀攻篇〉當中所強調的「上下同欲者勝」。[104] 當時的一副對聯很能表達他們的精神：「我們一無所有，有的是赤膽忠心；我們一無所求，求的是反共復國」![105] 也就是反共救國軍這種義無反顧、視死如歸的報國精神，造就了一年半以後一江山的壯烈。

---

[104] 《孫子兵法》第一篇〈始計篇〉即強調「道」（The Moral Cause），另〈謀攻篇〉：「故知勝有五：知可以戰與不可以戰者勝；識眾寡之用者勝；上下同欲者勝；以虞待不虞者勝；將能而君不御者勝。此五者，知勝之道也。」

[105] 《大陳島—英雄之島》，頁43；〈池蘭森先生訪問紀錄〉，頁630-631。

第十章　反共救國軍的奮戰典型：一江山戰役

　　大陳列島南面重要的有披山、南麂島等，北面最重要的島嶼便是一江山。浙東的冬季，海上風浪很大，常有雨雪，氣溫常在零下七、八度。一江山位於大陳與杭州灣、台州灣之間，它除了可以監視共軍的海空軍活動外，也是大陳列島的中央樞紐，更是大陳本島的門戶。

一江山位置圖。

第一節　戰役前雙方的準備

一、共軍進犯一江山之決策、兵力編組及準備

　　共軍決定先打大陳、後打金門之後，其華東軍區便研究先打哪一個島。在討論時意見分歧，有副司令員主張先打大陳本島，因為打蛇先打頭，攻下大陳後其他島嶼會不戰自潰；也有人主張先打披山，因為當地守軍最少，容易取得首戰的勝利；但參謀長張愛萍主張先打一江山，因為一江山是共軍打大陳必經之路，而且一江山是大陳的門戶，距離大陸控制的島嶼僅僅五浬多，守軍只有一千多人，比直接打大陳容易，打下來後對敵人可造成政治和軍事上的巨大震動。

　　呈請中央軍委同意後，1954 年 8 月 27 日獲同意成立浙東前線指揮部，直接歸軍委指揮，張愛萍獲任命為司令員兼政委，而軍區空軍司令員聶鳳智、海軍副司令員彭德清和參謀長馬冠三、浙江省軍區代司令員林維先則均獲任命為副司令員，軍區副參謀長王德為參謀長，同時組織空軍指揮所、海軍、登陸、後勤的聯合指揮所，組成指揮中樞。[1]

　　張愛萍是四川達縣人，1928 年入共產黨，接著參與各項戰事，曾任新四軍軍長，華東軍區海軍司令員兼政委，浙

1　《上將張愛萍》，頁 455-456。張愛萍雖在 1954 年 10 月 31 日已被升為副總參謀長，但他仍在浙東準備一江山的戰事，沒有即去北京就職。

江軍區司令員，華東軍區兼三野參謀長，後來升任副總參
謀長、國防科委主任，國務院副總理，國務委員兼國防部
部長等，1955 年被授予上將軍銜。[2]

　　進犯一江山是共軍迄今唯一的一次三棲聯合作戰。
根據中共的記載，為了這次戰役，共軍統合了十七個兵種，
二十八個戰術群。當時在大陳外圍浙江沿海地區，陸軍是
共軍第二十軍第五十八、第五十九、第六十師和砲兵第
十二師、公安第十六師；而登陸部隊的步兵由第六十師之
第一七八、第一八〇團派出四個加強營、直接瞄準砲兵
群的三個分群組成（未派第一七九團，該團在前述 1953
年 6 月的鹿羊戰役中被胡宗南率領的大陳反共救國軍擊斃
七百人，俘虜了六十一人）。

　　支援砲兵群的裝備包括 122 榴彈砲（射程二二七四七
公尺）、130 海岸砲、76.2 野砲（射程一三五八〇公尺）、
120 迫擊砲；高射砲兵群包括師屬高射砲兵、團屬高射砲
兵；另外還有先進的 M-1 聯裝火箭砲兵群；登陸艦艇隊
包括五個大隊；華東軍區海軍前指包括護衛艦火力支援隊
和砲艇火力支援隊，以及第六艦隊和魚雷艇二個大隊。

　　華東軍區空軍前指的航空兵第三師、第十二師、第二
十四師，海軍航空兵第四十師、第二十師，包括轟炸機、
強擊機和殲擊機等共動員一百八十四架；海軍共動員一百
四十餘艘，及各型登陸艦艇與運輸船。另準備一七二八噸

2　《第三野戰軍》，頁 56-57。

彈藥，儲備八一七噸彈藥，油料五一七五噸；在海門、路橋、黃巖開設野戰醫院的傷員收容所，在葭芷鎮（今浙江台州市葭芷街道）準備了俘虜管理所。以上三軍的精銳配備主要都是蘇聯援助的世界一流武器。[3] 國軍則估計共軍這次一共動員了二個步兵團六千至七千人、一個陸戰營約七百人，砲兵一個營，各型登陸艦船六十艘、支援艦艇共四十二艘，機帆船六十餘艘，空軍各型戰機、轟炸機共出動二百三十架次，兵力達游擊隊的十多倍。[4]

此時，中共已經修築了閩浙地區的空軍機場，將東北、華北的空軍南移，張愛萍並前往上海市委、浙江省委等地領導機構，請求支援，各地乃強行徵集上海、杭州、舟山等地的漁船一○五三艘，擔架一六七五副，還動員百餘船工參戰，台州地區一共動員幹部、民兵、醫護人員和群眾一萬二千多人；也要求上海江南造船廠修改並恢復各種登陸艦艇的性能，以符合作戰需求。[5]

同時，特別注重隱蔽。先由寧波公安局沒收當地一個

3　共軍砲兵射程參考「大陳當面匪砲配備判斷要圖」，〈金剛C作戰第85特遣部隊作戰計畫第44-3號附件C附錄IV〉，《大陳島撤退案》，檔案管理局：AA05000000C/0041/543.64/4003-3；共軍動員參考梁光烈主編，《渡海登陸作戰：中外登陸作戰啟示錄》（北京：國防大學出版社，2001），頁200；盧輝，《三軍首戰一江山》（北京：解放軍出版社，1988），頁107；湯忠龍，〈從一江山戰役論島嶼防衛作戰〉，《紀念一江山戰役65週年》（桃園：國防大學陸軍指揮參謀學院，2020），頁87-88。

4　〈匪進犯一江經過及檢討（1955年2月22日）〉，《一江山戰役檢討案》，檔案管理局：AA05000000C/0044/0541/10000044/0541/1000/0001。

5　《解放一江山島》，頁66。

天主堂，把各軍指揮部設在天主堂內；然後把各部隊移到別處訓練。船艦加裝火箭砲及雷達時也設法隱蔽；並加強部隊的思想教育，還派遣工兵營花費了近六個月的時間，對大、小貓山進行整修，以仿造一江山來供部隊演練。[6]到了 12 月 13 日，開始第二階段合練，連續進行連、營的登艦、航渡、登陸突破與縱深戰鬥的訓練，及火砲、艦船、轟炸機之間的協同。[7]

空軍偵察機則對大陳及一江山作了八次近距離的偵察與航空照相，出動共九十四架次，決定首先奪取制空、制海權，然後進行三軍分練和協同演練。第三階段是登陸作戰，地點選在一江山西北角的突出部：黃岩礁和海門礁。因為那裡不宜攀登，敵人火力最弱，且離 113 高地最近。至於登陸時間則定在白天，是因為考慮到渡海船隻的性能，而且在奪取了制空、制海權以後，白天渡海的安全就不是問題了。[8]（大陸出版品關於一江山上各高地之名稱與此間的不同，本文各高地的名稱根據臺北國防部原始檔案，以及陸軍總部在 1959 年出版之《忠烈錄》。）

由於《中美共同防禦條約》在 12 月 2 日簽訂，因此共軍特別示威，於 12 月 3 日起向一江山發動砲擊，連續

6　大、小貓山在今日的舟山市定海區和寧波市北侖區之間的大、小貓島。

7　《上將張愛萍》，頁 457-462；彭福全，〈一江山戰役對台澎防衛作戰的省思〉，《紀念一江山戰役 65 週年》，頁 105。

8　《上將張愛萍》，頁 457-458；楊晨光，〈一江山戰役之研究〉，《軍事史評論》（臺北：國防部史政編譯室，2005），頁 161，以及〈從一江山戰役論島嶼防衛作戰〉，頁 82-83。

三日，再於 7 日、12 日向一江山砲擊，守軍則發砲還擊。共軍戰機一再到大陳附近巡弋，其海軍砲艇則砲擊漁山群島上的游擊隊，當然，此為試探美方的反應。[9]

1955 年 1 月 10 日，中共更從上海、杭州、寧波出動空軍百餘架次，為徹底奪得制海權，從清晨 6 時多開始，分四次向上、下大陳進行猛烈轟炸，共投彈三百餘枚，炸傷了海軍特遣部隊的艦艇太和號、中海號及衡山修理艦，炸沉了載運彈藥油料補給品的補給運輸艦中權號，其魚雷快艇又擊沉靈江軍艦，居民死傷百餘人。大陳地面砲火猛烈還擊，擊毀兩架，傷兩架。[10] 因軍民傷亡重，醫院連夜救治。駐大陳地面部隊則於第二天（1 月 11 日）完成一切戰鬥準備，準備迎接共軍前來攻擊。當時天寒地凍，滴水成冰，據報，大陸京港線一帶百姓有三萬餘人凍斃。[11]

二、戰役發生前臺北對美方的交涉

國防部長俞大維在 1955 年 1 月 3 日、4 日曾和美軍顧問團蔡斯團長研究海軍從 3 吋換裝 5 吋砲（共軍驅逐艦

9　《中華民國史事紀要—民國 43（1954）年 7-12 月》，頁 1172、1185。

10　〈前國防部長俞大維對一江山戰役、大陳轉進日記〉，《大陳人在臺灣—大陳遷臺六十週年紀念特刊〈緬懷、薪傳、感恩、鄉情〉》，頁 20-21；《史事紀要—民國 44（1955）年 1-6 月》，頁 93-96；《解放一江山島》，頁 84-85；駐美顧維鈞大使奉命強烈建議美方協助細節見 Memorandum of a Conversation, Department of State, January 12, 1955, *FRUS, 1955-1957, China*, Vol. II, Document 8。

11　張維海（大陳駐軍副營長）日記，〈大陳島撤退作戰前後〉，王曲文獻委員會編輯，《王曲文獻第 4 部——戰史：戡亂之部（下）》，頁 814-815。

均裝備 5.2 吋砲）、以及外島防禦計畫的檢討，1 月 7 日再兩度乘坐 RT-33 噴射機（剛葆璞駕駛）從浙江玉環進入大陸偵察，經過黃巖、臨海上空，再向著大陳飛去，發現中共正在建築離大陳僅八十公里的路橋機場；當天再去南麂、馬祖一帶的大陸沿海，便完全了解中共挾地利之便及空軍的數量和性能優勢，當然會奪得制空權。這樣一來，國軍海權頓失屏障，則又如何支援當地守軍？[12]

　　而儘管中美兩國在一個月前簽訂了共同防禦條約（還沒有批准生效），但第七艦隊的所有艦隻和戰機在共機猛烈轟炸大陳時卻完全避開，沒有任何警告。因此，蔣中正立即在 1 月 10 日和 11 日連續電報仍在華府的葉公超，請其立即洽見雷德福主席，**請第七艦隊掩護大陳上空，因「大陳實無單獨防衛之可能」**，並請美方「至少先撥給前所要求之艦艇」。[13]

　　「大陳沒有單獨防衛之可能」是基於客觀的事實：當地國軍的陸、海軍最大的威脅來自調來東南沿海、日益增強的中共空軍，所以極為需要國軍空軍掩護。但如要打擊共軍轟炸機，國軍主力機種螺旋槳的 F-47 最大時速三百三十哩（五百二十八公里），中共掩護轟炸機的 Mig-15 噴射機則是五百九十哩（九百四十四公里）。而大陳距臺灣遠達四百四十餘公里，但距大陸最近的路橋機場則僅

12　《俞大維傳》，頁 132。
13　《蔣中正先生年譜長編》，第 10 冊，頁 218、407；《顧維鈞回憶錄》，第 12 分冊，頁 55-56。

約八十公里，所以米格機十分鐘可以抵達，然後留空作戰一百分鐘，但 F-47 為了躲避大陸沿海各雷達基地，必須低飛，以致起飛後要八十分鐘才能到大陳上空，作戰十五至二十分鐘後便必須返航，否則油料不夠，但一返航便會受到米格機高速追擊。也就是，如果大陳附近發生海戰，立即通報臺北，則前後要一個半小時之後，F-47 才飛到大陳，這時海戰早已結束。

至於海軍，早在前一年的 5 月，葉公超外長飛往大陳巡視時就發現中共軍艦多艘主砲較我方艦砲口徑為大，且有共軍空軍支援之優勢，因此回臺後即一再促請美方發聲明謂：第七艦隊巡邏範圍不限於臺澎，但均未如願。所以當年國軍海空軍為了保衛大陳，雖然盡了全力，而且還常有戰果，實際上卻十分窘迫。[14]

在華府的葉外長收到蔣的訓令後立即往見雷主席，提出嚴重呼籲。雷德福回答說，把沿海島嶼包括在共同防禦條約之中是不可能的。他接著詳述保衛大陳的困難謂：即使提供一百架 F-86 和二百架常規型飛機，或許有可能僅在日間構成空中掩護，而一切都在於空中掩護的問題；所以如果共軍決心奪取那些島嶼，他很懷疑國軍能夠長期保住它們。但是，如果臺北要求美國掩護大陳島的軍隊撤

---

14 《大陳海空軍戰鬥檢討改進》，檔案管理局：AA05000000C/0043/0520/4003；1954 年 5 月 22 日外交部第 91111 號電，檔案管理局：A200000000A/0042/31219/0001/001/030；空軍作戰司令羅英德著，〈大陳撤退之追憶〉，《大陳轉進與砲轟黃岐》，國史館：005-010202-00168-019。

退，他本人就支持。對這些看法，葉外長不能同意，但雷德福十分堅持。另外他也勉強同意儘快提供四艘驅逐艦。[15]

同時，葉部長在報回臺北的電報中則提到外交努力的策略：首先，對於俞大維部長要求「立即把外島防禦也加入中美共同防禦條約中」的主張，強調絕不可能，因為月前已經在談判中一再要求而不成，現在已經簽約了還再去爭取，反而會橫生枝節，阻擋了條約在美國國會的通過，所以此時不能提出，何況前次在與艾森豪談話時，他對於外島防禦的態度便十分冷淡；不但如此，（就美政府內部政治而言）雷德福自己在華府的勢力甚感孤立，所以大陳之決定仍需以國務卿杜勒斯和國防部長之意見為依歸。為今之計，只有與顧維鈞大使儘量分頭接洽聯繫支持中方的參眾議員，因為艾森豪總統重視和議員們的關係。[16]

蔣中正則親自拜託來訪的美國陸軍副參謀總長鮑爾德上將（Charles L. Bolte），強調稱，大陳如失陷，對臺灣、沖繩都有戰略上的影響，如果美國海空軍能夠在大陳上空及近海巡弋，則對大陳軍民會有極大的鼓勵。並請鮑爾德轉呈李奇威（Mathew B. Ridgway，美國陸軍總參謀長，鮑爾德的上司）和其他軍政首長強調，美國不須正式協防，只須公開聲明對大陳及周圍小島予以後勤支援便可。鮑爾德表示遵辦（但美方檔案顯示，李奇威其實非常反對

---

15 《顧維鈞回憶錄》，第 12 分冊，頁 56-60。
16 〈葉公超電蔣中正美方對大陳等外島納入協防範圍之評估（1955 年 1 月 12 日）〉，《中美協防（二）》，頁 109-114。

美方協防外島，且常和雷德福主席唱反調）。[17]

　　當天晚上，蔣中正再與美國第七艦隊第七十二機動艦隊司令基維特少將（F. N. Kivette）懇談，請他轉電第七艦隊司令史登普上將（Admiral Felix B. Stump），重申第七艦隊的機、艦於大陳地區附近示威對心理戰方面的重要性，以作精神與道義上之支援。基維特也表示遵辦。[18] 只是鮑、基二人雖然都是高級將領，卻都要聽命於長官們，包括在國安會的會議中一再發言反對協防外島的國防部長威爾遜和艾森豪總統本人。

　　蔣中正當然也期望對中共轟炸大陳的行為加以報復，但 15 日從代參謀總長彭孟緝處得悉，美國的態度仍然是「延宕與不贊成」。所以蔣便持續思考對「大陳最後據點之構築」、「大陳反攻計畫解圍之準備」等問題。[19] 到了 18 日，蔣獲悉共軍大舉進攻一江山之後，立即電報葉公超外長，要他向美國國防部及國務院質詢：「要求其第七艦隊對大陳附近照常不斷巡邏，以精神與道義上加以支持為要」，因為「美第七艦隊本來經常在大陳海外及上空巡

---

17 〈蔣中正與鮑爾德就美國協防大陳態度等問題談話紀錄（1955 年 1 月 15 日）〉，《中美協防（三）》，頁 315-319；《蔣中正先生年譜長編》，第 10 冊，頁 408-409；李奇威反對美方協防外島而與雷德福唱反調之紀錄如 Memorandum of Discussion at the 213th Meeting of the National Security Council, September 9, 1954, FRUS, 1952-1954, China and Japan, Vol. XIV, Part 1, Document 289.

18 〈蔣中正與基維特就大陳遇襲應及時反擊並加強海空軍聯繫談話紀錄（1955 年 1 月 15 日晚 8 時半）〉，《中美協防（三）》，頁 326。

19 「蔣中正日記」，1955 年 1 月 17 日、18 日。

邏，但自上次十號匪炸大陳以後，該艦隊連一艦一機亦
不敢進入大陳附近，此為令人不解者」。[20]

　　遠在華府的美國國安會則在 1 月 15 日的會議中通過
了對臺灣和民國政府的政策，決定繼續協助強化中華民國
作為中共以外在華人世界中的另一選擇的角色，且也決定
阻止國軍對大陸採取攻勢行動——除非受到中共攻擊後，
美總統同意其立即進行的報復作為。[21]

　　但是，大陳前線的狀況確在迅速惡化：從 1954 年 11
月 14 日國軍損失太平艦之後，直到 1955 年 1 月 18 日一
江山戰役開始之日，共軍華東空軍便對大陳地區七次轟
炸，除了 1 月 10 日的戰果外，繼續擊傷永康及鄞江兩艦
（鄞江號被迫報廢）；其殲擊機出動了二百七十九架次，
擊落、擊傷從臺灣赴援的戰機多架，遂掌握了制空、制海
權。[22] 事後才知道，從當年（1955）起，連東歐共產國捷
克斯拉夫（Czechoslovakia）也都開始提供共軍 Mig-15 戰
鬥機和 IL-14 運輸機和其他裝備，[23] 所以中共當時所獲外
援裝備的先進和豐富是國軍不能相比的，而共產集團在超

20　《蔣中正先生年譜長編》，第 10 冊，頁 410。

21　NSC5503 National Security Council Report: U. S. Policy toward Formosa
　　and the Government of the Republic of China, January 15, 1955, *FRUS,
　　1955-1957, China*, Vol. II, Document 12.

22　《上將張愛萍》，頁 462；〈一江山戰役　大陳來台史略〉，《浩氣長存：
　　一江山戰役 60 週年紀念集》（臺北：青年日報，2020），頁 16-17。

23　〈庫茲涅佐夫與帕夫洛夫斯基談話記錄：關於向中國提供武器
　　（1964 年 12 月 12 日）〉，《俄羅斯解密檔案選編：中蘇關係》，
　　第 11 卷，頁 13-14。

強蘇聯領導下的全球軍事互助、相對於另一超強美國在亞洲所予人猶豫和懦弱的印象，也是民國政府朝野必須面對的現實。

三、一江山的戰備

臺北國防部一直到 1953 年夏，在美軍顧問團的建議下，才派了正規軍陸軍第四十六師去大陳本島防守，至於在各離島上，包括一江山，則基本上仍然由沒有軍階的游擊隊反共救國軍去防守。

而頭門山於 1954 年 3 月失陷之後，在它南邊的戰略要地：大陳的屏障一江山立即大受威脅。大陳防衛司令劉廉一在 10 月間將南麂島司令王生明調到一江山擔任司令，與守一江山的老司令程慕頤對調（程在艱苦的一江山駐守多年，身體亦受虧損），因王作戰經驗豐富，細心而勇敢，並由防衛部副司令趙霞佈達。

王生明的兵力是突擊第四大隊（大隊長王輔弼）、突擊第二大隊第四中隊（中隊長胡紹卿）、砲兵第一中隊（作戰軍官馮玉鐍）、反共救國軍直屬第一中隊（隊長徐達貴）、載波勤務大隊第一區臺第三臺（代臺長朱震），共一〇三四人。

當時防衛部司令劉廉一以下，各地區司令分別為：大陳本島：胡炘；漁山地區：曹子平；披山地區：方業超；南麂山地區：趙霞（兼），海上突擊總隊的船艇都分配到各島去運用。以上游擊隊的六個大隊及一個海上突擊總隊

均係胡宗南擔任反共救國軍總指揮時，在 1951 年秋冬將
江浙地區五十多個縱隊、一百多個支隊的游擊隊設法整編
而成的。

地區	司令	主要兵力
大陳本島	胡　炘	陸軍第四十六師、反共救國軍海上突擊總隊（欠）
漁山地區	曹子平	突擊第五大隊、突擊第二大隊（欠）、砲兵第一中隊
披山地區	方業超	突擊第一大隊、突擊第三大隊和砲兵中隊（2）
南麂山地區	趙　霞	步兵第四十九團和突擊第六大隊
註：欠表示有部分原屬它的單位不在當地		

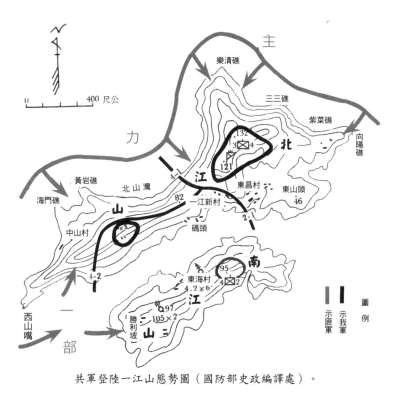

共軍登陸一江山態勢圖（國防部史政編譯處）。

一江山區分南北兩島，中間隔著一條寬約三百公尺的

海峽，北一江地質皆礁石，東西兩端分別為 132、121 及 113 高地，北面坡度多大於四十度，南面設有碼頭一處，沿岸可勉強登陸之地分別為西北的黃岩礁、東北的樂清礁、最西邊的西山嘴、東邊的東昌灣、東南的東港口；南一江較小，北緩南陡，東、西兩端分別為 95、75 及 97 高地，沿岸勉強可登陸之地點為東邊的安全坡及西邊的田奧灣。[24]

王生明司令到任後便以加強戰備，提升士氣為急務。他將指揮所設在 121 高地，兵力部署以北一江為重點，突擊第四大隊第一中隊任東半部守備，第二中隊在西南部守備，第四中隊在西北部守備，第三中隊為預備隊；突擊第二大隊第四中隊任南一江守備；並且申請加運水泥以強化防禦工事。

11 月初，鑒於中共軍機轟炸掃射不停，造成相當死傷及彈藥庫爆炸，大陳防衛部便立即運送了高射機槍四挺及高射機砲四門到一江山，加強其對空防衛力量；同時也向國內明白地報告：「一江砲兵性能差、射程短，只能靠艦砲火力壓制頭門匪砲」。[25] 12 月 9 日，王生明再向大陳防衛部申請立即增加 105 砲二門，50 高射機槍八挺，25 釐米機砲九門，還要增構工事七十五座，永久碉堡九座，30 機槍堡十六座，彈藥庫二十座，並增建九百五十公尺長掩

---

24 彭福全，〈一江山戰役對台澎防衛作戰的省思〉，頁 101。

25 大陳防衛司令部〈11 月 8 日呈總長電〉，〈作戰（11 月）定期報告〉，《一江山防衛戰經過概要案》，檔案管理局：AA05000000C/ 0043/0503.6/1000。

蓋交通壕，以及增設醫務所設備（草棚）三座等，還附有詳細的計畫圖，在 12 月 13 日發出。[26]

只是一個月之後戰役便發生，該請求即使被接受，也不可能完全實現。以致戰役開始當時的武器配備如下：105 公釐榴彈砲二門（在南江），57 戰防砲五門，25 雙管機關砲三門，20 機關砲十八門，42 迫擊砲六門，81、82 迫擊砲八門，60 迫擊砲二十四門，火箭筒六十五具，重機槍七十三挺，衝鋒槍七百一十支，自動步槍、輕機槍七十五挺，步槍、手槍、卡賓槍六百四十八支。[27] 以上顯示，對當地守軍一千餘人而言，輕武器是夠的，但缺少重武器，所以面對共軍壓制性的轟炸和砲火時，除非外部大軍來救，否則在圍攻中絕難持久。

一江山的防禦火力配置則以火制灘頭前沿為重點：第一層火網：配置於南一江山的山砲和榴彈砲；第二層火網；配置於前沿突出部的戰防砲、機關砲：第三層火網：配置於前沿的火箭筒、機關槍與迫擊砲；第四層火網：以單兵的衝鋒槍、卡賓槍、手榴彈為主。

其工事構築：第一層為第一線灘岸阻絕，包括北一江山的西山嘴、海門礁、樂清礁、向陽礁（在最東邊）；

---

26 江浙反共救國軍一江地區司令部 1954 年 12 月 9 日 43 深（旺）字第 1029 號呈 7028 部隊（大陳防衛司令部）文，共六頁並附詳圖，見《一江山防衛戰經過概要案》。

27 〈從一江山戰役論島嶼防衛作戰〉，頁 90，引自國防部史政編譯局，《海島攻防戰史—第五篇—一江山防守戰》，1959 年 2 月，頁 6；《浩氣長存：一江山戰役 60 週年紀念集》，頁 14-16。

第二層為山腰突出部阻絕；第三層為環形據點，在各高地構築核心據點，設置土牆與永備發射點。各線陣地有塹壕、交通壕相互連接，各突出部與重要支撐點於前沿架設鐵絲網、地雷與高低絆網等障礙物。此外，王生明司令並修築了一百五十四處伏地堡，用鋼筋、混凝土建構，編組據點群，採取直接與間接混合配備之方式，期能控制灘頭及制高點。[28] 據中共方面後來報導，一江山的工事非同一般：堅固、隱蔽、密集，平均每百米正面便有火砲二門，機槍二挺，都能側射、斜射和反射，各重要支撐點都還有地雷、伴雷等，這是在其他戰場上未曾見到的。[29]

四、中方提升士氣的作為

為提升當地的士氣，總政治部主任蔣經國從 1950 到 1955 年之間去過大陳二十多次（根據大陳政治部主任沈之岳的回憶），其中也去了一江山多次，鼓勵游擊隊員們。蔣經國回憶稱，他對每一個碉堡都熟悉，曾見到堡內機槍射口旁放著臺灣送去的汽水四瓶，問槍手才知道，他捨不得喝，要等到作戰時再用。另外見到碉堡內士兵用乾淨毛巾包著槍，自己的洗臉毛巾卻極破舊，因為「槍比我自己重要」；又有一次看到許多浙江逃來的難民，問一位女孩為什麼來這裡，她說：「我也不知道，只是在大陸上

---

28 彭福全，〈一江山戰役對台澎防衛作戰的省思〉，頁 104；〈從一江山戰役論島嶼防衛作戰〉，頁 84。

29 《上將張愛萍》，頁 470；《解放一江山島》，頁 62。

活不下去」。[30]

　　在一江山情勢危險，戰事隨時能爆發的 12 月 20 日，一江山守軍製作了向蔣中正宣誓效忠的一份刺血簽名的白幅，長五尺，寬二尺，內容強調：「願以滿腔熱血，區區頑軀，效忠黨國，誓以輝煌行動、豐碩戰果，報答　總統之厚望與愛護之至意」，並作出十項保證：保證徹底執行命令、固守一江島、殲滅來犯奸匪、不惜犧牲，爭取全面勝利等。此誓詞由王生明領頭，共有一百五十人刺血簽名在白布上，於 1955 年 1 月 8 日寄出，因戰事輾轉費時，到了 1 月 20 日——一江山陷落日——國防部才收到。1 月 21 日便公開陳展於軍友總社。[31]

　　當地守軍深知一江山危急，不少留有遺書，例如王生明致妻訣別書：「淑，我王生明什麼都不想了，只望您把家庭整理好，錢要節省用……我與你在基隆分別，心理很難過……」（1955 年 1 月 11 日）；最後訓子函：「應文兒：父是 9 號到大陳，匪機十幾架轟炸我們，危險極了，11 日晚上到一江山，現在很好。應兒，讀書要努力，決不要玩，尤其要特別對你媽媽好，你媽媽也很苦，不要把氣給你媽媽受。好兒，將來全靠你，父身體很好請放心……」（1 月 13 日）。此外，陳允良烈士（大陳防衛司令部特種

30　蔣經國，〈浩氣長存一江山〉，《浩氣長存：一江山戰役 60 週年紀念集》，頁 51-53。

31　照片及全文見《浩氣長存：一江山戰役 60 週年紀念集》，頁 24-26。

工作大隊工作員）[32] 給叔父陳學鏜的信：「……願為雪恥復國而犧牲……此次去一江山，如不盡殲來犯匪軍，誓不生還，願隨諸先烈侍立國父之側……」（1954 年 12 月 16 日）；金良才烈士（上士戰士）致其妻王梅英女士：「……大陳附近，隨時有發生戰爭的可能。所以一江山官兵立下了與守土共存亡的決心，用血寫成書表呈送總統，表示軍人以身許國的志向……萬一真的發生戰爭時，我是不能再來照顧著你了，倘或我不幸中彈陣亡，你不要悲傷……好好教育子女成人，將來為國家出力就是……」（1954 年 12 月 18 日）；胡興海烈士（政治部少校科長）致在大陳本島服務的政治作戰學校同學光斗、宗遠、麟惠、有華、樹人、龍、愧生等：「兄等應提高警覺，與匪在此作一次決戰。此時正是吾等報效黨國之時，亦為我等工作表現之時……請轉告沈主任（沈之岳），弟決不負國家期許、主任之訓示也。」（1955 年 1 月 16 日，共軍發動戰役前兩天）[33]

國防部為了提升國軍士氣，每年都從前線和軍中選拔戰鬥英雄及克難英雄回到臺北接受表揚。43 年度（1954

---

32 陳允良在浙江臨海擔任諜報隊長，將情報傳送大陳，使大陳突擊多有斬獲，1954 年 5 月，共軍攻入鯁門島，陳允良成功保護機件並掩護友軍出險，因而獲陸海空軍褒狀，當年年底自請到危險的一江山服務。海軍梁天价艦長就是因為援救該等情報人員，在共艦重重包圍中擊沉敵艦、成功突圍而獲青天白日勳章及 1955 年 1 月的戰鬥英雄表揚，《浩氣長存：一江山戰役 60 週年紀念集》，頁 106；《鯁門島海戰：浙海之龍》，頁 109-111。

33 羅列，《一江山殉職將士忠烈錄》，頁 246-250。

年）的第五屆選拔了二百八十九人，便是以王生明為代表，排名第一。其中陸軍的戰鬥英雄還包括黃英龍等十人，克難英雄為張海琴等九十人；海軍戰鬥英雄為周非、梁天价、汪希苓等三十人，克難英雄為葛敦華等二十人；空軍戰鬥英雄為靳習經等三十一人。[34]

以上各人連同被表揚的政士共三百三十三人，於 1955 年 1 月 1 日接受蔣中正總統頒發英雄章及獎品。各單位代表陸軍為王生明，海軍為梁天价，空軍為剛葆璞，聯勤方志祥，游擊部隊陳健，國防部直屬單位祝永清，政士劉樹銘。[35]

次日，大會繼續舉行，由總政治部主任張彝鼎中將主持（張中將接替蔣經國擔任主任，他是美國哥倫比亞大學國際法學博士，後來任政大教授，是筆者的國際法業師之一），各軍種代表報告，其中海軍梁天价報告國軍各軍艦年度參加戰役四十五次，擊沉中共軍艦十二艘，擊傷共艦一共四十七艘；空軍周文淵（一年出擊七十六次）報告年度內國軍終於躍進到噴射機時代（但共軍在約五年前就有了）；而游擊部隊代表周煦文報告稱，年來突擊大陸沿海，擊斃共軍二千二百五十人，俘虜一千一百四十五人，

---

34 全體名單見《中華民國史事紀要—民國 43（1954）年 7-12 月》，頁 1254-1255；其中海軍周非上校事跡（任馬祖巡防處長時率 387 噸之單艦突入定海灣擊沉中共 PGM 大型砲艇及鞋型砲艇各一艘）獲選拔戰鬥英雄，見《周非將軍與民國海軍》，頁 231-242。

35 中央日報並介紹了幾位受獎英雄事跡，全文及典禮等情詳見《中華民國史事紀要—民國 44（1955）年 1-6 月》，頁 6-9。

擊毀中共船隻九十二艘，擊傷共機五架，虜獲船隻五十艘，槍支九百三十五支，攻克村鎮十九處等。[36]

第二節　戰役經過與後續

中共中央軍委在 1954 年 12 月 21 日指示華東軍區，攻擊一江山「只要準備好了，確有把握時就發起攻擊」。根據其空軍氣象站預測，1 月 17 日至 19 日將是好天氣，於是，張愛萍決定 1 月 18 日發起進攻：上午 8 時航空兵出擊，9 時砲火準備，12 時登陸艦艇啟航，下午 2 時 30 分登陸作戰。這個計畫並在 1 月 12 日的「前指」擴大會議上一致通過。

但是，1 月 16 日北京總參謀部指示，18 日可能因為氣候不佳，以致進攻時間過早，推遲 2、3 個月不妨。但張愛萍向副總參謀長陳賡力爭按照原意，再經總參謀長粟裕報告毛澤東後，毛和周恩來、劉少奇、朱德商議後要國防部長彭德懷決定，彭支持張愛萍的意見，遂按原計畫進行。[37]

1 月 17 日夜間，頭門山前線指揮所內幾十部報話機都打開了機蓋，豎起了天線，各種彈藥、戰鬥物質堆積如山，超過一千二百餘噸，港灣裡船艇雲集，源源而來，部隊在石浦海邊舉行誓師大會，上了船才告知開往何處和戰

36　《中華民國史事紀要─民國 44（1955）年 1-6 月》，頁 16-18。
37　《上將張愛萍》，頁 464-467。

鬥發起的時間。1月18日天剛亮，張愛萍便和黃朝天、曾昭墟到頭門山砲陣地，各種海岸砲、榴彈砲、野砲均已褪去砲衣。[38]

一、1955 年 1 月 18 日的戰事

清晨，共軍四個 TU-2 轟炸機大隊，3 個 IL-10 強擊機大隊在米格機掩護下分別從上海、杭州、寧波、衢州起飛後，於上午 7 時 58 分開始轟炸一江山和大陳，向一江山指揮所和雷達站等目標「投下一百二十七噸炸彈，炸海防砲兵陣地、指揮所；向大陳投彈數十枚，將大陳和一江山之間聯絡炸斷」後返航。（當時王生明司令報告糧倉被炸毀、南江高射砲一門毀損，人員傷亡二十九員）。8 時 58 分起，共軍海岸砲兵群從頭門實施七次間隙射擊，五次急襲射擊，一江山上陣地因而毀損，彼此通訊中斷。大陳觀測所清晰看到一江山附近海面共軍大小船隻之攻擊動作，但是大陳地區的岸砲卻因為射程不夠（榴彈砲僅設在下大陳，而非離一江山僅十四公里的上大陳），且受到共軍空軍威脅，無法予以壓制。[39]

12 時 15 分，共軍在「登指」黃朝天指揮下，百多艘船

---

38 《解放一江山島》，頁 67-68；國軍則觀察到共軍各型軍用船舶多日來活動增多，而 17 日夜間頭門島上各種亮光閃爍，見一江山及大陳各電報，《一江山防衛經過概要案》，檔案管理局：AA05000000C/0043/0503.6/1000。

39 《上將張愛萍》，頁 467-468；《劉廣凱將軍報國憶往》，頁 99；大陳行政督察專員 1 月 18 日呈臺北胡宗南主席電報，檔案管理局：A300000000A/0044/3-3-3-7/89。

艦在 M-13 火箭砲群（張愛萍在誓師大會上特別強調有這個武器以提升士氣。這種武器即毛澤東向蘇聯要來的「卡秋莎」多管火箭）、海軍艦砲和戰鬥機群掩護下，向一江山蜂擁進發。其中有蘇聯所贈驅逐艦兩艘、砲艦四艘、巡邏艦五艘、砲艇二十餘艘及登陸艇、機帆船百餘艘。一江山的高地被打成一片火海。另從田嶴、大、小茶花、白沙山等地派出十餘艘軍艦向灘岸地區猛轟，山搖地動，煙霧籠天，三個小時內，一江山每分鐘落彈五百發（三天一共五萬一千餘發），赭赤色的山頭被轟擊成焦黑色以及岩石崩裂後的白色，平均每一平方公尺落彈十七發。[40]

　　此時，國軍從臺灣派出 F-47 螺旋槳機兩批八架次，均在披山附近被鄰近機場起飛之共機攔截，無功而返。大陳砲陣地亦向共軍船團及戰機轟擊，到當晚共擊落共機 TU-2 及 LA-11 各一架落海，張愛萍便立即指揮轟炸機出擊，將國軍砲陣地摧毀。下午 2 時 10 分，登陸輸送隊到達岸邊二千五百公尺時，各種火砲再度向一江山轟擊。[41]

　　但是船團到了離岸邊三百公尺時，一江山前沿未被摧毀的火砲突然一同向共軍船團猛烈轟擊，重創共軍軍艦

40　共軍砲擊約共有五一三四八發，見《一江山殉職將士忠烈錄》，附件 10 之統計。另見國防部 1 月 18 日晚 11 時 30 分的公報，錄於《中華民國史事紀要─民國 44（1955）年 1-6 月》，頁 126-127。

41　以上根據〈一江山戰役　大陳來台史略〉，頁 17-18；《上將張愛萍》，頁 467-468；蕭英煜，〈從一江山作戰看共軍聯合戰役發展〉，《紀念一江山戰役 65 週年》，頁 64-65；〈從一江山戰役論島嶼防衛作戰〉，頁 90-91；及國防部公報，《中華民國史事紀要─民國 44（1955）年 1-6 月》，頁 126-127。

二艘，一艘起火沉沒，一艘被拖回海門，並擊沉六艘機帆船，共軍死傷慘重。2 時半左右，第一波共軍在砲火支援下以機械化登陸艇（LCM）四艘及中型登陸艇（LSM）編成，有的直接搶灘、有的在距岸三千公尺處放出三百餘竹筏及摩托舢板，分別在北江東北、北方和西北部的樂清礁、北山灣、黃岩礁、山嘴林登陸，發起衝鋒，與守軍肉搏。這時全島籠罩煙火，一江山上的第一線砲兵陣地中彈起火，第一批陣亡的烈士包括陳大興中士、陳雨田上士班長、黃益林、溫端嶺、董少華、潘成、顧呂法等人，但反共救國軍集中各種槍砲掃射，爬坡仰攻的共軍死傷慘重，在水際及灘頭犧牲了六、七百人之後終於占領了 113 高地，副大隊長王光武中校、政治室主任徐九天少校率隊逐次退守。共軍登陸成功後隨即在北江西北的黃岩村遂行指揮管制，向游擊隊各據點分割攻擊。救國軍守島戰士則憑藉據點、壕溝，頑強抵抗，共軍便使用火焰噴射器及火箭筒實施強攻，造成救國軍重大傷亡，守軍遂轉入核心陣地繼續抵抗。期間大陳防衛部海軍特種任務艦隊（巡邏砲艦 PG、海防砲艦 PGM 及掃雷艦 AM 各一艘）還遠在南麂島東南海面巡弋，未來支援一江山，使得守軍完全孤立。[42]

　　下午 4 時 15 分，共軍仍在一江山東、北、西三面繼續增援；4 時 56 分，一江山王生明司令以無線電向大陳劉廉一司令官報告，共軍死了一批又一批，海水為赤，受傷的

---

42 根據王生明及大陳防衛部各相關電報，國防部檔案：《一江山防衛戰經過概要案》。

人不准退，重傷的人推到海裡，但救國軍損失重，全體官兵決奮戰到一兵一卒為止，通訊設備則留到最後銷毀。[43]

下午 5 時 5 分，大陳方面目視守軍突然由 121 高地向 113 高地共軍發起逆襲，係由救國軍直屬中隊的中隊長徐達貴中校率部出擊，氣勢甚猛，當即將 113 高地共軍擊下山頭，收復原陣地，並擊傷中共艦艇一艘。但共軍增援部隊即乘登陸艇八艘，機帆船四十餘艘載第二波援軍約千人登陸西嘴頭，同時共軍的岸砲、艦砲集中轟擊，掩護步兵衝鋒，共軍再以火焰噴射器全面攻擊，遍島火海，煙霧彌漫。傍晚 6 時，再奪反共救國軍重占之 113 高地，並曾一度偽裝為大陳援軍以誘使守軍從掩體出來。當時大陳目視一江山西面及頭門山以西仍各有共軍艦艇二十餘艘支援作戰，但國軍海、空軍此時均未能前往救援。

黃昏時，大陳防衛司令部以機帆船三艘載運救國軍敢死隊增援一江山，但為大風浪及大陳、一江山之間的共軍艦艇所阻而折回，海軍黎指揮官亦不允船艇出港。當日，大陳防衛部截聽到共軍無線電通訊，登陸部隊因為傷亡慘重，再三呼援，並電令登陸船隻之一：「將傷病拋入海中，把船開回基地」。[44] 5 時 45 分時，披山附近也有共軍軍艦十一艘連同附近岸砲向披山救國軍轟擊，致大陳防衛

43　《烽火一江山：王生明傳》（臺北：幼獅，1985），頁 109-112。

44　《浩氣長存：一江山戰役 60 週年紀念集》，頁 19，根據王生明向劉廉一司令官的電話報告。

部令披山、漁山、南麂島上的救國軍均進入戰鬥戰備。[45]

當晚 9 時 35 分，臺灣飛來的空軍轟炸頭門和一江山之間的中共艦艇。10 時 57 分，空軍再轟炸一江山的共軍；19 日凌晨繼續實施夜間攻擊：1 時 45 分，空軍 P-4Y 三批共四架次對一江山西南中共艦艇三艘，一江、頭門間船舶四艘，石塘以南中共艦艇五艘，以及頭門和一江山共軍登陸地點轟炸，頭門西南的砲兵陣地被炸後引起大火；凌晨 4 時 35 分，十六架 F-47 戰鬥機再從臺灣飛往大陳執行任務，因為天候不良返航。[46]

中國大陸方面所有的記載都說 1955 年 1 月 18 日當天就攻克一江山，全殲守軍了，而且還向全世界宣揚。因為共軍真是「割雞用牛刀」（張愛萍語）一般的用三軍的全力，阻絕了國軍海空軍以後，以守軍十數倍的兵力，加上一兩萬的後勤人員，使用蘇聯援助的當時最先進的空軍、海軍、榴彈砲、火箭彈和其他裝備，在大陸的近海、用絕對優勢的猛烈火力，對距臺灣遙遠的前線小島上的非正規軍──反共救國軍游擊隊──作全面消滅式的攻擊，當然應該最多幾個小時就打下來了，而且指揮官張愛萍在當天

---

45 0118/1650 旺弘宇電，《一江山防衛戰經過概要案》，檔案管理局：AA05000000C/0043/0503.6/1000；及《一江戰役概要報告》，大陳防衛司令部 1 月 23 日旺宏 063 號呈代總長彭上將代電，檔案管理局：AA05000000C/0044/0541/1000。

46 〈一江戰役概要報告〉，《一江山戰役檢討案》，檔案管理局：AA05000000C/0044/0541/1000，另見國防部及空軍總部 1 月 19 日公告，錄於《中華民國史事紀要－民國 44（1955）年 1-6 月》，頁 128-129。

下午 3、4 點時還冒險親自上島查看過。[47]

　　但國軍軍事發言人立即指出中共的說法是虛構的，因為一江山有三個據點還在戰鬥：北江的 132、121，和南江的 95 高地。[48]

二、1 月 19 日至 20 日的戰事

　　共軍立即以自己的行動否定了他們所記載的歷史。19 日黎明，共軍再以大型登陸艇載運共軍增援部隊五、六百人分由北江西北的北山山灣、樂清礁等地登陸，再度向救國軍保有的三個據點猛攻，清晨 6 時 31 分到 10 時 15 分，頭門共軍砲兵連同艦砲，再開始向一江山砲擊，支援登島援軍，不久，大陳方面遙見 132 和 95 兩個高地經過慘烈肉搏後，先後陷落，而歸俘親見 132 高地官兵因共軍轟炸而七孔流血陣亡，或重傷被俘；堅守南江山高地的政治部主任孫剛甫中校則與陣地偕亡，只剩 121 高地 50 機槍仍在射擊。[49]

　　中午 12 時 58 分，中共各型戰機二百餘架侵犯大陳，投彈三百餘枚，下大陳被炸，五虎山及港口碼頭均落彈甚多，其中一架 TU-2 被擊落，但百姓損傷甚重。因此，在臺北的浙江省胡宗南主席立即洽獲農復會協助派遣專機運

---

47 見《毛澤東軍事年譜 1926-1958》，頁 858；《上將張愛萍》，頁 470-471。

48 《顧維鈞回憶錄》，第 12 冊，頁 61-62；及〈一江山戰役概要報告〉。

49 引自〈一江山戰役概要報告〉及〈一江山歸俘供辭摘錄〉，《一江山戰役檢討案》，檔案管理局：AA05000000C/0044/0541/1000。

送藥品，於 19 日下午 5 時即送達大陳，以救治受傷民眾；同時商得農復會船隻即刻運送糧食予大陳百姓，預計 22 日到達。當天入夜，大陳防衛部期望再以海軍掩護機帆船載敢死隊突擊一江山，但又因風浪大等困難而中途折返。[50]

20 日清晨 6 時，大陳方面見南江山東端的反共救國軍仍在苦戰，有間歇而激烈的機槍聲，企圖再派敢死隊前往救援，請求空軍前來；[51] 同時頭門、田嶴共軍砲火還再轟擊一江山三百餘發，掩護增援部隊的五百餘人，在三艘登陸艇載運下，續在北江山東北的樂清礁與三三礁、紫茉礁與向陽礁之間登陸；上午 9 時 8 分及 10 時 5 分，支援一江山的國軍 F-47 戰鬥機二批共八架，在披山附近又被攔截，無法進入戰場，而共軍戰機 Mig-15 及 LA-11 約二到四架卻不斷在當地上空擔任掩護。共軍隨即向 121 高地作第三次總攻，王生明司令最後率同王曰誥參謀長衝出碉堡，並引爆手榴彈與敵同歸於盡。[52]（另據後來歸俘告稱，18 日下午 5 時 30 分王司令即伏案作書，應是寫遺書，其後被手榴彈炸傷，便令部屬作戰到底，然後舉槍自戕。[53]）

---

50 前引檔案管理局：A300000000A/0044/3-3-3-7/89，其中農復會特別表示這原非農復會的業務，但是為了救急而盡力，按，當時之主委為蔣夢麟（1886-1964，浙江餘姚人，曾任北大校長）；另見《烽火一江山：王生明傳》，頁 112-114。

51 大陳劉廉一司令官 1 月 20 日呈彭代總長國弘旺 1105 號電，《大陳軍民撤退案》，檔案管理局：AA05000000C/0044/0550.02/4003/0003。

52 《烽火一江山：王生明傳》，頁 105-15。

53 〈一江山歸俘供辭摘錄〉，《一江山戰役檢討案》，檔案管理局：AA05000000C/0044/0541/1000。

　　4 時 42 分，陸軍勤務大隊朱震少尉和大陳防衛部作了最後一次通訊，說：「我們已經看到匪兵爬近了，我絕不把武器留下給共匪，我手裡有最後一顆手榴彈，請聽。」大陳方面便聽到轟然一聲以後，朱震烈士便與機務官尹叶宇准尉、何金章准尉同時殉國，之後便不再有明顯槍聲（這是 2 月 17 日大陳防衛司令官劉廉一在臺北所辦理的追思會上的報告）。是以反共救國軍奮力抵抗了絕對優勢的敵人共五十六小時又四十四分鐘。但另有記載，這時以後，還出現了零星抵抗槍聲，到當日（20 日）晚上 9 時 12 分才完全靜止，是以戰事共進行了六十一小時又十二分鐘。[54]

　　這次戰役共軍一共登陸四次，分別在 18 日下午兩次、19 日晨及 20 日晨。[55] 守軍絕大多數殉國，當年的記錄是七百二十人犧牲，三百餘人受傷被俘；後來共軍送回十一名俘虜連同大批宣傳品到大陳和披山，其中僅三人是戰士，八人是女性軍眷和護士。根據他們所知，被俘共約四百餘人，其中二百餘人重傷，一百餘人輕傷，其他是非戰鬥人員。另有六位戰士藏在岩洞中於 23 日被搜出，共軍強迫他們協助搬運大量共軍屍體上船，才知道約有二、三百人都是被自己的飛機炸死。後來臺北國防部整理出反共救國軍九百零六位烈士的大名，列在《浩氣長存：一

54　《顧維鈞回憶錄》，第 12 分冊，頁 65；《浩氣長存：一江山戰役 60 週年紀念集》，頁 19-20；《一江山殉職將士忠烈錄》，附件 10；《中華民國史事紀要－民國 44（1955）年 1-6 月》，頁 130。

55　〈匪進犯一江經過及檢討〉《一江山戰役檢討案》，檔案管理局：AA05000000C/0044/0541/1000。

江山戰役 60 週年紀念集》書中；[56] 另根據江浙反共救國軍本身的統計，在此役中殉職開缺的名單有黃正田、張一能、黃少康等九百三十一人。[57]

至於共軍卻從未能完整透露所有犧牲的人數。由於從國軍大陳 SCR-300 無線電偵知者，其犧牲人員當時已經達二千餘人，再加上歸俘所目擊被自己飛機炸死的數百人，以及其 TU-2 轟炸機二架被擊落，戰機被擊傷三架，軍艦一艘被炸沉，二艘被擊傷，砲艇一艘被擊傷，登陸艇和機帆舢板多艘被擊沉的結果，則犧牲人員可能近三千人。

這些損傷讓張愛萍受到黨內批評：「傷亡太大」。[58]不但如此，由於中共國防部部長彭德懷是支持打一江山的主要首長，而彭從 1959 年對毛澤東提出萬言建言後即被批判，接著在文化大革命時被殘酷鬥爭，還曾與張愛萍同時被鬥，使得中國大陸上有相當一個時期一般人不再談一江山戰役。[59]

---

56 《一江山戰役檢討案》，前引國防部檔案；《史事紀要—民國 44（1955）年 1-6 月》，頁 131-132；《浩氣長存：一江山戰役 60 週年紀念集》，頁 134-135。

57 根據 1955 年 2 月 5 日大陳行政督察專員沈之岳寄呈胡宗南主席名單：「江浙反共救國軍 44 年度元月份一江殉職戰士開缺名冊」，檔案管理局：A300000000A/0044/3-3-3-7/89。

58 《上將張愛萍》，頁 474；國軍當時戍守大陳第四十六師師長胡炘在 1990 年代告訴筆者，他認為共軍傷亡近四、五千人，見《從尼克森到柯林頓：美國對華一個中國政策的演變》，頁 19；而王生明公子王應文亦曾告訴筆者，他到一江山憑弔父親，遇到當地者老，對方告訴他，共軍當年犧牲總有上萬人，海水都染紅了。

59 張愛萍在文化大革命時被關押五年，鄧小平掌政時復出；但彭德懷則沒有他幸運，於 1959 年 8 月 6 日中共廬山會議通過《中國共產黨八屆八中全會關於以彭德懷同志為首的反黨集團的錯誤的決議》後開始賦

因此，雖然中共後來在一江山上建立了紀念館、同時列出若干共軍犧牲的名單，但實際上絕對是犧牲慘重，也就是說，此次中共頂多只是慘勝而已。由於一些反共救國軍烈士的遺骸被共軍宰割後漂到大陳（屍體被繩索捆綁、手足均被刀砍，身上彈痕纍纍），也反映了守軍必然是造成了共軍重大傷亡，而受傷被俘後又堅持不投降，才使他們恨之入骨，以致不是如同一般戰場對死者的處理方式。不過大陳居民目睹這些殘缺的遺骸後，「髮指心裂，悲憤交集」，更加強了他們後來離大陳赴臺灣的決心。[60]

三、美國的消極態度及國軍的報復作為

蔣中正在 1 月 18 日中共一開始進犯一江山時，除了指導戰事，令海空軍立刻支援外，即電報人還在美國華盛頓的葉公超外長，要他立刻再向國務院和國防部詢問，對大陳態度究竟如何？可否令第七艦隊對大陳附近照常巡邏？

葉公超則在美國時間 19 日上午去見杜勒斯國務卿，看美國不願協助防守大陳，便問杜卿，美方可否協助中方

聞，文革開始後被逮捕，從 1967 年 6 月 21 日到 1972 年末，被殘酷審訊二〇三次，1974 年 11 月 29 日孤獨逝世，其中在 1967 年 7 月 26 日開始，北京紅衛兵曾舉行六次萬人批鬥彭德懷大會，七次游街，其中曾把張愛萍、張聞天、譚政等人拉來「陪鬥」。後來直到 1981 年 6 月 27 日中共十一屆六中全會才將彭德懷和張聞天等人「平反」，但彭已經含冤死去近七年。見彭德懷傳記組，《彭德懷全傳》（北京：中國大百科全書，2009），頁 1502-1511、1634-1635、1670。

60 張維海日記，1955 年 1 月 26 日，〈大陳島撤退作戰前後〉，頁 818-819；另見大陳居民來臺後所發表之〈告各界同胞書〉，《大陳島—英雄之島》，頁 213。

撤離大陳？杜勒斯於是一面要勞勃森助卿聯絡紐西蘭，在
這爆炸性（explosive）的局勢中在聯合國安理會上提出停火
案，即紐案（Oracle），一面立即偕同雷德福主席到白宮
與艾森豪總統午餐，以會商外島危機問題，獲得艾森豪原
則同意協助中方撤離大陳，同時協助防衛金門，至於馬祖
則看中方態度。當日下午再與英國駐美大使緊急會商，表
示美國準備協助撤離大陳，並提紐案，要他呈報政府。[61]

　　對於美方的消極態度，蔣在 19 日記載：「愛克〔艾
森豪總統〕完全陷於和平共存之妥協政策，雷德福且主張
我放棄大陳，其怯懦與幼稚愚拙極矣。但我行我事，死守
大陳，力求自力更生也。」20 日記曰：「一江山之游擊
隊千餘人被匪圍攻三日，尚在死守堅強抗戰中。本晨在大
陳尚聞槍砲聲隆隆不絕，聊慰苦心。以我游擊隊之反共勇
猛、始終不屈之精神，而一面以無法救援我忠勇之官兵，
任匪殘害，此心痛苦，誠難自解。」[62]

　　20 日當天中午，蔣就親筆寫信給大陳防衛司令劉廉
一、副司令趙霞、政戰部主任沈之岳、參謀長孫成城、第
四十六師師長胡炘，要他們死守確保大陳：「……只要諸
弟一心一德、共同生死、專心殺敵、安心作戰，則其他一

---

61 Memorandum of a Conversation, Department of State, January 19,
　1955, 12:45pm, 1:15pm, 3:15pm, *FRUS, 1955-1957, China*, Vol. II,
　Documents 16, 17, 18；駐美大使館 1 月 19、20 日 A6439、6441 號電，
　檔案管理局：A200000000A/0042/31219/0001/001/420、A200000
　000A/0042/31219/0001/001/430。

62 「蔣中正日記」，1955 年 1 月 19 日、20 日。

切，余必為諸弟執負全責勿念……」。大陳國軍接到總統訓示以後，第四十六師全體官兵便於 23 日歃血宣誓，決心與陣地共存亡。其中胡炘師長的夫人章蘊文女士收到訣別信後回信部分內容如下：「是我的祈求－只要你能回來，即使是斷了腿缺了胳膊；只要你能回來，為了國家，靈魂可以受難肉身又何足惜！然而啊！絕對不能違命逃竄，更何況失敗也有光榮，成功也可能令人不恥。只要你能回來，我們家人也都安然期待，請以忍冬編成花環戴在項間，以血淚一杯當作人生之華宴。」[63] 國軍軍官中如張維海少校副營長業已寫好遺書五封寄臺北，托朋友代為料理後事。[64]

另外，國防部長俞大維在一江山戰役發生前一週的 1 月 10 日，當大量中共戰機轟炸大陳基地時，便報奉蔣中正總統同意國軍「在南正面向中共實施報復性轟炸」（這是國軍戰機方便作戰的距離），但美軍顧問團長蔡斯堅決反對，謂美援武器不能用來攻擊大陸（惟共軍卻完全是用蘇聯援助的新銳武器來攻擊外島）。俞堅持，並請其請示華府，到 17 日，正巧在一江山戰役爆發前夕，美方終於同意國軍轟炸大陸三天。於是 1 月 19 日起，空軍第一、第二、第三、第五聯隊共三十九架戰機分別對廈門、福州、

---

63 蔣中正親筆信照片、守軍的決心與行動，以及胡炘師長夫人在接到其丈夫的訣別信之後的回信均見汪士淳，《漂移歲月》，頁 78-82。

64 1955 年 1 月 18 日日記，張維海，〈大陳島撤退作戰前後〉，頁 816-817。

汕頭各港口及船隻、台山列島、三都澳、黃岐、閩江口、定海灣等地進行報復性轟炸了三日。[65]

　　1月22日後蔣中正總統日記「上星期反省錄」再記：「將士壯烈犧牲，余不能為之援救，此心悲痛盍極，必有以報復之，以慰我軍陣亡將士在天之靈」。[66] 2月1日，國軍空軍於晚上9時再夜襲一江山及頭門島的共軍陣地。到了2月18日，終於等到復仇的機會。國軍的海空軍在浙江、福建交界處的台山列島附近海面，消滅了一個由沙埕港出來向台山島增援的大船團。根據國防部的公報和空軍總部的戰報，擊沉共軍五百噸以上砲艇五艘、潛水艇一艘、三百噸登陸艇八艘、武裝機帆船八艘，共二十二艘，另有二艘大型戰艦不敢接戰先逃，然後砲艦也逃逸、卻不掩護其登陸艇；中彈艦艇共軍則紛紛跳海，只因附近暗礁多，且共軍岸砲轟擊激烈，故海軍艦艇沒有能拯救落海共軍。這次「給一江山烈士復仇的戰役」，尤其空軍B-25擊沉潛艇創造了紀錄，讓美國數家報紙在2月18日把此一沿海島嶼衝突中最大的海空戰鬥，連同蔣中正和艾森豪關於完成大陳撤退致謝的來往信函同時予以登載。[67]

65　〈前國防部長俞大維對一江山戰役、大陳轉進日記〉，頁21-22。

66　「蔣中正日記」，1955年1月22日後「上星期反省錄」。

67　《中華民國史事紀要—民國44（1955）年1-6月》，頁324-26；海軍立功者為黎玉璽副總司令及艦長曾輝華、池孟彬、許成功、郭勛景、李伯州五人及其官兵，而僅25號旗艦中一砲、26號砲位爆炸傷亡四人；空軍立功者為楊純厚、周啓化、張運發、鍾萬、楊隆富（以上係炸沉潛艇之B-25機員），及陳莊普、李維良、孫材敏、陳大勛、萬昌美、張佛華、黃興和、崔岩、劉澤霖。另見張維海日

四、王生明司令作戰簡歷及其主要幹部

王生明司令在 1955 年開年時參加國軍英雄戰士表揚大會而回臺，共軍進犯一江山動機明顯，便準備在回到一江山之後為國犧牲，因此在基隆上船回到戰地之前特別照了全家福照片，並對其獨子王應文諄諄囑咐。[68]

王生明，別號至誠，湖南祁陽人，1910 年生。因家庭經濟狀況不佳，十三歲便加入湖南學兵隊當預備兵，其後部隊參加北伐，成為第八師，1937 年抗戰軍興，第八師參加淞滬會戰，王生明擔任連長，在蘊藻濱苦戰，[69] 全連只剩九人還不退，即為當時在淞滬戰場擔任第十七軍團長的胡宗南中將所賞識。

第八師後來調西安整訓，其後參加各地作戰，王生明都立功因而升為上校團長。戡亂戰爭中，第八師在山東、東北等地作戰，在徐蚌會戰後調臺灣，王生明則升任一九八師副師長。[70] 1949 年 10 月政府遷重慶，川陝告急。王生明卻從臺灣主動電報陝西漢中，向川陝甘邊區綏靖公署胡宗南主任請纓去前線，於是赴陝西漢中，在第二十七

記，〈大陳島撤退作戰前後〉，1955 年 1 月 26 日，頁 819；《顧維鈞回憶錄》，第 12 分冊，頁 217。

68 王應文，〈正氣永留全世界，忠魂常繞一江山〉，《浩氣長存：一江山戰役 60 週年紀念集》，頁 6-7。

69 第八師在淞滬戰役中係於 1937 年 9 月 21 日晚在蘊藻濱左岸楊家宅、紫藤海、老宅陣地接防第七十八師後與日軍對戰。見吳允周，〈淞滬抗戰及創辦西安王曲軍校之回憶〉，《吳允周將軍紀念集》，頁 201-202。

70 趙滋蕃，《烽火一江山王生明傳》，第 1-8 章；〈忠烈事跡：王生明〉，《一江山殉職將士忠烈錄》，頁 81-82。

軍（軍長劉孟廉）指揮之第一三五師擔任少將副師長。此
時，胡主任商得臺灣省主席陳誠協助，以黃金一千兩在臺
北松江路、南京東路一帶建築眷舍五十間，供前線高級將
領們的眷屬先來臺居住，以便使各將領無後顧之憂，王生
明被配得半間（與第七十六軍第二十師師長胡文思眷屬同
住），王夫人便偕同其子王應文居住其間。[71]

　　1949 年 12 月成都保衛戰，國軍以一當十，第一三五
師因為共諜郭汝瑰率領國軍第七十二軍在原防守地叛變投
共，讓共軍提前建立包圍圈，以致在樂山附近腹背受敵，
所部傷亡殆盡，乃與長官副軍長吳俊化裝出險，[72] 於 1950 年
2 月輾轉來到臺灣，入國防部政幹班受訓。其後編入軍官
戰鬥團，以胡宗南老長官為大陳反共救國軍總指揮，赴大
陳擔任上校副大隊長，戍守下大陳。1952 年冬返臺入步兵
學校高級班受訓，畢業後調任一江地區副司令，繼而調任
南麂地區副司令、司令，再於 1954 年 10 月調往一江山。[73]

　　隨同王生明駐守一江山的游擊部隊，全是胡宗南在

71　此為王應文先生於 1990 年代及 2013 年數次告知筆者。關於眷舍事，可
　　參考《疾風勁草：胡宗南與國軍在大陸的最後戰役（1949-1950）》，
　　頁 94-95；《胡宗南先生日記》，1949 年 10 月 18 日記：「電陳辭
　　公，擬將高級將領 50 家送臺灣，請代建築房屋」；11 月 8 日：「匯
　　臺北陳主席黃金壹仟兩，建築軍官眷屬住宅」。另見孟興華（前化
　　學兵學校校長，王曲聯誼會會長），〈黃埔之光，軍人楷模，民國
　　完人〉，《令人懷念的胡宗南將軍》，頁 130-131；部隊番號參考《國
　　民革命軍戰役史第 5 部－戡亂》，第 7 冊，頁 156-157。

72　《疾風勁草：胡宗南與國軍在大陸的最後戰役（1949-1950）》，
　　第 9 章。

73　《一江山殉職將士忠烈錄》，頁 82；《疾風勁草：胡宗南與國軍在
　　大陸的最後戰役（1949-1950）》，附錄 9。

大陳時訓練並率領突擊大陸而獲勝立功的子弟兵。[74] 其中
第四大隊在 1953 年元旦時，還由官兵代表一百人在大陳
難得買到的硬紙板上用彩色書寫「雪恥復國」四個大字，
再以毛筆工整簽名，向「秦先生」（胡宗南化名秦東昌）
「恭祝新年勝利」。該大隊在 6 月鹿羊戰役時擔任主攻，其

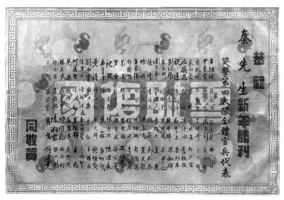

反共救國軍精銳第四大隊代表於 1953 年元旦在紙板上簽名向秦東昌總
指揮（胡宗南的化名）賀年，其中大部分成員即於兩年後的一江山戰
役中殉國（筆者提供）。

後調一江山。在 1955 年 1 月一江山戰役時，除了少數已經
調到別單位的同仁（如池蘭森），其餘都在戰役中陣亡了。

　　當時王生明主要的幹部是參謀長王曰詁烈士（比照[75]
上校），山東泰安人，四十一歲，中央軍校十二期、陸大

---

74 例如第四大隊於 1953 年 6 月攻擊大小鹿山及羊嶼，第二大隊的第
　　四中隊於 1952 年 8 月在攻擊南、北鹿島時均戰勝當地共軍而立功，
　　見《胡宗南先生日記》，1952 年 8 月 11 日至 17 日，1953 年 6 月
　　19 日至 23 日。

75 反共救國軍當年沒有能被國防部授予國軍軍階，是以陣亡後只能用「比
　　照」方式表示其階級，在生前自亦無眷補眷糧。另見第 12 章第 4 節。

十九期，曾任陸軍第九十軍（前為整編師，師長嚴明，1948
年2月底陝北宜川戰役自戕）參謀長，因戰功獲頒忠勤勳
章。亦係以戰鬥團團員身分赴大陳追隨老長官胡宗南。
在赴大陳之初，留下遺言給朋友：「大陸失敗使吾人不能
不以贖罪心情從頭作起，我能被派到大陳前線，生死無足
輕重，但求能多殺敵」。

　　政治部主任孫剛甫（比照中校），湖北蘄春人，三十
三歲，畢業於戰幹團、政工幹校游幹班，抗戰時參加游擊
隊對日軍作戰重傷，為當地中共游擊隊所擄，拒降被槍殺
不死，戡亂戰爭中因其父親庭訓殷切而在上海、舟山等地
從事最前線工作，用「苦我最先，甘我最後」來自勵。在
一江山發動一百五十人上血書，宣誓效忠給蔣總統；一江
山戰役時在烈火中打赤膊端衝鋒槍躍出碉堡與共軍同歸於
盡。未婚，照顧其妹菊瑞成長直至入臺北一女中就學。孫
菊瑞其後擔任「新北市一江山戰役協會」理事。[76]

　　周元組長（比照中校），湖北新化人，三十六歲，
中學時即加入胡宗南率領的第一師，抗戰時進入西安陸軍
第七分校十五期，畢業後任連長時參加西峽口戰役殲滅日
軍立功，後來獲勝利勳章；戡亂戰爭中參加隴東陝北各戰
役，戰事逆轉後赴香港，再參加游擊，1954年任南麂地區
補給組長，隨王生明司令轉一江山，策畫海上運輸與軍中
補給。成仁前兩週寫信給其妻劉霞女士，強調：「我身為

76　〈孫菊瑞追憶胞兄一江山烈士孫剛甫〉，《浩氣長存：一江山戰役
　　60週年紀念集》，頁73-75。

革命軍人，受黨國培育，當效命疆場，家事由你負責」。
周元之妻劉霞係 1950 年 3 月西昌戰役後被俘不屈殉難之第
二十七軍劉孟廉中將[77]之女，是以她是雙重烈士之至親。

2022 年 2 月 3 日筆者拜候雙重烈士之至親，當時 99 歲的劉霞女士。按，劉女士之父劉孟廉中將於 1950 年春之西昌戰役中殉國；其夫周元（比照中校）於 1955 年 1 月一江山戰役中殉國（筆者提供）。

　　葛世傑（比照中校），浙江臨海人，三十二歲，抗戰
時以高中肄業生入軍校十七期工科，先後服務於獨立工兵
第八團、裝甲兵教導總隊、第三編練司令部，任排連營
長。1949 年後即參加江浙游擊工作，1952 年調任一江地
區司令部作戰組長，三年來構築戰術工事，設計監督，煞
費苦心，其堅固及效果令共軍損傷慘重。

---

77 劉孟廉中將，陝西人，黃埔四期，1949 年率第二十七軍以強行軍自陝
　南趕至四川樂山阻擋共軍，在共軍包圍成都逐漸成形之 12 月 10 日
　下午，蔣中正總裁偕同蔣經國等人離成都飛臺灣時，機場警衛即係
　劉軍長之部隊。此情及第二十七軍之作戰、劉軍長之殉國情形參考
　《疾風勁草：胡宗南與國軍在大陸的最後戰役（1949-1950）》，頁
　139、144-145、245。

王先武（第四大隊副大隊長，比照中校），浙江臨海人，三十九歲。

胡紹卿（第二大隊第四中隊長，比照中校），四川綦江人，四十六歲。

徐旭東（敵工科員，比照中校），浙江淳安人，四十五歲。

徐達貴（直屬中隊中隊長，比照中校），湖北自忠人，三十歲。

張仁壽（第四大隊第一中隊中隊長，比照中校），浙江臨海人，三十九歲。

羅耀秋（特種大隊審訊小組組長，比照中校），浙江溫嶺人，三十五歲。

其餘更多比照少校及尉官陣亡者不列。

至於副指揮官兼第四大隊大隊長王輔弼（比照上校）一向待人寬厚，為國盡忠，當其指揮所被炸時，王輔弼被彈片擊中頭部昏厥，與其他受傷者同時被俘，醒來後無法動彈，更無法自殺，但是中共將他被俘事大肆宣揚，令他百口莫辯。詳情只有等到一江山受傷被俘的機槍手陳小斌上士勞改五十六年，2011 年獲釋返臺後才為人知曉，還了他清白。[78]

---

78 陳小斌 2011 年返臺時受到陸軍司令楊天嘯及後備司令部高規格接待，見池蘭森，〈池蘭森先生訪問紀錄〉，頁 631；王輔弼受冤數十年終被昭雪，見程嘉文，〈一江山老兵歸來，未成仁「絕非孬種」〉，《聯合報》，2011 年 2 月 16 日；中共宣揚「生擒」王大隊長事，見《上將張愛萍》，頁 470-471。

　　另外，一江山上的女性醫護人員蔣桂花、黃鳳英、陳花玉及項小蘭，在砲火下為負傷守軍施以急救，卻自己殉國，而游擊女英雄尹桂香則堅持不投降，跳海自盡。[79]

五、朝野紀念一江山戰役的作為

　　一江山戰役結束後，蔣中正總統於 1 月 31 日在反省當月時記：「此役之壯烈實為黃花崗以來所未有之史詩，乃可永光史冊矣」！[80]

　　其實，在 1 月 20 日戰役一結束時，蔣中正即派蔣經國前往一江山烈士家中慰問，並派員致送慰問金，特別關懷王生明夫人柳淑輝女士和周元組長夫人劉霞女士。

　　2 月 17 日，「中華民國各界追悼一江山成仁烈士大會」在臺北市三軍球場舉行，參加者近萬人，也包括從大陳剛遷來臺灣的同胞。蔣中正親臨致祭，由總統府祕書長張羣、參軍長孫立人、國防部部長俞大維、代總長彭孟緝陪同，沉痛地要遺眷們「好好教養兒女成人，國家一定對你們負責的」。

　　大會由立法院院長張道藩主祭，考試院院長莫德惠、中國民主社會黨主席徐傅霖、亞洲反共聯盟中國總會理事長谷正綱、臺灣省主席嚴家淦、臺灣省議長黃朝琴、臺北市長黃啟瑞等陪祭，張院長勉勵全國軍民要踏著一江山烈士

---

79 《浩氣長存：一江山戰役 60 週年紀念集》，頁 20。
80 「蔣中正日記」，1955 年 1 月「上月反省錄」。

的血跡前進，發揚他們的革命精神，並對各遺族援助。總
統親頒「民族正氣」橫額，懸於正前方。大陳防衛司令劉
廉一報告三日戰鬥經過，特別提到王生明、孫剛甫、尹叶
宇、周元、朱震、何金章等烈士的戰鬥事跡和犧牲情形。
其他貴賓致辭後，遺族代表孫鏡湖（孫剛甫烈士之父）致
辭感謝，希望大家為烈士們復仇。[81]

　　美軍顧問團團長蔡斯少將特別來到靈堂，向王生明
夫人行標準軍人舉手禮表示敬佩，其公子王應文在旁答
禮，蔡斯並且還致慰唁函給王夫人：「代表美國政府向王
生明將軍為維護自由世界以及自由中國所作的犧牲，表示
最高的敬意與慰問」。[82] 後來，蔡斯在與蔣中正總統談話
時強調說：「一江山島游擊隊所表現的忠勇壯烈，顧問團
全體官兵均極欽佩感動，我人雖未參加作戰，但能為中國
盟友，亦感光榮」。[83]

　　此次紀念大會經費為一萬元，由軍友社、救濟總會社
會處、市政府、中央黨部、婦聯會、省議會、商會分擔。[84]

81　《中華民國史事紀要－民國 44（1955）年 1-6 月》，頁 317-319。

82　引自王生明將軍公子王應文在 2011（民國 100）年忠烈祠春季大典時
　　代表所有遺族的致辭。見羅秋昭編輯，《王應文先生紀念集：傳承父
　　志，以渡海興臺為己任》（新北：一江山戰役協會，2021），頁 31。

83　見〈蔣中正與藍欽就大陳撤軍及臺海停火案等影響談話紀錄（1955
　　年 1 月 22 日）〉，《中美協防（三）》，頁 336；《顧維鈞回憶錄》，
　　第 12 分冊，頁 96；蔡斯致王夫人的唁函全文、王夫人回函、連同
　　蔡斯回憶錄相關部分中譯文見《浩氣長存：一江山戰役 60 週年紀
　　念集》，頁 56-57。

84　1955 年 2 月 4 日紀念大會籌備會會議記錄，檔案管理局：A300000
　　000A/0044/3-3-3-7/89。

同日，總統明令追晉故陸軍步兵上校王生明為少將，以資表彰。但他在追悼會之後的日記中記：「見到一般孤兒寡婦，無言安慰，內心悲哀不堪」。[85]

全臺灣的民眾隨即從北到南的發起各種紀念一江山的行動，例如在臺北市南京東路、松江路口設置一江公園（此即前述胡宗南在 1949 年所建五十棟眷社的地點，王生明司令曾被分配半戶）及蔣中正總統親題的一江山殉難烈士紀念碑，並把王烈士居住的路名改為一江街、再把陽明山和芝山岩之間的道路改名為至誠路，因王生明號至誠。

此外，臺北市南港區還有一江山殉難烈士紀念園區和紀念碑，松山區則有生明里（現已不存，併入興雅里）。至於新北市中和區，則有當初安置各家遺眷所建的一江新城、有王生明將軍的銅像，以及一江堂，陳列著各烈士的照片。聯勤司令部接著在中和一江新村設立工廠，讓遺眷能夠做工貼補家用。

外縣市中，嘉義市的嘉義公園設有砲彈形式的一江山陣亡將士紀念碑，高雄市鳳山區有王生明路、生明里、生明社區；旗山區有一江飯館，澎湖有生明營區及生明樓；臺中市太平區有一江橋、大甲區鎮瀾宮供奉了一江山烈士牌位等。[86]

一般烈士年紀都不大，所以即使有遺孤，也多幼小，

---

85 「蔣中正日記」，1955 年 2 月 17 日。

86 《浩氣長存：一江山戰役 60 週年紀念集》，頁 108-111。

其生活及教育是個重要的問題。蔣中正前在 1952 年即曾為了培養在臺烈士遺族人才，指示國防部會同教育部及臺灣省政府利用現有學校，使烈士子女免費入學，各單位已根據小學、中學、大學不同的階段擬定具體辦法實施。[87]

這次一江山戰役之後，蔣夫人宋美齡女士便要求大陳將一江山和當地孤兒送來臺北，同時在剛決定大陳遷臺時的 1 月 29 日，蔣夫人便在婦聯會接見了八十四位孤兒，並邀請了臺省嚴家淦主席和社會、財經、教育各方面領導人士谷正綱、王德溥、黃季陸、徐柏園、傅雲、高玉樹、江海東等舉行大陳軍人子弟來臺安置籌備會議，由婦聯會附設育兒院，收容軍人子弟及戰地孤兒五百名，經費定為三百萬元，由各界提供，並成立大陳軍人子弟及孤兒來臺理事會，蔣宋美齡為理事長，理事會統籌孤兒接運及來臺後的安置事宜。

後來成立華興育幼院，初期設在臺北市大理街，次（1956）年在陽明山仰德大道的校舍興建完成，遂遷入現址，其後隨著院童成長，繼續成立華興小學、中學，學生住校，均是全公費。[88]

87　《中華民國史事紀要―民國 41（1952）年 7-12 月》，頁 286-287。

88　《中華民國史事紀要―民國 44（1955）年 1-6 月》，頁 171；另參考〈徐彩球感念華興撫育恩澤〉、〈黃道昇感恩國家照顧永不止息〉、〈蔣夫人與華興獻愛溫暖陳秀芳〉等文，均列入《浩氣長存：一江山戰役 60 週年紀念集》，頁 76-84。此外，筆者內子林惠英女士因係具教育行政專才之婦聯會委員，遂在 1997 年被已經一百歲的蔣宋美齡夫人聘為華興駐校董事，曾致力協助改善華興中小學與育幼院之行政及提升學生生活，強化教學環境，並在 1999 年臺灣九二一大地震時與南投老縣長吳敦義之夫人合作，將毀壞最重的南投地區受

　　總之，一江山戰役反共救國軍的奮鬥與犧牲在國內外都發生了重大的影響，國軍自此每年均以各種方式紀念；2024 年初，國防部北部地區後備指揮部並在民間公司支援下，將中和區的一江堂整建成史蹟館，供各界參觀。

　　一江山戰役後，當時的國防會議副祕書長蔣經國認為它有三個重要的意義：首先就是使得共軍對於民國政府的部隊重新估價——中共「集中三軍的力量，卻還要打三天不投降，這是他感到最可怕的一件事；第二、使得世界上的人，尤其是美國人，看到我們的部隊肯犧牲、有戰鬥精神，能打仗；第三、這場戰役增加了我們全國軍民對自己的信心」。[89] 而由於一江山是大陳的門戶，失陷之後大陳的防守問題立即浮上檯面。

　　災孤兒接去華興接受照料及免費教育。

89 〈反共救國團主任蔣經國演講：浩氣長存一江山〉，《浩氣長存：一江山戰役 60 週年紀念集》，頁 51-52。

第十一章 大陳換金馬的外交折衝

軍事上，大陳既因為一江山失陷而受到重大威脅，此時為保國家安全，更加需要外交上的折衝，而外交人員在臺北和華府盡力，始終未停。

第一節 美方主張大陳撤退並提《臺灣決議案》

當時在大陳的美軍顧問從望遠鏡中看到反共救國軍奮戰的整個過程，感動得流淚，告訴臺北國防部人員說共軍的砲火比韓國戰場上的還要猛烈（毛澤東在韓戰期間電報蘇聯史達林表示，消滅聯軍一個連便需要三十門火砲打一萬發砲彈）。[1]而美國駐華大使藍欽對於一江山將士的奮戰精神也十分敬佩，形容這場戰爭「他們支持了兩天直到全部玉碎」，立即致電國務院，轉達俞大維部長的警告說，「大陳情況極端嚴重，中共對大陳的攻勢將引起一連串的報復行動，而將戰事擴大，因此請正式宣佈第七艦隊將予

---

[1] 〈毛澤東致史達林電：關於朝鮮戰爭形勢等問題（1952年12月17日）〉，《俄羅斯解密檔案選編：中蘇關係》，第4卷，頁301-306；《顧維鈞回憶錄》，第11冊，頁74。

大陳地區適度的空軍支援以對抗共軍進一步的攻擊」。藍欽建議美國政府在與其軍方研究後，接受俞大維的要求支援大陳，或者向中國政府正式建議撤退大陳軍民。[2]

先是，1 月 18 日戰役發生當日，美國國務卿杜勒斯在記者會上表示一江山沒有特別的重要性，也不是由國軍正規部隊防守，甚至保衛大陳在任何意義上都不是防衛臺灣和澎湖所必不可少的。他還強調正在敦促參議院批准中美共同防禦條約。他說這話，一方面是因為他當天已經和艾森豪總統通過電話，說明一江山的位置，強調一江山對於保衛臺澎沒有戰略上的重要性（這與當時北京和臺北的看法不同），艾森豪便要他貶低這個島嶼的重要性（to play down the importance of this island）；一方面是因為美國國會民主黨占多數，而艾森豪政府是共和黨，所以要讓共同防禦條約獲得參院支持，還需要再做一些遊說的功夫。[3]

美方若干輿論如華盛頓郵報和箴言報，和出名的作家李普曼（Walter Lippmann）等，那些時日還在呼籲美國參議院不要批准而擱置《中美共同防禦條約》；聯合國祕書長哈馬紹在訪問過中國大陸以後，也完全為中共說話，使得蔣中正「為一江戰況與美國荒謬及其龐雜輿論所困」。[4]

2　《藍欽使華回憶錄》，頁 242-44；Telegram From the Ambassador in the Republic of China (Rankin) to the Department of State, Taipei, January 19, 1955, *FRUS, 1955-1957, China*, Vol. II, Document 21.

3　《顧維鈞回憶錄》，第 12 分冊，頁 61；Memorandum of a Telephone Conversation Between the President and the Secretary of State, Washington, January 18,1955, *FRUS, 1955-1957, China*, Vol. II, Document 15.

4　「蔣中正日記」，1955 年 1 月 20 日；《顧維鈞回憶錄》，第 12 分冊，

接著，艾森豪在次（1 月 19）日，也在記者會中表示，雖然大陳作為對中共的觀察站有一定的價值，但他並不認為大陳和被攻擊的小島對保衛臺澎有多大的重要性。而且，也表示願意看到聯合國能發揮維護和平更大的影響力。[5]

一、美方表示願協助大陳撤退並協防金馬

美國時間 1 月 19 日，葉公超外長和顧維鈞大使分別於中午 12 時 45 分和下午 3 時 45 分到國務院和杜勒斯作了兩次重要談話。在第一次談話中葉外長和顧大使表示，大陳可以監控上海港的船舶進出，在防衛臺灣的地位上有其重要性，而大陳國軍也有防衛作戰的堅強意志，可以創造如古寧頭一樣的殲滅共軍的戰績。雖然軍事上無法單獨長期防守，需要美方協助，但在政治上則有重要性，這兩天杜卿和艾森豪的記者會言論已經造成了傷害，因為中共是把進攻沿海島嶼來試探美國的真正意圖，以後的目標是臺灣澎湖，中方只請第七艦隊恢復在附近的巡弋路線，為何在過去幾週內退縮？如果要大陳撤退當然會影響中方的民心士氣，如果必須如此，美國能否發表一項會給予中方對於沿海島嶼精神和物質上支持的聲明等。

在第二次談話中，杜勒斯表示和艾森豪總統和軍方的雷德福主席午餐商議後，正式表明，贊成中方以重組部隊

頁 72。

5　《顧維鈞回憶錄》，第 12 分冊，頁 62。

（regroup the forces）為名撤出大陳島，以避免在大陳作消耗戰，而美國可以提供空中和海上掩護，而且宣佈金門可以在聯防範圍內。艾森豪總統會在相關的聲明中提及美國會協防金門。但他也警告說，如果中美共同防禦條約（讓人認為）會把美國拖入一場亞洲戰爭，那麼條約批准的可能就微乎其微了；另外為了在條約批准前保衛金門的安全（九三砲戰以來，金門一直面對中共進襲的威脅），而且為了協助國軍自大陳撤退，他準備採取一項緊急措施，就是請國會通過一項授權總統用兵的「決議案」，因為如果共軍對第七艦隊攻擊，美軍便必須攻擊大陸上的目標，而這就需要國會同意。另外「貴方是否願意防衛馬祖，請你們決定，個人認為馬祖應當同時撤退。」

二、美方的作為和中方的應對

　　其實，杜勒斯在和葉、顧二人下午會面前，才剛和英國駐美大使麥金斯（Sir Roger Matkins）等舉行會議，請英國支持美方將在大陳和聯合國所採取的行動。[6] 然後在次（20）日一早，杜勒斯便連同雷德福主席邀請參眾兩院的兩黨領袖各六位到國務院，以地圖詳報目前大陳和臺海情勢，並提出自己的想法。議員們紛紛提出不同的觀點，但

6　Memorandum of a Conversation at the Department of State, January 19,1955, 12:45pm, 3:15pm, 3:45pm, 4:45pm, Memorandum of a Conversation at the White House, January 19, 1955, 1:15pm, *FRUS, 1955-1957, China*, Vol. II, Documents 16, 18, 19, 20, 17.

友好的諾蘭參議員則協助說明複雜的情況。經過二小時的討論，議員們儘管有不同意見，最後至少同意先通過授權總統用兵的決議案，讓美國協助國軍撤離大陳，然後再儘快批准《中美共同防禦條約》。[7]

接著，艾森豪總統在 20 和 21 日分別舉行第二三二和第二三三次國安會的會議，討論外島問題。援例均先由中情局長艾倫杜勒斯（Allen Dulles）報告，他竟然根據中共的宣傳報告稱一江山戰役二小時就結束了，而且說大陳國軍士氣低落，美方人員都已撤離大陳，同時對劉司令官有不利的評語（此反映中情局駐外人員的素質良莠不齊）。兩次會議都進行了冗長的討論，其中國防部部長威爾遜再主張美國只要防衛臺澎便可，臺北應當放棄現在占有的外島；國務卿杜勒斯反對，強調這不但對民國政府絕對不利，對美國盟國也會產生巨大不利影響，而中共預備和美方打大戰的機率估計小於 50%（事實上，中共根本不願和美國衝突）；參謀首長聯席會議主席雷德福則以其專業，強調美國要協防臺澎，則不只是能監視廈門港的金門，還應協防能監視福州港的馬祖列島等。

在第二次的國安會議中，通過了由總統請國會授權用兵協助中方撤離大陳、由聯合國提案終止臺灣附近的衝突、而且在中共集中兵力要進犯臺澎的前提下，協防金門和馬祖等政策。杜勒斯也提到（由於顧慮英國等），**將會**

7　Memorandum of a Conversation, Department of State, January 20, 1955, 9:am, *FRUS, 1955-1957, China*, Vol. II, Document 22.

把協防金馬事以私下的方式告知臺北和北京。[8] 因為，在前（20日）晚，英國大使回報杜勒斯並提供書面資料說，英國內閣為外島危機開過會，對美方的預定做法有疑慮，認為如果明白表示要協防金門，則紐案在聯合國要成功是絕無可能，而且會激怒中共，最後或將使得美國不得不使用原子武器。[9]

因此，杜勒斯在21日晨開完國安會議之後，即在10時30分再約見英國大使，保證不在公開聲明中明指協防金門和馬祖，也表示會儘量約束臺北，在聯合國提停火案時不要對中國大陸採取軍事行動，英方（還代表大英國協如澳、紐、加等國）才表示會在紐案上合作。[10]

接著，杜勒斯在11時45分約見葉外長和顧大使，首度表示，馬祖也將被包括在美國打算幫助中方防守的島嶼之內，但美國參加金門和馬祖的防守不是根據共同防禦條約，而是根據總統的行政命令行事。他說，藍欽大使從臺北發來的電報請求立即派第七艦隊到大陳附近、為撤退

---

8   Memorandum of Discussion at the 232d Meeting of the National Security Council, January 20, 1955; and the 233d Meeting of the National Security Council, January 21, *FRUS, 1955-1957, China*, Vol. II, Documents 23, 26.

9   Memorandum of a Conversation, Department of State, January 20, 6:30pm, *FRUS, 1955-1957, China*, Vol. II, Document 25; 英國的地理位置距離蘇聯近，其朝野對於蘇聯核子武器的威脅尤其敏感，是以一再敦促美國在亞洲採姑息作法。

10 Memorandum of a Conversation, Department of State, January 21, 1955, 10:45am; Memorandum for the Record by the Assistant Secretary of State for European Affairs（Merchant），January 31, *FRUS, 1955-1957, China*, Vol. II, Documents 27, 67.

提供運輸工具、把馬祖包括在聯防計畫內，以及迅速批准
共同防禦條約四件事。[11]

　　但是在美國參議院中，這時外委會中聯合國事務小組
主席、民主黨籍參議員韓福瑞（Hubert H. Humphrey，後
來曾擔任詹森總統時代的副總統，還在 1966 年來臺灣觀見
蔣中正總統）[12] 竟然建議把臺灣交給聯合國作為託管地，
理由是美國對遠東無力承擔全部責任。[13] 這位重要的參議
員的作為，顯示中美條約要在參院通過的確需要進一步的
努力。

　　同日，蔣中正總統在臺北召見副總統陳誠、總統府祕
書長張羣、行政院院長俞鴻鈞、副院長黃少谷、國防部部
長俞大維等，研究後決定接受美國關於撤離大陳之建議，
因為美國將提一項《臺灣決議案》，並且保證協防金門和
馬祖。

　　蔣乃即電報在華府的葉公超外長指出，接受撤出大陳
的決定，雖然是戰略上之錯誤，而為中共之勝利，但是為

---

11 Memorandum of a Conversation, Department of State, January 21,
　1955, 11:45am, *FRUS, 1955-1957, China*, Vol. II, Document 28;〈葉公
　超顧維鈞電蔣中正俞鴻鈞美方對外島防務之基本立場（1955 年 1 月
　21 日）〉，《中美協防（二）》，頁 120-122。

12 韓福瑞 1966 年來臺北是告知美國將派軍大舉介入越戰，不料蔣中正
　認為這不是正確的作法，忠告說只要對南越軍隊派顧問、提供軍備
　便可（根據當時傳譯錢復博士的回憶）。後來尼克森總統在 1969
　年 11 月 24 日宣佈美軍撤出越南的全國電視演說中還提及此項談話
　內容，表示這是「某亞洲領袖的勸告」，錄於《從尼克森到柯林頓：
　美國對華一個中國政策的演變》，頁 33-34。

13 《顧維鈞回憶錄》，第 12 分冊，頁 84-85。

了減少更大的政治上不良影響，當中方發表撤守大陳之聲明時，盼望美方能發表協防金馬之聲明；同時在敵前撤離三萬六千軍民（大陳軍民三萬二千，連同南麂的軍民則接近三萬七千人）必須嚴密部署，希望美方全力協助運輸工具，請第七艦隊司令蒲賴德中將（Vice Admiral Alfred M. Pride）儘速來臺和國防部詳定計畫；此外，中方亦絕對不會接受聯合國的要求停火計畫（以免造成兩個中國印象）等。

其後，葉、顧二人在向美方勞勃遜助卿轉達此訊息時，還強調撤離大陳要如同國軍撤離舟山時一般守密，中方對於美方總是洩密予報界十分不滿。而且如果美方「無法阻擋」紐案，則文字必須小心，而在提出時可否讓聯合國同時建議大陳成為一中立區？[14]

次日，蔣召見藍欽大使和蔡斯團長，在二小時的談話中嚴厲批評聯合國祕書長哈馬紹訪問大陸回美之後為中共講話，並且強調五年來不但訓示大陳官兵要和大陳共存亡，勉百姓與官兵同生死，現在要大陳居民拋棄誓死堅守的田園而隨軍撤退，實在是人間一大悲劇。當一江山被轟炸時，他曾要當地游擊隊撤退，但游擊隊官兵表示死守的命令可以服從，撤退的命令不能接受，願向敵人索取最高代價、戰至最後一人。請轉達美國政府，了解我們的犧牲

---

14 〈蔣中正與藍欽就大陳撤軍及臺海停火案等影響談話紀錄（1955 年 1 月 22 日）〉，《中美協防（三）》，頁 327-336。當天蔣宋美齡夫人、美軍顧問團團長蔡斯在座，由沈次長昌煥傳譯；Memorandum of a Conversation, Department of State, January 22, 1955, *FRUS, 1955-1957, China*, Vol. II, Document 30。

與困難。藍欽回答說，當立即報告國務院。[15]

22 日，俞大維部長請副總長余伯泉轉告顧問團長蔡斯，如果共軍再轟炸大陳，中方將再作報復性轟炸。23日（恰逢舊曆除夕），美國第七艦隊司令蒲賴德便來臺，和俞部長及參謀本部研商運輸計畫，並且於下午覲見了蔣中正，表示了解中方運輸船隻不敷使用之情況，與顧問團已經取得人員及噸位之數字，而在座的蔡斯也表示過去兩天顧問團已經將運輸詳細計畫擬定。蔣便提醒美方防備共軍突襲，並同意蒲賴德派人去大陳俾實地指揮美方船艦裝載之行動。蒲賴德也表示今後一段時間將在臺灣以北百哩處巡弋，隨時候召。[16]

至於在華盛頓的杜勒斯國務卿，則在 22 日電報美國駐蘇聯大使波倫，要他轉告蘇聯當局，說明美國為了要確保臺澎在友好政府手中，將協助中方從某外島撤離，並將在聯合國推動呼籲停火的紐案，目標就是促進和平，相信蘇方也冀望和平；同時請蘇聯影響中共，不要擴大戰事（wider conflict），而阻礙此一目標。波倫大使回電時表示，蘇聯認為臺灣相關事宜不影響其主要利益，因此不會對美方協助撤離事採取作為。[17]

---

15 藍欽大使忠實地轉達了蔣的談話，見 Telegram From the Ambassador in the Republic of China (Rankin) to the Department of State, January 23, 1955, *FRUS, 1955-1957, China*, Vol. II, Document 32；《顧維鈞回憶錄》，第 12 分冊，頁 92-96。

16 〈蔣中正與蒲賴德等會商大陳撤軍運輸計畫談話紀錄（1955 年 1 月 23 日）〉，《中美協防（三）》，337-341。

17 Telegram from the Secretary of State to the Embassy in the Soviet Union,

臺北乃於 23 日任命劉廣凱為撤離大陳軍民的中國海軍總指揮官，與蒲賴德中將和其所屬兩棲支隊司令塞賓少將（Real Admiral L. S. Sabin）協調辦理。[18] 而美國太平洋艦隊總司令史敦普於 30 日再從珍珠港來臺，晉謁蔣總統，並和在臺的第七艦隊司令蒲賴德中將、顧問團蔡斯少將等商議。蔡斯也在 29 日節略給中方的彭孟緝代總長，表示不反對國軍對大陳鄰近的共軍駐守島嶼攻擊，但希望在撤離大陳的過程中不要發動攻擊，而只作正常巡邏，以免共軍報復而影響撤離的進行。[19]

三、美國提出授權總統用兵的《臺灣決議案》

美國國安會在前述第二三三次會議中，同意國務院所擬國會授權總統在臺灣附近用兵的決議文大要，然後在國務院擬定全文之後，艾森豪總統便於 24 日正式向國會提出遠東政策的咨文，要求被授權使用武裝部隊協助民國政府「重新部署」（redeploy）其部隊以確保臺灣、澎湖的安全。艾森豪在提到中共對大陳的攻擊時，特別

January 22,1955; Telegram from the Ambassador in the Soviet Union (Bohlen) to the Department of State, January 27, 1955, *FRUS, 1955-1957, China*, Vol. II, Documents 31, 47.

18 《劉廣凱將軍報國憶往》，頁 99-100。

19 《蔣中正先生年譜長編》，第 10 冊，頁 419；《中華民國史事紀要－民國 44（1955）年 1-6 月》，頁 173-175；Memorandum From the Chief of the Military Assistance Advisory Group, Formosa, (Chase), to the Acting Chief of General Staff of the Republic of China (Peng), January 29, 1955, *FRUS, 1955-1957, China*, Vol. II, Document 55.

讚揚一江山守軍稱 "Ichiang was seized last week by air and amphibious operations after a few fought bravely for days against overwhelming odds."（上週一江山少數守軍抵抗絕對優勢的空中和兩棲攻擊，勇敢地奮戰了幾天才陷落）。[20]

於是國會開始討論提出一決議案：《臺灣決議案》，其全名是「國會授權總統為了保衛臺灣、澎湖和該區域有關地區的安全而動用美國武裝部隊」（Formosa Resolution: U. S. Congressional Authorizations for the President to Employ the Armed Forces of the United States to Protect Formosa and Pescadores, and Related Positions and Territories of That Area）。該案只提到「有關地區」，卻沒有明指金門、馬祖等外島。很快的在1月24日於眾議院外交委員會通過，1月25日眾議院全院投票，再以四一○對三票通過，然後26日參議院的軍事和外交聯席會議以二十七對二票通過，28日晚參院全院又以八十五對三票的絕對多數通過。29日總統簽字發佈。[21]

這固然是艾森豪和杜勒斯事先和國會領袖溝通的結果，但也充分顯示：共軍以絕對優勢的三軍兵力對小島一江山的毀滅性攻擊，和反共救國軍不懼犧牲、奮戰到底的表現，已經引起了美國大眾的強烈警惕和對臺北的同情與支持，以致展現在國會一面倒的投票態度上。

---

20 Message From the President to the Congress, Washington, January 24,1955, *FRUS, 1955-1957, China*, Vol. II, Document 34.

21 臺灣決議案全文見 Joint Resolution by the Congress, Washington, January 29, 1955, *FRUS, 1955-1957, China*, Vol. II, Document 56；*China and the Taiwan Issue*, Document 11；《顧維鈞回憶錄》，第12分冊，頁97-107。

中共在 1 月 25 日發表聲明，《關於美國政府干涉中國人民解放臺灣的聲明》，指出「美國政府在中國人民最近勝利地解放了一江山島之後，就一面加緊軍事行動，進行戰爭挑釁，另一面策動通過聯合國進行所謂停火的詭計（亦即紐案），來干涉中國人民解放臺灣」、「解放臺灣是中國的主權和內政，絕不容他人干涉」。[22] 但根據美國中情局在 25 日提出的情勢評估，認為在美軍協助大陳撤退時，共軍不會攻擊美國艦隊，但是會持續試探美國底線，如果美國堅定地表示要防守某座外島，中共會被遏止。[23]

葉外長和顧大使則先在 27 日到國務院和勞勃遜助卿商量，再於 28 日拜訪杜勒斯，就中方關於大陳撤離的聲明稿，以及美方在《臺灣決議案》發表之後的總統聲明稿內容加以研究。杜卿表示《中美共同防禦條約》現在已經提交參議院審議，民主黨籍的議長喬治（Walter F. George）正在疏通一些反對此項條約的參議員，條約應可在 2 月中旬批准；葉部長則表示當美國參議院現在正在考慮《臺灣決議案》和批准中美條約之時，中方不會做出使美國政府為難的事，只是要堅持中方和美方聲明中提及協防金門、馬祖的必要性，不能讓中方的軍民因為撤離大陳而挫傷士氣。但勞勃遜和杜勒斯都強調，美國政府不願提及任何島嶼的名稱，是因為國會決議文的用語實際上比金門和馬祖

---

22 《周恩來年譜（1949-1976）》，頁 443-444。

23 Special National Intelligence Estimate, January 25, 1955, *FRUS, 1955-1957, China*, Vol. II, Document 40.

更廣泛，反而要再強調中美兩國悠遠的友好關係。

　　葉和顧請艾森豪總統能否宣佈美中兩國政府磋商加強沿海島嶼的防禦地位，以確保臺、澎的安全？杜認為這是一個好意見，便要在場的勞勃森助卿記下來。葉外長也提到，如果安理會討論停火案，中方恐怕就要停止從大陳撤出了，因為這會是怯懦的表現。對於要邀請中共到安理會報告這一提議，中方尤其堅決反對。

　　杜勒斯則再強調不願公開承諾防衛金馬，但是私下絕對對中方做保證，也坦白告訴葉和顧，英國並沒有同美國商量所謂要中方撤出所有沿海島嶼的「艾登方案」（當時的英國外相，主張中共控制大陸和沿海島嶼，讓民國政府只保有臺灣和澎湖，並且雙方以「兩個中國」的形式共同立足於聯合國），而且他不認為中共會接受安理會的邀請派人出席停火案。[24]

第二節　有關防衛金門馬祖的外交波折

　　事實上，在壯烈的一江山戰役之後、《中美共同防禦條約》獲得批准之前、國內外人心不定之際，這個《臺灣

---

24 Memorandum of a Conversation at the Department of State, January 27, 1955; January 28, 1955, FRUS, 1955-1957, China, Vol. II, Documents 46, 50;〈葉公超顧維鈞電蔣中正美國會可望通過防禦條約及紐案於安理會之情況（1955 年 1 月 27 日）〉，《中美協防（二）》，頁 123-128；〈葉公超顧維鈞電蔣中正唔杜勒斯對大陳駐軍之聲明提出三項意見（1955 年 1 月 28 日）〉，《中美協防（二）》，頁 127-128；《顧維鈞回憶錄》，第 12 分冊，頁 120-126、131。

決議案》由美國國會順利通過，是個積極而對民國政府安全有利的文件。因為它不論對於擬議中的大陳撤退或是防衛金門、馬祖等島嶼，甚至為防備中共攻臺，都在為艾森豪總統和美國行政單位調動軍隊可能採取的措施，提供了一個法律基礎。[25]

一、中方不滿美方言論及其後的交涉

只是國務院和葉、顧兩人談話後，為了讓艾森豪發表合適的聲明，便根據葉公超的建議，擬好了一篇聲明稿，在「有關地區與領土」後加入了「包括金門馬祖在內」，其中的關鍵句子英文為："such related positions and territories including Quemoy and Matsu the safeguarding of which the United States Government deems it essential in assuring the defense of Taiwan and Penghu"。[26] 但沒想到杜勒斯第二天在見到艾森豪談各項問題時「卻忘了給他」，然後兩人在週末都度假去了。但是，《臺灣決議案》於 1 月 29 日（週六）竟已在國會通過，比原先估計的還要快，所以艾森豪總統在當天簽署了這項決議案後，即發表聲明：「我們全國團結一致，決定幫助一個勇敢的盟國抵抗共產黨的武裝侵犯……我們

---

25 葉公超外長在 2 月 3 日答復史密斯參議員（Sen. Alexander Smith）詢問時便是如此表示，他對這個決議案大體滿意。《顧維鈞回憶錄》，第 12 分冊，頁 165

26 此係葉公超和顧維鈞後來向蔣中正報告，其原來所擬的關鍵詞句，請勞勃遜、杜勒斯呈給艾森豪總統，俾放在其聲明中的，見〈葉公超顧維鈞電蔣中正爭取於美聲明稿增加協防金馬內容（1955 年 1 月 31 日）〉，《中美協防（二）》，頁 157-158。

正在採取措施以保衛臺灣地區的和平，我們準備支持聯合國為結束這一地區的敵對狀態所做的努力……」。[27]

這個聲明雖然有鼓勵性質，然而不但沒有如杜勒斯先前提到的協防金門馬祖，也沒有提折衷的說法：「將和中方磋商加強防禦其島嶼」，甚至連「中華民國」四個字都沒有講，只說「勇敢的盟邦」；至於臺北一再請美方不要提的聯合國要求停火案（也就是紐西蘭案），他居然還說了，而這個紐案明明是搞兩個中國，與中方要光復大陸統一中國的基本國策完全違背。

不但如此，臺北方面還認為，這個案子的主謀是英國，她要北京派人出席安理會，目的便是要讓中共進入聯合國，利用出賣中華民國換取維護大英國協在遠東的利益，以便促使美國集中其力量於歐洲。

所以蔣中正十分生氣，認為美國沒有信用，便召見美國大使藍欽強調稱，自從政府遷移臺灣之後，他自己就已下定決心與臺灣共存亡，不論友邦幫助我們或拋棄我們，我們都要戰至一兵一卒。大陳可丟，軍隊可亡，但**中國的尊嚴要保存。國家間要以誠信相待**，我從沒有對不起貴國，以後也不會。**現在美國背信**，如果美方不正式聲明，我們就不可能發出撤出大陳的聲明，何況中共已經將其東北和華北的空軍轉移到上海，隨時可以攻擊大陳。[28]

27　〈葉公超電蔣中正報告艾森豪簽署協防臺澎授權案及協助大陳撤退事宜（1955 年 1 月 29 日）〉，《中美協防（二）》，頁 141-143。

28　參考《顧維鈞回憶錄》，第 12 分冊，頁 117、126-128、134-135；

　　從以上已經公佈的檔案看出，美國總統不用葉、顧二人擬議的文字是因為已經對英國作了承諾，因此所謂杜勒斯「忘了」呈給艾森豪**完全是個託詞，敷衍臺北**；而中方懷疑（與中共有邦交的）英國在這些動作的背後施展了影響力也是正確的。因為英國首相邱吉爾在外島情勢緊張的時候，的確去信給艾森豪總統，**主張外島全讓中共拿去**，擔憂美國協助臺北防衛外島會引起和中共的大戰。艾森豪則回信說如果此時背棄中華民國，其對亞太地區盟國的心理影響將是不可承受的。[29]

二、美方的辯解及祕密承諾

　　美國駐華大使藍欽立刻把蔣的嚴肅談話轉回給艾森豪總統，艾森豪在 1 月 30 日告知勞勃森助卿，杜勒斯所提到美國要協防金門、馬祖的話是正確的，最後他之所以不公開提出，是希望「加強聲明的彈性」。勞勃森立刻轉告葉公超，而美方也馬上以極機密電報給臺北美國駐華大使館轉給中方，要藍欽大使特別小心地婉轉解釋稱：「美國政府並未改變……基本立場……美國艦隊在這個地區的存在和駐紮臺灣的美國空軍聯隊就是美國政府這種意圖

　　《蔣中正先生年譜長編》，第 10 冊，頁 419；Telegram From the Ambassador in the Republic of China (Rankin) to the Department of State, January 29、January 30, 1955, *FRUS, 1955-1957, China*, Vol. II, Documents 59, 60。

29　Letter From President Eisenhower to British Prime Minister Churchill, Washington, January 25, 1955, *FRUS, 1955-1957, China*, Vol. II, Document 41.

的具體證明。參議院正在加速審議批准共同防禦條約，已將聽證會從 2 月 7 日提前到 2 月 2 日……〔關於《臺灣決議案》〕總統的目的是幫助防衛金門和馬祖以對付武裝攻擊……我們是單方承擔保衛〈有關地區〉的義務……我們把中美兩方公開聲明的詞句侷限於美國國會的決議範圍……」。[30]

但是，蔣中正認為美方背信，不願接見藍欽，因此藍欽只好轉交給沈昌煥次長和甫從日本回來協助大陳撤退有關事宜的駐日大使董顯光。沈次長向藍欽婉言解釋蔣的困難主要是：他如何向國人解釋我們竟然要主動從大陳撤退，所以必須要有美方的聲明以安定民心，減少損害。

另外，在華盛頓的葉外長和顧大使從沈次長取得這份電文內容後，便再和美方交涉，還談到聯合國的形勢，並拿出當時報刊的一些評論，強調中方的疑慮，要杜勒斯再發公開聲明協防金門和馬祖。杜則強調艾森豪的聲明已經有了彈性，不必再發一個聲明，勞助卿則十分堅持，爭執之間，雙方情緒激動。

最後，勞勃森警告說，「國務卿已經保證，美國關於

---

30 祕密保證的全文見 Telegram From the Acting Secretary of State to the Embassy in the Republic of China, January 31, 1955, *FRUS, 1955-1957, China*, Vol. II, Document 69;〈葉公超電蔣中正美方聲明未提協防金馬之考量（1955 年 1 月 30 日）〉，《中美協防（二）》，頁 146-148;〈葉公超電蔣中正美方答文未提協防金馬之緣由（1955 年 1 月 30 日）〉，《中美協防（二）》，頁 149-150;〈葉公超顧維鈞電蔣中正爭取於美聲明稿增加協防金馬內容（1955 年 1 月 31 日）〉，《中美協防（二）》，頁 157-158。

防衛金門、馬祖的諾言都將繼續有效……儘管我們不能將此事公諸于世界，這種保證是真心實意的，而不是僅為取悅於中國政府的好聽言辭」，他說，臺北的疑慮是沒有根據的，美國無意承認共黨中國，或者接受英國的「兩個中國」觀點。美國政府不願發表另一項聲明提出協防金門和馬祖，其原因是不要引起國會的疑慮，但如果中方執意要在金門馬祖這些大陸沿海島名上把美國的承諾放上去，美國只有發佈聲明否認之。中國方面固然有困難，艾森豪總統也有他的難處。[31]

　　勞勃森固然是作了以上的強硬說明，他在當天稍晚的華府記者招待會中，卻公開表示，中共如果攻擊金門、馬祖，乃是侵犯臺灣的前奏，根據艾森豪總統的防臺議案（《臺灣決議案》）條款，美國將採取一切必要的反攻措施，以遏阻共黨攻擊。中共如果實行他們（有關「解放臺灣」）的恫嚇，便將冒著和美國作戰的危險。他進一步說，美國並沒有抹殺蔣總統軍隊有一天重回大陸的可能性，現在大陸上還有許許多多的內部問題、仇視與嫉忌。他暗示蔣總統利用以重返大陸的時機可能到了。[32] 雖然如

---

31 Memorandum of a Conversation, January 31, 1955, *FRUS, 1955-1957, China*, Vol. II, Document 70; 艾森豪對於他所面對軍事上的困難、歐洲盟邦對他協助外島情勢的不諒解，以及國內政治的問題等向他的舊日同僚訴苦，見 Letter From the President to the Supreme Allied Commander, Europe (Gruenther), February 1, 1955, *FRUS, 1955-1957, China*, Vol. II, Document 71；另參〈葉公超顧維鈞電蔣中正已向美方表示未聲明防衛金馬之影響（1955 年 1 月 31 日）〉，《中美協防（二）》，頁 153-158；《顧維鈞回憶錄》，第 12 分冊，頁 144-171。

32 《中華民國史事紀要—民國 44（1955）年 1-6 月》，頁 175。

此，**美方內部對於蔣的憤怒十分在意**，國務院和雷德福等軍方高層立即集會商討，又因為第七艦隊已經開始集結到大陳外海，但卻未獲中方協助撤離大陳的要求，一時頗為尷尬。[33]

另一方面，要把大陳軍民撤來臺灣是一件大事，所以臺北一決定要將大陳遷臺時，立刻成立「**金剛計畫**」，要大陳防衛部做準備。[34] 於是，大陳地區負責政治工作與人民生活密切相關的專員公署（隸屬於浙江省政府，專員係沈之岳）在1月26日貼出公告，說明大陳地區已經進入緊急備戰時期，為確保民眾安全，擬將民眾疏散到後方，凡志願疏散之民眾自即日起來署登記。一時，大陳人民反應踴躍。[35]

1月27日，國防部長俞大維也到達大陳，指示準備將軍民同時撤離大陳，大陳防衛部也即成立「大陳居民後撤指揮部」，由沈之岳擔任指揮官，下設登記編配、運輸調配等四個組和一個祕書室，漏夜開始工作。29日至30日已開始上船，但1月30日共機仍來向海軍碼頭附近投彈，造成人民傷亡。[36]

---

33 Memorandum of a Conversation at the Department of State, January 30, 1955, *FRUS, 1955-1957, China*, Vol. II, Document 61.

34 大陳防衛司令部於1月25日接奉羅列次長通知，立即開始準備；27日立法委員祝紹周等人即到大陳指示大陳義胞接待辦法。見〈金剛計畫執行經過報告書〉，《大陳軍民撤退案》，檔案管理局：AA05000000C/0044/0550.02/4003。

35 全文及照片見《大陳島－英雄之島》，頁149。

36 張維海日記，1955年1月30日，〈大陳島撤退作戰前後〉，頁820。

　　但是因為美方不敢在聲明稿中明確指出要協防金門馬祖，使得臺北政府難以對百姓說明要主動撤離外島，蔣中正起先便主張大陳轉進只撤退居民，軍人不撤。國防會議副祕書長蔣經國在 1 月 30 日便銜命抵達大陳，帶來了總統手令，要守軍勿存撤退之念，而應準備作戰到底，他自己同時也留在這個極為熟悉的大陳，協助指導居民撤離的所有複雜工作。蔣經國特別在出發前寫信給國民黨青年部部長倪文亞（1903-2006，浙江樂清人，後來擔任立法院院長）表示：「國難當頭，吾人惟有犧牲自己，才能挽救國家於危亡之中」；同時也函告僑委會委員長鄭彥棻（1902-1990，廣東順德人，曾擔任中國國民黨中央黨部祕書長）：「今天抱著悲憤之心情到大陳去了。在自己沒有足夠力量可以抗敵的時候，只好作暫時之忍耐，以圖來日之成功」。[37] 所以為了要執行總統命令，死守大陳，戰到一兵一卒，蔣進一步在 2 月 2 日召集全戰地的政工人員舉行政工檢討會議，要所有人員有「不怕死」的精神和信心，「沉著堅定，帶頭殺敵」。[38]

37　《中華民國政府遷臺初期重要史料匯編：蔣經國手札（民國 39 年 -52 年）》，1955 年 1 月 30 日，頁 465；另參〈金剛計畫執行經過報告書〉，《大陳軍民撤退案》，檔案管理局：AA05000000C/0044/0550. 02/4003；《飄移歲月》，頁 83-85；張維海副營長即率幹部詳細分配甲午岩山營指揮中心之核心陣地，以備守到最後，見其日記，1955 年 1 月 31 日，〈大陳島撤退作戰前後〉，頁 820；《大陳島—英雄之島》，頁 133-148。

38　蔣經國全篇講話見《中華民國史事紀要—民國 44（1955）年 1-6 月》，頁 188-190；及《大陳島—英雄之島》，頁 138-139。

三、紐案暫被打消

　　值得注意的是，紐西蘭案在中方動員各種力量反對之後，杜勒斯在協防條約簽訂前後暫緩推出，但是 1955 年開年之後，鑑於中共軍事行動愈益積極，在一江山大戰又擺出要進攻大陳的態勢、且美方已決定協助中方撤離時，美方便邀同英國、紐西蘭組成了專案小組研究並提出具體計畫，決定趁紐西蘭在 1 月 31 日結束其安理會主席職務（主席即孟若大使 Ambassador Munro）之前，於 28 日在安理會提出停火案。[39]

　　美國駐聯合國代表在 25 日先和民國駐聯合國代表蔣廷黻溝通，請他不要在紐案提出時提否決票，而要讓蘇聯否決，蔣甚不悅，表示即使如此，也必然要發表講話。28 日，美國駐蘇聯大使也將該項動議轉告蘇聯外長莫洛托夫（Vyacheslav Molotov），而英國駐北京代辦也通知了中共外長周恩來。莫洛托夫表示問題起因於美國占領臺灣，而周恩來則強調艾森豪擬議的臺灣決議案是「戰爭訊息」，其憤怒的反應不出前述中共 25 日的聲明。[40]

　　蘇聯繼而在 30 日提交了一項「美國在中國的臺灣和

39 Report of New Zealand-United Kingdom-United States Working Party, Washington, January 26, 1955, *FRUS, 1955-1957, China*, Vol. II, Document 43.

40 Telegram From the Representative at the United Nations (Lodge) to the Department of State, New York, January 25,1955; Memorandum from the British Embassy at Washington to the Department of State, Washington, January 28, 1955; Telegram From the Ambassador in the Soviet Union (Bohlen) to the Department of State, Moscow, January 28, 1955; *FRUS, 1955-1957, China*, Vol. II, Documents 39, 51, 52.

其他島嶼地區對中華人民共和國的侵略行為」提案，要求美國撤出其在臺海地區的軍事力量。安理會經過投票後便決定將兩案一併列入議程，但先討論紐西蘭案。

1月31日，安理會討論是否邀請中共派代表去聯合國討論紐西蘭案時，九票對一票，只有中國蔣廷黻投票反對，美國代表Lodge也投了贊成票，還解釋稱這不代表美國承認中共。於是祕書長哈瑪紹便按照決議，邀請海峽兩岸都派代表前往聯合國共商不要在臺海動武一事（這時一江山戰役已經結束）。哈瑪紹還寫了十分溫婉的信給中共周恩來。[41]

正如杜勒斯所料，北京拒絕了紐西蘭的停火建議。總理兼外長周恩來在2月3日復電聯合國祕書長哈馬紹，並轉安理會主席稱：「中國政府堅決反對干涉中國內政、掩蓋美國對中國的侵略行為的新西蘭建議」，也拒絕派人去聯合國安理會，「只有在為了討論蘇聯的提案並在安理會驅逐蔣介石集團代表的情況下，中國政府才能同意派代表參加安全理事會的討論」。[42]

---

41 投票過程參考 Editorial Note 以及 Memorandum From the Assistant Secretary of State for International Organization Affairs (Key) to the Secretary of State, Washington, February 5, 1955, *FRUS, 1955-1957, China*, Vol. II, Documents 66, 92; D. Eisenhower, *Mandate for Change 1953-1956: The White House Years* (New York: Doubleday, 1963), p. 464;《顧維鈞回憶錄》，第12分冊，頁209-11；〈葉公超電蔣中正美方對大陳等外島納入協防範圍之評估（1955年1月12日）〉，《中美協防（二）》，頁110。

42 Telegram From the Ambassador in the Soviet Union (Bohlen) to the Department of State, February 4,1955, *FRUS, 1955-1957, China*, Vol. II, Document 81;《顧維鈞回憶錄》，第12分冊，頁165；《周恩來年譜

　　周恩來還在北京於當天的「全國計畫工作會議」上報告說：「我們的方針是：只要美軍撤退，臺灣可以和平解放……就是談判和平解放，也要有力量才能實現」，「我們的策略是：決不能答應沿海島嶼停火，防止將臺灣與沿海島嶼分開；決不能無條件到聯合國去，防止在聯合國造成兩個中國合法化的形勢，決不能同意允許什麼臺灣中立化或託管的辦法。」[43]

　　不但如此，中共還以此為原則問題，向一些外國使節強調要防備把中國領土割裂，造成兩個中國的陰謀。周恩來也另外向哈馬紹祕書長表示，停火與否是中國的內政，但如果要緩和遠東及臺灣地區的緊張局勢，則要美國直接同中共談。[44]

　　紐案暫時被打消，顯示了海峽兩岸都堅決主張不可造成兩個中國的態勢，但是由於遠東局勢仍然嚴重，所以杜勒斯國務卿繼續和英國、紐西蘭商議，還要找機會以聯合國的名義促使外島和臺灣地區恢復「和平」。[45]

四、中方接受美方關於金馬的祕密承諾

　　幾乎同時，英國國協總理會議在 2 月 1 日通過了由邱

（1949-1976）》，1955 年 2 月 3 日，頁 447。

43　《周恩來年譜（1949-1976）》，頁 445-446。

44　戴超武，〈中國、美國與第一次臺灣海峽危機的結束〉，《冷戰與台海危機》，頁 470-473。

45　例如 Telegram From the Secretary of State to the Embassy in the United Kingdom, March 23, 1955, *FRUS, 1955-1957, China*, Vol. II, Document 162.

吉爾首相提出的決議，要臺北完全從各外島（包括金門、馬祖）撤出，以實行停戰。蔣中正認為「英帝之此種凌弱獎惡，不知天下有公義與正理法律所在，余決不為強權所屈服」，乃於 2 日召見藍欽大使，要美國政府促使英國表明態度，不使我撤防大陳之中途發生變化。藍欽將美方保證的電報逐條解釋，詳細說明美方在過去二週內所面臨的困難和對民國政府不變的承諾，蔣亦將疑慮坦白表達，經藍欽解釋後，蔣表示，中方要自己在聲明中明白表達對金門馬祖的防衛。[46]

於是蔣中正在當天召見陳誠、張羣、俞大維會商，「決定接受美國之書面談話（即祕密保證），但我單方聲明仍須提及金、馬在協防之內」，然後電報在華府的葉公超，強調更重要的考慮是：「此時最主要工作為《中美共同防禦條約》儘速通過，最好在英國國協會議閉幕前通過」；而且告訴美方。[47]

蔣中正隨即在 3 日召見代總長彭孟緝，聽取撤退大陳之計畫，然後自記：「乃知不能先自撤退大陳之居民，而軍民副食與燃料已發生問題為慮」，[48] 便改變了原先只撤

---

46 Telegram From the Ambassador in the Republic of China (Rankin) to the Department of State, Taipei, February 2,1955, *FRUS, 1955-1957, China*, Vol. II, Document 72; 大英國協對外島局勢態度可參考 Telegram From the Ambassador in the United Kingdom (Aldrich) to the Department of State, February 5,1955, *FRUS, 1955-1957, China*, Vol. II, Document 87.

47 《顧維鈞回憶錄》，第 12 分冊，頁 141；《蔣中正先生年譜長編》，第 10 冊，頁 421-423。

48 「蔣中正日記」，1955 年 2 月 4 日；以上曲折經過，包括從接到

離居民、留下部隊作戰的想法，而讓軍民同時撤離大陳。2月3日蔣中正之所以改變主意，是在國防部部長俞大維及軍方首長彼此商議後，婉言向蔣建議，如果只撤居民、不撤軍隊，實際上會為留守的軍隊和後勤補給造成很大困難，才讓他重新作決定。

至於為什麼美國從總統到國務卿到勞勃森助卿，都那麼固執地不願在公開文件中明白提到協防金門、馬祖？一方面是國際上有英國、加拿大以及其他歐亞盟邦的疑慮，逼使美國作了不明說協防外島的承諾，例如英國就在2月9日又對美國作了嚴肅的警告；[49] 另一方面，美國國內也有幾個強而有力的參議員怕又捲入一次大戰，因而堅決不願美政府採取積極勇敢的政策——而那時《中美共同防禦條約》還需要這些議員們批准。[50]

五、雙方發佈共同進行大陳撤退的聲明

這時，美國第七艦隊大量的軍艦已經開到大陳附近，艾森豪總統也決定不再採取模糊政策，下令稱美軍如果遭受共軍攻擊，為了反擊，可以攻擊大陸內部的機場；雷德

撤離命令、改為死守、再決定軍民同時撤離等見大陳防衛部撰，〈金剛計畫執行經過報告書〉，《大陳軍民撤退案》，檔案管理局：AA05000000C/0044/0550.02/4003。

49 英國大使麥金斯（Sir Roger Matkins）警告杜勒斯國務卿說，大英國協的總理們都同意，大陳撤離固然好，但如果美國要協防金馬外島，則各國將不會支持美國，見 Memorandum of a Conversation, Washington, February 9, 1955, *FRUS,1955-1957, China*, Vol. II, Document 99.

50 《顧維鈞回憶錄》，第12分冊，頁212。

福主席也授予太平洋地區美軍在核子武器之外使用其他手
段的權限。[51] 國務院代理國務卿（杜勒斯不在華府）胡佛
（Herbert C. Hoover, Jr.）遂邀請葉外長和顧大使討論撤出
大陳的聲明形式，請中方即正式向美方提出要求。[52]

2 月 5 日，蔣中正召開軍事和行政首長會議，告訴大
家他將立即送出照會，請美方在中方將軍民等撤出大陳時
給予協助。當晚 7 時半，沈昌煥次長便將照會面交藍欽大
使。緊接著，在華盛頓方面，葉外長、顧大使和勞勃森助
卿商討後，雙方終於都同意中方關於大陳遷臺的聲明，而
在次（6）日正式發佈，其中主要的內容為：

中華民國政府為適應抵抗國際共產集團侵略之新形
勢，決定重行部署外島軍事，將大陳島嶼之駐軍轉移使用
於金門、馬祖等重要島嶼，以集中兵力，增強臺灣、澎湖
及其外圍島嶼之防務。

中華民國政府本中美兩國共同防衛西太平洋區域兩
國領土之精神，關於將大陳島嶼駐軍轉移使用一節，曾與
美國政府舉行會商。

美國政府為增進中美兩國保衛臺灣澎湖之密切合作，
經向中華民國政府表明……對於確保臺灣澎湖有關之各地

---

51 Memorandum for the Record, by the President, Washington, January
29, 1955；Telegram From the Chairman of the Joint Chiefs of Staff
(Radford) to the Commander in Chief, Pacific (Stump), Washington,
January 29, 1955, *FRUS, 1955-1957, China*, Vol. II, Documents 57, 58.

52 〈葉公超電蔣中正美方解釋聲明無法提及金馬及支援大陳撤退事宜
（1955 年 2 月 5 日）〉，《中美協防（二）》，頁 173-175。

區與領土，美國決定與中華民國共同防衛，並決定對我大陳區兵力之轉移與部署，予以協助與掩護。[53]

　　這是個有立場而又有彈性的聲明。**外界不知的是，為了這短短的幾句話，為了要確保金門和馬祖，以及為了維護中方的民心士氣和對反攻大陸的希望，從蔣中正總統以下到各級外交官員，在幕後花了多少心血**。[54]

　　因此，美國國務院一收到中方的照會，便也幾乎同時地在 2 月 5 日（臺北時間 6 日）發表聲明，宣佈美國政府應中華民國政府之要求，並依據 1955 年 1 月 29 日的國會決議（即《臺灣決議案》），業已下令第七艦隊及其他美國部隊協助將駐大陳的軍隊移調他處，同時也撤退希望離開那些島嶼的平民。[55] 另外，外電（國際社）也從華府報導稱，此間高級中國政府人士說，他們已獲得一項明確的諒解，美國將要協防金門和馬祖。[56]

　　2 月 8 日，蔣中正為國軍撤離大陳事，對海內外軍民同胞發表廣播詞，強調大陳駐軍轉移地區是適應新的戰略

53　《中美協防（二）》，頁 182-187；英文全文見 Telegram From the Ambassador in the Republic of China (Rankin) to the Department of State, February 6, 1955, *FRUS, 1955-1957, China*, Vol. II, Document 93.

54　關於當時在大陳海域，以及在華盛頓同時進行的兩個戰場的奮鬥，尤其是葉公超外長的貢獻，亦可參考學者張茂桂的分析：〈穿越時光：大陳人的遷徙之旅〉，《大陳人在臺灣－大陳遷臺六十週年紀念特刊〈緬懷、薪傳、感恩、鄉情〉》，頁 49-66。

55　美方聲明全文見 Telegram From the Acting Secretary of State to the Embassy in the Republic of China, February 5,1955, *FRUS, 1955-1957, China*, Vol. II, Document 91.

56　《中華民國史事紀要－民國 44（1955）年 1-6 月》，頁 208。

需要，與友邦美國共同致力防衛西太平洋的配合行動，而反攻復國的政策必須切合三個基本原則，一不能在敵人最樂意的戰場為其所消耗；二不能以一島一嶼之得失而置根本大計於不顧，故此舉並非消極的後退行動；三為需要與世界民主陣線之行動相配合。[57]

同日，蔣在總統府國父紀念月會中分析國際形勢，強調中國大陸和臺灣澎湖均為我中華民國領土，不容割裂；聯合國安排兩岸停火的紐西蘭案，等於肯定了 1954 年 9 月 3 日中共發動的九三砲戰，倒因為果，也就是鼓勵共黨侵略。外國少數人士對臺灣地位曲解，要否定開羅宣言的效力，等於否定波茨坦宣言和二次大戰以來各個國際條約的效力。提倡兩個中國謬論的人，如果蘇聯也占領了他們一部分領土，製造了一個傀儡政權，他們是否也要承認既成事實，變成兩個某某國？「**我中華民國人民及政府具有驅逐侵略者、收復失土的責任，決不容許任何人割裂我中華民國的領土**」。[58] 同日，行政院長俞鴻鈞在中國國民黨擴大總理紀念週發表演說時，也宣稱：反攻大陸的國策絕對不會放棄。[59]

---

57 《中華民國史事紀要—民國 44（1955）年 1-6 月》，頁 230-232；《蔣中正先生年譜長編》，第 10 冊，頁 423-424；全文見《大陳人在臺灣—大陳遷臺六十週年紀念特刊〈緬懷、薪傳、感恩、鄉情〉》，頁 14-15。

58 《中華民國史事紀要—民國 44（1955）年 1-6 月》，頁 232-238。

59 《中華民國史事紀要—民國 44（1955）年 1-6 月》，頁 238。

第十二章　中美軍事及外交的合作：大陳遷臺與盟約生效

第一節　中美兩軍合作完成重大任務

　　由於大陳地區在 1 月 26 日已經貼出了公告，邀請人們登記遷到臺灣，中共立即就知道大陳要撤退了。其軍方上報以後，國防部部長彭德懷在 2 月 1 日呈報中央軍委，詢問其海岸砲兵在大陳撤離時該採取什麼作為。毛澤東在 2 月 2 日批示說：「在蔣軍從大陳島撤退時，我軍均不要向港口及靠近港口一帶射擊。即是說：讓敵人安全撤走，不要貪這點小便宜。」[1] 毛澤東雖然這麼說，實際上，一方面毛不願（或不敢）再與美國發生大戰，另一方面，由於中共兩棲訓練的部隊在一江山戰役中犧牲慘重，應該是根本一時無力再舉行攻占大陳的大型登陸作戰。

　　此時仍然有第三國出面主張東亞和平的擬議，例如蘇聯提出和平十點計畫，不結盟國家的印度尼赫魯在 2 月初則主張舉行國際會議來「解決臺灣問題」，但中共表示，關鍵在美國，而且北京也絕不同意臺北派員參加這些

1　《毛澤東軍事年譜 1926-1958》，頁 858。

擬議中的會議。另外，英國大使也向美國杜勒斯詢問究竟
美國的遠程外島政策為何——英方希望中共停止對臺灣動
武、臺灣撤離所有的外島交給中共；杜勒斯則表示凡是牽
涉到臺灣的國際會議不能沒有臺灣參加，而且現今與臺北
訂定條約、撤離大陳已是極限，不能再要求其撤出金馬，
那會使民國整個的士氣崩潰。將來如果中共採取和平姿
態，外島自然失去作用，但如中共再度發動韓戰，則中方
可以藉重外島對大陸進攻。後來，在 2 月下旬，英國也向
中共提出，如果能保證不對臺灣、澎湖和沿海島嶼動武，
英國願意促成中共和美國接觸，對此中共也提出要美國從
臺海撤出武裝力量作為先決條件。[2]

一、撤離大陳的計畫

　　在臺北，中國國防部彭孟緝代總長及第七艦隊司令
蒲賴德中將和美軍顧問團蔡斯團長所作之大陳撤退協定重
點如下：

1. 上下大陳兩島一切陸海空及聯勤人員物資及武器之撤
   運均由美軍負責，代號金剛計畫 A；

2　印度尼赫魯對於外島防衛及對蔣中正的印象見 Telegram From the
　　Ambassador in the United Kingdom (Aldrich) to the Department of State,
　　London, February 3,1955；英國大使和杜勒斯關於蘇聯提議、以及美國
　　對中國外島長期政策究竟為何的談話見 Memorandum of Conversation,
　　Department of State, Washington, February 7,1955, *FRUS, 1955-1957,*
　　China, Vol. II, Documents 76, 96；蔣中正對尼赫魯和前述英國國協會
　　議的評語如「出賣外島」、「出賣中華民國」，見「蔣中正日記」，
　　1955 年 2 月「上月反省錄」；另參《周恩來年譜（1949-1976）》，
　　頁 454。

2. 上下大陳非正規軍，包括游擊隊、民眾、政府機構、軍眷及物資之撤運，由中國兩棲艦隊負責，代號為金剛計畫 B；

3. 中國兩棲艦隊於執行金剛計畫 B 之後，再與美方協調開始撤退披山、漁山一切人員物資返臺，代號金剛計畫 C；

4. 美國第七艦隊航空戰隊（航母四艘、飛機四百餘架）負責大陳區空中掩護。中國兩棲艦隊歸美國艦隊作戰管制；

5. 中國兩棲艦隊於撤完披山及漁山人員物資後，如果美國兩棲艦隊尚未撤完金剛計畫 A 時，則由中國兩棲艦隊協助之；

6. 中國空軍負責臺灣以北一百浬之空中掩護；

7. 為避免共軍夜間之干擾奇襲，中美兩棲艦艇均出港在待命區巡弋，於天明後再進港裝載撤運；

8. 金剛計畫 A、B、C 全部需要時間概定為十二天。

　　然後中方劉廣凱總指揮官便在與蒲賴德司令談話後與塞賓少將舉行聯合作戰會議，決定以下事項：

1. 劃分大陳區空中掩護與艦砲支援的火力支援區；

2. 將大陳、基隆間長二百多浬、寬二十浬之海上走廊，由美國空軍每日自 2 月 8 日起每天以一百架次在北緯二十七度線以北實施掩護；

3. 中國空軍則在二十七度以南實施掩護（F-47 及 F-84 各二十架每日偵巡）；

4. 大陳防衛部負責大陳、漁山、披山之岸上集運，並供應岸至艦行動所需之搬運人力；

5. 中國小艇大隊之 LCM（機械化登陸艇）十五艘及其官兵
六十六員赴大陳往返之裝運，由美方 LSD（船塢式登
陸艦）十八號負責；

6. 中國海軍駐大陳合字號 LCU（通用登陸艇）二艘，由
美艦 LSD 18 在大陳下卸 LCM 之後即行裝運返基隆；

7. 規定海空支援之通訊呼號、週率及方式；

8. 規定大陳區運輸艦之海上待命區及其行動；

9. 每日實施轉載之時間，預定以白晝為原則；

10. 中美雙方之聯絡人員，第七艦隊及海軍顧問組各派聯絡
官一員駐中方旗艦，中國海軍派聯絡官若干員分駐美方
所需之艦上。[3]

　　中方海軍另作出任務編組、行動計畫以及各組（通
訊、警衛、後勤、政工、情報等）的分計畫，均繪製了詳
圖，其中各艦任務、出海時間及次序、到達位置等均規定
得清清楚楚；中方空軍的空中支援計畫則在臺北公館完
成，編組三個聯隊，分別由蔡名永上校、姜獻群少將、劉
志漢少將指揮，同時估計當時中共空軍有 40% 的兵力在京
滬杭、寧波、南昌、廣州各機場可威脅金剛計畫的進行。[4]

3 　《大陳島撤退案》，檔案管理局：AA05000000C/0041/543.64/4003- 3。
　　金剛 B 及金剛 C 計畫全文亦見國防部（44）英苗字第 130 號及（44）
　　英迫字第 12 號彭孟緝代總長致劉廉一司令官電，見《大陳軍民撤退
　　案》，檔案管理局：AA05000000C/0044/0550.02/4003；另參《劉廣
　　凱將軍報國憶往》，頁 99-102。

4 　《大陳島撤退案》，檔案管理局：AA05000000C/0041/543.64/4003-3。

二、撤離的進行

從 2 月 7 日開始，先是美國第七艦隊開到大陳，參加的人員共有各兵種的武裝人員四萬八千人，包括四艘航空母艦（Yorktown CVA 10、Kearsarge CVA 33、Essex CVA 9、Wasp CVA 18）、三艘重巡洋艦（CA）、十四艘驅逐艦（DD）、二艘火箭艦（LSMR），兩棲及後勤艦隻共三十八艘，所有艦艇共有一百三十二艘，還有二個航空聯隊（第十八航空隊的戰鬥轟炸機及第十三航空隊的戰鬥機）。美軍飛機當日開始在大陳上空巡邏，這些均由第七艦隊司令蒲賴德中將以及以下五位指揮：西太平洋兩棲司令塞賓少將（L. S. Sabin）、第七十九機動艦隊司令芮因少將（S. Ring）、第七十二機動艦隊司令基維德少將、及史密斯少將（C. C. Smith）、第七十五機動艦隊司令威爾森少將（R. E. Wilson）。[5]

8 日清晨，國軍的艦艇也到了，包括驅逐艦（DD）二艘、護航驅逐艦（DE）四艘、砲艦五艘、巡邏艦（PC）九艘、掃雷艦（AM）三艘、戰車登陸艦（LST）八艘、中型登陸艦（LSM）三艘、步兵登陸艇（LCI）一艘、拖船（AT）二艘、機械化登陸艇（LCM）十五艘，共計大小艦艇五十艘，參加官兵四千餘人，定名為八五特遣部隊，任命宋長志少將為參謀長，陸戰隊少將吳文義及上校林鴻炳為副參謀長。兵力編組以太昭軍艦（DE 26）為旗艦，掩護區隊指揮官為楊元忠少將，運輸支隊指揮官為林溥少

---

5 《大陳島撤退案》。

將，警衛支隊指揮官崔之道少將，掃雷區隊指揮官劉宜敏少將，此外另有控制區隊、行政區隊及岸勤隊等。指揮部另訂有作戰計畫，**與美軍配合、但不存依賴美軍之心理，且有與中共艦隊決戰之決心和對其岸砲壓制之戰法**。[6]

臺北甚多首長也乘艦同來，包括國防部部長俞大維、海軍總司令梁序昭、副總司令黎玉璽、空總第二署長羅英德、國防部第三廳廳長蔣緯國，以及各報記者四十餘人都在船上。雙方以大陳為中心，對於空中一百哩、海面五十哩內均作安全部署。第七艦隊蒲賴德以重巡洋艦「海倫娜號」（USS Helena, CA 75）作為旗艦，停泊於大陳港之東，另一艘重巡洋艦連同驅逐艦、火箭船等在大陳港之西，均對積穀山共軍砲兵實施警戒。[7]

先由兩軍的掃雷艇及水中爆破隊在可能被共軍佈雷的海中清除水雷和障礙物，以清出一條道路，然後由中方艦艇船隻撤出大陳居民，美軍協助，每人可攜帶一百磅行李。其中大陳公教機關及居民在專員公署沈之岳主任主持下，共分為三個梯隊，縣政府張侯光科長負責第一梯隊，率領復興鄉民眾由上大陳關帝廟碼頭上艦；第二梯隊由溫嶺熊國仁縣長任指揮，率成功鎮民眾由大沙頭港口、小坑、南康里三個灘頭領民眾上艦；羅依斌科長率克難鄉民

6　《大陳島撤退案》；《劉廣凱將軍報國憶往》，頁 101-103。

7　《劉廣凱將軍報國憶往》，頁 103-104；美軍及國軍艦名及照片亦可參考土立方，〈金剛計畫：1955 年大陳撤退評析〉，《戰場》，第 43 期（2012），頁 7-42，但該文各項資料並無註解或出處。

眾由海軍碼頭上艦。上、下大陳居民是從 2 月 8 日上午 10 時到下午 2 時，在雨中撤離完畢。撤離的船隻即陸續駛回臺灣。所有平民均在 9 日中午以前離開大陳。[8]

　　鑒於共軍沒有動作，且當時天氣良好，劉總指揮乃臨時變更原定計畫，決定國軍即刻從 9 日開始撤離漁山、披山兩地居民，請美方派驅逐艦兩艘掩護，暫歸國軍陳慶堃上校指揮，請美方也提供空中支援；而且為節省時間，夜間也繼續進行，將 B 與 A 計畫同時實施。與美方用旗語聯絡後，美方蒲賴德完全同意。所以，大陳東北之漁山在 9 日 7 時 30 分開始撤離，下午 4 時完成；大陳西南之披山於 9 日 8 時 30 分開始，下午 4 時完成，兩方的反共救國軍游擊部隊分別為一千零五十及一千六百三十人，居民分別為五百一十八及一千零八十三人，蔣經國副祕書長同沈之岳亦乘旗艦太昭號與劉廣凱總指揮一同前往督導。[9] 事後，第七艦隊司令**蒲賴德說，美國軍艦受外國人（海軍陳慶堃上校）指揮，這還是第一次**。[10]

　　至於 2 月 8 日上午，前來大陳的記者團則雲集大陳專

8　《大陳島—英雄之島》，頁 154、164。

9　《大陳島撤退案》；另參考國防部 2 月 9 日凌晨 2 時發表之公報，見《中華民國史事紀要—民國 44（1955）年 1-6 月》，頁 252-253、256-257、261-262。

10　《劉廣凱將軍報國憶往》，頁 104-105；陳慶堃，廣東番禺人，黃埔海校二十二期，1949 年以永嘉艦艦長身份不願附從海防第二艦隊司令林遵投共叛變，率領十一艘軍艦突破共軍砲兵及江陰要塞阻攔到達上海，獲頒青天白日勳章，後來以海軍中將退役。見《青天白日勳章》，頁 318。

員公署，要求聽簡報。大陳專員沈之岳應彼等一再要求，便作了綜合陳述稱：「自從胡宗南將軍坐鎮大陳〔按，1951 年 9 月開始〕，大陳的黨、政、軍的組織和人員經過重新編組與嚴格訓練後，民心振奮，士氣高昂，大陳已成為反共最堅強的前哨線堡壘，且因省政府及專員公署先後在大陳成立，數年以來，有關對大陳的各項建設、教育及民眾福利等措施，一切以民眾的利益為依歸，已使大陳成為三民主義的模範區。尤其是胡宗南將軍親自策畫、指揮，突擊大陸，使敵軍傷亡慘重，引起共軍頭目們極大的震撼，因此敵人視大陳如一把利刃刺在心臟，旦夕不安……蔣經國主任……冒險犯難到大陳來與民眾共患難、同生死，督導撤退工作，全體軍民內心的感激，是難以言語形容的……此次民眾撤退，完全出於志願，自動自發，絕無勉強……大家扶老攜幼，整齊地列隊登船……原定四十八小時完成，但因出於民眾充分合作，僅二十四小時即已順利完成撤離工作……」。[11]

　　大陳居民願意扶老攜幼地離開祖居之地，固然是大陳防衛部政治工作的成功、以及目睹一江山戰役的慘烈外，當時居民對大陸的負面印象也是重大原因。蓋 1950 年代前期，中共進行土改和各種政治運動，手段極端，激起嚴重民怨，浙江沿海的居民便曾集體抗暴，卻被鎮壓殺害，例如在此次大陳撤離前八個月的 1954 年 5 月 15 日、16 日

11　全文見《大陳島─英雄之島》，頁 157-178。

兩日，浙江沿海便有二百多具被殘殺的大陸人民屍體漂至
大陳，大陳民眾驚駭之餘，為之舉行公祭及抗暴大會。接
著，7月間，浙江人民又有多人逃至大陳訴苦，表示土改
以後，各地合作社配售有許多限制，人們都吃不飽，甚至
沿海居民摻食嫩草果腹；以致7月、8月間，臺北還派人
到江浙沿海沒有共軍駐守，卻有地方農會、漁會等組織的
真空島嶼如鳳凰、南龍、北龍、銅盤列島、冬瓜島、北
麂、關帝山、下罳、大昌等地發放食米以救濟，使得各地
居民甚至對於大陳外圍國軍與共軍交戰都感興奮，反而希
望國軍能夠反攻。[12]

國軍自大陳撤退，蔣經國等人登上小艇前往
離島（國史館藏）。

1955 年 2 月陸續撤退之大陳軍民，登上
小艇及 LST 撤離情景（國史館藏）。

---

12 《中華民國史事紀要—民國 43（1954）年 7-12 月》，頁 185、363-364、
552；各島嶼屬於今溫州瑞安市及永嘉縣。

三、撤離部隊

　　居民撤離雖然完成，但部隊因為裝備數量龐大複雜，撤離並不容易。於是由官兵們冒著風雨把哨壁上的火藥及彈藥運下，以人力搬到船上，用卡車拖運大砲和其他裝備上船，夜間由探照燈照明，繼續搬運。其中反共救國軍上下大陳總指揮是海上突擊總隊夏季屏少將，上大陳指揮是徐驤，下大陳是國防部參議周文韜，漁山是曹子平，披山由方業超指揮。海軍單位由趙慶吉中校指揮，整個優先計畫由夏季屏排定。[13]

　　由於胡宗南自 1951 年抵達大陳後，即率部開始構築標準工事，到 1953 年 7 月正規軍進駐前已築有二〇二座，[14] 迄目前撤離，更構築了各種隱密、有些地方如蜂窩般的陣地、堡壘，所以再將其中彈藥取出甚為不易，以致所有火砲武器直到 10 日上午才上船完畢。11 日，所有車輛上船，部隊將港口和街頭清掃乾淨，以表示中方是從容離開。

　　軍民都離開後，開始爆破掩體及坑道工事，戰士們看到自己血汗所構築的工事再由自己爆破，當然十分難過。12 日凌晨，最後離開一批大陳的三艘船：蔣經國主任率同海軍副總司令黎玉璽、專員沈之岳、總政治部顧問楊帝澤、駐軍彭學昭團長及記者數人將太昭艦取來的巨幅國旗

13　《大陳島撤退案》。夏季屏後來在臺擔任國安局局長，海內外馳名的心臟科名醫姜必寧即其女婿，而周文韜在 1949 年曾任胡宗南部第七兵團第十七軍軍長，方業超曾任胡部第五兵團第六十九軍（軍長胡長青）的團長。部隊撤離彩色照片見《蔣中正 1940-1960》，頁 141-147。

14　前引國防部《大陳作戰綜合報告》檔案。

舉行升旗典禮後，上船離開，由劉廉一和隨員陪同乘坐美兩棲攻擊運輸艦 APA 80；然後是大陳防衛部七百七十六人、第一三八勤務連等單位，乘美艦 APA 45 離開；最後是第四十六師師長胡炘、副團長蔣仲苓和營長黃世忠，乘坐美軍 LST 803 離開，該艇因為退潮而擱淺，胡炘師長還再上岸讓部隊把剩在沙灘上的彈藥銷毀。[15]

在整個撤離過程中，2 月 8 日當共軍飛機八架在黃海上空追逐一架美軍偵察機時，美軍戰機擊落了其中二架。2 月 10 日，有一架美軍偵察機誤入了大陸上空，被中共高射砲擊落，機員被國軍海軍救起。此外，沒有其他戰事，而中國空軍為掩護撤退行動，從 1 月 26 日至 2 月 13 日先後共出動了一五一批，四〇三架次。[16]

部隊到達臺灣時，則以基隆為主要的載卸港口，淡水為輔助港口，在海上及上陸以後的補給完全由聯勤總部負責。部隊歸還到第一和第二軍團的建制，由陸軍總部在嘉義和苗栗等地調配營房，海空軍和聯勤部隊則由各總部安排。至於反共救國軍的游擊部隊則先在臺南、嘉義和雲林洽借學校教室暫住，而且也歸還陸軍總部建制。[17]

---

15 《漂移歲月》，頁 85-92；《大陳島—英雄之島》，頁 121-126；黃世忠，《大陳作戰回顧》，頁 27-46；蔣經國率領最後升旗後的照片見《永續經國》，頁 53。

16 《大陳島撤退案》。

17 《大陳軍民撤退案》。

四、撤離完成

此次上、下大陳及漁山、披山共撤運居民一萬七千一百三十二人，部隊一萬零三百九十八人，軍眷一千五百二十一人，反共救國軍游擊隊四千九百七十八人，火砲三百餘門，車輛百餘輛，彈藥總共約四萬噸。12 日下午 5 時 30 分，國防部發表公報稱大陳撤運工作完成，駐防大陳國軍主力全部抵臺，美軍恢復正常活動。[18]

美國國務院也發表聲明稱，美海空軍部隊已完成任務，將恢復正常活動，「但仍將警惕地注視著任何顯然是準備攻擊臺灣的中國共產黨的集結和活動，並準備在需要時採取適當的軍事行動」。

而蔣中正總統則於 2 月 14 日致電艾森豪總統，請顧維鈞大使轉達，包括以下內容：「當勝利完成武裝部隊從大陳島轉移之際，我願向你表達深切的感謝，感謝你指示美國軍隊向中國政府提供的幫助與合作。我並願對美國軍官及士兵在行動中所表現出來的效率和崇高精神表示我的欽佩之忱。」當日並在記者會中稱讚艾森豪支援大陳撤退的果敢行為，並宣稱收復大陸解救同胞，中國決不放棄責任；金馬為我領土，不容割裂，聯合國應制裁侵略，而不是商討停火。[19]

---

18 《大陳軍民撤退案》；《中華民國史事紀要—民國 44（1955 年 1-6 月）》，頁 257、262；《浩氣長存：一江山戰役 60 週年紀念集》，頁 20-21；《顧維鈞回憶錄》，第 12 分冊，頁 197；《劉廣凱將軍報國憶往》，頁 106。

19 《顧維鈞回憶錄》，第 12 分冊，頁 208；《中華民國史事紀要—

艾森豪接著在 18 日回信給蔣中正說：「……我極為滿意這一共同努力的方式……取得成功的美中雙方官兵……為了保衛和平與自由，參加了這次我們兩國間的密切而有成效的合作行動，他們理應感到自豪」。美方還把兩位總統的來往信件登在報紙上。[20]

艾森豪先在 10 日也寫了信給英國首相邱吉爾，解釋不能不協助國軍保有金門馬祖。他說美國國內有許多人對於協防外島有比現在的作法更為激進的主張，但外島確可維持民國朝野有朝一日回到大陸的希望，而中華民國的士氣對美國很重要，以免共黨控有臺灣而對西太平洋的防衛造成缺口，因此美國便已盡力提供協助。俄羅斯不會為外島防衛而和美國作戰，但卻和中共都盼望離間你英國和我美國，我們不能讓其得逞。[21]

但是邱吉爾接著回信給艾森豪說，知道你為了要讓大陳撤退，卻保證會防衛外島（意指金馬），這使我憂慮。我不認為中共能利用外島侵臺，外島也無助於中方反攻，因此建議你也宣佈美國主張國軍在三個月之內也從金門撤退，如此大英國協都會支持你。[22]

民國 44（1955 年 1-6 月》，頁 295-298。

20 《顧維鈞回憶錄》，第 12 分冊，頁 217。

21 Letter From President Eisenhower to Prime Minister Churchill, Washington, February 10, 1955, *FRUS, 1955-1957, China*, Vol. II, Document 104.

22 Message From Prime Minister Churchill to the President, London (undated), *FRUS, 1957, China*, Vol. II, Document 110.

　　艾森豪立即同杜勒斯商量，杜勒斯舉例說我們已經壓榨（squeeze）蔣許多次了，不能再壓榨他了。但艾森豪內心中其實接受了邱吉爾的想法，因此後來先告訴雷德福，希望大陳撤退在蔣中正的心目中能造成先例，如果蔣也願意撤退金馬，則美方可支持中方增加後備部隊；繼而又派了蔣中正的美國友人霍華德（Roy Howard，報界 Scrips-Howard Newspapers 主席）前往臺灣私下勸說中方放棄外島，但蔣完全未為所動。[23] 按，當時蘇聯宣稱已經快完成氫彈的發展了，這或許使得邱吉爾和艾森豪在大敵蘇聯的威脅下，更有意與中共妥協，所以國際間以及美國輿論界不時出現的期望「兩個中國」、甚至「臺灣託管」的言論，便均非空穴來風。[24] 而這也顯示中華民國在當時冷酷的國際環境中要生存發展，而且還帶給大陸同胞希望，是多麼的不容易。

　　另一方面，美國軍方的執行單位則態度比較正面。例如第七艦隊司令蒲賴德對於大陳撤退成功便向執行金剛計畫的海軍劉廣凱總指揮致送賀函說：「中國海軍兩棲部隊此次於大陳撤退之役，所作諸種驚人的表現，實使美國海軍讚美不已，尤其對於閣下在戰場上臨機應變之明快敏

---

23 Memorandum of a Telephone Conversation between the President and the Secretary of State, Washington, February 16, 1955; Memorandum of a Conversation With the President, Washington, February 19,1955; Diary Entry by the President's Press secretary (Hagerty), Washington, February 24, 1955, *FRUS, 1955-1957, China*, Vol. II, Documents 112, 121, 128;「蔣中正日記」，1955 年 3 月 19 日、26 日後「上星期反省錄」，其中蔣強調絕不放棄金馬。

24 蔣中正的深切體認見《蔣中正先生年譜長編》，第 10 冊，頁 426、428、432、437、439。

捷措施，使本人衷心敬佩」。[25] 接著，參謀首長聯席會議主席雷德福更在太平洋地區總司令史敦普私下詢問時，明確指出大陳固然不得不撤退，但金門和馬祖對於在軍事上防衛臺灣以及在心理上維護民國朝野的士氣有極大的重要性，因此必須予以防守。[26]

　　至於此次專程來臺北採訪大陳遷臺新聞的外國記者五十五人，先後拍發電訊達二十餘萬字，照片有七十一張。蔣中正事後還為大陳撤退事在總統府開記者會，有七十六位中外記者參加，蔣特別讚揚中美合作無間，患難與共的精神，並在答復記者問題時駁斥「兩個中國」的說法。[27]

　　大陳居民全部離開，遷到陌生的臺灣，只有三人因為生病自願留下。居民們留下了一封〈大陳區全體民眾告共幹書〉，其中說：「我們為了生存和自由，都志願到臺灣去了」，「一江山七百二十位殉難烈士的精神……歷史不滅，永遠長生」，「不爭一時之得失，要爭千秋的成功」等。此外，國軍留下了四十二位在大陳先後捕獲的中共男女諜報人員，他們一直拘留在附近小島羊嶼的小廟中，這次則留下了一個月的糧食給他們。[28]

25　《劉廣凱將軍報國憶往》，頁 107。

26　Telegram From the Chairman of the Joint Chiefs of Staff (Radford) to the Commander-in-Chief, Pacific (Stump), Washington, February 24, 1955, *FRUS, 1955-1957, China*, Vol. II, Document 127.

27　《中華民國史事紀要—民國 44（1955 年 1-6 月）》，頁 294；《漂移歲月》，頁 93；《浩氣長存：一江山戰役 60 週年紀念集》，頁 20-21。

28　大陳居民全體赴臺，只有三人留下，係根據由沈之岳署名之〈浙江省大陳區行政督察專員公署佈告〉，44 年 2 月公佈，其照片及民眾留給

第二節　中方的持續作為

一、國軍獨力完成南麂島軍民遷臺

此次撤離，美軍和國軍雙方的官兵確實都極為辛苦，甚至也有美軍將領坦白地對藍欽大使說：「防衛大陳列島實在比執行大陳撤退的任務要容易得多」！[29]

確實，在大陳遷臺的過程中，藍欽亦曾搭艦前往大陳，目睹第七艦隊工作準備妥善，印象深刻。蔣中正總統於 2 月 11 日接見他和顧問團長蔡斯，予以慰勞，然後「並商討金馬、南麂島的防務」。當然，大陳撤離後緊接著就是南麂島如何處置的問題，因為臺北控制的外島只剩金門、馬祖和南麂島。

南麂島離臺灣西北二百五十公里，距離大陸三十八點六公里，在大陳以南約一百五十七公里，長一千八百二十八公尺，寬六百四十至七百三十公尺，其面積僅次於大陳，有七點四平方公里，距溫州灣六十四公里，距離新近完成的浙江路橋機場一百二十一公里，其北面十六公里處是北麂島，兩島周圍都有一群小島，控制著連接福建和浙江兩省的沿海要衝。

雖然反共救國軍在 1951 年共軍占領洞頭之後，一度撤離南麂島，但在 1952 年 8 月秦東昌（胡宗南）總指揮率

中共的信全文見《大陳島—英雄之島》，頁 164-165。國軍釋俘情形見《中華民國史事紀要—民國 44（1955）年 1-6 月》，頁 262-263。
29 《藍欽使華回憶錄》，頁 247。

部在突擊中又重新占領了該島。到了 1954 年 5 月，蔣中
正曾親自前往巡視（當時的駐軍司令便是王生明），7 月
間，鑒於附近共軍三軍加強，與國軍海空軍激戰，國防部
從澎湖調派了正規軍一個團到南麂，所以島上除了有約
二千居民外，還有一千餘士兵。大陳撤退後，居民大量離
開，但部隊加強，武器也加強，有平射砲和其他大砲，[30]
許多物資也從大陳運到了南麂。

　　藍欽大使從美國軍艦上發給國務院的報告中顯示他
是建議南麂島留守的：「大陳撤退的工作進行得較預期更
好，特別是美國海軍、美軍顧問團，以及中國軍方以及朝
野對撤退軍民的工作都有極優異的表現⋯⋯中共⋯⋯把國
軍從沿海外島逐出，顯然是其目的在確保中共沿海的海上
補給線，使中共終於能爭奪臺灣海峽的制空權⋯⋯南麂列
島較大陳離臺灣更近了七十五海浬⋯⋯應當與金門、馬祖
兩群島堅守得住的」。[31]

　　2 月 15 日，蔣中正總統主持南麂島是否防守的會議。
在彭孟緝代總長報告後，對於大陳列島最熟悉的蔣經國副
祕書長提出他的見解說，美國如不協防，則應早日放棄，
以免第二次一江山犧牲與人心再度之動搖。蔣中正最後的決
定是，如果美國不協防，則決定放棄南麂。「此時戰略要

30　《顧維鈞回憶錄》，第 12 分冊，頁 221；《大陳作戰綜合報告案》，
　　檔案管理局：AA05000000C/0044/543.65/4003-2。

31　《藍欽使華回憶錄》，頁 244-46; Telegram From the Ambassador in the
　　Republic of China (Rankin) to the Department of State, USS Balduck,
　　February 10, 1955, *FRUS, 1955-1957, China*, Vol. II, Document 108.

旨，與其為敵逐次消滅，不如促其早來侵犯金、馬也」。[32]

先是，國軍 12 日從大陳島撤退後，國防部乃飭令海空軍對馬祖、南麂以北地區加強偵索，並相機採取積極行動。2 月 12 至 14 日，共軍即進占台山列島。[33] 18 日晨，共軍大批運輸艦由海軍掩護南下，想先來占領馬祖以北海面各島嶼，但在台山列島以南海面被國軍太康、太昭、太湖、太倉等艦擊沉二十二艘（即第十章第二節「為一江山復仇」之戰）。19 日，蔣中正再主持軍事會談，其中「參謀部及海總皆以一勝自得」，但蔣其實憂慮，認為既未能使敵人戰志喪失，又未能俘獲敵情，如今台山列島已經為中共「先一著占領，故南麂固無固守之理」，「此時應主動放棄，不問美國之決定如何」。遂先令彭孟緝代總長作撤防之準備。[34]

2 月 22 日，美國果然通知臺北說，他們不會支援國軍防衛南麂。[35]

事實上，在杜勒斯歷次公開和私下的言論中，和這次

---

32 「蔣中正日記」，1955 年 2 月 15 日。

33 《毛澤東軍事年譜 1926-1958》，1955 年 2 月 12 日至 14 日載：「經中央軍委和毛澤東批准，浙江前線人民解放軍相繼解放大陳島、漁山列島、披山島等島嶼。至此，浙江沿海島嶼全部解放。」

34 「蔣中正日記」，1955 年 2 月 19 日後「上星期反省錄」。

35 美方對於是否協防南麂以及是否協助南麂撤退曾在國安會會議中討論，結論是不協助，至於要不要防守南麂則由中方決定，見 Memorandum of Discussion at the 237th Meeting at National Security Council, Washington, February 17, 1955; Telegram From the Secretary of State to the Department of State, Manila, February 21,1955, *FRUS, 1955-1957, China*, Vol. II, Documents 115, 123.

美軍動員協助大陳遷臺需要動員的規模，就知道要美方再協助是不容易的。但臺北如果單獨繼續在當地作防衛，則需要作相當的投資，會消耗過多臺灣本地的珍貴資源。前述蔣中正曾去南麂島視察，認為撤退南麂島是「大陳地區最後一部分之計畫」，便在 22 日將一份〈南麂行動宣傳要旨與緣由〉交待代總長彭孟緝，決定由國防部自行作業，以「飛龍計畫」為代號繼續撤出南麂島的軍民，當地由地區司令趙霞中將指揮，海軍船艦由劉廣凱少將指揮。

24 日，蔣再召集陳誠副總統、祕書長張羣、國防部長俞大維、國防會議祕書長周至柔、總統府參軍長孫立人及各總司令，指示撤防決心，徵詢意見之後，也為保密，乃定於 25 日立即實施。

先是，海軍八五特遣艦隊任務完成都已歸建，於是劉廣凱從彭代總長受命後，由國防部次長羅列主持，共同在 21 日召集會議，集合國防部二、三、四廳、通信指揮部、總政戰部、聯勤總部、空軍總部、空軍作戰司令部、南麂守備區指揮部各單位，立即作出各種具體決定，成立海軍九五特遣部隊指揮部，於 2 月 22 日完成《飛龍作戰計畫》，行動方針為隱匿企圖，迅速果敢，爭取局部優勢，發揮攻擊精神，著重防空、防潛、防魚雷快艇及對敵艦隊之作戰，與陸、空友軍密切協調等。

部隊仍由宋長志少將任參謀長，以太昭軍艦為旗艦（艦長王庭簇中校），編組為打擊支隊（崔之道少將指揮）、警衛支隊（馬炎衡上校指揮）、運輸支隊（林溥少

將指揮）、掩護區隊（雷樹昌中校指揮），及行政區隊、陸戰隊、岸勤隊等，動員軍艦十五艘，官兵一千八百餘人。原定 2 月 25 日開始，但臨時提前於 24 日即開始實施，上午 7 時從基隆出發，下午 5 時抵達南麂島大沙奧海灘，連夜裝載，到了 25 日天明即裝載完畢，包括國軍三千六百零八人、救國軍八百一十九人、行政機關四十八人、義民一千零七十人、車輛二十九部、火砲三十四門，軍資彈藥等一千二百八十噸，然後各運輸艦分別駛往基隆、馬公及東引，並派艦護航。南麂區指揮官趙霞中將同乘太昭號旗艦於 25 日 8 時抵達基隆。[36] 國軍從受命到完成不過五天，「以免先為共軍測知而發戰報」。[37]

但是，藍欽大使則對他自己的政府不願再度協助中方而深表不滿，認為這是「在面對新的共黨侵略時又再度後退」。[38]

二、大陳居民之安置

絕大部分的大陳居民們係從 2 月 8 日到 13 日，每日搭乘二至八艘中美艦隻不等，陸續抵達基隆，政府首長及

---

36 《劉廣凱將軍報國憶往》，頁 109-112。

37 《蔣中正先生年譜長編》，第 10 冊，頁 430-431；另參《大陳島─英雄之島》，頁 128；《中華民國史事紀要─民國 44（1955）年 1-6 月》，頁 361-363。

38 《藍欽使華回憶錄》，頁 246-247；Telegram From the Commander in Chief, Pacific (Stump) to the Naval Attache in the Republic of China (Kilmartin), Honolulu, February 19, 1955, *FRUS, 1955-1957, China*, Vol. II, Document 122。

各民眾團體代表千餘人在碼頭歡迎，極為熱烈，如同前一年韓戰反共義士來臺時同樣情景。歡迎人潮中也有浙江省政府所派的六位代表，而蔣宋美齡女士也到基隆看望大陳同胞，尤其是孩子們，並致送十萬元慰問金。大陳同胞也有部分先來到臺灣，如浙江省立中正初中校長吳宗德（曾任《江浙日報》總編輯）便是率領了全校教職員眷學生共七十九人，於 1 月 23 日晨離大陳赴南麂島，2 月 1 日離開，2 日晨抵達基隆，住基隆女中。[39]

　　先於 2 月 6 日大陳防衛部在大陳成立了「後撤指揮部」，組織居民回到臺灣，同日臺灣方面也組成了「大陳地區反共義胞來臺輔導委員會」，擬定了組織規程及「大陳地區義胞來臺接待安置辦法」，[40] 由內政部長王德溥、臺灣省政府主席嚴家淦為召集人，中國大陸災胞救濟總會祕書長方治為總幹事，內政部社會司長劉修如、國防部副主任易國瑞、臺灣省社會處長傅雲擔任副總幹事，下設宣慰、接待、運輸、補給、安全、財務、就業、營建衛生、總務十組；工作人員由中央和臺灣省各有關機關人員調充。輔導會在基隆碼頭設下二十六個招待所，作為下船義胞們休息處，均係各中小學及公私機關的禮堂、教室、倉庫。各單位共派出六百人在場服務，也製作了慰問袋分

---

39 參考浙江省政府致聯勤基隆運輸司令部 2 月 1 日代電、中正初中呈浙江省政府正總字 102 號請核備公文等，檔案管理局：A300000000A/0044/3-3-3-7/89。

40 辦法全文見檔案管理局：A300000000A/0044/3-3-3-7/89。

發，其中包括了慰問金新臺幣五十元，對於生產的婦女，則提供生育補助費一百元。

輔導委員會先已與各地方首長舉行會議，討論義胞到達後的安置，先在基隆住十天，注射防疫、照相、辦理戶口登記、領身分證、分配鋪位，眷屬隨同戶長以不分散為原則，然後每人每日三元五角，每五十人一組，自辦炊事（所以都成為「半個基隆人」），然後根據就業類別和個人志願，由輔導會將他們分別安置在宜蘭（四千人）、花蓮（三千人）、臺東（三千人）、屏東（四千人）、高雄（四千五百人）五個縣，2 月 24 日起用火車或輪船輸送，旅途中每人每餐供應便當。其中兵眷住高雄，臨海（漁山）、玉環（披山）住臺東，平陽（南麂）住屏東，溫嶺（上、下大陳）住宜蘭、花蓮，並以餘數住其他三縣，專署及縣級工作人員集中住屏東，婦聯會大陳分會與一般義胞同樣分發。[41]

2 月 26 日，蔣中正總統接見大陳同胞代表七人（鄭老仁、羅依賦、王香娥、陳麟生、黃木炎、柯位林、陳翠娥），由義胞輔導會總幹事方治和大陳行政專員沈之岳陪同；而同一天蔣夫人宋美齡女士則在婦聯會接見大陳學生

---

41 檔案管理局：A300000000A/0044/3-3-3-7/89；在基隆相關照片見《大陳島－英雄之島》，頁 209-12；大陳居民後來輾轉又定居基隆的，如立法委員羅智強的祖父羅啟明、父親羅阿玉，尤其羅阿玉目睹大陳成為軍事重地、一江山戰役、撤到臺灣基隆，後來又作基隆碼頭工人的個人觀察及回憶，見羅智強，《靠岸：舞浪的說書人》（臺北：九歌，2015），第 1 到 12 章。

代表五十人和一江山烈士遺族二十餘人，準備安排他們進入華興學校就讀。[42]

在三個月內，義胞的生活全由政府供應。由於大部分是漁民，政府乃以放領漁船、漁具的方式，讓來臺漁民繼續原有的職業。至於生病的義胞，則免費到醫院治療。各級學生按教育程度與志願，分送各級學校公費就讀。凡義胞子女較多者，二歲以上、十二歲以下孤貧兒童完全送婦聯會育幼院收容教養（即蔣宋美齡女士所辦的華興育幼院，連同一江山的孤兒第一期共有三百多位兒童，1958 年第一屆小學畢業，直升初中五十多人）。衰老殘障無工作能力者，按其需要程度在各地擴建救濟院所分別收容安置。[43] 其後大陸救災總會、婦聯會、中國國民黨各縣黨部、青年反共救國團、臺灣省議會等單位不斷提供協助、捐獻，並在各處建立共三十五個眷村作為大陳同胞長久居處。[44]

42 《中華民國史事紀要—民國 44（1955）年 1-6 月》，頁 367-368。

43 參考臺灣省主席嚴家淦的報告，《中華民國史事紀要—民國 44（1955）年 1-6 月）》，頁 225，輔導會組織規程見頁 212-214；另詳見《大陳島—英雄之島》，第 8 章。

44 《中華民國史事紀要—民國（1955）年 1-6 月》，頁 347。各單位及五縣熱烈歡迎情況，所作各類具體協助詳情見《大陳島—英雄之島》，頁 214-244。大陳同胞來臺初期，救總安排到新店文山農場建地開墾及其子女到基隆博愛救濟院照片，見《救總六十：中華救助總會成立 60 周年專輯》（臺北：中華救助總會，2010），頁 50-53。

第三節　《中美共同防禦條約》的生效

一、條約經兩國依憲法程序批准

　　1954 年 12 月 22 日，即《中美共同防禦條約》簽約之後三個星期，臺北行政院便將之送立法院審議，並附上〈議定中華民國與美利堅合眾國間共同防禦條約總報告書〉，將條約逐條加以解釋，並與北大西洋公約、美菲、美澳紐等條約的相關條款加以比較，另特別補充報告稱，此一條約將中美兩國之合作置於堅定穩固之法律基礎上，其締結正予「共產侵略者……分化」、「孤立我國及美國」的「陰謀以重大之打擊」。中華民國立法院經討論後乃於 1955 年 1 月 14 日依照憲法程序將全文連同照會予以批准通過。[45]

　　美國方面，根據其憲法，條約需經過參議院批准才能生效。於是，艾森豪總統在中美條約簽約一個月後的 1955 年 1 月 6 日咨文參議院，開始有關的批准程序。2 月 3 日，參議院外交委員會舉行聽證會，由國務卿杜勒斯和助理國務卿勞勃森出席作證，前後三個多小時。對美國外交政策有重大影響力的民主黨籍外委會主席喬治，在會後特別對外宣稱，聽證會當中有委員曾明確問杜勒斯，這個條約是否把金門和馬祖包括在內了？杜勒斯回答說，就他

45　總報告書全文見《中華民國史事紀要―民國 43（1954）年 7-12 月》，頁 1247-1252。立法院通過見《中華民國史事紀要―民國 44（1955）年 1-6 月》，頁 111-114。

個人的了解，條約中規定範圍的任何延伸，都必須透過專
門的法令對條約加以補充。

　　從此看得出來，金門、馬祖的防衛果然是美國國會和
公眾非常注意的問題。接著，前述在輿論界有影響力，主
張中方從所有外島撤出的專欄作家李普曼又在專欄中重複
強調，臺北也該從金門、馬祖撤退，以便完全造成一個
「兩個中國」的局面，這樣，也可杜絕國民黨中國反攻大
陸的幻想：美國當局既然已經決定不幫助國民黨中國反攻
大陸——因為這可能引起另一次世界大戰——那麼，保衛
這些島嶼是沒有意義的。[46] 這是美國引領輿論者在紙上輕
鬆討論他國生死存亡的典型例證。

　　2月8日，當中美雙方開始進行大陳撤退時，參議院的
外交委員會以十一對二票通過了《中美共同防禦條約》，
在其向全院建議予以批准的報告中，特別說明自從中國
（中華民國）控制了臺灣和澎湖以來，**美國的行動已經承
認了中國在臺灣和澎湖列島主權的合法性**；另外，報告附
了三項保留或理解，例如：條約第五條規定的各項義務，
僅在外界發動武裝攻擊的情況下適用。締約國任何一方如
自中華民國所控制之領土上發動任何軍事行動，必須事前
取得另一方的同意等。[47]

　　次日（2月9日），參議院審查這項條約，主席喬治

46　《顧維鈞回憶錄》，第 12 分冊，頁 188-190。

47　《顧維鈞回憶錄》，第 12 分冊，頁 190-191；外委會意見的英文全
　　文見 *China and the Taiwan Issue*, Document 12.

參議員強調了條約對美國在西太平洋防禦系統的重要性，並說臺灣的實力是防止共黨侵略一個強大的有利條件。後來有議員提修正案，但被否決，到了晚上，全院表決，以六十四對六票的懸殊比數，批准了《中美共同防禦條約》。[48]

蔣中正在 2 月 10 日的日記中載，條約通過是：「出乎意料而順利之事，可知美國人民對我反共抗俄之戰爭，其贊成者實有三分之二以上之人數，不過反對者亦尚有人在也。此事自去年十月十二日，勞勃生來談紐案時起，至今已將四個月，終能得到一結果，不可謂非逢凶化吉之大事，此非上帝賜我**國家轉危為安**之朕兆乎」？[49] 也可想見，美國議員們的立場當亦反映了二十天前反共救國軍在一江山壯烈犧牲、隨即通過《臺灣決議案》之後美國民間的同情態度。

二、條約在臺北互換生效

由於條約第九條規定：「本條約應由中華民國與美利堅合眾國各依其憲法程序予以批准，**並將於在臺北互換批准書之日起發生效力**」，現在既然中美雙方都已經過憲法程序批准了條約，葉公超和顧維鈞便提醒杜勒斯，應當到臺北去互換這批准書，俾使之生效，杜卿深表贊同。

由於成立「東南亞公約組織」的公約已經由美國參

---

48 《顧維鈞回憶錄》，第 12 分冊，頁 196-197。
49 「蔣中正日記」，1955 年 2 月 10 日。

議院批准，而該公約規定要八個簽字國的外長在曼谷召開組織會議、成立常設機構，於是杜勒斯便在 2 月中前往曼谷，然後安排於 3 月 2 日在馬尼拉召開美國在亞洲地區使節會議。蔣中正便邀請他於 3 月 3 日在臺北見面，藉此他可和葉外長交換批准書。[50] 蔣接著在 2 月 23 日以總統令特派外長葉公超為互換條約批准書之全權代表。

　　杜勒斯於 3 月 3 日抵達臺北，他和葉公超於中午 12 時半在臺北市中山堂堡壘廳簽字互換批准書後，《中美共同防禦條約》便從當日開始生效。葉公超在典禮中表示：他深信條約「不但可以阻止共產黨在西太平洋區域再發動任何侵略，並且對於整個自由世界獲致永久和平與安全，必有很大貢獻」。杜勒斯在答詞中說：「全世界之自由人民均已感覺在自由大業中有一致團結之必要，我們在此中共侵略威脅之地，保證中美兩國之共同努力，以崇高的信念，深信自由必能伸張」。

　　下午蔣中正總統和杜勒斯談話了兩小時，便是根據條約的雙方第一次會商。杜勒斯特別表示，過去提供美援有時時間太慢，數量不足，是因為兩國沒有一個軍事合作計畫作為提供援助的基礎，現在既然締結了條約，情況就不同了，希望雙方軍事當局儘快就臺澎和沿海島嶼的防衛應採取的必要措施開始談判。蔣則表示很高興我們又成為盟

---

50 Telegram From the Secretary of State to the Embassy in the Republic of China, Bangkok, February 24, 1955, *FRUS, 1955-1957, China*, Vol. II, Document 126.

國，也說如果沒有得到美國同意，我們不會採取行動來光
復大陸。另外期望成立一個中美聯合參謀長會議討論臺灣
澎湖之外，金門、馬祖的防衛問題，以及美國對中方訓練
九個預備師的計畫能早日實現。杜勒斯當場就請卡尼上將
（Admiral Robert B. Carney）[51] 加以計畫執行。

　　杜勒斯也提到聯合國停火提議雖然延遲處理，但仍有
可能被提出來。美國的態度只是尋求一項行動來停止敵
對，不是要推動「兩個中國」；另外，他認為民國政府重
返大陸的機會不限於也不依賴軍事勝利，因為大陸的經濟
惡化也是一個依靠暴力的政治制度不能永存的證據。蔣中
正則強調為了保持民心士氣，不能讓光復大陸的基本國策
變得含混不清，他不可能逃避拯救大陸同胞的責任。[52]

　　卡尼上將偕同美軍太平洋區總司令史敦普上將、第
七艦隊司令蒲賴德中將等於 3 月 3 到 5 日在臺北同中方國
防部部長俞大維、代參謀總長彭孟緝、海軍總司令梁序昭
等開了兩次重要會議，並且接受了蔣中正及夫人的款待，
對於中美軍事合作的具體安排作了深入的討論，並獲致結
論，制定中美聯合作戰計畫，也就是對共軍緊急應變的作
戰計畫與組織，奠定了其後繼續合作的基礎。在談話中，

---

51 卡尼上將係美國海軍軍令部部長（Chief of Naval Operation, 即海
　　軍總司令），於次日（3 月 4 日）再覲見蔣中正總統，提及金、馬聯
　　合作戰及臺灣防空指揮的問題，蔣允予考慮，然後在 3 月 5 日再讓
　　俞大維部長與卡尼進一步協商。「蔣中正日記」，1955 年 3 月 4 日、
　　5 日；杜勒斯訪華照片見《蔣中正 1940-1960》，頁 130-131、146。

52 Telegram From the Secretary of State to the Department of State,
　　Honolulu, March 4, 1955, *FRUS, 1955-1957, China*, Vol. II, Document 138.

蔣中正特別強調的便是國軍空軍必須要進一步加強。其實，蔣原本還要提出另一計畫，是準備趁機反攻案，但因不願美方「增加其恐怖與反對或另生枝節」而對該聯合作戰計畫「默認」。[53]

1955 年 3 月 3 日，蔣中正總統及夫人在臺北士林官邸午宴杜勒斯國務卿夫婦和卡尼海軍軍令部長、助理國務卿勞勃森、太平洋艦隊總司令史敦普夫婦等，中方俞鴻鈞院長、葉公超部長、俞大維部長、彭孟緝總長、孫立人參軍長等作陪（國史館藏）。

杜勒斯在回到美國後，在 3 月 8 日對全國廣播，清楚表明，如果中共進一步在亞洲侵略，美國將用它的優勢兵力從三個方向——朝鮮、臺灣和印度支那對大陸進行報復。3 月 11 日，他還在記者會中進一步說，如有必要，美國將在任何地方、包括金門、馬祖的大戰中使用核子武器——如果中共對那些島嶼的進攻被認為是對臺灣進攻的一部分，而且美國將不再以任何原因抑制國民黨中國和韓國對

---

53 詳見 Memorandum of Record and Understanding by the Chief of Naval Operations (Carney), Washington, March 6,1955, *FRUS, 1955-1957, China*, Vol. II, Document 140 ；「蔣中正日記」，1955 年 3 月 13 日。

中國大陸的進攻。[54]

　　至於中華民國蔣中正總統則認為「由此中美盟約發生效力，中美在名義上已成盟國矣。不論其事實效果如何，惟此為**我反共抗俄之第一步計畫已得告一段落矣**。不知受過其幾多之忍辱與周折，乃得有此完成之一日耳。」到了3月底，蔣內心的想法是，現已復職五年了，期望在此基礎上，五年之後，能「光復大陸全土，拯救我苦難垂死之同胞」。[55]

第四節　江浙反共救國軍和大陳同胞的發展

一、江浙反共救國軍建立東引「東昌閣」

　　隨著大陳軍民撤退臺灣，所有的反共救國軍游擊部隊也撤回，休息一個月後開往澎湖漁翁島受訓，整編為反共救國軍第一總隊，下轄五個步兵大隊，其中有偵查、工兵、重兵器中隊、野戰醫院各一個，及一個海上支隊：包括船艇及三個突擊艇隊，官兵共四千五百三十二員，分駐東引、烏坵。接著，國防部將福建反共救國軍也整編為反共救國軍第二總隊，同時在陸軍總司令部內增設反共救國軍指揮部，負責督導所有反共救國軍之編組、裝備、訓

54　《顧維鈞回憶錄》，第 12 分冊，頁 225-231、245。

55　「蔣中正日記」，1955 年 3 月 5 日後「上星期反省錄」、3 月「上月反省錄」，其理想是「再加五年時間……定得消滅全國共匪，完成統一，以建立基督教理、三民主義富強康樂新中國，完成上帝所賦予之使命」。

練、保育；至於以後的發展則交由國安局負責策畫。這個
安排在 1955 年 4 月 1 日獲得總統同意。[56]

這些游擊幹部都不是正規軍事學校出身，多年來置身
前線或敵後，與中共鬥爭，所有的給養和裝備都靠虜獲的
戰利品生存和充實，一直處於有職無階的狀態，因此他們
的眷屬也都沒有眷補和眷糧。來到臺灣以後，軍官們心理
不平衡，眷屬亦到不同地方求援。後來得到總隊長夏季屏
支持，向國防部申請多次後，經過一年多的公文來往，始
克完成核階的工作，得以有了最基本的生活保障。[57]

至於部署到馬祖列島最北東引島的反共救國軍，則
於 1962 年胡宗南逝世後，在夏季屏、夏超等人領導下，
特別在當地建立了「東昌閣」，以紀念總指揮秦東昌——
也就是胡宗南上將，搜集他的照片、訓詞、事蹟等加以陳
展，以作長遠紀念。數十年來，經過國防部和東引當地軍
民負責人，包括謝久、胡捷、張俊達等指揮官，在羅本
立、林鎮夷等參謀總長指導下，多次整修和充實，使得
「東昌閣」的文物現今已經成為東引島的重要參觀標的，
而 2020 年 9 月東引國軍為慶祝反共救國軍當年的建軍，
還特別邀請了筆者同家人前往參加，一再尊稱胡宗南為反
共救國軍之父。

56　《反共救國軍整編計畫及爭取美援裝備》，檔案管理局：AA05000
　　000C/0044/1930.1/7421；此亦顯示當年的國安局與 1994 年法制化
　　後的國安局功能有所不同。

57　參考袁國祥司令之回憶，見袁頌安，《行言記》，頁 288-289。

　　不但如此，在當年反共救國軍歷次突擊大陸時多有參與策畫的西方公司官兵，同樣對「秦東昌先生」極為懷念。例如凱立瑟（Kalischer）在 1953 年 1 月奉調回美，即不願離開那個辛苦危險而又離自己的家國極為遙遠的大陳，其長官敦請胡宗南親自勸說後，凱立瑟方才離開；[58] 另有一位年輕軍官蘇克（Larry Sulc），退伍後擔任美國國會議員的助理，組織私人公司，為退伍軍人謀福利。筆者在 1980 年代於華府駐美代表處負責國會聯絡工作時與之結識，他特別強調，當年他們同僚每週能夠在開會時見到總指揮（胡宗南），而都以能見到他一面為光榮。[59] 至於西方公司在 1953 年從大陳撤退時的當地負責人巴羅後來在美國陸戰隊繼續服務，一直升到上將司令，且為唯一能夠參加美國參謀首長聯席會議的陸戰隊司令。他在退休後於 1983 年 9 月訪問臺灣，對接待他的海軍陸戰隊屠由信司令說：「秦東昌將軍，這位在大陸統帥百萬大軍的將領，能在大陳親自訓練游擊幹部，率領數百游擊隊突擊大陸，他對國家的忠誠、負責，個人表現的勇敢、堅決，不是當時中華民國任何將領所可比擬的，在西方現代將領中

---

58 《胡宗南先生日記》，1953 年 1 月 23-26 日。

59 蘇克係於 1986 年 4 月 24 日與筆者在華府結識，當時他的身份是 The Nathan Hale Foundation 的總裁（President）。他告稱，1952 年至 1954 年被中情局派往大陳，其工作係協助中方工作人員作情報分析及研判，當時美方約有二十人左右在大陳，上級規定他們均不得隨著救國軍上（大陸海）岸，但每週可見到秦總指揮一次，對於這些美國年輕人來說，「是極大的榮幸」。他和西方公司人員在大陳時期的照片見 *Raiders of the China Coast: CIA Covert Operations during the Korean War*, p. 154。

尤難見到」。[60]

二、大陳同胞來臺後之發展

　　至於大陳居民，他們於 1955 年平安地來到臺灣以後，先後成立了三十五個大陳新村。他們從胼手胝足的努力求生到安居樂業，欣欣向榮，培育出各行各業的千萬人才。剛來到臺灣時，由於語言文化的不同，大陳人的生活相當的孤立、艱苦。當時最多是以苦力換取微薄的薪資，例如擔任各行各業的學徒，學習旗袍製作、西裝裁縫、理髮、皮鞋或木工的技藝，獲得贈船的漁民們，則繼續靠打魚為生，省吃儉用地養家糊口，逐漸成長。

　　由於大陳人特別重視教育，所以努力培養子弟升學，而蔣宋美齡夫人創建的華興學校便提供了極好的環境以及愛的教育，所以從這個學校和其他管道，數十年來造就了各方面的人才，其中有在學術界嶄露頭角的教授、有從事工商企業的幹部或老闆、更有擔任會計師、律師、船長、外交官、議員、將軍、政府官員、地方首長、書法、繪畫、戲劇等方面的藝術家比比皆是。而且不少大陳鄉親遠渡重洋，或留學，或打工，或集資開餐廳，或進入當地公司，提供各種服務和貢獻。僅僅在美國工作者就有六千人以上。不但如此，大陳人在各縣市或國外聚居之處，多組織同鄉會，彼此互助，而他們不論住在何處，都勉勵子弟

---

60 屠由信司令的回憶，錄於《海軍陸戰隊官兵口述歷史訪問紀錄》，頁 164-165。

愛護中華民國，要為國家服務。[61]

　　另外，在大陳遷臺六十週年時，同鄉會的同仁們對照當年種種，對在那個困難的時代帶領、協助大陳的主要人士產生無比的懷念，便提出了大陳七大恩人，特別表示感謝，他們是蔣中正、蔣經國兩位總統，和俞大維、胡宗南、沈之岳、王相義、王生明。[62]

　　大陳遷臺成功，以及中美共同條約正式生效，是軍事和外交兩方面努力的成果，也為民國政府遷來臺灣之後，**奠定了轉危為安的基礎**，其後中華民國雖然在兩岸和國際上面臨的挑戰不斷，卻仍能逐漸進步壯大。

---

61 《大陳人在臺灣—大陳遷臺六十週年紀念特刊〈緬懷、薪傳、感恩、鄉情〉》一書，介紹了大陳居民遷臺六十餘年來各行業一部分代表人物，在國內的包括葉匡時、羅智強、梁文傑、齊育金、吳昱昶、陳克允、吳學寶、葉永強、張吉誠、陳明法、張春生、吳明德、陳詩奎、林玉麟、胡梅桂、胡梅青、林若蘭、林顥文、曹夏生、梁冬富、王傳興、陳每玉、胡麗娟、林凱、李美金、曹祥炎、毛禮正、陳素英、陳玉英、陳香英、梁林蓮、滕浩然、林德馨、張雲清、蘇招祿、陳冬友、林志成、周雅英、伍正才、羅鍾梅、毛仁傑、吳招蓮、李淳玫；在海外的包括陳長龍、葉志偉、應成俊、陶仲良、嚴正德等人；參考《大陳人在臺灣—大陳遷臺六十週年紀念特刊〈緬懷、薪傳、感恩、鄉情〉》，頁 74-75、175-294、316-324。

62 《大陳人在臺灣—大陳遷臺六十週年紀念特刊〈緬懷、薪傳、感恩、鄉情〉》，頁 14-32、41-43、168-174。

結語：民國在臺澎金馬奠定了安全發展的基礎

　　本書主要是觀察中華民國政府從中國大陸遷臺之後，如何在危險困頓中挺住，而且鞏固發展，奠定了後來數十年安全發展的基礎；所探討的年代基本上是從大遷徙的1949年開始，到1955年中美兩軍密切合作，成功地完成大陳三萬餘軍民遷到臺灣的壯舉，以及《中美共同防禦條約》生效為止，**而這個時候也是蔣中正總統所說的「反共抗俄之第一步計畫告一段落」**。在這短短五、六年的關鍵年代中，中華民國政府能夠在臺灣、澎湖、金門、馬祖站穩、並且奠定了後來發展的基礎，不論從海峽兩岸或是國際情勢的發展來看，軍事和外交的因素都扮演了最重要的角色。

　　回顧1950年代前期的世局，是美國和蘇聯所分別領導的民主和共產國家間的冷戰和熱戰交互進行的時代，也是兩岸不斷兵戎相見的時代。其中對中華民國生存發展影響最大的，首推中共的作為和美國的對華政策。中共毛澤東政權在那關鍵年代，對內推動無產階級專政的仇恨統治，使得許多對它有期待的人民失望、甚至轉而反對，而它在國外向蘇聯史達林政府亦步亦趨地學習、徹底進行對蘇聯「一邊倒」的政策，則冷卻了美國與之建立關係

的期望。

在臺灣情勢混亂、岌岌可危、蔣中正尚未復總統職的
1950 年 1、2 月，毛澤東為了強化軍備、建立海空軍，以
便統一臺灣，在 1950 年 2 月與蘇聯訂立同盟條約，但在
關於東北的安排上要求蘇聯讓步，反而促使史達林改變心
意，決定先支持北韓金日成南侵，挑起韓戰。美國則原來
在中國內戰中已經決定袖手，有人甚至準備接受中共占領
臺灣，卻因為中共與蘇聯結盟，正式對史達林臣服，讓蘇
聯勢力直入東亞和南海，因此考慮改變對臺灣的政策；接
著韓戰的突然發生，顯示共產集團勢力不斷對外擴展，於
是決定介入臺海。

韓戰期間，由於北韓軍敗退，美軍越過三十八度線北
進，史達林便向毛澤東發出指示出兵援救，毛便不顧大陸
建設的需要和其他幹部的反對，獨斷地派軍去進行「抗美
援朝」的代理人戰爭，讓大量的國人在異邦喪命，卻也使
得他攻取臺灣的企圖不得不延後。史達林、金日成和毛澤
東的決策和美國的因應，反而形成了中華民國在臺灣復興
的契機。

也是這個關鍵的時刻，退到臺灣、士氣低落、百廢待
舉的中華民國政府，僅僅保有了臺灣、澎湖和金門、馬
祖、大陳等外島，卻重新建立了領導中心：蔣中正回任總
統後，從改革執政的中國國民黨開始，勵精圖治。而美國
也因為中共的作為和韓戰的發生，重新給予臺北有限的軍
事和經濟援助，協助整編國軍，而且在外交戰線上協助鞏

固民國政府的國際地位。同時，臺北致力推動地方自治，開始全面性的縣市選舉；推動溫和式的土地改革：給予佃農土地，幫助地主成為工業家；提升國民教育：延攬並公平培養各種不同出身背景的人才；從發展外貿和製造進口替代品開始，強化經濟建設，其政績被譽為亞洲各國的模範。而臺北的情治單位在臺灣最危險的時候，及時破獲了中共在臺龐大的間諜組織，從而瓦解了共軍準備犯臺時的主要內應力量。於是在朝野的共同努力之下，逐漸把國家帶到一個民主繁榮、欣欣向榮的時代。

接著在外交戰場上，經由蔣中正政府多人的努力和美國對日本的督促，中華民國和日本在 1952 年 4 月簽訂了和約，代表中國結束對日本的戰爭狀態。此外，臺北多次成功維護聯合國的席位，聯合國還通過了中國控訴蘇聯違背 1945 年友好條約。這些外交成果既提升了臺灣的國際地位，彰顯民國政府才代表真正的中國，也更強化了中華民國對臺灣主權的法律基礎。

當時海峽兩岸都沒有放棄武力統一中國的企圖：中共在韓戰中雖然付出了重大的人命和國內經濟建設上的代價，可是也從超強蘇聯的大力援助進行了三軍現代化的改革，獲得大量最先進的裝備。於是在韓戰結束後立即增兵沿海，企圖攻略浙東沿海島嶼，作為再進犯金門以及臺灣的第一步，與國軍不斷進行海空交戰。

至於臺灣的朝野各界，儘管條件懸殊，則仍以推翻大陸上的共產政權為國家目標，進行反攻大陸的規畫，也就

是**以復興國家為手段，卻以復興民族為目標**。其設計包括
國防部各種祕密計畫，聘請日本退役軍官致力籌謀，還設
立光復大陸設計委員會以擘畫反攻以後重建國家的方略。
當然，這一切設計的實現都需要超強美國的協助，於是趁
著韓戰美軍與共軍直接交戰之際，不斷地同美國磋商，籲
請其在軍事上提供武器裝備的支援；但是，美國政府根據
其所認知的「國家利益」，採取以蘇聯為主要敵人的重歐
輕亞政策、在韓戰中自縛手腳，在韓戰後則不願協助臺北
而與中共再開戰端，從而在對國軍的援助上，一再避免
充實其反攻大陸的條件。

　　儘管條件不足，民國政府卻沒有放棄這個國策，除了
在紙面上的各種設計之外，還不斷採取各種反攻的具體行
動。本書除了述及以國軍為主、以金門為基地所進行的反
攻行動、以及滇緬邊區部隊的作為外，特別敘述離臺灣較
遠、條件最不足、而僅僅以游擊隊為主所進行的反攻行
動，也就是大陳「江浙反共救國軍」的成軍以及難得的戰
果，尤其其所顯示上下同欲的精神。

　　但是，現實的困難是，大陳列島對民國當時的空軍而
言太過遙遠，要有效防衛必須商請美國第七艦隊支援。可
是美國在英國等親密盟國的慫恿下，有意讓海峽兩岸長久
分而治之，也有意和中共重建關係，便不願為了國軍駐守
的外島而再和中共直接作戰（正如同毛澤東一再交代共
軍，不能再與美軍正面交鋒）。在此情勢下，蔣中正總統
為了外島金馬和大陳的防禦，也為了政治上和外交上要先

鞏固中華民國，便不得不保證，如果中方要反攻大陸，將必然先和美國洽商。也就因為如此，美方才在 1954 年 9 月的九三金門砲戰前後，開始與中華民國商訂互助條約。經由臺北外交界領導人葉公超、顧維鈞、沈昌煥等，在和美國國務卿杜勒斯、助卿勞勃森等人的多次談判、爭辯後，《中美共同防禦條約》終於在 1954 年 12 月 2 日簽訂，確定了美國協防臺灣澎湖的基本架構。

但是由於美國第七艦隊在浙江沿海的明顯退縮，一個半月後的 1955 年 1 月 18 日到 20 日，共軍便以最先進的裝備、十餘倍的三軍兵力、壓倒式的絕對優勢，攻下了大陳的門戶一江山島。共軍對同是中國人防守的一江山小島的絕對不對稱戰爭，當然是勝之不武，但是一江山的反共救國軍在孤軍奮戰、明知有死無生的戰鬥中，所表現的大無畏戰志和重創共軍的戰果，卻鼓舞了全國朝野，也感動了美國國會，隨即通過了授權美總統在臺海用兵的《臺灣決議案》，進而促使參議院批准與中華民國的共同防禦條約。更明顯的是，警惕了共軍從此未敢再以三棲作戰攻擊民國政府所掌控的任何一個島嶼。

在大陳駐軍和游擊隊準備死守各島時，美方卻因其全球戰略的考慮，主動願意協助將大陳軍民撤回到臺灣。而蔣中正總統為了要確保金門和馬祖，乃致力進行對美國的外交交涉，終於在美方提供了祕密保證，願協助臺北防衛金馬之後，同意撤回大陳軍民。於是，中美兩軍於 1955 年的 2 月間在密切合作下，將大陳三萬二千軍民全數安全

撤來臺灣，建立了一個兩國兩軍大型軍事合作的成功範例，接著，國軍再獨力將大陳地區中的南麂島五千多軍民撤回。

隨著中美雙方批准條約，美國國務卿於 3 月初來臺互換，使之生效，讓中華民國與美國成為正式盟國，開啟了雙方的盟約關係，一直維持到 1979 年底。在這外交折衝的過程中，既堅持了國家立場，又以彈性的作法爭取了國家主要利益——在安定的環境中生存發展，結果奠定了臺澎金馬其後數十年間經濟繁榮和政治穩定的基礎。

而大陳同胞來到臺灣後，融入本地社會，培養出各行各業的人才，貢獻了國家和國際社會。至於江浙反共救國軍轉移到馬祖東引等地後，則建館紀念當年的總指揮秦東昌——胡宗南上將。

當然，由於美國不願協助國軍反攻大陸，中華民國自身能力有限，如要推翻中共政權，便只能一再「待機」——等待中共內部變化，也是那「復國之惟一客觀條件」，[1]這種無奈，對於當年大陸內部切望國軍反攻的人們而言，他們的心理自然是如同南宋陸游的名句所表述：「遺民淚盡胡塵裡，南望王師又一年」；而對於蔣中正和許多一心一意盼望以武力反攻復國、解救同胞、統一中國的那一代，便只能如同三百多年前的鄭成功一樣，「極一生無可如何之遇，缺憾還諸天地」了。[2]

---

1 蔣中正心中對美國「苟安自保」政策的清醒認識、與對中共「內部發生變化」的熱切期待，見《蔣中正日記》，1954 年 10 月「上月反省錄」。

2 例如胡宗南上將於 1962 年 2 月病逝前數日，當其數十位軍中部屬

　　本書的目的就是回顧檢視中華民國在那艱難的過程中，居然能夠從大陸上的慘痛失敗轉而在臺復興的關鍵年代。看到那個時代——1949 年至 1955 年——民國政府的反共救國軍游擊隊和陸海空軍軍人，以及各級外交人員，為著保衛國家安全、促進國家利益而殫精竭慮，甚至毫不猶豫地奉獻自己生命的決心與情操，實在值得在承平中成長、不同思想背景的海內外中國人深思並景仰。這些有名、無名的英雄都是以中華民國才是中國的正統而自居，並且也都是以民族統一作為個人的中心思想和努力的方向；他們的辛苦和血汗奠定了中華民國在臺澎金馬生長茁壯的基礎。那是個轉危為安、轉弱為強的時代，也是**在國際和國內的認知上，民國政府當然代表「中國」**的時代。當人們回顧當年的一切艱辛過程時，首先得向上蒼感謝，讓中華民國有了在臺灣復興的環境和機會（如第一章第三節、第三章第二節和第四章第二節所述，恰恰在臺灣情勢最黯淡的 1950 年 1、2 月間，反而在莫斯科播下了民國國運翻轉的種子）。其次，對於民國政府在軍事和外交上的努力能夠有成果，則除了感謝其中的千萬英雄、烈士之外，不得不歸功於蔣中正總統的領導和他的人格感召——「親愛精誠、艱苦卓絕、刻苦耐勞、自立自強」。[3]

　　「滾滾長江東逝水，浪花淘盡英雄」，七十多年過去，

前往探病時，胡的交代便是要他們「幫助總統，反攻大陸」，筆者在旁邊聽得清清楚楚，而這也是他對內對外唯一的遺言。

3　這是蔣經國先生對他父親蔣中正總統的形容，見《十年風木》，頁 11。

已經換到三、四代人，而世界各國因為科技和人文的發展也已進展到了前所未有的彼此依存，以致牽一髮便動全身。臺海兩岸的基本對峙，以及超強美國在本地區的角色仍在，但美國的主要對手卻已經從蘇聯轉為美蘇都曾積極扶持的中共。物換星移，審時度勢，人們雖有不同於當年的看法與作法，卻仍須珍視並發揚先輩們為中華民國奮鬥、為維護民族正統的精神、理念與成就；而兩岸人民及執政者尤須坦誠檢視過去數十年的真實歷史，以作為調整政策、建設國家，以及復興民族的基礎。至於美、日等與本地區利益相關的各國朝野人士，亦盼都能持宏遠眼光，與中華民族各地的人民互助合作，逐漸造成多贏的局面，嘉惠全球。

附圖

2022 年 2 月 3 日筆者拜候雙重
烈士之至親，當時 99 歲的劉霞
女士。按，劉女士之父劉孟廉
中將於 1950 年春之西昌戰役中
殉國；其夫周元（比照中校）
於 1955 年 1 月一江山戰役中殉國
（筆者提供）。

1998 年東引東昌閣整修完成，
筆者應邀前往參觀並致贈胡宗南
在大陳時所獲錦旗予東引指揮官
胡捷。

反共救國軍精銳第四大隊代表於 1953 年元旦在紙板上簽名向秦東昌總
指揮（胡宗南的化名）賀年，其中大部分成員即於兩年後的一江山戰
役中殉國（筆者提供）。

宗南老兄賜鑒：岳同志帶來手
書敬悉羊得知　兄在任所身體
康泰工作佳妥為末者聞之至任
快慰愚弟同之情感閒修數年末
親如手足尤其在此患難之際更
應死與共相互體諒協助以謀達
國大業之完成吾人所達者不在使
大陸同胞們重見天日年任重道遠惟
有認思辱奮勉方能完成店盡之責
任耳想訪　兄於大陳恒同事忙
而末能如願了奈時不在懷念之中
送之糖二盒请　兄晒納羊望保重
敬祝安好
小弟　经國手敬上　三月廿日
台北寄出

面呈
台北台字第七一五七信箱
秦東昌先生親啟

蔣經國主任致函胡宗南（筆者提供）。

1952 年國防部總政治部蔣經國主任、江浙反共救國軍總指揮胡宗南
將軍在大陳與反共救國軍合影（照片為蔣經國先生贈與筆者）。

中英文主要參考書目

古籍新編

- 羅順德編，鄭廳英譯，《孫子兵法》（中英對照本），臺北：黎明文化公司，1991。

工具書

- 《中共人名錄》，臺北：國立政治大學國際關係研究中心，1999。
- 《中國分省系列地圖冊：山東》，北京：中國地圖出版社，2021 重印。
- 《中國分省系列地圖冊：內蒙古》，北京：中國地圖出版社，2020 重印。
- 《中國分省系列地圖冊：河北》，北京：中國地圖出版社，2020 重印。
- 《中國分省系列地圖冊：浙江》，北京：中國地圖出版社，2020 修訂。
- 《中國分省系列地圖冊：海南》，北京：中國地圖出版社，2021 重印。
- 《中國分省系列地圖冊：陝西》，北京：中國地圖出版社，2020 修訂。
- 《中國分省系列地圖冊：雲南》，北京：中國地圖出版社，2020 重印。
- 《中國分省系列地圖冊：福建》，北京：中國地圖出版社，2020 修訂。
- 《中國分省系列地圖冊：廣東》，北京：中國地圖出版社，2021 重印。
- 《中國分省系列地圖冊：廣西》，北京：中國地圖出版社，2021 重印。
- *The Annals of America*, Vol. 16 (1940-1949), Chicago: Encyclopedia Britannica, Inc., 1968.
- *The Annals of America*, Vol. 17 (1950-1960), Chicago: Encyclopedia Britannica, Inc., 1968.

檔案、史料彙編及影像集

- 中共中央書記處編，《六大以來－黨內祕密文件》，北京：人民出版社，1981。
- 中央檔案館編，《中共中央文件選集》，第 14 冊（1943-1944），北京：中共中央黨校出版社，1992。
- 中央檔案館編，《中共中央文件選集》，第 15 冊（1945 年），北京：中共中央黨校出版社，1991。
- 《中華民國政府遷臺初期重要史料彙編：中美協防（一）、（二）、（三）》，臺北：國史館，2013。
- 《外交風雲》，臺北：中央通訊社，1999。
- 民國歷史文化學社編輯部，《中華民國對日和約》，臺北：民國歷史文化學社，2020。
- 民國歷史文化學社編輯部，《金山和約與中日和約的關係》，臺北：民國歷史文化學社，2020。
- 朱重聖總編輯，林滿紅序，《永續經國：蔣故總統經國先生百年誕辰紀念特展圖錄》，臺北：國史館，2010。

- 呂芳上主編，《擘劃東亞新秩序——開羅會議中國代表團紀錄彙編》，臺北：民國歷史文化學社，2023。
- 呂芳上總策畫，許瑞浩、周美華、廖文碩、陳世局編輯，《中華民國政府遷臺初期重要史料匯編：蔣經國手札（民國39年-52年）》，臺北：國史館，2015。
- 沈志華主編，《俄羅斯解密檔案選編：中蘇關係第1卷，（1945.1-1949.2）》，上海：東方出版中心，2014。
- 沈志華主編，《俄羅斯解密檔案選編：中蘇關係第2卷（1949.3-1950.7）》，上海：東方出版中心，2014。
- 沈志華主編，《俄羅斯解密檔案選編：中蘇關係第3卷（1950.8-1951.8）》，上海：東方出版中心，2014。
- 沈志華主編，《俄羅斯解密檔案選編：中蘇關係第4卷（1951.9-1954.1）》，上海：東方出版中心，2014。
- 沈志華主編，《俄羅斯解密檔案選編：中蘇關係第11卷（1964.12-1969.6）》，上海：東方出版中心，2014。
- 沈志華編定，《朝鮮戰爭：俄國檔案館的解密文件》，臺北：中央研究院近代史研究所，2013。
- 馬歇爾著，中國社會科學院近代史研究所翻譯室譯，《國共內戰與中美關係：馬歇爾使華祕密報告》，臺北：致知學術出版社，2013。
- 徐宗懋圖文館主編，《中華民國與二戰：美國國家檔案館館藏精選》，臺北：新世語文化公司，2015。
- 徐宗懋圖文館主編，《蔣中正1940-1960：美國國家檔案館數位彩色復原歷史影像精選》，臺北：新世語文化公司，2021。
- 國史館藏檔案：《光復大陸設計委員會》（共5卷）。
- 國家發展委員會檔案管理局藏：
  《一江山防衛戰經過概要案》（共2卷）；
  《一江山戰役檢討案》；
  《大陳作戰綜合報告案》；
  《大陳軍民撤退案》（共7卷）；
  《大陳島撤退案》（共5卷）；
  《大陳海空軍戰鬥檢討改進》；
  《大陳區作戰艦艇指揮權責及兵力佈署》；
  《中美協商大陳撤退、外島協防、防衛臺澎問題》；
  《反共救國軍整編計畫及爭取美援裝備》；
  《任命胡宗南等為浙江省政府委員》；
  《胡宗南赴大陳島部署防務及成立江浙游擊總指揮部》；
  《浙江省政府裁撤案》；
  《雲南省反共救國軍兵力駐地表》；
  《福建省反共救國軍南日島作戰經過報告書》；
  《福建省反共救國軍戰鬥詳報》；
  《增援大陳防衛戰力》；
  《調整大陳防務機構》。
- 許捷芳，《行腳天下　見證外交：許捷芳五十年攝影生涯集錦》，臺北：2011。
- 張正中總編、汪永黛主編，《救總六十：中華救助總會成立60周年專輯》，臺北：中華救助總會，2010。

- 楊奎松主編，《美國對華情報解密檔案 1948-1976》，中國內戰篇，臺北：海峽學術出版社，2014。
- 楊進添、周功鑫發行，沈呂巡、馮明珠編輯，《百年傳承　走出活路》，臺北：故宮博物院，2011。
- 《蔣中正總統文物：革命文獻（三）剿共與西安事變》，臺北：國史館，2002。
- 《實踐學社教育訓練及研究紀實》，（教育長）彭孟緝題，機密性未刊本，1985。
- 《關鍵年代：空軍 1949 年鑒（一）》，臺北；民國歷史文化學社，2020。
- 雙驚華、忻華編，《美國對華情報解密檔案 1948-1976》，臺灣問題篇，上冊，臺北：海峽學術出版社，2014。
- 嚴家淦，《靜波人生：故總統嚴家淦講稿選集》，臺北：社團法人嚴前總統家淦先生紀念協會，2015。
- 嚴家淦，《靜波人生：故總統嚴家淦歷史圖集》，臺北：史博館、社團法人嚴前總統家淦先生紀念協會，2015。
- *CIA Research Reports, China, 1946-1976*, Washington, D. C., University of America Publications, 1982.
- Department of State, United States, *Foreign Relations of the United States, Diplomatic Papers, 1944, China*, Vol. VI, Washington, D. C., United States Government Printing Office, 1967.
- Department of State, United States, *Foreign Relations of the United States, 1945, Diplomatic Papers, Europe*, Vol. IV, Washington, D. C., United States Government Printing Office, 1969.
- Department of State, United States, *Foreign Relations of the United States, Diplomatic Papers, 1945, The Far East, China*, Vol. VII, Washington, D. C., United States Government Printing Office, 1969.
- Department of State, United States, *Foreign Relations of the United States, 1947, The Far East*, Vol. VI, Washington, D. C., United States Government Printing Office, 1972.
- Department of State, United States, *Foreign Relations of the United States, 1948, The Far East: China*, Vol. VII, Vol. VIII, Washington, D. C., United States Government Printing Office, 1975.
- Department of State, United States, *Foreign Relation of the United States, 1949, The Far East: China*, Vol. VIII, Vol. IX, Washington, D. C., United States Government Printing Office, 1978.
- Department of State, United States, *Foreign Relations of the United States, 1950, National Security Affairs; Foreign Economic Policy*, Vol. I, Washington, D. C., United States Government Printing Office, 1976.
- Department of State, United States, *Foreign Relations of the United States, 1950, The United Nations; The Western Hemisphere*, Vol. II, Washington, D. C., United States Government Printing Office, 1976.
- Department of State, United States, *Foreign Relations of the United States, 1950, East Asia and the Pacific*, Vol. VI, Washington, D. C., United States Government Printing Office, 1976.
- Department of State, United States, *Foreign Relations of the United States, 1950, Korea*, Vol. VII, Washington, D. C., United States Government Printing Office, 1976.
- Department of State, United States, *Foreign Relations of the United States, 1951, Korea and China*, Vol. VII, Part 1, Washington, D. C., United States Government Printing Office, 1983.

- Department of State, United States, *Foreign Relations of the United States, 1951, Korea and China*, Vol. VII, Part 2, Washington, D. C., United States Government Printing Office, 1983.
- Department of State, United States, *Foreign Relations of the United States, 1952-1954, China and Japan*, Vol. XIV, Part 1, Washington, D. C., United States Government Printing Office, 1985.
- Department of State, United States, *Foreign Relations of the United States, 1955-1957, China*, Vol. II, III, Washington, D. C., United States Government Printing Office, 1986.
- Department of State, United States, *Foreign Relations of the United States, 1955-1957, United Nations and General Matters*, Vol. XI, Washington, D. C., United States Government Printing Office, 1986.
- Department of State, United States, *American Foreign Policy, 1950-1955: Basic Documents*, 1957. Department of State, United States, *United States Relations with China, with Special Reference to the Period 1944-1949*, Washington, D. C., Department of State Publication, 1949.
- Gilbert, Stephen and Carpenter, William M. Eds., *America and Island China: A Documentary History*, Lanham: University Press of America, 1989.
- Wolff, Lester L. and Simon, David L. eds., *Legislative History of the Taiwan Relations Act*, New York: American Association for Chinese Studies, 1982.

政府出版品

- 中共中央文獻研究室編，《周恩來年譜（1949-1976）》，北京：中央文獻出版社，1997。
- 中共中央文獻研究室編，《建國以來周恩來文稿》，北京：中央文獻出版社，2008。
- 中共中央文獻研究室二部編，《周恩來自述》，北京：解放軍文藝出版社，2002。
- 中共江蘇省委黨史工作辦公室編，《粟裕年譜》，北京：當代中國出版社，2006。
- 中國人民解放軍軍事科學院毛澤東軍事思想研究所年譜組，《毛澤東軍事年譜1926-1958》，南寧：廣西人民出版社，1994。
- 中國人民解放軍軍事科學院編，《葉劍英年譜》，北京：中央文獻出版社，2007。
- 中華人民共和國外交部，《毛澤東外交文選》，北京：中央文獻出版社，1994。
- 《中華民國史事紀要－民國 30（1941）年 7-12 月》，臺北：國史館，1991。
- 《中華民國史事紀要－民國 32（1943）年 7-12 月》，臺北：國史館，1995。
- 《中華民國史事紀要－民國 34（1945）年 5-7 月》，臺北：國史館，1987。
- 《中華民國史事紀要－民國 34（1945）年 8-9 月》，臺北：國史館，1985。
- 《中華民國史事紀要－民國 34（1945）年 10-12 月》，臺北：國史館，1990。
- 《中華民國史事紀要－民國 36（1947）年 4-6 月》，臺北：國史館，1996。
- 《中華民國史事紀要－民國 38（1949）年 7-9 月》，臺北：國史館，1997。
- 《中華民國史事紀要－民國 39（1950）年 1-3 月》，臺北：國史館，1994。
- 《中華民國史事紀要－民國 39（1950）年 4-6 月》，臺北：國史館，1994。
- 《中華民國史事紀要－民國 39（1950）年 7-9 月》，臺北：國史館，1997。
- 《中華民國史事紀要－民國 39（1950）年 10-12 月》，臺北：國史館，1997。
- 《中華民國史事紀要－民國 40（1951）年 1-6 月》，臺北：國史館，1995。
- 《中華民國史事紀要－民國 41（1952）年 6-12 月》，臺北：國史館 1996。
- 《中華民國史事紀要－民國 42（1953）年 1-6 月》，臺北：國史館，1989。

- 《中華民國史事紀要－民國 42（1953）年 7-12 月》，臺北：國史館，1989。
- 《中華民國史事紀要－民國 43（1954）年 1-6 月》，臺北：國史館，1988。
- 《中華民國史事紀要－民國 43（1954）年 7-12 月》，臺北：國史館，1989。
- 《中華民國史事紀要－民國 44（1955）年 1-6 月》，臺北：國史館，1989。
- 《中華民國史事紀要－民國 51（1962）年 4-6 月）》，臺北：國史館，1999。
- 中華民國國防部編印，《烽火同舟：登步島戰役 70 周年參戰官兵訪問紀錄》，臺北：國防部政務辦公室，2019。
- 王成勉編著，《馬歇爾使華調處日誌（1945 年 1 月-1947 年 1 月）》，臺北：國史館，1992。
- 王萍訪問，官曼莉紀錄，《杭立武先生訪問紀錄》，臺北：中央研究院近代史研究所，1990。
- 王靖之訪問紀錄，《半生戎馬半書生－王靖之將軍回憶》，臺北：國防部史政編譯局，1995。
- 《毛澤東選集》，第 2 卷、第 4 卷，北京：人民出版社，2009。
- 《中國人民解放軍全國解放戰爭史》，第 5 卷，北京：軍事科學出版社，1997。
- 《田寶岱回憶錄》，臺北：中央研究院近代史研究所，2015。
- 呂芳上主編，《蔣中正先生年譜長編》，臺北：國史館，國立中正紀念堂管理處，財團法人中正文教基金會，2014-2015。
- 呂芳上總纂，《中華民國近六十年發展史》，上冊，臺北：國史館，2012。
- 吳祖勝總策畫，黃克武主編，《同舟共濟：蔣中正與 1950 年代的臺灣》，臺北：國立中正紀念堂管理處，2014。
- 沈昌煥，《沈昌煥日記——戰後第 1 年 1946》，臺北：國史館，2013。
- 沈志華，《無奈的選擇：冷戰與中蘇同盟的命運（1945-1959）》，北京：社會科學文獻出版社，2013。
- 李正編著，《踏浪東海－第三野戰軍解放東南紀實》，北京：國防大學出版社，1999。
- 東方鶴，《上將張愛萍》，北京：人民出版社，2007。
- 金冲及主編，《劉少奇傳》，北京：中共中央文獻研究室，2011，2 版。
- 胡宗南，《胡宗南先生日記》，臺北：國史館，2015。
- 胡傳章、哈經雄，《董必武傳記》，武漢：湖北人民出版社，1985。
- 《浩氣長存：一江山烈士殉國六十週年紀念集》，臺北：青年日報，2015。
- 徐則浩著，《王稼祥傳》，北京：當代中國出版社，2006。
- 《國民革命軍戰役史第 5 部－戡亂》，第 4、6、7 冊，臺北：國防部史政編譯局，1989。
- 《國軍戰史叢書（一）－戡亂時期東南沿海島嶼爭奪戰史（二）》，臺北：國防部史政編譯局，1997。
- 陳雄飛，《外交生涯一甲子：陳雄飛回憶錄》，臺北：中央研究院近代史研究所，2016。
- 陳誠，《陳誠先生日記》，臺北：國史館、中央研究院近代史研究所，2015。
- 陳毅傳編寫組著，《陳毅傳》，北京：當代中國出版社，2006，2 版。
- 張力編輯、校訂，沈呂巡序，《金問泗日記（1931-1952）》，臺北：中央研究院近代史研究所，2017。

- 張玉法、陳存恭訪問，《劉安祺先生訪問記錄》，臺北：中央研究院近代史研究所，1991。
- 張樹軍、史言主編，《紅色檔案：中國共產黨重大事件實錄》，長沙：湖南人民出版社，2006。
- 張震，《張震回憶錄》，北京：解放軍出版社，2003。
- 曹宏、李莉編著，《第三野戰軍》，北京：國防大學出版社，1996，修訂本。
- 逢先知主編，胡喬木等指導，《毛澤東年譜（1893-1949）》，下卷，北京：中央文獻研究室，1993。
- 梅雪，《從總書記到外交部長：張聞天》，長沙：湖南人民出版社，2016。
- 黃自進，《蔣介石與日本——一部近代中日關係史的縮影》，臺北：中央研究院近代史研究所，2016。
- 黃慶秋，《日本軍事顧問（教官）在華工作紀要》，臺北：國防部史政編譯局，1968。
- 傅錡華、張力校註，《傅秉常日記：民國三十四年（1945）》，臺北：中央研究院近代史研究所，2014。
- 彭德懷傳記組，《彭德懷全傳》，北京：中國大百科全書，2009。
- 粟裕傳編寫組著，《粟裕傳》，北京：當代中國出版社，2007。
- 蔣緯國上將主纂，《實踐 30 年史紀要》，上冊，臺北：國防部史政編譯局，1982。
- 劉廣凱，《劉廣凱將軍報國憶往》，臺北：中央研究院近代史研究所，1994。
- 戴隆斌，《斯大林傳》，北京：人民日報出版社，2008。
- 遲景德、林秋敏訪問，《孔令晟先生訪談錄》，臺北：國史館，2002。
- 羅列，《一江山殉職將士忠烈錄》，臺北：陸軍總司令部史政處，1959。
- *China: U.S. Policy Since 1945*, Washington, D. C.: Congressional Quarterly, Inc., 1980.

日記、傳記、回憶錄

- 一江山島戰鬥回憶錄編委會編，《解放一江山島》，北京：長征出版社，2003。
- 《大略雄才－葉翔之先生百齡冥誕紀念集》，臺北：中華民國忠義同志會，2011。
- 于健等編撰，胡家麒等校勘，《平凡人的不平凡：沈之岳》，臺北：沈之岳先生百年誕辰紀念會，2011。
- 王玉傑主編，《春秋歌－西安中正中學校友回憶錄》，洛杉磯：2005。
- 王曲文獻委員會編印，《吳允周將軍紀念集》，臺北：1999。
- 王東原，《浮生簡述》，臺北：傳記文學，1987。
- 中國國民黨中央委員會黨史委員會編輯，《中國國民黨與中華民國》，臺北：中國國民黨第十三次全國代表大會祕書處，1988。
- 司徒雷登著，陳麗穎譯，《在華五十年：從傳教士到大使－司徒雷登回憶錄》，上海：東方出版中心，2020。
- 李元平，《俞大維傳》，臺中：臺灣日報社，1993，12 版。
- 汪士淳，《漂移歲月：將軍大使胡炘的戰爭紀事》，臺北：聯合文學，2006。
- 吳景平、郭岱君編著，《宋子文和他的時代》，上海：復旦大學，2008。
- 吳忠信原著，王文隆主編，《吳忠信日記（1949）》，臺北：民國歷史文化學社，2021。

- 於憑遠、羅列編纂，葉霞翟、胡為真校訂，《胡宗南上將年譜》，臺北：臺灣商務印書館，2014，增修版。
- 邵毓麟，《使韓回憶錄》，臺北：傳記文學，1980。
- 孟興華編著，《孔令晟與兩位蔣總統》，臺北：幼獅文化，2017。
- 和田春樹著，許乃云譯，《北韓：從游擊革命的金日成到迷霧籠罩的金正恩》，臺北：聯經公司，2015。
- 周宏濤口述，汪士淳撰寫，《蔣公與我：見證中華民國關鍵變局》（臺北：天下遠見，2005）。
- 胡文俊，《王寵惠與中華民國》，廣州：廣東人民出版社，2006。
- 胡平生、周先俐，《周非將軍與民國海軍》，臺北：秀威資訊，2020。
- 胡宗南著，胡為真增訂，《胡宗南先生文存》，臺北：臺灣商務印書館，2014。
- 胡為真口述，汪士淳撰寫，《情到深處：胡宗南將軍與夫人葉霞翟在戰火中的生命書寫》，新北：臺灣商務印書館，2020。
- 胡頌平編著，《胡適之先生年譜長編初稿》，第5冊（1937-1946），新北：聯經公司，2020，增補版二版。
- 胡璉，《金門憶舊》，新北：胡璉故居紀念館暨研究中心籌備處，2017。
- 郝柏村，《郝柏村回憶錄》，臺北：遠見天下文化，2019。
- 原斌久撰，高詹燦譯，《吉田茂傳：尊皇的政治家》，臺北：臺灣商務印書館，2007。
- 袁頌安，《行言記》，臺北：2016。
- 梁天价，《鯁門島海戰：浙海之龍》，臺北：凱銓企業，2018年2月。
- 陸以正，《微臣無力可回天：陸以正的外交生涯》，臺北：天下遠見，2002。
- 陳立文主編，胡斯慧英譯，《佳美的腳蹤：宋美齡與她的時代》（*A Legacy of Grace and Resilience: Soong Mayling and Her Era*），臺北：中華民國婦女聯合會、民國歷史文化學社，2023。
- 陳誠，《陳誠回憶錄》，北京：東方出版社，2011。
- 張友驊，《刀鋒戰將：胡璉》，臺北：暖暖書屋，2021。
- 張其昀原著，中國文化大學圖書館主編，《質樸堅毅：張其昀日記（1949-1950，1952）》，臺北：民國歷史文化學社，2021。
- 張岳軍傳略與年譜編纂委員會，《張岳軍傳略與年譜》，臺北：中日關係研究會，1991。
- 張發奎口述，《蔣介石與我：張發奎上將回憶錄》，香港：文化藝術出版社，2008。
- 張國燾，《我的回憶》，香港：明報月刊社，2000。
- 張維海日記，〈大陳島撤退作戰前後〉，王曲文獻委員會編輯，《王曲文獻第四部──戰史：戡亂之部（下）》，臺北：王曲文獻委員會出版，1995。
- 程時敦，《萍蹤掠影：程時敦回憶錄》，臺北：2014。
- 陶涵（Jay Taylor）著，林添貴譯，《蔣介石與現代中國的奮鬥》，臺北：時報出版，2010。
- 陶涵（Jay Taylor）著，林添貴譯，《臺灣現代化的推手：蔣經國傳》，臺北：時報出版，2000。
- 黃世忠，《大陳作戰回顧》，1998。
- 彭蔭剛主編，《一級上將彭孟緝：1965年日記與照片集》，臺北：世界大同，2020。

- 奧列格・賀列夫維克（Oleg V. Khlevniuk）著，陳韻聿譯，《史達林：從革命者到獨裁者》，新北：左岸出版，2018。
- 葉霞翟，《天地悠悠》，臺北：幼獅公司，2013，3 版。
- 董顯光原著，曾虛白譯，《董顯光自傳：報人、外交家與傳道者的傳奇》，臺北：獨立作家，2014。
- 趙滋蕃，《王生明傳》，臺北：幼獅公司，1985。
- 潘佐夫（Alexander V. Pantsov）、梁思文（Steven I. Levine）著，林添貴譯，《毛澤東：真實的故事》，臺北：聯經公司，2015。
- 蔣中正，《蘇俄在中國：中國與俄共三十年經歷紀要》，臺北：黎明文化，2013。
- 蔣廷黻，《蔣廷黻選集》，第 5 集，臺北：傳記文學，1969。
- 蔣經國，《十年風木》，臺北：近代中國，1985。
- 蔡維屏，《難忘的往事》，臺北：1985。
- 樂炳南編，《鄭介民將軍生平》，臺北：時英出版，2010。
- 劉廣英，《俯仰──中華民國政略家張其昀》，臺北：華岡出版，2016。
- 鄧維楨總校閱，露絲・許芙曼（Ruth Schiffman）著，諶悠文譯，《狄托》，臺北：鹿橋文化，1992。
- 藍欽（Karl Rankin），《藍欽使華回憶錄》，臺北：徵信新聞，1964。
- 鄭學稼，《史達林真傳》，香港：亞洲出版社，1954。
- 羅拔・奧利華（Robert Oliver）著，華望平譯，《李承晚傳》，臺北：淡江書局，1957。
- 《總統蔣公思想言論總集：卷 23 演講》，中國國民黨中央委員會黨史委員會，1984。
- 蘇若群、姚金果，《張國燾傳：從先驅到叛徒》，成都：天地出版社，2018。
- 羅秋昭編輯，《王應文先生紀念集：傳承父志，以渡海興臺為己任》，新北：一江山戰役協會出版，2021。
- 顧維鈞述，中國社會科學院近代史研究所譯，《顧維鈞回憶錄》，北京：中華書局，1990-1993。
- 蔣中正，《蔣中正日記》，1948-1954，臺北：民國歷史文化學社，2023。
- 蔣中正，「蔣中正日記」，1945、1946、1955、1957、1962，美國史丹佛大學胡佛研究所檔案館藏。
- Bradley, Omar, *A General's Life: An Autography by General Omar Bradley*, New York: Simon and Schuster, 1983.
- Eisenhower, Dwight D., *Mandate for Change 1953-1956: The White House Years*, New York: Doubleday, 1963.
- Holober, Frank, *Raiders of the China Coast: CIA Covert Operations during the Korean War*, Annapolis, Maryland, Naval Institute Press, 1999.
- Khrushchev, Nikita, Foreword by Strobe Talbott, translated and edited by Jerrold L. Schecter with Vyacheslav V. Luzhkov, *Khrushchev Remembers: The Glasnost Tapes*, Boston: Little Brown and Company, 1990.
- MacArthur, Douglas, *Reminiscences*, New York: McGraw-Hill Book Company, 1964.
- Rusk, Dean, *As I Saw It*, New York: W. W. Norton Company, 1990.
- Truman, Harry, *Memoirs of Harry Truman*, Vol. II, New York: Da Capo Press,1956.

- Wedemeyer, Albert C., *Wedemeyer Reports*, New York: Henry Holt & Company, 1958.
- Yoshida, Shigeru, *The Yoshida Memoirs*, Westport: Greenwood Press, 1961.

專書

- 王逸之，《五次圍剿：國軍五次圍剿紅軍戰役始末》，臺北：知兵堂出版，2013。
- 王傳達總編，顧惠莉編輯，《大陳人在臺灣－大陳遷臺六十週年紀念特刊〈緬懷、薪傳、感恩、鄉情〉》，臺北：大陳遷臺六十週年紀念活動委員會編印，2015。
- 王漢國主編，《政戰風雲錄：歷史　傳承　變革》，臺北：時報出版，2021。
- 世界兵學社編寫組編，李仁雄序，《反攻復國政治文選》，波士頓：美國世界兵學社，2022。
- 朱浤源、楊力明主編，《纏鬥聯合國：資深大使見證錄》，臺北：民國歷史文化學社，2022。
- 李仕德，《金門危機：1950 年代的美國外島政策》，金門：金門縣文化局，2017。
- 宋怡明（Michael Szonyi）著，黃煜文、陳湘陽譯，《前線島嶼：冷戰下的金門》，臺北：臺大出版中心，2016。
- 沈志華，《最後的「天朝」：毛澤東、金日成與中朝關係（1945-1976）》，香港：中文大學出版社，2017。
- 沈啟國策畫，《最長的一夜：1949 金門戰役 22 兵團 25 軍》，臺北：時英出版社，2019。
- 林孝庭，《台海　冷戰　蔣介石：解密檔案中消失的臺灣史 1949-1988》，臺北：聯經公司，2015。
- 林孝庭著，黃中憲譯，《意外的國度：蔣介石、美國與近代臺灣的形塑》，新北：遠足文化，2017。
- 吳思華、呂芳上、林永樂主編，《開羅宣言的意義與影響》，臺北：政大出版社，2014。
- 胡為真，《疾風勁草：胡宗南與國軍在大陸的最後戰役（1949-1950）》，臺北：民國歷史文化學社，2021，2 版。
- 胡為真，《從尼克森到柯林頓：美國對華一個中國政策之演變》，臺北：臺灣商務印書館，2003。
- 祝康明編，《青天白日勳章》，臺北：知兵堂，2011。
- 郭岱君主編，《重探抗戰史》，新北：聯經公司，2022，2 版。
- 郭華倫，《中共史論》，臺北：國立政治大學國際關係研究中心，1989，4 版。
- 翁台生，《CIA 在台活動祕辛－西方公司的故事》，臺北：聯合報，1991。
- 翁衍慶，《中共軍史、軍力和對台威脅》，臺北：新銳文創，2023。
- 梁敬錞，《史迪威事件》，臺北：臺灣商務印書館，1972，7 版。
- 徐焰，《金門之戰 1949-1959》，北京：中國廣播電視出版社，1992。
- 習賢德，《鷹揚台海：中華民國空軍血淚史》，高雄：磐石書房，2022。
- 馮客（Frank Dikotter）著，向淑容、堯嘉寧譯，《文化大革命：人民的歷史 1962 至 1976》，臺北：聯經公司，2017。
- 野島剛著，蘆荻譯，《最後的帝國軍人：蔣介石與白團》，臺北：聯經出版，2015。
- 陳仁和編著，《大陳島－英雄之島》，臺北：上海印刷廠，1987。

- 陳永發，《中國共產革命七十年》（上），臺北：聯經公司，2001，修訂版。
- 陳兼，《怎忍青史盡成灰：文革政治史批判筆記》，香港：牛津大學出版社，2021。
- 陳鴻獻，《反攻與再造：遷臺初期國軍的整備與作為》，臺北：民國歷史文化學社，2020。
- 張玉法，《中華民國史稿》，臺北：聯經公司，2013，修訂版。
- 黃年，《從梵谷的耳朵談兩岸關係》，臺北：聯經公司，2017。
- 黃志雄，〈1953年東山島戰役之研究〉，桃園：中央大學歷史研究所碩士論文，2010。
- 覃怡輝，《金三角國軍血淚史》，臺北：中央研究院、聯經公司，2009。
- 湯武，《中國與國際法》，臺北：中華文化出版事業委員會，1957。
- 資中筠、何迪編，《美台關係四十年（1949-1989）》，臺北：海峽學術出版社，2014。
- 楊勝宗，《心戰聯合國：中國代表權爭奪戰1949-1971》，新北：西北國際文化，2022。
- 趙滋藩，《烽火一江山：王生明傳》，臺北：幼獅文化，1985。
- 趙嘉凱，《奮戰江山：國共第二次戰爭實錄／一場不為人知的悲壯戰役》，臺北：時英出版，2018。
- 劉維開，《蔣中正的一九四九：從下野到復行視事》，臺北：時英出版，2009。
- 蕭鴻鳴、蕭南溪、蕭江著，《金門戰役紀事本末》，北京：中國青年出版社，2016。
- 謝幼田，《鄉村社會的毀滅：毛澤東暴民政治代價》，紐約：明鏡出版，2010。
- 謝幼田，《聯俄容共與西山會議》，香港：集成公司，2001。
- 魏昂德（Andrew G. Walder）著，閆宇譯，《脫軌的革命：毛澤東時代的中國》，香港：中文大學出版社，2019。
- 竇暉，《中華人民共和國對外關係概述》，上海：外語教育出版社，1988。
- Chiu, Hungdah（丘宏達）, ed., *China and the Taiwan Issue*, New York: Praeger Publishers, 1979.
- Lilley, James with Lilley, Jeffrey, *China Hands: Nine Decades of Adventure, Espionage and Diplomacy in Asia*, New York: Public Affairs, 2004.
- May, Earnest ed., *American Cold War Strategy: Interpreting NSC 68*, Boston: Bedford Book / St. Martin's, 1993.
- Sih, Paul K. T.（薛光前）, *The Strenuous Decade: China's National Building Efforts 1927-1937*, New York: St. John's University Press, 1970.

專文

- 土立方，〈金剛計畫：1955年大陳撤退評析〉，《戰場》，第43期，2012。
- 史恆豐，〈大二膽島之戰〉，《王曲文獻第四部——戰史：戡亂之部（下）》，臺北：王曲文獻編輯委員會，1995。
- 池蘭森，〈池蘭森先生訪問紀錄〉，黃克武訪問，周維朋等記錄，《蔣經國先生侍從與僚屬訪問紀錄》，臺北：中央研究院近代史研究所，2016。
- 池蘭森，〈鹿羊戰役40年－憶胡宗南將軍〉，池蘭森，《盡忠報國》，臺北：2017。
- 呂芳上，〈時代變局中的不滅燈火－高等教育近代歷程〉，漢寶德、呂芳上等著，《中華民國發展史：教育與文化》，臺北：國立政治大學、聯經公司，2011。

- 呂育誠，〈地方自治百年成長與發展〉，趙永茂等著，《中華民國發展史：政治與法制》，臺北：國立政治大學、聯經公司，2011。
- 言百謙，〈蔣中正先生的戰爭哲學之研究〉，《蔣中正先生與現代中國學術研討集》，臺北：蔣中正先生與現代中國學術研討集編輯委員會，1986。
- 沈錡，〈我所參加過的蔣公與美國訪賓的重要會議〉，《傳記文學》，第 78 卷第 2 期，2001。
- 李子文，〈中華民國與聯合國及其週邊組織〉，蔡瑋主編，《中華民國與聯合國》，臺北：國立政治大學國際關係研究中心，1993。
- 李本京，〈印度〉，國史館中華民國史外交志編輯委員會編，《中華民國史外交志》，臺北：國史館，2002。
- 吳文星，〈百年來中小學教育之發展〉，漢寶德、呂芳上等著，《中華民國發展史：教育與文化》，臺北：國立政治大學、聯經公司，2011。
- 林宏一，〈閉關政策：中華民國政府封鎖大陸沿海的行動，1949-1960 年代〉，呂紹理、唐啟華、沈志華主編，《冷戰與台海危機》，臺北：國立政治大學歷史學系，2010。
- 林桶法，〈金門的撤守問題－以蔣日記與蔣檔為中心的探討〉，呂紹理、唐啟華、沈志華主編，《冷戰與台海危機》，臺北：國立政治大學歷史系，2010。
- 林滿紅，〈臺北和約：立法院立的法〉，《聯合報》，2022 年 5 月 19 日。
- 翁衍慶，〈國軍國光反攻大陸計畫〉，《忠義會訊》，第 89 期，2022。
- 徐培根，〈蔣中正先生軍事思想及其戰略觀〉，《蔣中正先生與現代中國學術研討集》，臺北：蔣中正先生與現代中國學術研討集編輯委員會，1986。
- 唐啟華，〈中華民國與世界體系〉，《中華民國發展史：政治與法制》，臺北：國立政治大學、聯經公司，2011。
- 殷章甫，〈土地改革〉，劉翠溶、周濟等著，《中華民國發展史：經濟發展》，臺北：國立政治大學、聯經公司，2011。
- 梅家玲，〈戰爭、現代性與五零年代臺灣的文化政治－以婦聯會「征衣工作」為例的探討〉，國立臺灣大學中國文學系主編，《林文月先生學術成就與薪傳國際學術研討會論文集》，臺北：國立臺灣大學中國文學系，2014。
- 陳和貴，〈追隨陸軍一級上將胡宗南將軍片段〉，《令人懷念的胡宗南將軍》，臺北：臺灣商務印書館，2014。
- 陳純一，〈開羅宣言的法律效力與臺灣的地位〉，吳思華、呂芳上、林永樂編，《開羅宣言的意義與影響》，臺北：政大出版社，2014。
- 陳器，〈兩棲突擊東山島的回憶〉，王曲文獻委員會編，《王曲文獻第四部──戰史：戡亂之部（下）》，臺北：王曲文獻編輯委員會，1995。
- 陳鴻獻，〈美國與 1950 年代的國軍整編〉，呂芳上主編，《國軍與現代中國》，臺北：國立中正紀念堂管理處，2015。
- 張力，〈突破逆境的百年外交〉，《中華民國發展史：政治與法制》，臺北：國立政治大學、聯經公司，2011。
- 張政達，〈胡宗南先生行誼〉，《令人懷念的胡宗南將軍》，臺北：臺灣商務印書館，2014。
- 許峰源，〈總裁批簽裡的對外關係──以台灣與東亞海域爭議為例〉，「新史料新視野：總裁批簽與戰後中華民國史研究」學術研討會，臺北：中正紀念堂，2013。

- 〈屠由信將軍訪問紀錄〉，劉台貴編輯，《海軍陸戰隊官兵口述歷史訪問紀錄》，臺北：國防部史政編譯局，2005。
- 畢英賢，〈蘇聯〉，國史館中華民國史外交志編輯委員會編，《中華民國史外交志》，臺北：國史館，2002。
- 程嘉文，〈一江山老兵歸來，未成仁「絕非孬種」〉，《聯合報》，2011年2月16日。
- 湯中龍，〈從一江山戰役論島嶼防衛作戰〉，《109年國土防衛與安全學術研討會論文集：紀念一江山戰役65週年》，桃園：國防大學陸軍指揮參謀學院，2020。
- 賈懷祥，〈東山島之役〉，王曲文獻委員會編，《王曲文獻第四部——戰史：戡亂之部（下）》，臺北：王曲文獻編輯委員會，1995。
- 彭福全，〈一江山戰役對臺澎防衛作戰的省思〉，《109年國土防衛與安全學術研討會論文集：紀念一江山戰役65週年》，桃園：國防大學陸軍指揮參謀學院，2020。
- 楊晨光，〈一江山戰役之研究〉，《軍事史評論》，第12期，臺北：國防部史政編譯室，2005。
- 蒲元著，〈抗日戰爭與抗美援朝戰爭中的宋時輪〉，北京《黃埔》雙月刊，2022年1月號。
- 劉義周，〈中華民國百年選舉〉，趙永茂等著，《中華民國發展史：政治與法制》，臺北：國立政治大學、聯經公司，2011。
- 劉維開，〈防衛舟山與舟山撤退〉，呂紹理、唐啟華、沈志華主編，《冷戰與台海危機》，臺北：國立政治大學歷史學系，2010。
- 蔡孟堅，〈由中日和約談到董顯光使日經緯〉，《蔡孟堅傳真續集》，臺北：傳記文學，1990。
- 蔡孟堅，〈出入日本十年〉，《蔡孟堅傳真集》，臺北：傳記文學，1981。
- 蔡孟堅，〈外交鬥士蔣廷黻的一生〉，《蔡孟堅傳真續集》，臺北：傳記文學，1990。
- 蔡孟堅，〈悼念反共強人張國燾〉，《蔡孟堅傳真集》，臺北：傳記文學，1981。
- 戴超武，〈中國、美國與第一次臺灣海峽危機的結束〉，呂紹理、唐啟華、沈志華主編，《冷戰與台海危機》，臺北：國立政治大學歷史學系，2010。
- 蕭英煜，〈從一江山作戰看共軍聯合戰役發展〉，《109年國土防衛與安全學術研討會論文集：紀念一江山戰役65週年》，桃園：國防大學陸軍指揮參謀學院，2020。
- 蘇秀法，〈聯合國的回顧及展望〉，蔡瑋主編，《中華民國與聯合國》，臺北：國立政治大學國際關係研究中心，1993。
- 蘇容立，〈太平洋戰爭時期台灣戰略地位之研究〉，《中華軍史學會會刊》，第27期，臺北：中華軍史學會，2022。
- Manela, Erez, "The Fourth Policeman: Franklin Roosevelt's Vision for China's Global Role", 吳思華、呂芳上、林永樂編，《開羅宣言的意義與影響》，臺北：政大出版社，2014。

說史敘事 11

國運的轉危為安：
再探民國政府遷臺初期的軍事與外交
（1949-1955）

Setting the Course from Peril to Peace:
Re-Examining the Republic of China's Military and Diplomatic
Affairs during the Early Years on Taiwan, 1949-1955

作　　者　胡為真
總 編 輯　陳新林、呂芳上
執行編輯　林育薇
封面設計　溫心忻
排　　版　溫心忻
助理編輯　詹鈞誌、林熊毅

出　　版　🛡 開源書局出版有限公司

　　　　　香港金鐘夏愨道 18 號海富中心
　　　　　1 座 26 樓 06 室
　　　　　TEL：+852-35860995

　　　　　✿ 民國歷史文化學社 有限公司

　　　　　10646 臺北市大安區羅斯福路三段
　　　　　　　37 號 7 樓之 1
　　　　　TEL：+886-2-2369-6912
　　　　　FAX：+886-2-2369-6990

http://www.rchcs.com.tw

初版一刷　2024 年 3 月 29 日
定　　價　新臺幣 500 元
　　　　　港　幣 140 元
　　　　　美　元 20 元
I S B N　978-626-7370-59-9
印　　刷　長達印刷有限公司
　　　　　臺北市西園路二段 50 巷 4 弄 21 號
　　　　　TEL：+886-2-2304-0488

國家圖書館出版品預行編目 (CIP) 資料

國運的轉危為安：再探民國政府遷臺初期的
軍事與外交 (1949-1955) = Setting the Course
from Peril to Peace: Re-Examining the Republic
of China's Military and Diplomatic Affairs during
the Early Years on Taiwan, 1949-1955/ 胡為真著.
-- 初版 . -- 臺北市 : 民國歷史文化學社有限公司 ,
2024.03
　　面；　公分 . -- (說史敘事；11)

ISBN　978-626-7370-59-9 (平裝)

1.CST: 蔣中正 2.CST: 國民政府遷臺 3.CST: 中華
民國外交 4.CST: 軍事政策

733.292　　　　　　　　　　　　113000541